KB182638

징비록

발행일
1994년 9월 26일 초판 1쇄
2014년 9월 30일 개정판 1쇄
2019년 10월 25일 개정판 5쇄
2024년 11월 10일 개정 2판 1쇄

지은이 유성룡
옮긴이 이민수
펴낸이 정무영, 정상준
펴낸곳 (주)을유문화사
창립일 1945년 12월 1일
주소 서울시 마포구 서교동 469-48
전화 02-733-8153
팩스 02-732-9154
홈페이지 www.eulyoo.co.kr
ISBN 978-89-324-7528-8 03910

懲毖錄

징비록

전란을 극복한 불후의 기록

유성룡 지음 · 이민수 옮김

차례

일러두기

1. 독자의 가독성을 높이기 위해서 역주 중에서 일부는 본문 괄호 안에 넣었으며, 나머지 역주들은 모두 각주 처리했습니다.

2. 원서의 느낌을 살리기 위해 일본의 장수나 지명 등은 『징비록』의 기록을 그대로 따랐습니다.

3. 각 권의 끝에 『징비록』 원문을 달았습니다. 원문의 단락마다 쪽수를 표기해 원문에 해당되는 해석본을 찾을 수 있게 했습니다.

4. 일부 저작권자가 불분명한 도판의 경우, 차후에 저작권자가 확인될 시 이에 따른 별도의 허락을 받겠습니다.

『징비록懲毖錄』의 저자 유성룡(柳成龍, 1542~1607)의 자字는
이현而見, 호는 서애西厓다. 경상도 풍산豊山 사람으로 퇴계退
溪에 사사하였으며, 허다한 현직을 거쳐 임진왜란 때에 영의정
으로 4도 도체찰사四道都體察使의 중임까지 겸하였으니, 난중
의 중요 정책은 모두 그를 통하여 시행되었다고 할 수 있다.

　『징비록』을 저술한 동기에 대하여 그는 자서自序에서 이
렇게 말했다.

　　『징비록』이란 무엇인가. 임진왜란 뒤의 일을 기록한 글이다.
　　여기에 간혹 난 이전의 일까지 섞여 있는 것은 난의 발단을
　　밝히기 위한 것이다.
　　생각하면 임진년의 화禍야말로 참담하기 짝이 없는 일이었

7

다. 십여 일 동안에 세 도읍이 함락되었고, 온 나라가 모두 무너졌다. 이로 인하여 임금은 마침내 파천까지 했다. 그러고도 오늘날이 있다는 것은 진정 하늘이 도운 게 아니라고 누가 말하겠는가.

(…)

『시경詩經』에 이런 말이 있다.

'내 지나간 일을 징계懲하고 뒷근심이 있을까 삼가懲노라.'

이것이 바로 내가 이 『징비록懲毖錄』을 쓰는 연유라 하겠다.

이 서문에서 보여 주듯 유성룡은 지난 임진왜란의 쓰라린 경험을 거울삼아 다시는 그러한 수난을 겪지 않도록 후세를 경계한다는 민족적 숙원에서 책 이름까지도 '징비록'이라 했던 것이다.

유성룡은 임진왜란 동안 국가의 중책을 맡아 처리했던 만큼 누구보다도 풍부하고 자세한 사료와 지식으로 이를 저술했다는 데 이 책의 특색이 있다. 또 한 가지 중요한 것은, 유성룡이 당시 당파에 있어서 동인이요 남인에 속해 있었지만, 『징비록』을 저술함에 있어서는 일체의 당색黨色을 떠나 오직 객관적인 입장에서 인물이나 사실을 서술했다는 점이다. 심지어는 혹시 자신에게 과오가 있었다 하더라도 그것까지도 숨기지 않고 담담한 심경으로 썼다는 것을 높이 평가해야 한다. 이런 까닭에 이 책은 과거 어느 저서에서도 볼 수 없는 뚜렷한 저자 의

식에 비롯한 저술이라는 데 유의해야 할 것이다.

『징비록』은 초본 징비록과 간행본으로 16권본, 2권본이 있어 도합 세 종류가 있다고 할 수 있는데, 그중에서 초본 징비록이 가장 원천이 되는 것은 말할 나위도 없다. 간행본의 16권본을 보면 초본에 실려 있는 것 이외에도 『근포집芹曝集』2권, 『진사록辰巳錄』9권, 『군문등록軍門謄錄』2권이 삽입돼 있으며, 간행본의 2권본은 초본 중에서 맨 끝의 잡록雜錄 부분이 빠져 있다.

위에서 말한 세 종류의 『징비록』 중에서 여기에서는 초본에 수록되어 있는 부분만 번역했다. 그러나 저자의 자서에는 장계狀啓·상소上疏·차자箚子·문이文移·잡록雜錄 등을 포함하여 『징비록』이라 한다고 했다. 이것은 간행본의 서문을 저본으로 삼았기 때문인데, 초본의 서문 중에는 이에 해당하는 부분이 없어져서 상고할 수 없음을 아울러 덧붙여 둔다.

『징비록』은 국보 제132호로 지정되어 있다. 이것만 보더라도 이 책의 역사적 가치나 시대적 의의는 자못 크다고 할 수 있다.

역자 이민수 씀

『징비록』 사진. 『징비록』은 국보 제132호로, 초본과 간행본으로 16권본과 2권본이 전해
진다.

자서自序

『징비록』이란 무엇인가. 임진왜란 뒤의 일을 기록한 글이다. 여기에 간혹 난 이전의 일까지 섞여 있는 것은 난의 발단을 밝히기 위한 것이다. 생각하면 임진년의 화禍야말로 참담하기 짝이 없는 일이었다. 십여 일 동안에 세 도읍(서울·개성·평양)이 함락되었고, 온 나라가 모두 무너졌다. 이로 인하여 임금은 마침내 파천까지 했다. 그러고도 오늘날이 있다는 것은 진정 하늘이 도운 게 아니라고 누가 말하겠는가. 바꿔 생각하면 이 것은 또한 조종祖宗의 어지신 은덕이 넓게 우리들 백성에게 미쳤던 것이기도 하다. 조국을 생각하는 백성의 마음이 그치지 않았고, 또 임금의 사대하는 마음이 명나라 황제를 감동시켰다. 이래서 명나라는 몇 번이나 구원의 군사를 내보냈던 것이니, 만일 그렇지 않았다면 필경 나라가 위태로웠을 것이다.

『시경』에 이런 말이 있다.

"내 지나간 일을 징계하고 뒷근심이 있을까 삼가노라." 이 것이 바로 내가 『징비록』을 쓰는 연유라 하겠다. 나같이 못난 몸이 당시의 어지러운 때를 당하여 감히 나라의 중책을 맡아 위태로움을 바로잡지도 못했고, 또 기울어지는 형세를 붙들지 도 못했다. 생각하면 그 죄를 몸이 죽어도 다 갚지 못할 것이 다. 그런데 이제 오히려 산속에서 목숨을 이어가며 성명性命을 보존하고 있으니, 이 어찌 임금의 너그러우신 은덕이 아니겠 는가!

걱정스럽던 일이 겨우 가라앉으매 지난 일을 생각해 본다. 새삼스럽게 황송하고 부끄러워 낯을 들 수가 없다. 이에 한가로 운 틈을 타서 지난날에 내 귀로 듣고, 내 눈으로 본 것들 중에서 임진년(선조 25년, 1592년)으로부터 무술년(선조 31년, 1598년) 에 이르기까지의 몇 가지 일을 기록한다. 또 장계·상소·차자와 문이·잡록을 그 밑에 붙였다. 이것이 비록 보잘것없다고 하더라 도 모두 당시의 사적史蹟들임에는 틀림없으므로, 이 또한 허술 히 여길 수는 없는 것들이다.

이제 전야田野에 숨어서 나라와 임금에 충성하는 마음 으로, 내가 과거 나라에 보답하지 못한 한없는 죄를 기록하는 바다.

自序

懲毖錄者何 記亂後事也 其在亂前者 往往亦記
所以本其始也 嗚呼 壬辰之禍慘矣 浹旬之間
三都失守 八方瓦解 乘輿播越 其得有今日天也
亦由 祖宗仁厚之澤 固結於民 而思漢之心未已
聖上事大之誠 感動皇極 而存邪之師屢出 不然
則殆矣 詩曰 予其懲而毖後患 此懲毖錄所以作
也 若余者以無似 受國重任於流離板蕩之際 危
不持 顚不扶 罪死無赦 尙視息田畝間 苟延性
命豈非寬典 憂悸稍定 每念前日事 未嘗不惶愧
靡容 乃於閑中 粗述其耳目所逮者 自壬辰至于
戊戌 總若干言 固以狀啓 疏剳 文移及雜錄附
其後 雖無可觀者 亦皆當日事蹟 故不能去 旣
以萬畎畝惓惓願忠之意 又以著愚臣報國無狀
之罪云

제1권

만력萬曆[1] 병술년(선조 19년, 1586년)에 일본 사신 귤강광橘康
廣[2]이 자기 나라 임금 평수길平秀吉[3]의 글을 가지고 우리나라
에 왔다. 원래 일본 국왕 원씨源氏[4]는 홍무洪武[5] 초년(고려 공민
왕 17년, 1368년경)에 나라를 세워 우리나라와 이웃하여 사이

1   명나라 신종 때의 연호로 서기 1573년부터 1619년까지가 이에 해당한다.

2   쓰시마 도주의 가신인 유즈야 야스히로를 말한다.

3   도요토미 히데요시를 말한다. 평수길에서 '평平'은 일본 천황이 호족에게 내린 성을
      말하는 것으로서, 여기에 나오는 '평수길'의 원명은 '풍신수길豊臣秀吉'이다. 따라서
      저자가 '평平'을 성처럼 쓰고 있는 것은 '수길秀吉'을 호족으로 보아 이렇게 쓴 것으로
      보인다. 이하 '평平'이 붙은 일본인의 경우도 이와 같다.

4   일본 막부의 장군을 가리킨다. 미나모토노 요리토모(원뢰조源賴朝)가 가마쿠라 막부
      를 창설한 이후 사실상 모든 국정은 막부의 장군이 처리했다.

5   명나라 태조 때의 연호로 고려 공민왕 17년인 서기 1368년부터 조선 태조 7년인
      서기 1398년이 이에 해당한다.

좋게 지낸 지 2백 년이나 되었다. 당시는 우리나라에서도 항상 사신을 보내어 경축하고 조문하는 예를 잊지 않았다.

실제로 신숙주申叔舟[6]가 임금의 친서를 가지고 왕래하기도 했다. 뒷날 그가 죽을 때, 당시 임금 성종成宗이 물었다.

"경卿은 무슨 남길 말이 없소?"

이에 신숙주는 대답했다.

"아무쪼록 앞으로 일본과 실화失和하지 마시옵소서."

성종도 이 말에 감동해서 부제학副提學[7] 이형원李亨元[8]과 서장관書狀官[9] 김흔金訢[10]을 보내어 화친하는 예를 닦게 했다. 그러나 이들이 대마도對馬島에 이르렀을 때 풍토風土 관계로 병이 들었다. 결국 일본까지 가지 못하고 다만 그 경과만을 조

6　신숙주(1417~1475)는 조선 전기의 문신으로 본관은 고령高靈이고 자는 범옹泛翁, 호는 희현당希賢堂과 보한재保閑齋다. 세종의 두터운 신임을 얻었으며 훈민정음 창제에도 기여한 것으로 알려져 있다. 그는 또한 서장관으로 일본과 명나라를 수차례 다녀오는 등 뛰어난 외교술을 지닌 것으로도 평가받는다. 세종 이후 문종을 지나 어린 단종이 왕위에 올랐을 때 수양대군 편에 섰으며 계유정난癸酉靖難 이후 도승지로 임명되었고, 이어 대제학에 올랐다. 저서로 『보한재집保閑齋集』이 남아 있다.

7　조선 시대 홍문관弘文館에 두었던 정3품 관직으로 궁중의 경서經書와 사적史籍을 관리했으며 왕의 자문에 응하기도 했다. 1907년에 홍문관의 폐지와 함께 없어졌다.

8　이형원(?~1479)은 조선 전기의 문신으로 본관은 광산光山이고 자는 가연可衍이다. 1451년에 증광문과에 정과로 급제하였으며 1465년에 형조정랑이 되었다. 이후 통신사로 서장관 김흔과 함께 일본에 가던 중에 대마도에 이르러 병이 나 결국 국서와 폐백만 대마도 도주에게 전하고 돌아왔다. 후에 예조참판에 추증되었다.

9　조선 시대 외국으로 보내던 사신 일행 중에서 정관正官의 하나로 임시직이었다. 기록관으로 외교 문서에 관한 직무를 분담하였다.

정에 보고했다. 성종은 할 수 없이 금과 폐백만을 대마도 도주
島主에게 전하고 오도록 했다.

이런 뒤로 다시 사신을 보내지 못했다. 간혹 일본에서 사
신이 왔을 적에도 다만 예로 대접해 돌려보낼 뿐이었다. 그러
던 것이 이번에는 평수길이 원씨를 대신해서 왕이 되었다. 그
래서 맨 먼저 우리에게 사신 귤강광을 보내온 것이다.

평수길이란 자는 일설에 의하면 원래 중국 사람이라고도
한다. 그는 왜국에 흘러들어가 나무 장수로 생업을 삼고 살았
는데, 어느 날 국왕이 길가에서 그의 얼굴을 보고 범상한 사람
이 아니라고 생각하고는 즉시 불러다가 군사로 삼았다. 과연
평수길은 용맹이 있고, 잘 싸웠다. 여러 번 출전해서 공을 세워
자연스럽게 대관大官에까지 올라 권력을 잡고는 마침내 원씨
의 자리를 빼앗아 국왕이 되었다고 한다.

이러한 사실에 대해서는 이론異論도 있으니, 원씨가 딴 사
람의 손에 죽었으며, 평수길은 원씨를 죽인 자를 죽이고 나라
를 대신 차지했다고도 한다. 그것은 어찌 되었든 간에 이때 평
수길은 일본국의 모든 섬을 모조리 평정하고, 나라 안 66주州

10　김흔(1448~1492)은 본관이 연안延安, 자는 군절君節, 호는 안락당顏樂堂이다.
1468년 진사시, 1471년 별시문과에 급제한 뒤에 성균관전적成均館典籍이 되었다.
이어 병조좌랑兵曹佐郎과 홍문관교리弘文館校理를 차례로 지냈다. 1479년에 통신
사 일행으로 대마도에 다녀왔으며, 이후 1481년에 질정관質正官으로 명나라 연경
에 다녀오기도 했다. 문장에 능하고 특히 율시律詩에 뛰어난 것으로 평가받는다. 저
서로 『안락당집顏樂堂集』이 있으며 시호는 문광文匡이다.

임진왜란을 일으킨 도요토미 히데요시. 「징비록」에서는 '평수길'이라고 칭한다. 한때 중국을 정복한 이후의 계획까지 발표했으나 일장춘몽으로 끝났다.

를 통틀어 하나로 만들었다. 그리고 나중에는 외국까지 침략할 야심을 갖기에 이르렀다.

그는 우리 조정에 트집을 잡았다.

"우리는 자주 사신을 보내는데, 그대들은 한 번도 사람을 보내지 않고 있소. 이것은 필연 우리 나라를 업신여기는 게 아닌가."

그는 이렇게 말하면서 귤강광을 시켜 우리에게 통신通信하기를 요구해 왔다. 그러나 그의 편지 내용은 몹시 거만했다. 그 글 속에는 "이제 천하는 모두 짐朕의 수중으로 들어오고 있다"는 말까지 있었다. 그때는 원씨가 망한 지 이미 10여 년이나 지난 뒤였다.

그동안 여러 섬에 사는 왜인들은 해마다 우리나라에 왕래를 했다. 하지만 워낙 금령禁令이 엄했던 탓으로 그들의 내정內情은 누설되지 않았다. 그래서 우리 조정에서는 이런 일을 까맣게 알지 못했던 것이다.

귤강광의 그때 나이는 대략 50여 세였다. 용모가 크고 수염과 머리털이 반백半白이 넘었다. 그는 지나는 관역館驛마다 으레 상실上室이 아니면 거처하지 않았고, 그 행동이 몹시 오만하여 전에 오던 왜의 사신과는 다른 점이 많은 까닭에, 그를 보는 사람들이 자못 괴상하게 여겼다.

우리나라에서는 전부터 왜의 사신이 지방을 지날 때는 그곳 백성들이 창을 가지고 길 좌우에 벌려 서서 군사의 위엄을

21

보여 주는 것이 관례였다. 이때에도 역시 이같이 했다. 귤강광이 인동仁同 지방을 지날 때였다. 그는 창을 가지고 벌려 서 있는 것을 보고 조소하는 빛으로 말하기를, "너희들이 들고 있는 창의 자루가 몹시 짧구나" 하면서 웃었다.

또 상주尙州에 도착했을 때의 일이다. 목사牧使 송응형宋應炯이 잔치를 차려 귤강광을 대접했다. 그는 기생들과 악공樂工들이 모여 있는 자리에서 송응형의 늙은 모습을 보고는 통역을 시켜 말했다.

"나는 여러 해 동안 전운戰雲 속에서 늙었기 때문에 이렇게 터럭이 희어졌소. 하지만 사군使君은 기생들의 노래 속에서 걱정 없이 지내면서 왜 저렇게 머리가 세었소?"

이 역시 풍자해서 우리를 모욕한 언사였다.

귤강광이 서울에 도착하자, 예조판서禮曹判書[11]가 또 잔치를 베풀어 그를 대접했다. 술에 얼큰해진 귤강광이 호초胡椒[12]를 한 주먹 자리 위에 흩뜨렸다. 이것을 본 기생들과 악공들이 다투어 줍느라 좌석이 어수선해졌다. 이 모습을 물끄러미 쳐다보고 있던 귤강광은 동평관東平館[13]에 돌아오자 통역을 보

---

11 조선 시대 육판서六判書 중의 하나로 예악·제사·연향·외교·과거 등을 관장한 예조禮曹의 으뜸 벼슬이다. 정2품正二品에 해당한다.

12 요리에 쓰이는 후추를 말한다.

13 조선 시대에 일본 사신이 와서 머물던 객관으로 태종 7년인 1407년에 처음 설치되었다. 조선 조정은 동평관의 출입을 엄하게 단속해서 공청무역을 제외한 사적 거래를

고, "너희 나라가 망하겠구나, 기강이 이렇듯 땅에 떨어졌으니 이러고서야 나라가 성할 수가 있겠느냐" 하고 조소하더라는 것이다.

귤강광이 용무를 마치고 되돌아갈 때다. 우리 조정에서는 다만 글로써 이렇게 답장했다.

"수로水路가 험하므로 사신을 보내지 못하노라."

귤강광은 이 말대로 돌아가 고했다. 평수길은 이 보고를 받자마자 발끈 화를 내어 그 자리에서 귤강광을 죽이는 동시에, 그의 가족까지도 멸했다고 전해진다.

본시 귤강광은 그의 형 강년康年과 함께 원씨 때부터 우리나라에 사신으로 자주 왔던 터이므로, 우리나라에서 직명職名까지 받았다. 그래서 제 딴엔 우리나라를 위해서 두둔하는 말도 많이 했기 때문에, 이때 마침내 평수길에게 화를 입었다고 전해지기도 한다.

평수길은 귤강광을 죽인 뒤에 우리에게 평의지平義智[14]를 사신으로 보내고, 우리에게도 사신을 보내 달라고 청해 왔다.

막았으며 감호관監護官을 두어 왜인을 감시하기도 했다.

14 일본 쓰시마 섬의 도주島主로 『징비록』의 기록에도 남아 있듯이 1590년(선조 23년)에 선조에게 조총을 진상했다. 후에 임진왜란이 일어나자 조선을 침공했는데 이때 전사한 동래부사 송상현의 충렬을 기려 장사를 지내 주었다고 전해진다.

고니시 유키나가 초상. 임진왜란의 선봉장 중 하나였던 고니시 유키나가
(『징비록』에서는 '평행장'이라 칭함)는 특이하게도 독실한 천주교 신자였다.
그의 세례명은 아우구스티노였다.

평의지란 자는 외국 주병대장主兵大將 평행장平行長[15]의 시위로
또한 평수길의 심복 부하였다.

원래 대마도 태수太守 종성장宗盛長은 대대로 섬을 지키
고, 우리나라를 섬겨 오던 터였다. 이때 평수길이 종씨宗氏를
내쫓고 평의지에게 도무島務를 대신 주관하게 했다. 이 무렵
우리나라에서 바닷길에 익숙하지 못하여 사신을 보내지 못한
다고 하자 이 핑계를 막기 위하여 이렇게 전해 왔다.

"평의지는 도주島主의 아들로서 바닷길에 매우 익숙하니,
이 사람과 함께 왕래하도록 하시오."

우리로 하여금 더 이상 거절할 구실이 없도록 만드는 한
편, 이로 인하여 우리의 허실虛實도 엿보려고 평조신平調信과
승려 현소玄蘇[16] 등을 같이 데리고 온 것이다.

평의지는 나이는 젊었으나 정력이 있어 보이고 성품이 사
나운 까닭에 왜인들도 모두 두려워했다. 이 사람 앞에서는 엎
드려 기어다니다시피 했고, 감히 얼굴을 바로 들어 쳐다보지
도 못했다.

---

15 고니시 유키나가(?~1600)를 말한다. 천주교 신자로 알려져 있다. 임진왜란 때 선봉
으로 서울을 거쳐 평양까지 함락시켰으나 이후 패해 퇴각했다. 도요토미 히데요시가
죽은 후 조선에서 철수하여 귀국하였으며 세키가하라 전투에서 도쿠가와 편에 패해
처형되었다.

16 일본명 겐소. 승려로 도요토미 히데요시의 수하였다. 조선과 일본이 수호 관계를 맺
고 통신사를 파견해 줄 것을 요청하기도 했으며 임진왜란이 일어나자 국사國使와 역
관 자격으로 종군했다. 왜란 기간 내내 활발한 전시 외교를 펼쳤다.

사신으로 온 평의지는 동평관에 오래 머물러 있었다. 그러고는 기어이 우리 사신과 함께 돌아가려고 했다. 그러나 우리 조정의 의논은 좀처럼 쉽게 결정되지 못했다.

이보다 앞서 수년 전에 왜병이 전라도 손죽도損竹島[17]를 침략하여 변장邊將 이태원李太源을 죽인 일이 있었다. 그때 포로로 잡힌 왜구가 이렇게 말했다.

"조선 변방에 사는 사을배동沙乙背同이란 자가 모반하여 우리 나라(일본)로 도망쳐 온 다음 우리들을 인도하여 조선을 침범하였습니다."

우리 조정에서는 이 말을 듣고 그들의 소행을 몹시 괘씸하게 여겼다. 그런 일이 있었던 터라, 이때 접대를 맡은 관원을 시켜서 평의지에게 넌지시 이야기했다.

"그 당시의 소위 반민叛民들을 깨끗이 돌려보낸 뒤에 통신에 대한 일을 다시 의논합시다."

평의지도 이 말을 듣고 쾌히 승낙했다.

"그야 뭐 어려울 게 있겠소."

그는 즉시 평조신을 본국에 보내어 이대로 알렸다. 그 후 수개월 만에 그들은 과연 우리나라 백성 십여 명을 데려다 바쳤다. 이때 임금은 인정전仁政殿에 거둥하여 군사들의 위엄을

---

17 전라남도 여수시 삼산면 북부에 위치한 섬이다. 임진왜란 때 녹도 만호 이대원李大源이 전사한 곳으로 알려져 있다.

크게 떨쳐 보인 채, 사을배동을 잡아들여 심문하게 한 다음 성 밖에 내다가 죽이게 했다.

한편 평의지에게는 상으로 내구마內廐馬[18] 한 필을 선사했다. 그러고 나서 다시 왜의 사신 일행을 인견하고 잔치를 베풀어 주도록 했다. 평의지와 현소 등은 모두 대궐 안에 들어와서 차례로 임금께 술잔을 올렸다.

나는 그때 예조판서로서 그 자리에서 왜의 사신들을 접대하고 있었다. 그러나 이때까지도 통신사에 대한 의논은 결정되지 않았다. 그런 뒤 나는 대제학大提學[19]이 되어 국서國書를 쓰게 되었다.

나는 임금께 글을 올려 말했다.

'이 일을 빨리 결정하시고 아무쪼록 양국 간에 틈이 생기지 않도록 하시옵소서.'

그 이튿날, 조회 때에 지사知事[20] 변협邊協[21] 등도 임금께

18　내구內廐에 속한 말로 임금의 하사품으로도 자주 쓰였다. 고려 시대에는 상승국尙乘局이나 봉거서奉車署에서, 조선 시대에는 내사복시內司僕寺에서 이를 담당했다.

19　고려 시대 때에는 우문관右文館의 정2품, 집현관集賢館의 종2품 벼슬을 가리키다가 조선 시대에 와서 홍문관과 예문관에 소속된 정2품의 관직을 일컫게 되었다. 품계로 따지면 판서와 동등했지만 학자로서 최고의 명예로 여겨져 삼정승이나 육조판서보다도 높은 대우를 받는 편이었다.

20　조선 시대 중앙의 주요 관청에 설치된 정2품의 관직 가운데 하나다. 돈녕부敦寧府, 의금부義禁府, 성균관成均館에 각각 한 명씩, 춘추관春秋館에 두 명, 경연經筵에 세 명, 중추부中樞府에 여섯 명이 배치되었다.

21　변협(1528~1590)은 본관이 원주原州, 자는 화중和中, 호는 남호南湖다. 1548년

아뢰었다.

"사신을 보내어 회답하게 하시옵소서. 그리고 이 계제에 그들의 동정을 살피고 오는 것이 실계失計될 것은 없을까 하나이다."

이에 비로소 조정의 의논이 결정되었다.

조정에서는 사신으로 보낼 사람을 뽑게 되었다. 대신들이 첨지僉知[22] 황윤길黃允吉[23]과 사성司成[24] 김성일金誠一[25]로 각각

무과에 급제, 선전관을 거쳐 을묘왜변 때 해남 현감으로 왜구를 격파했으며 이어 1587년에 전라우방어사로 녹도鹿島와 가리포加里浦 등에 침입한 왜구를 격퇴했다. 시호는 양정襄靖이고 후에 좌의정에 추증되었다.

22 첨지중추부사僉知中樞府事의 줄임말로 조선 시대 중추부의 정3품 당상관을 가리킨다.

23 황윤길(1536~?)은 본관이 장수長水, 자는 길재吉哉, 호는 우송당友松堂이다. 1561년에 식년문과에 병과로 급제했으며 이후 1585년에 황주 목사를 지내고 병조참판이 되었다. 1590년에 통신사로 일본에 파견되고 나서 부사 김성일과 달리 일본이 침입해 올 것이므로 대비해야 한다고 조정에 간했지만 받아들여지지 않았다.

24 조선 시대 성균관에 속한 종3품 관직.

25 김성일(1538~1593)은 본관이 의성義城이고 자는 사순士純, 호는 학봉鶴峯이다. 1564년 진사시, 1567년 대과에 합격하였으며 이후 전적, 수찬 등을 거쳐 병조좌랑, 이조좌랑을 역임했다. 1577년 사은사謝恩使의 서장관으로 명나라에 파견되었으며 1590년에는 통신사로 일본에 파견되었다. 이때 그는 황윤길과 달리 민심이 흉흉해질 것을 우려하여 왜군이 침입하지 않을 것이라고 보고했다. 임진왜란이 발발하자 파직되었으나 유성룡의 변호로 경상우도 초유사招諭使로 임명되었다. 경상도로 내려가 의병을 규합하고 군량미를 모으는 등 많은 활약을 펼쳤다. 저서로 『해사록海槎錄』, 『상례고증喪禮考證』 등이 있다.

상사上使와 부사副使를 삼고 전적典籍[26] 허성許筬[27]으로 서장관書狀官을 삼았다. 이리하여 경인년(선조 23년, 1590년) 3월에 왜사 평의지와 함께 일본을 향해 떠났다.

평의지가 돌아갈 적에 공작 두 마리와 조총鳥銃·창·칼 등을 우리 임금께 바쳤다. 그러나 임금은 남양南陽의 해도海島로 공작을 날려 보내고, 조총은 군기시軍器寺에 두었다. 우리나라에 조총이 들어오기는 이것이 처음이었다.

신묘년(선조 24년, 1591년) 봄, 통신사로 갔던 황윤길과 김성일 등이 일본에서 돌아왔다. 이때 왜인 평조신과 현소도 같이 따라왔다.

그 전해인 4월 29일, 황윤길 등은 사신으로 떠나면서 부산포에서 배를 타고 대마도에 이르러 한 달 동안 체류했다. 거기서 다시 수로로 40여 리를 가서 일기도一岐島를 거쳐 박다주博多州·장문주長門州·낭고야郎古耶를 지나서 7월 22일에야 비로소 그들의 국도國都에 이르렀다. 이것은 왜인들이 일부러 길을 돌고 또 곳곳에서 필요 이상으로 체류했기 때문에 여러

26　조선 시대 성균관에 속한 정6품 관직으로 모두 열세 명을 두었다.

27　허성(1548~1612년)은 본관이 양천陽川, 자는 공언功彦, 호는 악록岳麓과 산전山前이다. 허봉과 허균의 형이고, 허난설헌의 오빠였으며 문장가로 이름이 높았다. 1583년 별시문과에 병과로 급제했으며 1594년 이조참의, 1595년 대사성과 대사간, 부제학을 역임했다. 나중에 벼슬이 이조판서에 이르렀다. 저서로 『악록집岳麓集』이 남아 있다.

달이 걸린 탓이었다.

대마도에 머물렀을 때의 일이다. 평의지가 우리 사신들을 절로 청하여 잔치를 베풀어 대접한 일이 있었다. 이때 딴 손들은 벌써부터 자리에 와서 앉아 있었다. 주인 격인 평의지는 늦어서야 교자를 타고 오더니 뜰 밑에 와서야 교자에서 내렸다. 이것을 본 김성일은 버럭 화를 냈다.

"대마도는 우리나라의 번신藩臣이오. 우리가 이제 왕명王命을 받고 여기 왔는데, 어찌 이토록 업신여긴단 말이오. 나는 이 대접을 받을 수가 없소."

김성일은 자리를 박차고 일어섰다. 허성도 함께 뒤따라서 나와 버렸다. 당황한 평의지는 자기의 허물을 교군에게 뒤집어씌워 그를 내다 죽였다. 그러고는 교군의 머리를 가지고 와서 사과하는 것이었다. 이런 일이 있은 뒤부터는 왜인들이 김성일을 몹시 두려워했다. 평의지는 모든 것을 예법대로 대접하고 먼빛으로라도 김성일을 보기만 하면 말에서 내리곤 했다.

일행이 그들의 국도에 당도했다. 그들은 우리 사신들의 숙소로 큰 절을 정해 주고 유숙하게 했다. 그러나 이때 평수길은 마침 동산도東山道에 출전한 참이라, 수개월이 지나서야 돌아왔다. 또 평수길이 돌아온 뒤에도 저희들의 궁실宮室을 수리한다는 구실로 즉시 국서國書를 받지 않았다. 이래저래 전후 다섯 달 동안을 머물러 있다가 겨우 국명國命을 전하게 된 것이다.

이 나라는 천황天皇이 따로 있어 그를 높이고, 평수길까지
도 신하로서 그를 섬기고 있었다. 그래서 자기 나라 안에서는
평수길을 왕이라 부르지 않고 다만 관백關白[28]이라고만 불렀
다. 또는 박륙후博陸侯라고도 했다. 소위 관백이란 칭호의 내력
은 이러하다. 옛날 곽광霍光[29]과 관련된 일화로, "모든 일은 곽
광에게 관백하는 데서부터 시작한다"고 한 말을 따서 지은 칭
호다. 당시 그들이 우리 사신을 대접하는 것을 보면 이러했다
한다. 사신들이 교자를 타고 궁중에 들어가도록 허락했고, 가
각(茄角, 날라리와 피리)을 불어 길을 인도하게 했으며, 당堂에
올라와서 예를 행했다.

평수길은 얼굴 모양이 못생기고 빛이 거무스름했다. 보통
사람과 아무런 다른 점이 없었다. 그러나 오직 눈썹 속에 샛별
같이 빛나는 안광眼光만은 사람을 꿰뚫는 것 같은 느낌을 주었
다고 한다. 그는 삼중석三重席을 만들어 남쪽을 향해 앉았으며,
사모紗帽를 머리에 얹고 검은 도포를 입었다. 그 옆에는 신하
몇 사람이 벌려 앉았다가, 우리 사신들을 안내하여 자리를 정

28　일본 왕의 섭정으로 실질적인 정권을 잡았던 막부의 우두머리를 일컫는다. 헤이안 시
　　　 대에 생겨난 이 직책은 에도 시대까지 계속되었으나 도요토미 히데요시 이후에는 실
　　　 권이 없어졌다.

29　곽광(?~BC. 68)의 자는 자맹子孟으로 한 무제漢武帝를 가까이에서 섬기며 대사마대
　　　 장군大司馬大將軍, 박륙후 등에 올랐다. 무제 사후 후사를 위탁받아 여덟 살로 즉위
　　　 한 소제昭帝를 보필하여 정사를 이끌었다. 이후 소제의 형인 연왕燕王 단旦의 반란을
　　　 기회로 상관걸과 상홍양 등의 정적을 제거하고 실권을 장악했다.

해 주었다.

　좌중에는 연회에 필요한 어떤 물건도 준비되어 있지 않았고, 다만 방 한가운데 탁자 하나가 놓여 있었다. 그 위에다 떡한 그릇을 놓고, 항아리에서 술을 따랐는데, 그나마도 탁주였다. 이것은 도저히 남의 나라 사신을 대접하는 범절이 아니었다. 게다가 겨우 두어 순배에 지나지 않아 파하곤 하는 것이었다. 그들은 또 절하는 것이나 읍하는 것으로 인사 절차를 밟으려 하지 않았다.

　평수길은 자기 자리에 잠시 앉았다가 안으로 들어가는 것이 보통이었다. 이럴 때는 좌중에 있던 사람들이 하나도 움직이지 않고 그대로 앉아 있었다. 조금 있다가 한 사람이 편복便服을 입은 채로 어린아이 하나를 안고 나와서 마루 위를 돌아다녔다.

　자세히 쳐다보니 그가 곧 평수길이었다. 이것을 보고서도 좌중 사람들은 그대로 앉아서 부복俯伏할 뿐이었다. 이윽고 평수길은 난간에 의지해 앉더니 우리나라 악공을 시켜서 여러 가지 음악을 들었다. 이때 자기가 안고 있던 어린애가 오줌을 쌌다면서 웃고 나서 심부름꾼을 불렀다. 계집 심부름꾼이 옷을 갈아입히는데 보니, 그들이 하는 꼴이란 것이 제멋대로여서 아주 방약무인傍若無人하였다.

　사신이 사퇴하고 물러나자 그 뒤로 다시 평수길을 만나볼 수가 없었다. 다만 상사와 부사에게는 4백 냥을 주고 서장관과 통역 이하까지도 각각 차등 있게 나누어 줄 뿐이었다.

우리 사신들이 장차 돌아가려 하자, 그는 답서도 써 주지 않고 그대로 돌려보내려 했다. 이것을 보고 김성일은 "우리는 사신으로서 국서를 가지고 왔소. 만일 우리가 답서를 받아 가지고 돌아가지 않는다면 이는 마치 허수아비에게 명을 받은 것이나 마찬가지가 아니겠소" 하고 따지려 했다.

그러나 황윤길은 그들이 자기들을 더 붙들어 둘까 겁이 나서 그대로 떠나 국계國界 해변까지 와서 기다리고 있었다. 그러고 나서 얼마 뒤에야 답서가 왔다. 한데 글 내용이 너무 거만해서 우리가 바라던 바와 많이 어긋났다. 김성일은 이 글을 받지 않았다. 하는 수 없었던 그들이 여러 번 글을 고쳐 왔기에 사신들은 미흡한 대로 받아 가지고 길을 떠났다. 일행이 지나는 곳마다 왜인들은 여러 가지 물건을 선사했다. 그러나 김성일은 이것을 모조리 물리쳤다. 황윤길은 부산에 도착하자 우선 글을 올려 자기들이 겪은 정세를 보고하고 나서 반드시 머지않아 병화兵禍가 있을 것이라고 고했다.

임금께 복명하는 자리에서 황윤길은 먼저 보고와 같았으나, 김성일은 이와 반대였다. 김성일은 "신은 그런 기미는 보지 못했습니다" 하고 보고하는 것이었다. 또 계속하여 이렇게 말했다.

"황윤길은 공연히 인심을 동요시키고 있습니다."

이에 조정에서는 황윤길의 말을 옳게 여기는 쪽과 김성일의 말을 옳게 여기는 쪽으로 의견이 두 갈래로 갈렸다. 나는 김성일을 보고 말했다.

"그대 의견이 황사(黃使, 황윤길)와 전혀 다르니, 앞날에 만일 병화가 있다면 어떻게 하려오?"

이에 김성일이 대답했다.

"나 역시 왜국이 끝내 병력을 움직이지 않는다는 게 아니오. 하지만 황윤길의 말이 하도 과격해서 안팎의 인심이 동요되겠기로 이를 진정시키고자 일부러 한 말이오."

그때 사신들이 가지고 온 왜서倭書에는 이런 말이 있었다.

"군사를 거느리고 명明나라로 쳐들어가겠다."

이것을 보고 나는 말했다.

"이것은 마땅히 사실대로 명나라에 알리는 것이 옳을 것입니다."

그러나 수상首相[30]은 반대했다.

"그러다가 명나라에서 만일 우리가 왜국과 사통私通했다고 책망하면 어찌하겠소. 차라리 그대로 숨겨 두는 것이 좋을 듯하오."

나는 다시 주장했다.

"일이 있어서 이웃 나라에 왕래하는 것이야 국가로서 없

---

30 당시 영의정이었던 이산해李山海를 가리킨다.

을 수 없는 일이 아니겠소. 성화成化[31] 연간에는 일본도 우리 나라를 통해서 명나라에 조공하기를 청한 일도 있지 않습니까. 그때도 사실대로 명나라에 알려서 그곳에서 칙서를 내려서 회유한 일이 있는 터이니, 이것은 또 비단 오늘에만 있는 일이 아니요, 전에도 그런 일이 있었던 터입니다. 지금 만일 우리가 이 사실을 숨기고 알리지 않는다면 이는 대의大義에도 어그러질 뿐 아니라, 더욱이 적들이 우리를 모략하기 위해서 이 말을 딴 길로 전파시켜 명나라 조정으로 들여보낸다면 그때에는 도리어 우리가 그들과 공모해서 숨긴 것으로 의심받기 쉽지요. 이렇게 되고 보면 죄가 더 크지 않겠습니까."

조정에서도 이 말을 옳게 여겨, 결국 김응남金應南[32] 등을 시켜 이 사실을 명나라에 알리게 되었다.

당시 복건福建[33] 지방 사람인 허의후許儀後와 진신陳申 등이 왜국에 붙잡혀 있었다. 그들은 왜국의 이러한 내정을 비밀

---

31 명나라 헌종의 연호로 1465년에서부터 1487년까지의 기간이다.

32 김응남(1546~1598)의 본관은 원주原州, 자는 중숙重叔, 호는 두암斗巖이다. 1568년 증광문과에 급제하여 예문관, 홍문관 정자正字가 되었다. 1591년 성절사 聖節使가 되어 명나라에 다녀왔으며 이듬해 임진왜란이 일어나자 선조를 호종하며 평안도까지 갔다. 이후 정유재란이 발발하자 안무사按撫使로 영남 지방에 내려갔으나 풍기豊基에서 병을 얻고는 서울로 돌아와 관직에서 물러났다. 시호는 충정忠靖이다.

33 오늘날의 중국 푸젠성을 말한다.

리에 자기 나라에 보고했다. 또 유구국琉球國[34] 세자世子 상녕 尚寧도 연해 사신을 보내어 이 소식을 명나라에 전했다. 그러 나 유독 우리나라만이 아무런 기별도 없었던 것이다. 명나라 에서는 우리가 왜적과 함께 다른 마음을 품지 않았는가 싶어 이 일로 의논이 분분한 상황이었다.

이때 각로閣老[35] 허국許國은 전에 우리나라에 사신으로 온 일이 있는 터라, 분명히 주장했다.

"내가 본 바에 의하면 조선은 진심으로 우리 나라를 섬기 고 있는 나라입니다. 왜국과 함께 모반한다는 말은 믿어지지 않는 일이오. 좀 더 자세한 소식을 기다려 봅시다."

이렇게 우리를 두둔해 오던 끝에 얼마 되지 않아 김응남 이 도착하고 보니 모든 의심이 일소되었다.

그런 뒤로 우리 조정에서는 왜국을 경계하기 시작했다. 변방 사정에 밝은 사람을 뽑아서 남쪽 삼도三道를 방비하게 했다.

---

34 일본 오키나와현에 있던 류큐 왕국을 가리킨다. 류큐 왕국은 지리적으로 동북아시아 와 동남아시아를 연결하는 해상로에 위치한 덕분에 일찍이 무역이 발달하였을 뿐만 아니라 그들만의 독특한 문화를 이루어 발전했다. 그러나 1879년에 일본의 침략을 받아 450년간의 왕조가 끝나고 오키나와현으로 편입되고 말았다.

35 명나라 때 한림翰林으로 문연각文淵閣에 있으면서 조서와 칙서를 담당하던 사람을 일컫는다.

경상감사에는 김수金睟[36], 전라감사에는 이광李洸[37], 충청감사에는 윤선각尹先覺[38]을 보내어 병기를 준비하고 성지城池를 수축하게 했다. 그중에도 경상도에는 가장 많은 성을 쌓고, 영천永川·청도淸道·삼가三嘉[39]·대구大邱·성주星州·부산釜山·동래東萊·진주晉州·안동安東·상주尙州 등지에는 병영까지 신축하거나 증수했다.

이때 국가는 오랫동안 승평한 세월이 흐를 때라 안팎이 모두 편하게 사니 백성들은 자연 노역을 꺼려서 원망하는 소리가 자자했다. 이것을 본 나와 동년배인 전 전적 합천 사람 이로李魯[40]가 내게 글을 보냈다.

---

36 김수(1537~1615)의 본관은 안동安東이고, 자는 자앙子昂, 호는 몽촌夢村이다. 1573년에 문과에 급제하여 예문검열藝文檢閱이 되었다. 임진왜란 때 경상도 관찰사로 있었으나 관군이 패하자 그도 한때 관직에서 물러났다. 이후 호조판서를 거쳐 영중추령中樞에 이르렀다. 1613년 그의 손자 김비金秘가 무고로 옥사하자 그 역시 대간의 탄핵을 받고 파직되었다가 병으로 죽었다. 시호는 소의昭懿다.

37 이광(1541~1607)의 본관은 덕수德水이고, 자는 사무士武, 호는 우계산인雨溪散人이다. 임진왜란이 일어나자 관군을 이끌고 왜군과 싸웠으나 용인 전투에서 참패했다. 이어 광주 목사 권율權慄을 전라도 도절제사로 삼아 웅치熊峙에서 승리를 거두고 전주에 침입한 왜군을 물리쳤으나 앞서의 패전 때문에 탄핵을 받고 백의종군하게 되었다.

38 윤선각(1543~1611)의 본관은 파평坡平, 자는 수천粹天이고 호는 은성恩省과 달천達川이다. 1568년 별시문과에 급제하였으며 이후 충청도 관찰사가 되었다. 임진왜란이 일어나자 왜군과 싸웠으나 패전하여 관직을 박탈당했다. 후에 다시 기용되어 충청도 순변사, 판결사, 중추부동지사 등을 거쳐 광해군 초에 공조판서에 이르렀다.

39 오늘날 경상남도 합천 지역으로 보인다.

40 이로(1544~1598)는 본관이 고성固城이고, 자는 여유汝唯, 호는 송암松巖이다.

"지금 태평한 세상에 성을 쌓다니 당치도 않은 일이오."

그는 조정이 하는 일을 이렇게 또 비평하기도 했다.

"삼가三嘉는 앞에서 정진鼎津 나루가 가로막고 있는데, 왜적이 어찌 뛰어넘는단 말이오. 그런데 왜 함부로 성을 쌓아 백성들을 괴롭히는 것이오?"

대체 큰 바다를 가지고서도 왜병을 막아 내지 못했는데 이까짓 한 줄기 냇물을 가지고 무얼 한단 말인가. 그 사람의 의견도 잘못된 일이었다. 당시 사람들의 의논이 모두 이와 같았고, 홍문관弘文館[41]에서도 글을 올려 이렇게 의논했던 것이다.

한편 경상·전라 양 남도南道에 쌓은 성도 모두 올바른 형태를 갖추지는 못했고 쓸데없이 규모만 컸다. 특히 진주성은 본래 험한 산을 의지해서 세웠기 때문에 지킬 만했던 것인데, 이제 와서 너무 작다고 하여 동쪽 평지로 옮겨서 크게만 쌓았다. 그래서 그 뒤에 적들이 침입해 왔을 때는 저항하지 못하고 무너졌던 것이다.

대체 성이란 작더라도 견고한 것을 위주로 하는 것인데, 이와 반대로 크게만 만들어 놓았으니, 이는 모두 시론時論이

1590년에 증광문과에 급제하였다. 임진왜란이 일어나자 의병을 일으키고, 김성일의 종사관으로도 활약했다. 저서로 『사성강목四姓綱目』, 『용사일기龍蛇日記』, 『문수지文殊志』 등이 있다. 시호는 정의貞義다.

41 사헌부, 사간원과 더불어 삼사三司 중 하나로 궁중에서 경서經書와 사적史籍을 관리하고 문한文翰을 처리하는 한편 왕의 여러 자문에도 응하던 관청을 말한다.

그렇게 시끄러웠기 때문이다. 또 군정軍政의 근본이라든지, 장
수를 뽑아 쓰는 요령, 군사를 조련하는 방법 같은 것은 한 가지
도 연구하지 않았던 까닭에 전쟁이 났을 때 자연히 패할 수밖
에 없었던 것이다.

이때 조정에서는 정읍 현감으로 있는 이순신李舜臣[42]을 불

42 이순신(1545~1598)은 본관이 덕수德水이고, 자는 여해汝諧다. 1576년에 식년시
    式年試 무과에 병과丙科로 급제했으며, 1587년 녹둔도鹿屯島의 둔전을 관리하던
    당시 여진족의 습격에 대비해 병사 이일李鎰에게 병력 증원을 요청했으나 묵살당했
    다. 그 결과 여진족의 습격을 받아 피해를 입게 되자 장형을 당한 뒤에 백의종군하였
    다. 1589년에 이산해의 추천으로 다시 관직에 나서게 된 이순신은 감사 이광의 군
    관으로 전라도로 파견되었다. 그해에 조방장助防將과 선전관宣傳官 등을 거쳐 정읍
    현감이 되었으며, 임진왜란을 1년 앞둔 1591년에 전라좌도 수군절도사로 임명되었
    다. 임진왜란이 일어나자 경상우수사 원균元均의 요청을 받고 출정하여 옥포玉浦와
    합포合浦에서 왜선 30여 척을 격파하는 옥포해전을 시작으로 사천해전과 당포해전,
    당항포해전 등을 거치며 연승을 거두기 시작했다. 잇따른 승리로 이순신은 정2품 자
    헌대부資憲大夫가 되었다. 이후 이순신은 전라우수사 이억기李億祺, 경상우수사 원
    균과 함께 견내량見乃梁에 모여 있던 왜군을 한산도閑山島로 유인하여 수많은 왜선
    을 격파, 나포했는데 이것이 바로 한산도대첩이다. 이러한 승리 덕분에 조선 수군은
    제해권을 완전히 장악했으며 육지에서 북상 중이던 왜군은 병력 보충과 군수품 보급
    에 어려움을 겪게 되었다. 삼도수군통제사三道水軍統制使로 임명된 이순신은 왜군
    을 물리치는 일에 힘쓰면서도 동시에 호남 지역으로 몰려드는 피난민들을 돌보고, 전
    쟁의 장기화에 대비해 둔전을 일구었으며 병사를 조련하는 일에도 힘썼다. 일본의 계
    략과 원균의 모함으로 이순신은 두 번째로 백의종군하게 되었으나 조선 수군이 칠천
    량해전에서 대패하자 다시 삼도수군통제사가 되었다. 이에 이순신은 남아 있는 전선
    을 수습하여 붕괴된 조선 수군을 재건하였으며, 명량해전에서 일본 수군을 격파함으
    로써 제해권을 다시 장악했다. 이를 통해 조선은 왜군의 수륙 병진 작전을 무산시키
    고 전세를 뒤집는 계기를 마련했다. 이후 명나라 제독 진린陳璘과 연합해 노량해전에
    서 다시 한 번 왜군과 싸워 대승을 이루었으나 이때 유탄에 맞아 전사했다. 사후 우의
    정에 추증되었으며 저서로 『난중일기亂中日記』 등이 있다. 시호는 충무忠武다.

『북관유적도첩』 중에서 「수책거적도」. 여진족이 침입하여 목책을 따라 노략질하자 이순신
이 여진족을 활로 쏘아 죽이는 장면을 그렸다.

러서 전라좌도 수군절도사水軍節度使로 삼았다. 이순신은 어려서부터 담략이 있고 말타기와 활쏘기에 유난히 능숙한 사람이다. 전에 조산 만호造山萬戶로 있을 때의 일이다. 그는 북쪽 변방에 일이 많은 것을 보고 계책을 세워 모반한 오랑캐 우을기내于乙其乃를 꾀어내다가 결박 지어 병영으로 보낸 다음에 죽였다. 그런 뒤로부터는 북쪽 오랑캐에 대한 근심이 저절로 없어졌다.

또 이런 일도 있었다. 순찰사로 있던 정언신鄭彦信[43]이 이순신으로 하여금 녹둔도鹿屯島의 둔전屯田을 지키도록 했다. 안개가 자욱하게 낀 어느 날 우리 군사들은 모두 나가서 곡식을 거두고 있었다. 영책에는 겨우 수십 명밖에 남아 있지 않았는데, 졸지에 적의 기병들이 무수히 쳐들어왔다. 이에 이순신은 급히 영책문을 닫고 유엽전柳葉箭을 쏘아서 적 수십 명을 맞히어 말에서 떨어뜨리니 적들은 놀라서 모두 도망쳐 버렸다. 이것을 본 이순신은 영책문을 활짝 열어젖히고 혼자서 말에 올라 크게 소리치며 쫓아갔다. 적들은 어찌할 줄을 몰라 군

---

43 정언신(1527~1591)의 본관은 동래東萊이고, 자는 입부立夫, 호는 나암懶庵이다. 1566년 별시문과에 병과로 급제했으며 1571년에 호조좌랑으로 춘추관기사관이 되어 『명종실록』 편찬에 참여했다. 1582년에 이탕개가 쳐들어오자 우참찬으로 함경도 도순찰사에 임명되어 이를 물리쳤다. 1589년에는 우의정이 되어 정여립鄭汝立의 모반 사건에 연루된 잔당들의 옥사를 다스리고 위관委官에 임명되었다. 그러나 이내 정철鄭澈의 사주를 받은 대간들로부터 탄핵을 받아 위관에서 사퇴하고 이어 우의정에서도 물러났다. 이후 갑산으로 유배된 다음 유배지에서 죽었다.

기를 모두 땅에 버리고 어지러이 흩어지니, 이 싸움에서 약탈당했던 물건들을 모두 되찾았다.

이순신은 이 밖에도 여러 가지 숨은 공이 많았다. 하지만 조정에서는 아무도 그를 추천해 주는 사람이 없었다. 과거에 급제한 지 십여 년이 되어서야 겨우 정읍 현감이 되어 있었다.

이즈음 왜인의 교만스러운 태도는 날로 극성스러워만 갔다.

임금은 비변사備邊司에 명하여 제각기 장수가 될 만한 인재를 천거하라 하였다. 이때 내가 이순신을 천거해서 비로소 수사水使가 되었다. 그러나 이것을 본 사람들 가운데 이순신이 갑자기 승진한 것을 두고 의심하는 이도 더러 있었다.

당시 조정에 있는 무장 중에는 신립申砬[44]과 이일李鎰[45]이 가장 이름이 있고, 경상우병사 조대곤曺大坤은 늙은 데다가 용

---

44 신립(1546~1592)의 본관은 평산平山, 자는 입지立之다. 1583년에 온성 부사로 있을 때 이탕개 휘하의 야인들이 침입하여 훈융진訓戎鎭을 공격하자 적군을 격퇴하고 그들의 소굴을 소탕했다. 이어 경원부慶源府와 안원보安原堡에 침입한 야인들과 같은 해 종성에 쳐들어온 이탕개의 군대를 물리쳤다. 임진왜란이 일어나자 조정에서는 그를 삼도순변사에 임명하고 왜군을 막게 했으나 탄금대 전투에서 패배하자 자결했다. 후에 영의정에 추증되었으며, 시호는 충장忠壯이다.

45 이일(1538~1601)의 본관은 용인龍仁이고, 자는 중경重卿이다. 1587년 함경도 북병사가 되어 이탕개가 일으킨 난을 평정하고, 녹둔도에 여진족이 침입하자 이듬해 두만강을 건너 여진의 시전부락時錢部落을 소탕했다. 임진왜란이 일어나자 경상도 순변사로 임명되어 북상하는 왜군을 맞아 상주에서 전투를 벌였으나 크게 패하고 충주로 후퇴했다. 탄금대 전투에서도 패하자 평안도로 다시 피신하였다.

42

맹함도 없었으며, 인망까지도 좋지 않았다.

나는 경연經筵에서 주장했다.

"이일과 조대곤을 바꾸십시오."

그러나 병조판서 홍여순洪汝諄[46]이 반대했다.

"명장名將은 서울에 두어야 하오. 이일은 경상도로 보내선 안 되오."

나는 다시 말했다.

"매사에 예비한다는 것은 소중한 일이오. 더구나 군사를 다스려 적을 막는 데 있어서 어찌 소홀히 일을 처리한단 말이오. 일조에 일이 있고 보면 이일을 내보내야 할 판인데, 이왕 내보낼 바에야 일찍이 보내어 예비시켰다가 불의의 변을 막도록하는 것이 유리하지 않겠소. 만일 창졸간에 아무나 내보낸다면 이는 그 지방 지리에도 밝지 못할 뿐 아니라, 군사들의 실력조차 알지 못할 것이오. 이런 사람이 어떻게 적을 대적해 낸단 말이오. 이는 병가兵家의 법으로 보아 매우 꺼리는 것으로 만일 그렇게 하지 않는다면 후일에 반드시 후회가 있을 것이오."

나는 간곡히 주장했다. 그러나 임금은 아무런 결정도 짓

46　홍여순(1547~1609)의 본관은 남양南陽이고 자는 사신士信이다. 임진왜란이 일어나자 병조판서로서 선조를 호종하여 피란했다. 임진왜란이 끝난 뒤에는 남이공南以恭, 김신국金藎國 등과 함께 유성룡 일파를 몰아내고 정권을 잡았다. 이후 남이공이 그의 대사헌 임명을 반대하자 북인에서 다시 분당하여 대북을 이루었으며 소북과 당쟁을 벌이다가 1600년 병조판서에서 물러나게 되었다. 1608년 광해군이 즉위하자 탄핵을 받아 진도에 유배되었고 다음 해에 죽었다.

지 못했다.

　나는 또 비변사와 그 밖의 사람들과 의논하고 대대로 내려오던 진관鎭管의 법을 소홀히 하지 말도록 글을 올렸다. 그 대략을 추려 보면 이러했다.

　"국초國初에 각 도의 군병은 모두 진관에 분속分屬되어서 무슨 일이 있는 날에는 진관이 속읍屬邑을 통솔토록 했습니다. 또 이것이 차츰 물고기의 비늘처럼 정돈되어서 주장主將의 명령을 기다리게 되어 있는 터입니다. 경상도로 말하자면, 김해·대구·상주·경주·안동·진주 등 여섯 진鎭으로 되어 있어, 적병이 쳐들어와 한 진의 군사가 혹시 패하는 일이 있더라도 딴 진이 굳게 지킴으로써 한꺼번에 모두 허물어지는 폐단이 없도록 했던 것입니다. 그러던 것이 지난번 을묘년 변란 뒤에 김수문金秀文[47]이 전라도에서 군대의 편제를 고쳤던 것입니다. 그는 도내의 여러 읍을 쪼개어 이를 모두 순변사巡邊使·방어사防禦使·조방장助防將·도원수都元帥 및 본도의 병사兵使·수사水使에 예속시켰습니다. 이것이 바로 제승방략制勝方略이라는 것입니다. 이 법을 여러 도에서 본받았기 때문에 이제

47　김수문(?~1568)의 본관은 고령高靈이고, 자는 성장成章이다. 함경도 종성에 침입한 야인들이 사람들을 납치해 가자 1535년에 영건 만호永建萬戶로서 전투에 참여해 끌려갔던 사람들을 모두 데려왔다. 을묘왜변이 일어났을 때에는 왜적이 제주를 기습하자 이를 물리치고 승리를 거두었다. 1558년에 지중추부사知中樞府事에 올랐으며 1565년에는 한성판윤漢城判尹이 되었다. 이후 평안도 병마절도사로서 호인胡人의 침입을 여러 차례 격퇴하였다.

는 진관이란 이름뿐이요, 실상 서로 연락도 되지 않습니다. 한 번 급한 일이 있고 보면 원근이 한꺼번에 움직여 장수 없는 군사들만 들판 가운데 모여 있게 됩니다. 천 리 밖에서 장수가 오기를 기다리다가 때맞추어 장수는 오지 않고 날카로운 적군이 몰려들게 되면 군대의 사기는 어지럽고 싸움은 반드시 패하게 마련입니다. 이리하여 대군이 한 번 무너진 다음에는 장수가 온다 하더라도 때는 이미 늦을 것입니다. 누구를 데리고 전쟁을 하겠습니까? 바라옵건대 진관 제도는 대대로 내려온 법이니 다시 고쳐서 평시에는 훈련하기에 쉽고, 일이 있을 때에는 모이도록 하며, 또 앞뒤가 서로 상응하고 안팎이 서로 의지하여, 일시에 무너지고 흩어지는 폐단이 없도록 하시옵소서."

이 일을 본도에 내렸다. 그러나 경상감사 김수가 "제승방략은 써 온 지가 벌써 오래여서 졸지에 고칠 수가 없습니다" 하고 말하자 결국 나의 건의는 쓰이지 못하고 말았다.

임진년 봄의 일이다. 신립과 이일을 각각 보내어 변방을 순회하게 했다. 이때 이일은 충청도와 전라도로 가고, 신립은 경기도와 황해도로 갔다. 그들은 한 달이 지난 뒤에 돌아왔으나 조사한 것이라고는 겨우 활·화살·창·칼 같은 것뿐이었다. 군이나 읍에서는 문서상으로만 법에 저촉되지 않게 갖췄고, 달리 방비하는 좋은 방책은 없었다.

신립은 본시부터 성질이 잔인하고 사납다는 소문이 있었

다. 가는 곳마다 사람을 죽여 자기의 위엄만 세우려 하니 수령들이 모두 두려워했다. 그러다 보니 백성들을 동원하여 길을 닦고, 또 매우 융숭하게 대접하는 것이 대신들의 행차보다도 더욱 극진한 바가 있었다.

이들은 4월 1일 서울로 돌아와 복명했다. 이때 신립이 사저로 나를 찾아오자 그에게 물었다.

"아마도 우리나라에 머지않아 변이 있을 듯싶소. 그때에는 그대가 군사 일을 맡아 봐야 할 텐데, 오늘날 적의 형세로 보아 넉넉히 막아 낼 자신이 있으시오?"

그는 대수롭지 않게 대답했다.

"그까짓 것쯤 걱정할 게 없소이다."

나는 다시 말했다.

"그렇지 않지요. 전에는 왜병이 다만 짧은 병기를 가지고 있었지만, 지금 와서는 조총이 있는데 어떻게 만만히 볼 수가 있단 말이오."

그러나 신립은 종시 태연한 말투였다.

"왜병들이 조총을 가졌다지만 쏠 때마다 맞는답디까."

"나라가 오랫동안 아무 일도 없을 때는 사졸들이 모두 겁약한 법이오. 그러다가 일조에 변이 생기고 보면 이것을 감당하기가 몹시 어려운 법입니다. 내 생각으로는 몇 해 뒤에는 우리 군사도 모두 병기에 익숙해져서 난을 수습할 수도 있을 것이오. 하지만 지금 같아서는 매우 걱정이 되는 바올시다."

신립은 내내 나의 말을 옳게 여기지 않더니 그대로 자리에서 일어섰다.

신립이 계미년(선조 16년, 1583년)에 온성 부사로 있을 적의 일이다. 오랑캐들이 모반해서 종성鍾城을 포위했다. 신립은 구원하기 위해 급히 가서 부하 10여 기騎만을 거느리고 돌격하여 오랑캐를 무찔렀다. 이것을 보고 조정에서는 신립이 대장이 될 만한 자격이 있다고 했다. 이내 북병사北兵使와 평안병사平安兵使로 올려 썼다. 얼마 되지 않아 품계가 자헌대부資憲大夫[48]까지 올라갔다. 이러고 보니 신립은 마침내 병조판서까지 하고 싶은 욕심이 생겼다.

그는 의기가 날카로워서 마치 옛날 조趙나라 조괄趙括[49]이 강한 진秦나라를 철없이 업신여기던 것과 같았다. 어떤 일에도 겁내는 법이 없었다. 그리하여 식자識者들은 이것을 보고 모두 그를 근심했다.

경상우병사 조대곤의 자리를 임금의 특지特旨로써 승지

---

[48] 조선 시대 정2품으로 정헌대부正憲大夫보다 아래 자리다. 원래는 문무관에게만 주다가 나중에는 종친宗親과 의빈儀賓에게도 이 품계를 주었다.

[49] 조괄(?~BC 260)은 전국 시대 조나라 사람으로 반간계에 넘어간 조나라 효성왕孝成王이 염파廉頗 대신 그를 장군에 기용하자 그간의 수성守城 전략을 버리고 대거 공격에 나섰다가 이내 진나라 장수 백기白起에게 포위되었다. 이후 조괄은 탈출을 시도하다가 화살에 맞아 전사했으며 40여만 명에 이르는 조나라 군사는 하룻밤 사이에 모두 갱살되었다.

「북관유적도첩」 중에서 「일전해위도」. 신립이 온성 부사로 있을 때 쳐들어온 여진족을 물리치는 그림이다.

承旨 김성일로 바꾸도록 하였다. 그러나 비변사가 이의를 제기했다.

"김성일은 유신儒臣입니다. 이런 시절에 변방을 지킬 장수감이 아니옵니다."

그러나 임금은 이를 허락하지 않았다. 김성일은 임금께 하직하고 임지로 떠났다.

4월 13일에 왜병이 국경을 침범해서 부산포釜山浦가 함락되고 첨사僉使 정발鄭撥[50]이 죽었다. 이보다 앞서 왜국 평조신, 승려 현소 등이 우리 통신사와 함께 와서 동평관에 머무르고 있었다.

비변사에서 황윤길과 김성일 등으로 하여금 왜인을 청해다가 사사로이 술자리를 베풀어 놀면서 조용히 저들의 내정을 살펴 방비할 계책을 마련하자 하니, 임금도 이를 옳게 여겨 허락했다.

김성일이 그들을 만나 여러 가지로 수작해 보았다. 현소가 가만히 말했다.

"명나라가 오랫동안 일본과 국교國交를 끊고 지내서 조공이 없어졌소. 평수길이 이것을 내심 몹시 분하게 여기고 있으

---

50 정발(1553~1592)은 조선 중기의 무신으로 본관은 경주慶州이고 자는 자고子固, 호는 백운白雲이다. 1579년에 무과에 급제했으며 해남 현감과 거제 현령을 거쳐 1592년에 부산진첨절제사가 되었다. 임진왜란이 일어나자 부산에 상륙한 왜병을 맞아 분전했으나 결국 성이 함락되고 그 역시 전사했다.

니, 이제 필시 전쟁을 일으킬 눈치인 것 같소. 조선에서는 이 일을 미리 명나라에 알려 조공만 하도록 해 주면 이 땅에는 별 일이 없을 것이며 일본 66주의 백성들도 전쟁을 해야 할 수고를 덜게 될 것이오."

이 말을 듣고 김성일 등은 대의大義로 책망도 해 보고, 달래기도 해 보았다. 그러나 현소는 이렇게 말하는 것이었다.

"옛날에 고려가 원나라 군사를 인도해서 우리 일본을 친 일이 있었소. 우리가 지금 이 일로 해서 그때 원수를 갚으려 하는데 무엇이 그르단 말이오."

그의 말투가 점점 무례해져 갔다. 우리는 이것을 본 뒤로는 다시 말할 필요조차 없다고 생각했다.

평조신과 현소 등이 돌아가고 신묘년(선조 24년, 1591년)에 또다시 평의지가 부산포에 왔다. 그는 우리 변장邊將을 보고 위협조로 말했다.

"지금 일본이 명나라와 통신하려 하고 있소. 당신 나라에서 이 말을 전해 준다면 아무 일도 없으려니와, 그렇지 못하면 두 나라 사이에 화기和氣를 잃게 될 것이오. 이 어찌 큰일이 아니겠소. 우리가 일부러 와서 알리는 것이니 알아서 하시오."

변장은 이대로 위에 보고했다. 그러나 조정에서는 우리 통신사만 꾸짖고 또한 그들의 오만무례한 것만 탓했다. 크게 대수롭지 않게 여기고 답하지도 않고 있었다.

평의지는 십여 일 동안이나 배에 머물러 있다가 좋지 않은 낮으로 돌아가 버렸다. 그 뒤로 왜인은 다시 오지 않았다. 부산포에 머물러 있던 왜인 수십 명도 하나씩 자취를 감추어 마침내는 하나도 남지 않게 되었다. 우리는 이것을 매우 이상하게 여겼다. 그러던 것이 이날(선조 25년, 임진년인 1592년 4월 13일)에 와서 졸지에 몰려든 것이다.

왜선倭船이 대마도로부터 바다를 덮어 오니, 바라보아도 끝이 보이지 않을 만큼 어마어마했다. 이때 부산 첨사 정발은 마침 절영도絶影島로 사냥을 나갔었다가 갑자기 이 말을 듣고 허둥지둥 성으로 돌아왔다. 왜병은 벌써 상륙해서 사면으로 몰려들었다. 삽시간에 성은 함락되고 말았다. 이것을 본 좌수사左水使 박홍朴泓[51]은 적의 세력이 너무나 큰 것을 보고 감히 나가 싸우지도 못한 채 성을 버리고 달아났다.

왜군은 군사를 나누어 서평포西平浦·다대포多大浦를 연달아 쳐서 함락시켰다. 이때 다대포 첨사 윤흥신尹興信은 힘껏 싸우다가 적에게 죽었다. 좌병사 이각李珏은 이 소식을 듣고 병영을 떠나 동래로 들어갔다. 그때는 벌써 부산이 함락된 뒤라, 이각은 어쩔 줄을 모르고 다른 군사들과 적을 협격할 것을

---

51 박홍(1534~1593)의 본관은 울산蔚山이고, 자는 청원淸源이다. 임진왜란이 일어나자 경상좌도 수군절도사로서 왜군의 선봉을 맞아 전투를 벌였지만 패하자 본진을 불태우고 죽령竹嶺으로 후퇴해 왜군을 방어하려 했다. 그러나 조령鳥嶺이 함락되었다는 소식을 듣고 다시 서울로 후퇴했다. 이후 임진강 방어에 참여했으며 신길申硈, 유극량劉克良과 더불어 파주에서 싸웠으나 패하고 말았다. 1593년에 평양이 수복되자, 김명원을 따라 파주까지 종군하였으나 지병이 재발해 귀향하던 도중 사망했다.

「부산진순절도」, 조선 후기의 화가 변박卞璞이 그린 기록화로 보물 제391호다. 정발을 중심으로 수비병들은 비장한 모습으로 그려져 있는 반면, 왜병과 왜선들은 빽빽하게 채워져 있어 당시의 전력 차를 실감하게 해 주는 그림이다.

평계 삼아 성 밖에 나가 소산역蘇山驛으로 퇴진했다. 한편 부사 송상현宋象賢[52]은 이각에게 자기와 함께 성을 지키자고 말했다. 그러나 이각은 듣지 않았다.

15일에 이르러 왜병은 동래로 들어왔다.

송상현은 성의 남문에 올라가 반나절이나 힘껏 전투를 지휘했으나 성은 함락되었다. 그러나 송상현은 앉은 채로 꿋꿋이 버티면서 왜병의 칼에 맞아 죽었다. 이에 왜병도 그의 사수死守를 장하게 여겨 시체를 관에 넣어 성 밖에 묻고 말뚝을 세워 표해 주었다.

이로부터 각 고을은 모두 보잘것없이 무너지기 시작했다.

밀양 부사 박진朴晉[53]은 동래로부터 급히 돌아와서 작원鵲院의 좁은 길을 막아 대항하려 했다. 그러나 적은 양산梁山을 함락하고 작원으로 몰려들어 왔다. 그들은 작원의 길목을 지키는 군사가 있는 것을 보고 산 뒤 높은 곳으로 올라온 다음 넓

---

52 송상현(1551~1592)의 본관은 여산礪山이고, 자는 덕구德求, 호는 천곡泉谷이다. 1591년 통정대부通政大夫에 오르고 동래 부사가 되어 방비를 굳게 하고 선정을 베풀었다. 임진왜란이 일어나 왜군이 동래성을 포위하자 결사항전했으나 성이 함락당하자 조복朝服을 입고 단정히 앉아서 죽음을 맞이했다. 이 모습을 본 왜군이 그의 충성심을 기려 특별히 장사 지내 주었다고 전해진다.

53 박진(?~1597)의 본관은 밀양密陽이고, 자는 명보明甫다. 임진왜란이 발발하자 작원에서 적을 맞아 싸웠으나 패했다. 이후 경상좌도 병마절도사가 되어 병사를 수습하는 한편, 소규모 전투를 수행해 적의 기세를 저지했다. 별장 권응수權應銖를 파견하여 영천성을 탈환하였으며 경주성을 공격했으나 복병의 기습으로 실패했다가 다시 군사를 재정비하고 결국 성을 탈환했다. 시호는 의열毅烈이다.

「동래부순절도」. 조선 후기의 화가 변박이 그린 기록화로 보물 제392호다. 붉은 조복을 입고 단좌하고 있는 송상현의 모습과 성 밖으로 도주하는 이각의 무리가 대조적이다.

게 흩어져 개미 떼처럼 쳐내려왔다. 우리 군사들은 이것을 보고 모두 흩어져 달아나 버렸다. 이에 박진은 밀양으로 다시 달려갔다. 그는 병기와 창고를 불사르고 성을 버리고 산으로 도망쳤다.

이각은 그 뒤에 병영으로 돌아와 먼저 자기 첩부터 성 밖으로 피난시키니, 성안 인심은 한층 더 흉흉해졌다. 군사들은 공연히 놀라고 어찌할 줄을 몰랐다. 이각은 마침내 새벽을 틈타 몸을 빼어 도망쳤다. 이 모습을 본 군사들은 제각기 흩어지고 말았다. 이때 적은 길을 나누어 계속하여 여러 고을을 함락시켰다. 그러나 이편에서는 한 사람도 나가서 이것을 막지 못했다.

김해 부사 서예원徐禮元[54]은 성문을 닫아걸고 지키고 있었다. 적들은 성 밖에 있는 보리를 베어다가 성 높이와 같게 쌓아놓고서 쳐들어왔다. 초래 군수 이모李某는 이것을 보고 먼저 도망쳐 버렸다. 서예원도 그 뒤를 따라 도망쳤다. 이렇게 되고 보니 성은 이내 함락되고 말았다.

순찰사 김수는 진주에 있다가 처음으로 이러한 왜변이 생겼다는 소식을 들었다. 그래서 동래로 급히 달려가는 길에 중

---

[54] 서예원(?~1593)은 조선 중기의 무신이다. 임진왜란이 발발하자 김해 부사로 성을 수비하려 했으나 결국 패주하였다. 의병장 김면金沔과 협력하여 지례의 왜군을 물리치고, 1차 진주성 전투에서는 김시민金時敏을 도와 항전하였다. 후에 진주 목사가 되었으나 왜군이 재차 진주성을 공격해 오자 성을 버리고 숨어 있다가 살해당했다.

로에서 적이 가까이 왔다는 소문을 들었다. 그는 더 앞으로 나
가지 못하고 오던 길로 하여 우도右道로 도망쳤으나 어쩔 줄을
몰랐다. 그는 생각다 못해 여러 고을의 백성들에게 적을 피하
라는 격문만 띄웠다. 이로 인해서 도내가 텅 비게 되고 보니 더
구나 어찌할 수가 없었다.

용궁 현감 우복룡禹伏龍[55]은 그 고을에 있는 군사들을 거
느리고 병영으로 가는 길이었다. 도중에 영천 길가에서 밥을
지어 먹고 있었는데, 때마침 하양河陽 군사 수백 명이 방어사
에 예속되어 북쪽으로 가는 길에 그 앞을 지나게 되었다. 그 군
사들은 말에서 내리지 않고 그대로 지나갔다. 이것을 본 우복
룡은 이를 괘씸히 여겨 붙잡고 꾸짖었다.

"너희들은 반란을 일으키는 군사로구나."

하양 군사들은 병사兵使의 공문을 내보이며 설명했다. 하
지만 우복룡은 이를 듣지 않고, 자기 군사를 시켜 그들을 포위
하고는 모두 쳐 죽여 시체가 들에 가득했다. 그러나 순찰사는
도리어 우복룡에게 공이 있다고 해서 통정대부로 승급시키고
다시 정희적鄭熙績을 대신해서 안동 부사에 임명했다.

그런 뒤로 하양 군사들의 가족인 고아와 과부들은 사신을

---

55 우복룡(1547~1613)의 본관은 단양丹陽이고, 자는 현길見吉, 호는 구암懼庵과 동계
東溪다. 1573년에 사마시에 합격하여 성균관 유생이 되었다. 임진왜란이 일어나자
용궁 현감으로서 끝까지 고을을 지켰으며 이 공으로 안동 부사가 되었다. 후에 나주
와 충주 목사를 거쳐 성천 부사에 이르렀다.

만나기만 하면 말머리를 가로막고 울면서 원통한 사정을 호소했다. 그러나 그때에는 벌써 우복룡의 위명威名이 자자했던 터라, 아무도 그들을 위해서 말해 주는 사람이 없었다고 한다.

17일 이른 아침. 변장의 급보가 겨우 조정에 이르렀으니, 이것은 좌수사 박홍의 장계였다. 이때 대신들과 비변사는 빈청에 모여서 임금을 뵙고자 청했으나 허락이 없었다. 다시 글을 올려 이일을 순변사로 삼아 중로中路로 내려보냈고, 성응길成應吉은 좌방어사로 삼아서 좌도左道로 내려보냈다. 조경趙儆[56]을 우방어사로 삼아서 서로西路로 내려보내고, 유극량劉克良[57]을 조방장으로 삼아서 죽령을 지키게 했다. 변기邊璣도 역시 조방장을 삼아 조령을 지키게 했다.

한편 경주 부윤府尹[58] 윤인함尹仁涵[59]은 유신儒臣으로서 유

---

56 조경(1541~1609)의 본관은 풍양豊壤이고 자는 사척士惕이다. 임진왜란이 일어나자 경상우도 방어사가 되어 황간과 추풍 등지에서 싸웠으나 패하였다. 이후 도원수 권율과 함께 행주산성에서 승리를 거두었다. 1593년 명나라 장수 낙상지駱尙志의 요청으로 『기효신서紀效新書』의 신진법新陣法을 받아들이면서 새로 편제된 훈련도감당상을 겸했다.

57 유극량(?~1592)의 자는 중무仲武로 임진왜란 당시 죽령을 방어하다가 패하자, 군사를 인솔해 방어사 신할申硈에게 가서 부장이 되어 함께 임진강을 방어했다. 이때 신할이 강을 건너 적을 공격하려 하자 가볍게 움직이지 말 것을 건의했으나 받아들여지지 않았다. 결국 신할과 함께 강을 건너다가 복병을 맞아 싸우던 중 전사하고 말았다.

58 종2품 문관의 외관직 중 하나로 관찰사와 동격이며 지방 관청인 부府의 우두머리다.

59 윤인함(1531~1597)의 본관은 파평坡平이고, 자는 양숙養叔, 호는 죽재竹齋와 죽당

약하고 겁이 많다 하여 전에 강계 부사로 있던 변응성邊應星[60]을 내려보내 대신케 했다.

그들에게는 모두 군관軍官을 가려서 데리고 가도록 영을 내렸다. 그런데 얼마 안 되어 부산이 함락되었다는 보고가 왔다. 당시 부산은 적에게 포위된 채 사람이 통행도 하지 못하는 형편이었다.

박홍의 장계를 보면 이러했다.

"높은 데 올라가 바라보니 붉은 깃발이 성안에 가득하옵니다."

이 장계로 해서 성이 이미 함락되었다는 것을 짐작하게 된 것이다.

이때 이일은 서울에 있는 정병 삼백 명을 거느리고 가고자 했다. 병조에서 뽑았다는 군사들은 모두 민가나 시정市井에 있는 사람들 또는 서리와 유생들이 태반이었다. 군사를 점검하면서 보니 유생들은 관복에 책을 옆에 끼고 있었고, 서리들도 모두 평정건平頂巾을 쓰고 있었다. 그들은 모두 군사로 뽑히

竹堂이다. 임진왜란 당시 경주 부윤이었으나 나약하고 겁을 낸다는 이유로 교체되었다. 윤두수尹斗壽의 추천으로 호서의 관찰사가 되었지만 파직당했다가 후에 형조참판이 되었다.

60 변응성(?~?)은 조선 중기의 무신으로 본관은 원주原州다. 1579년에 무과에 급제하였고, 강계 부사를 역임하다가 임진왜란이 일어나자 유성룡의 천거로 경기방어사가 되었다. 이천 부사 때 여주 목사 원호元豪와 함께 남한강에서 적을 물리쳤다. 1596년 이몽학李夢鶴의 난이 일어나자 용진과 여주 파사성을 수비하였다.

기를 꺼리는 사람들이었다. 이런 사람들만 뜰에 가득히 모집해서 세웠으니, 데리고 갈 만한 군사라고는 하나도 없었다.

이일은 조정의 명을 받고서도 3일이 지나도록 떠나지 못하고 있을 수밖에 없었다. 조정에서는 할 수 없이 이일을 혼자 먼저 가게 하고 별장別將 유옥兪沃을 시켜서 군사를 데리고 뒤따라가도록 했다.

이때 나는 장계를 올려 말했다.

"병조판서 홍여순에게는 그 책임을 맡길 수가 없습니다. 또 군사들도 그를 바꾸어 주기를 원하고 있습니다."

이것을 받아들여 김응남을 병조판서로 삼고 심충겸沈忠謙[61]을 병조참판으로 삼았다.

대간臺諫이 또 청했다.

"대신大臣을 체찰사體察使[62]로 삼아서 여러 장수들을 검독檢督하도록 해야겠습니다."

이 의논도 받아들여졌다. 수상은 이 책임을 나더러 맡으라고 했다. 나는 이를 승낙하고 다시 임금께 아뢰어 김응남을 부사로 삼도록 했다.

---

61 심충겸(1545~1594)은 본관이 청송靑松이고, 자는 공직公直, 호는 사양당四養堂이다. 임진왜란 당시 병조참판 겸 비변사제조備邊司提調가 되어 선조를 호종했다. 호조와 병조의 참판으로서 군량미 조달에 특히 공헌했다. 시호는 충익忠翼이다.

62 임금의 명을 받고 지방에 파견되어 제반 군사 업무를 총괄하던 임시 벼슬을 말한다.

전에 의주 목사로 있던 김여물金汝吻[63]은 무략武略이 있는 사람이었다. 이때 그는 남의 일에 연좌되어 옥에 갇혀 있었으므로 나는 임금께 아뢰어 그의 죄를 용서하여 나를 따라가게 해주기를 청했다. 이리하여 무사 중에서 이 밖에도 비장裨將이 될 만한 사람 80여 명을 모집했다.

이즈음 급보가 연달아 올라왔다. 적의 날쌘 군사가 밀양의 큰 재를 넘어 머지않아 조령에 가까워지리라는 소식이었다. 나는 김응남과 신립을 보고 말했다.

"적들이 저렇듯 급하게 쳐들어오니 일이 급하지 않소? 어떻게 하면 좋단 말이오."

신립이 대답했다.

"이일이 외로운 군사를 가지고 앞에 나가 있는데, 뒤에서 응원 부대가 없으니 딱한 일이오. 이제 체찰사(유성룡)께서 내려가시기는 하지만, 이는 싸우는 장수와는 다릅니다. 차라리 장수를 새로 뽑아 먼저 빨리 내려보내 일을 후원토록 하는 게 나을 것 같소이다."

이렇게 신립이 서두르는 품이 금세라도 자기가 손수 떠나

63　김여물(1548~1592)은 본관이 순천順天이고, 자는 사수士秀, 호는 피구자披裘子와 외암畏菴이다. 1567년에 진사시에 합격하고 1577년에 알성문과에 장원으로 급제했다. 임진왜란이 일어나자 유성룡은 무략이 뛰어난 그를 자기 밑에 두려고 했으나 신립이 자신의 종사관으로 임명해 줄 것을 요청했다. 신립과 함께 출전한 김여물은 조령을 지킬 것을 간했으나 받아들여지지 않았고, 결국 탄금대 전투에서 전사했다.

고자 하는 눈치였다. 이에 나는 긴응남과 함께 들어가 임금을 뵙고 이러한 사실을 모두 아뢰었다. 이 말을 들은 임금은 직접 신립을 불러서 물어보았다. 그러고는 이내 신립을 도순변사都巡邊使[64]로 삼았다.

신립은 궐문 밖으로 나가 몸소 다니면서 같이 갈 사람을 구했다. 하지만 무사들 중에는 한 사람도 가고자 하는 이가 없었다. 때마침 나는 중추부中樞府에서 떠날 일을 준비하고 있었는데 신립이 내가 있는 곳으로 왔다. 그곳에는 내가 모집한 군사가 뜰 앞에 가득 차 있었다. 그는 얼굴에서 불만스런 빛을 감추지 못했다. 신립은 김응남과 나를 번갈아 쳐다보면서 말했다.

"아니, 이런 사람을 대감이 데리고 가서 무엇에 쓰겠습니까? 소인이 부사가 되어 가고 싶습니다."

분명한 불평이었다. 그러나 나는 그의 노여움이 다른 것이 아니라, 무사들이 자기를 따르지 않는 데 있다는 것을 알았다. 나는 웃으면서 말했다.

"그야 다 같은 나랏일이 아니오? 이것저것 따질 게 뭐 있소? 이제 공이 급히 먼저 가시니 우선 내가 모아 놓은 군관들을

---

64 임금의 특사로 군사 업무를 총괄하기 위해 중앙에서 파견된 관원. 임진왜란 당시 신립이 도순변사에 임명된 것 이외에는 별다른 기록이 남아 있지 않아 구체적인 직무에 대해서는 알기 어렵다.

데리고 떠나시오. 나는 뒤에 따로 모집해 천천히 가겠소이다."

　나는 군관들의 이름을 쓴 단자單子를 그에게 내주었다. 신립은 그제야 뜰 앞에 모여 있는 무사들을 돌아보면서 말했다.

　"이리로들 오게!"

　그가 앞에 서서 나가니 여러 사람이 멀거니 쳐다보면서 따라갔다. 그들 중에는 김여물도 섞여 있었다. 그는 속으로 좋지 않게 생각했다.

　신립이 떠날 무렵 임금이 그를 불러 보시더니 보검을 주면서 말했다.

　"이일 이하, 그 밑의 사람으로서 그대의 영을 거스르는 자가 있거든 이 칼로 베이게 하라!"

　신립은 명을 받고 물러났다. 다시 빈청으로 대신들을 찾으려고 막 대뜰로 내려설 무렵이었다. 머리에 썼던 사모가 갑자기 땅에 떨어지는 것이었다. 이를 옆에서 보던 사람들까지 모두 실색했다.

　신립은 길을 떠나 용인龍仁에 다다르자 우선 임금께 글을 올렸다. 한데 그 글에는 자기의 이름을 쓰지 않았다. 이 때문에 혹시 그의 마음속에 딴생각이 있지나 않을까 하고 의심하는 이까지 있었다.

　경상우병사 김성일을 잡아서 옥에 가두려 하였으나 그러

기 전에 그를 불러서 초유사招諭使[65]로 삼았다. 그 대신 함안 군수 유숭인柳崇仁[66]을 병사로 삼았다.

김성일이 처음으로 전지戰地로 가는 길이었다. 상주에 다다르자 벌써 적들이 국경을 침범했다는 소식이 들렸다. 그는 이 소식을 듣고 주야로 본영本營을 향해 돌아오다가 중간에서 조대곤을 만나 인장印章과 부절符節을 주었다.

이때 적은 벌써 김해를 함락시키고 우도右道 여러 고을을 노략질했다.

김성일이 마침 앞으로 나가다가 적들을 만났다. 김성일의 휘하 장수들은 적을 보고 모두 겁내어 달아나려고 했다. 김성일은 이것을 보고 말에서 내려 큰 책상 위에 올라서서 꼼짝도 않고 군관 이종인李宗仁[67]을 불러 큰 소리로 외쳤다.

"너는 용사勇士가 아닌가? 적을 보고서 달아나다니, 이 어찌 남아의 일인가?"

이럴 즈음 쇠로 만든 탈金假面을 쓴 왜적 하나가 칼을 휘

---

65   전쟁 등이 일어났을 때 백성을 초유招諭하는 일을 맡았던 임시 벼슬을 말한다.

66   유숭인(?~1592)은 조선 중기의 문신으로 임진왜란 당시 왜군에게 성이 포위되자 병사와 백성들을 규합해서 지키는 한편 곽재우郭再祐의 의병에 진로를 끊긴 왜군을 추격해 무찔렀다. 여러 차례 공을 세워 경상우도 병마절도사가 되었으며 진주성이 왜군에게 포위되자 구하기 위해 나섰다가 성 밖에서 싸우던 중에 전사했다.

67   이종인(?~1593)은 본관이 전주全州이고 자는 인언仁彦이다. 1593년 왜군이 진주성을 공격해 오자 김성일의 아장牙將이 되어 적장을 사살해 적을 퇴각시켰으며 그 공으로 김해 부사가 되었다. 왜군이 재차 진주성을 공격하자 병력을 거느리고 성안으로 들어가 사수하던 도중 조총에 맞아 전사했다.

두르면서 달려왔다. 이종인이 이를 보고 말을 놓아 달려 나가며, 활을 당겨 한 번 쏘니 적은 한 살에 맞아 땅에 쓰러졌다. 이 모습을 본 적들은 모두 흩어져 달아나고 하나도 앞으로 나오지 못했다.

김성일은 흩어진 군사들을 다시 불러 모았다. 또 여러 고을에 격문을 띄워 수습할 방책을 세웠다. 그러나 임금은 김성일이 전에 일본에 사신으로 갔다 왔을 때, 적이 쉽게 올 것 같지 않다고 주장해서 인심을 해이하게 하고 나랏일을 그르쳤다고 해서 의금부도사義禁府都事[68]에 명하여 잡아오게 했다.

일은 장차 크게 벌어질 뻔했다.

감사 김수는 김성일이 잡혔다는 말을 듣고 길에 나가서 작별했다. 그러나 김성일은 얼굴에 강개한 빛을 띨 뿐, 한마디도 자기 집 일을 부탁하지 않았다. 김성일은 다만 김수를 권면할 뿐이었다.

"되도록 진력해서 적을 물리치시오."

이것을 본 노리老吏 하자용河自溶은 탄식하기를 마지않았다.

"자기가 죽는 것은 말하지 않고 오직 나랏일만을 걱정하니 참으로 충신이로군!"

김성일이 직산稷山에 다다랐다. 임금은 그동안 노여움도

68　의금부에 두었던 종6품 관직으로 총 다섯 명을 두었다.

풀리고 또 김성일이 본도에서 인심을 얻은 것도 잘 알기 때문에 그 죄를 용서하고, 우도 초유사를 삼아 도내 인심을 수습하고, 또 군사를 모집하여 적을 막도록 했다.

당시 유숭인은 전공이 있었다 하여 그를 병사로 삼았던 것이다.

첨지 김륵金玏[69]을 경상좌도 안집사安集使로 삼았다. 그때 감사 김수는 우도에 있었다. 적병이 가로막아서 좌도와 소식이 서로 통하지 못했다. 그 때문에 수령들은 모두 벼슬을 버리고 달아나 인심이 몹시 해이해졌다.

조정에서 이 말을 듣고, 김륵은 영천榮川 사람으로서 본도 민정을 소상히 알 터이니 이 사람이면 인심을 수습하리라고 생각했다. 그래서 임금께 아뢰어 그를 안집사로 삼아 보내도록 했던 것이다.

김륵이 좌도에 도착하자 좌도 인민들은 비로소 조정에서 사람이 왔다는 말을 듣고 차츰 모여들기 시작했다.

영천과 풍기豊基 두 고을만은 다행히 적들이 오지 않았다. 또 이곳에서는 의병도 여러 번 일어났다고 한다.

---

69 김륵(1540~1616)은 조선 중기의 문신으로 임진왜란 당시 형조참의를 거쳐 안동 부사로 있다가 경상도 안집사로 영남에 가서 백성들을 위무했다. 경상우도 관찰사가 되고 나서는 전라도의 곡식을 운반해 기근에 든 백성들을 구제하려 애썼다. 후에 이조 판서에 추증되었다.

적이 상주를 함락시켰다. 순변사 이일은 패해서 충주로 돌아갔다.

처음에 경상도 순찰사 김수는 적의 침입 소식을 듣고 곧 제승방략의 분군법分軍法에 의하여 여러 고을에 회장回章을 보내서 각각 소속 군인들을 거느리고 맡은 곳에 머물러 있게 하였다. 그리하여 도성에서 장수가 내려오기를 기다리게 했다.

문경聞慶 이하의 수령들은 군사를 거느리고 대구로 나갔다. 그들은 냇가에서 노영露營을 하며 순변사가 오기를 기다렸다. 이런 지 수일이 지나도록 순변사는 오지 않고 적들만 점점 가까이 왔다.

자연히 떼 지은 군사들은 서로 놀라 동요하기 시작했다. 때마침 큰비가 내려 옷은 모두 젖고 설상가상으로 양식까지 떨어졌다. 이러고 보니 군사들은 밤중에 모두 흩어져 달아나 버렸다. 수령들까지도 단기單騎로 도망쳐 버렸다.

이때 순변사는 문경으로 들어가는 중이었는데 고을 안은 텅 비어 있고 사람 하나 보이지 않았다. 손수 창고에 있는 곡식을 풀어, 데리고 간 사람들에게 나누어 먹였다. 순변사는 이내 함창咸昌을 거쳐 상주로 들어갔다.

상주 목사는 김해金邂였다. 그는 순변사를 기다린다는 핑계로 역참에 나갔다가 그 길로 산속으로 도망쳐 버렸다. 판관判官 권길權吉만이 혼자서 고을을 지키고 있었다. 이일은 군사가 하나도 없는 것을 책망하여 권길을 끌어내어 죽이려 했다.

그러나 권길은 다시 군사를 모아 오겠다고 애원했다. 권길은 밤새도록 촌락을 돌아다니면서 수백 명을 데리고 아침 일찍이 돌아왔다. 그러나 끌려 온 사람들은 모두 농민들뿐이었다.

이일은 상주에서 하루를 머무르며 창고에 있는 곡식을 내어 흩어져 있는 백성들을 달래서 불러 모았다. 산골짜기 속에서 하나둘씩 군사들이 모여들어 다시 수백 명이나 되었다. 창졸간에 대오隊伍를 짜서 군대를 조직했다. 그러나 싸움을 한 번도 해 보지 못한 사람들뿐이었다.

이때 적들은 벌써 선산善山에 도착해 있었다. 저녁 무렵에 개령開寧 사람 하나가 와서 적들이 가까이 왔다고 보고했다. 이일은 이자가 민심을 현혹시킨다 해서 죽이려 했다. 그러자 그 사람이 애걸했다.

"그렇게 제 말을 믿지 못하십니까? 그렇다면 저를 잠시 동안 가두어 두고 기다려 보십시오. 그때 보아서 제 말이 거짓이거든 죽여 주십시오."

이날 밤, 적들은 장천長川까지 와서 주둔했다. 장천이란 상주에서 불과 2리 떨어져 있는 곳이다. 그러나 이일의 군중에는 척후가 없어서 적이 오는 것도 알지 못하고 있었다. 그는 이튿날 아침 일찍 개령 사람을 옥에서 끌어내 놓고 말했다.

"아직도 적은 아무 소식이 없다. 너는 분명 민심을 현혹시킨 것이 아니냐?"

그는 이렇게 말하고 나서 죄 없는 그 사람을 베어 죽였다.

억지로 불러 모은 민군民軍과 도성에서 데리고 온 장수 등을 모두 합쳐도 겨우 팔백에서 구백 명밖에 되지 않았다. 이들을 데리고 북쪽 냇가로 간 이일은 진을 치는 법을 가르치기 위해서 산에 의지해 진을 치고, 그 가운데 대장기를 꽂았다.

이일은 갑옷을 입고 그 깃대 밑에 말을 타고 섰고, 종사관從事官[70] 윤섬尹暹[71]·박호朴箎[72]와 판관 권길, 사근찰방沙斤察訪 김종무金宗武[73] 등은 모두 말에서 내려 이일의 뒤에 섰다.

얼마 후에 저만큼 멀지 않은 숲 속에서 사람 두셋이 나와서 이편을 바라보고 배회하다가 도로 사라졌다. 이일의 부하들은 적이 우리 동정을 엿보는 것이 아닌가 의심했다. 그러나 그날 아침 개령 사람이 당하는 것을 보았기 때문에 감히 이런 말을 하지 못했다.

성안을 바라보니 여러 곳에서 연기가 일어났다. 이일은

---

70 각 군영과 포도청에 속한 종6품 벼슬.

71 윤섬(1561~1592)은 본관이 남원南原이고, 자는 여진如進, 호는 과재果齋다. 1583년에 별시문과에 을과로 급제했으며 1587년 사은사의 서장관으로 명나라에 다녀오기도 했다. 임진왜란 당시 순변사 이일과 함께 싸우다가 상주에서 전사했다.

72 박호(1567~1592)의 본관은 밀양密陽이고, 자는 대건大建이다. 1584년에 친시문과에 장원으로 급제하여 홍문관수찬弘文館修撰이 되었다. 임진왜란이 일어나자 이일의 종사관이 되어 상주에서 싸우다가 전사했다.

73 김종무(1548~1592)의 본관은 선산善山이고, 자는 의백毅伯이다. 1591년에 학덕으로 천거되어 남원의 오수도찰방獒樹道察訪을 지냈고 함양의 사근도찰방沙斤道察訪에 제수되었다. 임진왜란 당시 순변사 이일 밑으로 들어가 권길과 함께 의병을 모았다. 상주 전투에서 윤섬, 박호 등과 함께 싸우다가 전사했다.

그제야 군관 한 사람을 보내어 탐지해 오도록 일렀다. 군관은 말을 타고 역졸 두 명으로 하여금 말고삐를 잡게 하여 천천히 나아갔다. 그러나 왜군은 그전부터 다리 아래에 숨어 있었다. 그들은 조총으로 군관을 쏘아 말에서 떨어뜨린 다음 머리를 베어 가지고 달아났다.

우리 군사는 이것을 보고 그만 맥이 풀려 버렸다. 이런 지 얼마 안 되어 적들이 크게 몰려왔다. 조총 10여 개를 가지고 연달아 쏘자 총에 맞은 자는 그 자리에서 쓰러져 죽었다. 이일은 급히 군사에게 명하여 활을 쏘게 했다. 그러나 화살은 겨우 수십 보밖에 나가지 못했다. 도저히 적의 조총을 당할 수가 없었다. 적은 이미 군사를 좌우익으로 나누어 깃대를 들고 포위했다.

이일은 일이 급한 것을 알고 말을 돌려 북쪽으로 달아났다. 이로 인하여 군사들은 어지러이 각각 자기 목숨만을 건지려고 도망쳤다. 그래도 살아서 도망친 사람은 몇 명 되지 못했고, 종사관 이하 미처 말에 올라타지 못한 사람들은 모두 적에게 화를 입었다.

적은 이일을 몹시 급히 쫓았다. 이일은 말을 버리고 의복을 벗어 버린 채 머리털을 풀고 알몸뚱이로 달아났다. 문경에 도착한 그는 종이와 붓을 찾아 우선 자기가 패한 내력을 임금께 급히 아뢰고, 물러가서 조령을 지키려고 했다. 그러다가 신립이 마침 충주에 있다는 소식을 듣고는 바로 그곳으로 달려갔다.

우상右相 이양원李陽元[74]을 수성대장守城大將으로 삼았다.
또 이전李戩·변언수邊彦琇를 경성京城 좌우위장左右衛將으로 삼
고, 상산군商山君 박충간朴忠侃[75]을 경성 순검사巡檢使로 삼아
이들로 하여금 서울의 성을 수리하게 했다. 그리고 김명원金命
元[76]을 다시 불러서 도원수를 삼아 한강을 지키게 했다. 그러나
이때 이일이 패해 달아났다는 보고가 들어오고 보니 인심이 모
두 흉흉해졌다. 궁중에서는 천도하자는 말까지 나왔다. 그러나
부중府中에서만은 이런 소문을 알지 못했다.

---

74   이양원(1526~1592)의 본관은 전주全州, 자는 백춘伯春이고 호는 노저鷺渚다. 임진
왜란이 일어나자 도성의 수비를 맡았지만 수적으로 열세하기 때문에 중과부적으로
양주楊州로 철수했다. 이어 부원수 신각申恪과 함경도 병마절도사 이혼李渾과 합세
해 해유령蟹踰嶺에 주둔해 왜군과 싸워 승리했다. 의주에 피난 가 있던 선조가 요동
으로 건너간다는 소식을 전해 듣고 탄식하며 단식하다가 피를 토하며 죽었다고 전해
진다.

75   박충간(?~1601)은 조선 중기의 문신으로 본관은 상주尙州, 자는 숙정叔精이다. 임
진왜란 당시 순검사로 서울로 진군하는 왜군에 대비했으나 싸우다 도망친 죄로 파면
당했다. 후에 영남과 호남 지방에 파견되어 군량미 조달을 담당했으며 1594년에는
진휼사賑恤使가 되어 구호에 필요한 식량의 신속한 조달에 관해 상소했다.

76   김명원(1534~1602)은 조선 중기의 문신으로 본관은 경주慶州, 자는 응순應順, 호
는 주은酒隱이다. 정여립의 난을 수습하는 데 공을 세워 평난공신平難功臣 3등에 책
록되고 경림군慶林君에 봉해졌다. 임진왜란이 일어나자 팔도도원수가 되어 한강과
임진강을 지키려 했지만 적을 막지는 못하고 다만 침공을 지연시켰다. 평양이 함락됐
을 당시에는 순안에 주둔하면서 행재소를 경비하는 일에 힘썼으며 이후 명나라 장수
들의 자문에 응하기도 했다. 정유재란 때에는 병조판서로 유도대장留都大將을 겸임
했다.

이마理馬[77] 김응수金應壽[78]가 빈청에 와서 수상과 귀엣말을 하고 갔다가 다시 오곤 했다. 이를 본 사람들 모두가 의아하게 여겼으나 당시 수상은 사복제조司僕提調까지 맡았기 때문일 뿐 다른 이유는 없었다.

도승지都承旨 이항복李恒福[79]이 손바닥에 "영강문 안에 말을 세운다立馬永康門內"라는 여섯 자를 써서 나에게 보였다.

대간은 "수상이 국사를 그르쳤으니 파면시키십시오" 하고 청했다. 그러나 임금은 듣지 않았다. 또 종친宗親들은 문 밖에 모여들어 통곡하면서 "성을 버리지 마십시오" 하고 애원하였다.

---

77 사복시司僕寺의 정6품에 속하는 직책으로 궁중의 마필을 담당했다.

78 김응수(1567~?)는 임진왜란 당시 서울을 떠나 파천하는 선조를 쫓아 황해도 평산까지 호종하여 그 공을 크게 인정받았다. 이후 1604년에 호종공신扈從功臣 3등에 책봉되고, 분성군盆城君에 봉해졌다.

79 이항복(1556~1618)의 본관은 경주慶州이고, 자는 자상子常, 호는 필운弼雲과 백사白沙, 동강東岡이다. 오성부원군鰲城府院君에 올라 오성대감으로 많이 알려져 있으며 죽마고우인 한음 이덕형李德馨과의 일화가 유명하다. 임진왜란이 발발하자 왕비를 개성까지 무사히 호위했으며 이어 선조를 의주까지 호종했다. 이덕형과 함께 명나라에 원병을 청할 것을 건의했으며 윤승훈尹承勳을 호남 지방에 보내 근왕병을 일으켰다. 선조가 세자를 보내 분조分朝를 설치하고 경상도와 전라도의 군무를 맡아보게 하자 대사마大司馬의 직책으로 세자를 보필했다. 이후 문홍도文弘道가 휴전을 주장했다는 이유로 유성룡을 탄핵하자, 자신도 함께 동조했다는 이유를 들어 사의를 표명했다. 조정은 이를 받아들이지 않고 도원수 겸 체찰사에 임명했다. 이후 남도 각지를 돌며 민심을 수습하는 한편 안민방해책安民防海策 16조를 지어 올렸다. 광해군이 즉위한 이후에는 인목대비를 폐위하자는 주장에 맞서 싸우다가 1618년에 관작이 삭탈되고 함경도 북청으로 유배되었고 그곳에서 생을 마감했다. 저서로 『사례훈몽四禮訓蒙』, 『주소계의奏疏啓議』, 『노사영언魯史零言』 등이 있다. 시호는 문충文忠이다.

이항복 초상화. 비단에 채색. 서울대학교박물관 소장. 조선 중기의 전형적인 초
상화법을 잘 보여 주는 작품이다.

영부사領府事 김귀영金貴榮[80]은 더욱 분하게 여겼다. 그는 대신들과 함께 들어가 임금을 뵙고 도성을 고수할 것을 청하며 말했다.

"성을 버리자고 주장하는 사람이 있다면 그는 소인배입니다."

이렇게 주장하니 임금도 교지를 내려 말했다.

"종사宗社가 여기 있는데 내가 어디로 간단 말이오."

이 말을 듣고 그제야 여러 사람들은 모두 안심하고 흩어져 물러가는 것이었다. 그러나 사태는 급했다. 어찌할 수 없을 만큼 다급했다.

각 동에 사는 백성들과 공사公私의 천민들과 서리들, 그리고 삼의사三醫司를 뽑아서 성가퀴[81]를 나누어 지키도록 했다. 그러나 지켜야 할 성가퀴는 3만이 넘었다. 거기에 반해서 성을 지키는 인구는 겨우 7천 명에 지나지 못했다. 그나마도 이들이 모두 오합烏合이라 제각기 성을 버리고 도망갈 생각만 하고 있었다.

---

80 김귀영(1520~1593)의 본관은 상주尙州이고, 자는 현경顯卿, 호는 동원東園이다. 임진왜란 당시 서울을 버리고 천도하자는 의견에 반대하였다. 후에 윤탁연尹卓然과 함께 임해군臨海君을 호종하여 함경도로 피난했다가, 회령에서 국경인鞠景仁의 반란으로 임해군, 순화군順和君과 함께 왜장 가토 기요마사의 포로가 되었다. 가토 기요마사의 강요로 강화를 요구하는 글을 받기 위해 풀려나 행재소에 갔다가 사헌부와 사간원의 탄핵으로 회천에 유배 가던 도중 사망했다.

81 성 위에 낮게 쌓은 담으로, 몸을 숨기고 적을 감시하거나 공격하는 용도로 사용된다.

또 상번上番[82] 군사들은 비록 병조에 소속되어 있다고 하지만, 이들 역시 모두 하리下吏들과 결탁해서 뇌물을 받고 슬며시 놓아 보내는 자가 많았다. 심지어 관원들까지도 사람들의 거취를 간섭하지 않는 형편이었다. 막상 급한 일이 있고 보면 쓸 만한 사람은 하나도 없게 되었다. 군정軍政이 이렇듯 해이해졌으니 그 나머지야 말해 무엇하랴.

이에 대신들은 세자를 세워 인심을 수습하자고 청했다. 임금도 이를 허락했다.

동지사同知事 이덕형李德馨[83]을 사신으로 삼아 왜진倭陣에 보냈다.

이일이 상주에서 패할 때의 일이다. 왜학통사倭學通事 경

---

82 지방의 병사들이 일정 기간 동안 서울로 번番을 들기 위해 올라오는 것을 말한다.

83 이덕형(1561~1613)의 본관은 광주廣州이고, 자는 명보明甫, 호는 한음漢陰과 쌍송雙松, 포옹산인抱雍散人이다. 오성대감이라 일컬어지는 이항복과의 일화로 유명하다. 임진왜란 당시 왜장 고니시가 충주에서 만날 것을 요청하자 홀로 적진으로 향했으나 목적을 이루지 못했다. 왕이 평양에 머무르고 있을 때 대동강에 이른 왜군이 화의를 요청하자, 역시 단독으로 겐소와 회담했다. 이후 정주까지 왕을 호종했고, 청원사請援使로 명나라에 파견되어 구원병을 요청했다. 한성판윤으로 명나라 장수 이여송李如松의 접반관接伴官이 되어 전란 중에 줄곧 함께 행동했다. 광해군이 즉위하자 영의정에 올랐으나 이이첨의 사주를 받은 삼사에서 영창대군永昌大君의 처형과 폐모론을 주장하자 이항복과 함께 이를 적극 반대했다. 결국 이 일로 관직을 삭탈당했으며 이후 용진龍津에서 병으로 죽었다. 저서로 『한음문고漢陰文稿』가 있다. 시호는 문익文翼이다.

응순景應舜[84]이란 사람이 있었다. 그는 이일의 군중에 있다가 적에게 사로잡혀 갔다. 한데 왜장 평행장은 평수길의 글과 또 예조에 보내는 공문을 경응순에게 주어 보내면서 말했다.

"동래에 있을 적에 울산 군수를 산 채로 잡아서 우리 편지를 보냈다. 그때 울산 군수가 이언함李彦誠이다. 그는 진중으로부터 돌아오기는 했으나, 조정에서 벌을 줄까 두려워서 거짓으로 도망쳐 왔다고 속이고는 편지를 전하지 않았다. 그래서 너희 조정에서는 아무것도 알지 못하고 지금껏 아무런 소식도 없다. 너희 나라가 만일 우리와 강화할 생각이 있거든 이덕형을 보내어 오는 28일에 충주에서 우리와 만나도록 하라."

이덕형은 원래 그전에 선위사宣慰使로서 왜의 사신을 접대한 일이 있었다. 그래서 평행장이 그를 만나고자 한 것이다.

경응순이 서울에 도착했을 때에는 벌써 일이 급해져서 조정에서는 아무런 좋은 방책이 나오지 않았다. 그리하여 혹 이 일로 왜군의 진격을 늦출 수는 없을까 하는 의견이 나왔고, 또 이덕형도 가기를 청했으므로 곧 예조禮曹의 답서를 주어 경응순과 함께 내려보냈다. 그러나 가는 도중에 벌써 충주가 함락

---

84 경응순(?~1592)은 조선 중기의 역관으로 본관은 태인泰仁이다. 임진왜란이 발발하자 왜학통사로 상주尙州를 방어하던 이일의 밑에 있다가 왜장 고니시의 포로가 되었다. 고니시는 경응순에게 강화를 요청하는 외교 문서를 조선 조정에 전하게 했다. 이후 경응순은 조정의 명에 따라 이덕형과 함께 충주로 가던 도중 이미 그곳이 함락되었다는 소식을 듣고 이덕형을 가지 못하게 만류한 뒤, 자신은 적정을 살피러 나섰다가 가토 기요마사의 병사들에게 잡혀 죽임을 당했다.

됐다는 소식이 들려오자 경응순을 먼저 보내어 왜의 소식을 탐지해 오도록 했다. 경응순은 적장 청정淸正[85]에게 죽고 돌아오지 못했다.

이덕형은 하는 수 없었다. 중도에서 되돌아가 평양平壤에 가서 복명했다.

재앙이나 변란의 조짐이라는 형혹성熒惑星[86]이 남쪽 두성南斗[87]을 범했다.

경기·강원·황해·평안·함경 등 여러 도의 군사를 뽑아서 서울을 지키도록 했다.

이조판서 이원익李元翼[88]을 평안도 도순찰사로 삼고, 지사

85　가등청정加藤淸正(1562~1611). 일본명 가토 기요마사. 도요토미 히데요시와는 6촌간이다. 임진왜란 당시 함경도 방면으로 출병해 임해군과 순화군을 포로로 잡았다. 도요토미 히데요시 사후 도쿠가와 이에야스와 이시다 미쓰나리가 격돌한 세키가하라 전투에서 도쿠가와 이에야스 측에 참전하여 고니시 유키나가의 우토성宇土城을 함락시켰다. 이후 오사카성, 나고야성과 더불어 일본의 3대 성으로 손꼽히는 구마모토성을 축조했다.

86　화성을 말한다.

87　도교에서 천상의 동서남북에 지정한 5두斗 가운데 하나로 인간의 수명과 운명을 관장한다고 여겨졌다.

88　이원익(1547~1634)의 본관은 전주全州이고, 자는 공려公勵, 호는 오리梧里다. 임진왜란이 발발하자 평안도 도순찰사가 되어 선조보다 앞서 먼저 평안도로 향했다. 평양이 함락되자 정주로 가서 군사를 모았으며 1593년 정월 이여송과 함께 평양을 탈환했다. 명나라의 정응태丁應泰가 경리經理 양호楊鎬를 중상 모략한 사건이 일어나자 당시 영의정이었던 유성룡에게 말해 명나라에 보낼 진주변무사陳奏辨誣使에 자원했으나 정응태의 방해로 소임을 완수하지는 못했다. 광해군이 즉위한 후에는 전쟁

최흥원崔興源[89]을 황해도 도순찰사로 삼아 모두 그날로 떠나게 했다. 그것은 장차 서쪽으로 파천하자는 의논이 있고, 또 일찍이 이원익과 최흥원은 각각 안주 목사와 황해감사를 지내면서 모두 거기서 어진 정치를 베풀어 인심을 얻었기 때문에 그들로 하여금 먼저 가서 군민을 위무하여 임금이 순행하는 데 예비를 하자는 것이었다.

적병이 충주에 들어왔다. 신립은 이를 맞아 싸우다가 적에게 죽었다. 이러고 보니 우리 군사들은 모두 허물어지기 시작했다.

신립이 충주에 있을 적에 충청도에 있는 여러 고을 군사들을 수습하니 모두 8천여 명밖에 되지 않았다. 그대로라도 그는 조령을 보존하려 했다. 그러나 이일이 적에게 패했단 말을 듣자 그만 낙담하고서 충주로 돌아오고 만 것이다. 그런 다음 이일과 변기 등도 불러서 충주로 모두 오게 했다.

복구와 민생 안정을 위해 노력했으며 임해군의 처형에 반대했으나 실현되지 못하자 병을 핑계로 낙향했다. 인조반정 이후에 광해군을 사사하라는 여론에 맞서 광해군의 목숨을 구했다. 1624년 이괄李适의 난 때에는 여든에 가까운 몸으로 공주까지 왕을 호종하기도 했다.

89 최흥원(1529~1603)의 본관은 삭녕朔寧이고 자는 복초復初, 호는 송천松泉이다. 임진왜란 기간 동안 우의정과 좌의정을 지내다가 유성룡이 파직되자 영의정에 기용되었으나 이듬해 병으로 사직했다. 전란 중에 선조를 의주까지 호종했던 공으로 1604년 호성공신扈聖功臣 2등에 추록되었다.

신립 장군의 표준 영정

이들은 조령처럼 험준하고 요긴한 곳은 모두 버리고 지키지 않았다. 또한 상부의 명령도 여간 번거로운 게 아니었다. 그러므로 보는 사람들은 누구나 이들이 필히 패하리라고 예측했다.

신립이 가까이하는 군관 한 사람이 와서 넌지시 말했다.

"적들이 벌써 조령을 넘어섰습니다."

그때가 27일 초저녁이었다. 이 말을 듣자 신립은 그만 성 밖으로 뛰어나가 어디로 갔는지 사라져 버렸다. 이에 군중도 소란해지기 시작했다. 밤이 늦은 뒤에야 신립은 가만히 객사로 되돌아왔다.

이튿날 아침, 신립은 어제 밀보한 군관을 불러냈다.

"네 어찌 요망스러운 보고를 하여 군심을 소란케 하느냐?"

이렇게 꾸짖은 다음 그의 목을 베어 죽였다. 그리고 나서 임금께 글을 올렸다.

"적은 아직 상주에서 떠나지 않았습니다."

당시 적병은 이미 10리 가까이 쳐들어오고 있었으나 신립의 군사들은 이를 알지 못했다.

신립은 탄금대彈琴臺 앞의 두 개천 사이에 진을 쳤다. 이곳은 좌우에 논이 있어 벼가 무성하게 자랐다. 또 잡초가 우거져 있어 말과 사람이 달리기에는 몹시 불편한 곳이었다.

적들은 단월역丹月驛으로부터 쳐들어왔다. 길을 나누어 진군해 오는데 그 기세가 마치 풍우가 몰려오는 것과도 같았다. 한 길은 산을 넘어 동쪽으로 오고, 한 길은 강을 끼고 내려오고 있었다. 총소리는 땅을 울리고 먼지는 하늘을 가렸다.

신립은 이것을 보자 어쩔 줄을 몰랐다. 자기 혼자서 적진으로 쳐들어가려고 두 번이나 애썼으나 들어가지 못했다. 할 수 없이 되돌아온 그는 강물로 뛰어들어 죽었다. 이것을 본 군사도 모두 강물로 뛰어드니, 그 시체가 강을 덮고 떠내려 갔다. 김여물도 병사들에 섞여 죽었다. 이일은 동쪽 변두리를 거쳐 산속으로 도망쳤다.

적병이 몹시 강하다는 말을 처음 들은 조정에서는 이렇게 의논했었다.

"이일 혼자서는 당해 내지 못할 것이다. 신립은 한때 명장으로서 사졸들이 모두 그를 두려워하고 명령에 잘 복종하는 터이니, 이 사람으로 하여금 큰 군사를 거느려 뒤따라 후원하도록 하리라. 이렇게 두 장수가 서로 협조하면 적을 막을 수 있을 것이요, 큰 실수는 없을 것이다" 하고 믿었던 것이다.

그러나 불행히도 본도의 수륙 장수들은 모두 겁을 집어먹었다. 수군만 보더라도 좌수사 박홍은 군사를 내지 않았다.

우수사 원균元均[90]은 비록 수로水路가 좀 멀다고는 하지

---

90 원균(1540~1597)은 조선 중기의 무장으로 본관은 원주原州다. 무과에 급제한 이후 선전관을 거쳐 조산 만호로 재직할 당시 오랑캐를 무찌른 공으로 부령 부사가 되었다. 이일을 따라 시전부락을 격파하는 데도 공을 세웠다. 임진왜란이 터지자 전라 좌수사 이순신에게 원병을 요청하였고 이후 힘을 합쳐 옥포와 당포 등지에서 승리를

만, 자기가 거느리고 있는 배가 많고 또 적들이 하루나 이틀 동안에 몰려온 것도 아니었다. 그러면 군사를 거느리고 나와서 위세를 보이고 단 한 번만이라도 싸웠던들 적들은 자신의 뒤를 염려해서 그토록 몰려오지는 못했을 것이다. 한데 먼 데서 바라보기만 했지 나와서 교전한 사람은 아무도 없었다.

그뿐만이 아니다. 적이 상륙해 오자, 좌병사 이각과 우병사 조대곤이 숨기도 하고 교체되기도 하니, 적들은 북을 치면서 의기양양하게 맘대로 횡행하여 백 리 사이를 무인지경처럼 몰려들었다. 그들은 북쪽을 향하여 주야로 진군하였으나, 한 곳에서나마도 그들과 맞서 그 기세를 수그러뜨린 자는 한 사람도 없었다. 열흘이 못 되어 적들은 상주까지 다다랐던 것이다.

이일은 한낱 객장客將이었다. 그는 군사를 가지지 못했기 때문에 졸지에 싸움이 벌어지자 적과 교전하지를 못했다. 그는 신립이 충주에 다다르기도 전에 벌써 적에게 패하고 말았던 것이다. 이리하여 진퇴가 어렵게 되고 모든 일이 이토록 그릇되었으니, 아! 참으로 원통한 일이로다. 그 뒤에 들으니 적은 상주에 들어왔으나 그곳이 너무 험하여 주둔하기를 꺼렸다고

거두었다. 1593년에 이순신이 삼도수군통제사에 임명되자 크게 반발하고 충청병사로 전출되었다가 얼마 뒤에 다시 전라좌병사로 전속되었다. 이순신이 백의종군을 하게 되자 삼도 수군을 통제하게 되었으나 칠천량해전에서 패하고 말았다.

한다.

문경 남쪽 10여 리 밖에는 옛 성인 고모성姑母城이 있다. 이 성은 좌도와 우도의 경계에 있고, 양쪽의 산 벼랑은 묶어 세운 듯하며, 큰 하천이 그 가운데로 흐르고, 그 아래에 길이 있어 몹시 험준한 곳이었다.

원래 적들은 이곳을 지키는 군사가 있을까 두려워해서 사람을 놓아 재삼 와서 탐지했다. 그러나 아무도 없음을 알자 좋아라고 노래를 부르면서 지나갔다는 것이다. 그 뒤 명나라 장수 이여송李如松[91]이 왜적을 쫓아 조령을 지나다가 이렇게 탄식했다.

"이런 험한 곳을 두고도 지킬 줄을 몰랐으니, 신 총병(申總兵, 신립)도 무모한 사람이로군!"

원래 신립은 날쌘 사람으로 당시에 비록 이름은 있었지만 싸우는 주략籌略에는 능하지 못했다. 옛사람이 말한, "장수가 군사를 쓸 줄 모르면 그 나라를 적에게 주는 것과 마찬가지다" 한 것이 바로 이를 두고 한 말일 것이다. 지금 와서 후회한들 무슨 소용이 있으랴. 다만 뒷날을 위해서 경계해야 할 것이

---

91 이여송(1549~1598). 중국 명나라의 장수로 자는 자무子茂, 호는 앙성仰城이다. 임진왜란 때 4만여 명의 병사를 이끌고 와서 우리 병사와 연합해 평양성을 공격하여 되찾았다. 이때 도망치는 왜군을 추격하여 벽제관碧蹄館에 이르렀지만 왜군의 반격으로 대패하고 개성으로 후퇴했다. 이후 평양에 주둔하면서 심유경沈惟敬을 고니시에게 보내어 화의를 추진하려 했다. 명나라로 돌아간 뒤에는 요동총병관遼東總兵官이 되었고, 1598년에 토번土蕃을 공격하던 도중 전사했다.

기로, 여기에 덧붙여 써 둘 따름이다.

4월 30일 새벽, 임금은 서쪽으로 파천의 길을 떠나게 되었다.

당초 신립이 떠난 뒤로 도성 사람들은 날마다 첩보가 오기만을 기다리고 있었다. 그런데 전날 저녁 무렵, 전립氈笠을 쓴 사람 셋이 숭인문崇仁門으로 달려 들어왔다. 이것을 보고 사람들은 몹시 마음을 졸였다. 성안 사람들은 다투어 가며 그에게 싸움 소식을 물었다. 그러나 그들의 대답은 천만의외였다.

"우리는 순변사의 군관과 부하들이오. 어제 순변사(신립)는 싸움에 패해서 충주에서 전사하였소. 이 까닭에 군사들이 모두 흩어지는 형편이오. 우리는 간신히 도망쳐 빠져나와 집안 식구들이나 피신시키려고 오는 길이오."

이를 들은 사람들이 만나는 사람마다 서로 자연히 이 소식을 전했다. 얼마 안 되어 성안은 떠들썩해졌다.

조정에서는 초저녁에 근신近臣들을 불러들여 피신할 의논을 했다. 임금은 동상東廂에 거둥하여 촛불을 켜 놓고 앉아 있었다. 종실宗室 하원군河源君과 하릉군河陵君이 시좌侍坐하고 있었다. 이때 대신들이 임금께 아뢰었다.

"사세가 이렇게 되었사오니 전하께서는 잠시 평양으로 가시도록 하시옵소서. 그리하여 명나라에 구원을 청해 수복할 것을 도모하십시오."

한편 장령掌令[92] 권협權悏[93]은 임금께 뵙기를 청하여 무릎을 꿇고 아뢰었다.

"원하옵건대 도성을 고수하시옵소서."

큰 소리로 이렇게 말하는데, 그 음성이 몹시 요란스러웠다. 나는 옆에 있다가 말했다.

"아무리 나라가 위태로운 때라 할지라도 군신君臣의 예의에 이럴 수가 있소. 물러가서 장계를 올리도록 하시오."

그러나 권협은 연거푸 "좌상左相까지 이렇게 말씀을 하십니까. 그러면 도성은 아주 버리시렵니까?" 하고 자못 큰 소리로 떠드는 것이었다. 나는 미안스러워서 임금께 아뢰었다.

"권협의 말이 매우 충성스럽습니다만 지금 사세가 그렇지 못하옵니다."

나는 말을 끊었다가 다시 아뢰었다.

"왕자를 여러 도에 보내시어 근왕병勤王兵을 모집하도록 하시옵고, 세자는 대가大駕를 따라가도록 하시옵소서."

이때 대신들은 궐문 밖에 나가서 기다리고 있었다.

임금은 명을 내렸다. 임해군臨海君[94]은 영부사 김귀영과

---

92 조선 시대 사헌부의 벼슬 가운데 하나로 정4품이며 총 두 명을 두었다.

93 권협(1553~1618)의 본관은 안동安東이고, 자는 사성思省, 호는 석당石塘이다. 1577년 알성문과에 을과로 급제하였으며 이후 『명종실록明宗實錄』의 편찬에 참여했다. 임진왜란이 일어나자 서울을 굳게 지킬 것을 주장했으며 정유재란이 발발했을 때에는 명나라로 가서 원병을 요청했다.

84

칠계군漆溪君 윤탁연尹卓然[95]을 데리고 함경도로 가도록 했다.
순화군順和君[96]은 장계군長溪君 황정욱黃廷彧[97], 호군護軍 황혁

94 임해군(1574~1609)은 선조의 서자로 서열상 첫째여서 세자가 되어야 했으나 성정
이 난폭하다는 이유로 광해군이 대신 세자 자리에 올랐다. 임진왜란 당시에는 순화
군과 함께 김귀영과 윤탁연 등을 대동하고 근왕병을 모으기 위해 함경도로 떠났으나
그해 9월 왜장 가토 기요마사의 포로가 되어 고원高原에 수감되었다. 이후 여러 번의
석방 협상 끝에 석방되어 서울로 돌아왔다. 1608년 선조가 죽고 왕위 계승 문제로
명나라에서 사신이 파견되기에 이르자 일부 대신들의 주청에 따라 진도로 유배되었
다. 이후 다시 강화의 교동으로 옮겨졌고 이듬해 영창대군, 김제남 등과 함께 역모를
꾀했다는 이유로 사사되었다.

95 윤탁연(1538~1594)의 본관은 칠원漆原이고, 자는 상중尙中, 호는 중호重湖다.
1565년 알성문과에 병과로 급제했고 이후 천추사千秋使 서장관이 되어 명나라에
다녀왔으며 『명종실록』 편찬에도 참여했다. 임진왜란이 발발하자 함경도 관찰사가
되어 왕세자를 호종했으며 함경도에 피난했던 임해군 일행이 적에게 포로로 잡히자
왕명으로 함경도 도순찰사가 되어 의병을 모집하고 왜군을 방어할 계획을 세우다가
객사했다.

96 순화군(1580~1607). 선조의 여섯 번째 왕자다. 임진왜란이 일어나자 왕의 명을 받
아 황정욱, 황혁 등을 인솔하고 근왕병을 모으기 위해 강원도로 파견되었다. 왜군이
북상하자 이를 피해 함경도로 갔다가 그곳에서 이복형인 임해군을 만나 함께 회령會
寧에 주둔했다. 이때 왕자임을 내세워 행패를 부리다가 백성들의 반감을 사던 중 왜
군에 붙잡혀 포로가 되었다. 이후 여러 차례 협상 끝에 풀려났다. 함부로 사람을 죽이
거나 악탈하는 등 불법을 저지른 탓에 사헌부와 사간원의 탄핵을 받았고, 1601년에
는 순화군의 군호君號까지 박탈당했으나 사후에 복구되었다.

97 황정욱(1532~1607)의 본관은 장수長水이고, 자는 경문景文, 호는 지천芝川이다.
임진왜란이 일어나자 호소사號召使가 되어 순화군과 함께 강원도로 가서 의병을 모
집하는 격문을 돌렸다. 이후 함경도로 피신했다가 왕자와 함께 왜군의 포로가 되었
는데 이때 왜장 가토 기요마사로부터 항복 권유문을 쓰라는 강요를 받았다. 황정욱
은 이를 거절했지만 그의 손자와 왕자를 죽이겠다고 협박하자 아들 황혁이 대신 쓰
게 됐다. 동시에 항복 권유문이 거짓임을 밝히는 또 다른 글을 썼지만 선조에게 전달
되지는 못했다. 이후 왜군이 부산으로 철수할 때 석방되었으나 항복 권유문을 기초한
것이 문제가 되어 길주에 유배되었다. 1597년 왕의 특명으로 석방되었으나, 복관되
지는 못했다.

黃赫[98], 동지同知 이기李墍[99]를 데리고 강원도로 가도록 했다. 이는 황혁의 딸이 순화군의 부인이요, 이기는 원주 사람인 까닭에 같이 가게 한 것이다. 이때 우상右相은 유도대장留都大將이 되고, 영상領相은 재신宰臣 수십 인을 데리고 임금의 행차를 수행하라는 명령이 내려졌다. 그러나 나에게는 아무런 분부도 없었다. 이에 나는 승정원承政院에서 아뢰었다.

"호종扈從에 유성룡이 없을 수 없습니다."

이리하여 나도 같이 가게 되었다.

내의內醫 조영선趙英璇과 승정원 서리書吏 신덕린申德麟 등 십여 인이 큰 소리로 떠드는 소리가 들렸다.

"도성을 버릴 수는 없습니다."

이런 소리에 뒤이어 조금 있다가 이일의 장계가 들어왔다.

궁중에 있던 위사衛士들도 모두 흩어졌으므로 경루更漏조차 울리지 않아 시간을 알 수가 없었다. 선전관청宣傳官廳에 불을 얻어다 켜 놓고 이일의 장계를 읽었다.

---

98 황혁(1551~1612)의 본관은 장수長水이고, 자는 회지晦之, 호는 독석獨石이다. 임진왜란 당시 왕자 순화군과 함께 왜군의 포로가 되었다. 이후 왜장 가토 기요마사에게 끌려가 항복 권유문을 쓰라는 강요를 받고 이를 썼다. 그 뒤 이때의 일이 문제가 되어 탄핵을 받고 이산理山에 유배되었다가 신천으로 다시 옮겨졌다. 1612년에 순화군의 아들을 왕으로 추대하려 했다는 무고를 받고 감옥에서 옥사했다.

99 이기(1522~1600)의 본관은 한산韓山이고, 자는 가의可依, 호는 송와松窩다. 임진왜란이 일어났을 당시 순화군을 보필하면서 강원도로 가서 의병을 모집했다. 이후 1595년 부제학이 되었으며 1599년에 대사헌이 되었고, 이어 예조판서와 이조판서를 역임했다. 청백리로 명성이 높았다.

"적이 금명간 도성에 들어갈 것입니다."

이 장계가 들어온 지 얼마 안 되어 대가는 궐문 밖으로 나갔다. 삼청三廳[100]의 금군禁軍들이 모두 달아나 숨느라고 어둠 속에서 서로 마주치고 부딪쳤다. 마침 우림위羽林衛[101] 지귀수 池貴壽가 앞으로 지나갔다. 나는 그를 보고 책망했다.

"그대는 빨리 전하를 따를 일이지, 왜 여기서 이러고 있소."

지귀수는 이 말을 듣자 머리를 수그리고 말했다.

"어찌 감히 힘껏 하지 않으오리까."

그는 뒤를 돌아보더니 다시 두어 사람을 불러 가지고 함께 내 뒤를 따랐다. 나는 그들과 함께 경복궁 앞을 지났다. 시가지 좌우편에서는 백성들의 곡성이 들려왔다. 승문원承文院[102] 서원書員 이수겸李守謙이 내 말고삐를 붙들고 물었다.

"승무원 안의 문서는 어떻게 할 것입니까?"

내가 그중에서 긴요한 것만 수습해 가지고 오도록 이르니, 이수겸은 울면서 돌아갔다.

돈의문을 지나서 사현沙峴에 다다르니, 동쪽 하늘이 겨우 밝아 오고 있었다. 머리를 돌려 성안을 바라보니 남대문 안의

---

100 임금의 친위군인 내금위內禁衛, 겸사복兼司僕, 우림위羽林衛를 합쳐서 '삼청'이라 한다.

101 조선 성종 때 설치된 정3품아문正三品衙門으로 궁궐을 지키고 임금을 호위하는 역할을 맡았다.

102 조선 시대 때 외교 문서를 관리하던 관청. 괴원槐院이라고도 불렸다.

큰 창고에서 불이 나 연기와 불꽃이 하늘에 뻗쳤다. 사현을 넘어서 석교石橋에 도착하니 비가 내리기 시작했다. 경기감사 권징權徵[103]이 따라 이르렀다. 벽제역碧蹄驛에 도착하니 빗줄기가 커져서 일행의 옷이 모두 젖었다. 이에 임금은 할 수 없이 들러 잠시 쉬었다.

다시 길을 떠나니 이때부터 전송 나왔던 관리들 중에서 성안으로 되돌아가는 자가 부지기수였다. 시종侍從과 대간까지도 왕왕 뒤떨어지고 오지 않는 사람이 많았다. 혜음령惠陰嶺을 지나자 비는 점점 세차게 퍼부었다. 궁인宮人들은 약한 말위에서 얼굴을 가리고 울면서 따라갔다.

마산역을 지날 때, 밭에서 일하던 한 사람이 이쪽을 바라보며 통곡했다.

"나라가 우리를 버리고 가니 이제 누굴 믿고 산단 말이오."

임진강에 이르도록 비는 멎지 않았다. 이때 임금은 배 안에서 수상과 나를 불러 보셨다.

강을 건너니 이미 황혼이 지나 길을 찾기가 몹시 힘들었다. 임진강 남쪽 기슭에 옛날 승청丞廳이 있었다. 적이 그 재목

---

103 권징(1538~1598)의 본관은 안동安東이고, 자는 이원而遠, 호는 송암松菴이다. 임진왜란 당시 경기 관찰사로 임진강을 방어했으나 패배했다. 이후 삭녕으로 가서 흩어진 군사들을 모으고 군량미 조달에 힘쓰는 한편 권율을 도와 의병을 규합해서 왜군과 싸웠다. 명나라 장수 이여송이 화의를 추진하자 이에 반대하며 끝까지 왜군을 토벌할 것을 주장했다.

을 베어다가 뗏목을 만들어 강을 건너올까 두려워 이 재목에 불을 놓게 하니, 불빛이 강 북쪽까지 비쳐서 길을 찾는 데 도움이 되었다.

초경이나 되어서 동파역東坡驛에 이르렀다. 파주 목사 허진許晉과 장단 부사 구효연具孝淵이 파견된 관리로 하여금 그곳에서 임금께 드릴 음식을 준비하고 있었다. 호위하는 사람들도 종일 굶어 가며 왔기 때문에 음식이 있는 것을 보자 요란스레 주방으로 들어가 함부로 빼앗아 먹었다. 이렇게 되니 임금께 드릴 음식마저 없어질 지경이라, 이 꼴을 당한 허진과 구효연은 어쩔 줄을 몰라 도망가 버렸다.

5월 초하루 아침, 임금은 대신을 불러 놓고 물었다.

"남방 순찰사 중에 능히 근왕할 자가 있는가?"

그러나 대신들은 아무 대답도 없었다.

날이 어두워지자 수레를 타고 개성을 향해 떠나려 했으나 경기 이졸吏卒들이 모두 도망가 흩어져서 호위할 사람이 없었다. 이때 마침 황해감사 조인득趙仁得[104]은 행차를 돕기 위해 본도 군사를 거느리고 길을 떠났는데, 서흥 부사 남의南嶷가 군

---

104 조인득(?~1598)의 본관은 평양平壤이고. 자는 덕보德輔, 호는 창주滄洲다. 1577년 알성문과에 병과로 급제한 이후 형조좌랑, 장령 등을 지냈다. 임진왜란 당시 황해도 관찰사였다가 황해도 병마절도사로 전직되었다. 이때 비변사의 건의로 정병을 모집하기도 했다. 1595년 도승지가 되었고, 이듬해 길주 목사 등을 역임했다.

사 수백 명과 말 50~60필을 가지고 먼저 도착했다. 일행은 이
것으로 길을 떠날 수가 있었다. 떠나려 할 무렵 사약司鑰[105] 최
언준崔彦俊이 나와 말했다.

"궁중 사람들이 어제도 먹지 못하고 오늘도 굶었으니, 쌀
을 좀 구해다가 요기를 하고 떠나는 것이 좋겠습니다."

이리하여 남의의 군인이 가지고 가던 쌀과 좁쌀이 섞인
것 몇 말을 가져왔다. 낮에 초현참招賢站에 도착하니, 조인득이
와서 임금을 뵙고 길 가운데에 장막을 쳐 일행에게 음식을 대
접했다. 백관들은 그제야 모두 배부르게 먹을 수 있었다.

저녁 무렵 개성부에 이르러 남문 밖 공서公署에 거둥했다.
이때 대간이 번갈아 글을 올렸다. 그들은 수상의 오국誤國한
죄를 읽어 탄핵하려 했으나 임금은 들은 체도 하지 않았다.

초이튿날, 대간이 다시 글을 올려 수상을 파직시키게
되자 내가 그 자리에 올랐다. 이어 최흥원을 좌상, 윤두수尹
斗壽[106]를 우상으로 삼았다. 또 함경북도 병사 신할申硈[107]이 해
임되었다. 이날 낮에 임금은 남쪽 성 문루門樓에 거둥하여 백
성들을 위로하기도 하고, 또 무슨 소회所懷가 있으면 말해 보
라 했다. 그때 한 사람이 앞에 나와 엎드렸다.

---

105 조선 시대 때 액정서掖庭署에 두었던 정6품 잡직雜職으로 궁궐 내의 자물쇠와 열쇠
등을 관리했다.

"전하! 원컨대 정鄭 정승(정철)을 불러 쓰시옵소서."

당시 정철鄭澈[108]은 강계로 귀양 가 있는 터였다. 임금은 한참 생각하다가 대답했다.

"그리하마!"

---

106 윤두수(1533~1601)의 본관은 해평海平, 자는 자앙子昂, 호는 오음梧陰이다. 1558년 식년 문과에 을과로 급제해 승문원에 들어갔다. 1576년에 대사간이 되었고 1587년에는 왜구가 침입해 인심이 흉흉해진 전라도 지방의 관찰사로 부임해 수사와 수령의 기강을 쇄신하고 범죄자를 처벌하는 등의 노력을 기울였다. 임진왜란이 일어나자 어영대장과 우의정을 거쳐 좌의정에 이르렀다. 명나라에 구원을 요청하자는 주장에 반대하며 우리 힘으로 최선을 다하자고 주장하기도 했다. 1597년 정유재란 때에는 영의정 유성룡과 함께 난을 수습했다.

107 신할(1548~1592)의 본관은 평산平山으로 충장공忠莊公 신립의 동생이다. 임진왜란이 발발하자 도원수 김명원金命元과 함께 임진강에서 왜군과 대치하다가 심야에 적진을 기습했으나 복병의 공격을 받고 전사했다.

108 정철(1536년~1593년)은 조선 중기의 문신으로 「관동별곡」과 「훈민가」 등의 시조와 가사문학의 대가로 잘 알려져 있다. 정철의 본관은 연일延日이고, 자는 계함季涵, 호는 송강松江이다. 1562년 문과 별시에 장원 급제하여 벼슬길에 나아갔다. 성균관 전적 겸 지제교를 거쳐 사헌부 지평에 임명됐다. 32세 때에는 이이李珥와 함께 호당湖堂에 선출됐다. 1575년에 직제학 성균관 사성, 사간 등을 역임했는데 당쟁이 시작되자 낙향했다. 1578년에 다시 통정대부 승정원 동부승지 겸 경연 참찬관 춘추관 수찬관으로 승진하여 조정에 나아갔다. 1583년에 예조판서, 이듬해 대사헌이 됐으나 동인의 탄핵을 받아 1585년에 사직했다. 이후 정여립鄭汝立의 모반 사건이 일어나자 우의정으로 발탁되어 서인의 영수가 되어 철저히 동인들을 추방했다. 왕세자 책립 문제로 동인파의 거두인 영의정 이산해李山海와 함께 광해군의 책봉을 건의하기로 했다가 이산해의 계략에 빠져 혼자 건의하게 되었다. 이 일로 신성군信城君을 책봉하려던 선조의 노여움을 사서 파직되어 명천明川에 유배됐다가 진주로 옮겨졌고 이후 다시 강계江界로 옮겨져서 위리안치圍籬安置되었다. 임진왜란이 일어나자 귀양에서 풀려나 평양에서 왕을 맞이하고 의주까지 호종했으며 사은사謝恩使로 명나라에 다녀왔다. 하지만 다시 동인의 모함으로 사직하고 강화의 송정촌松亭村에서 58세로 별세했다.

즉시 정철을 부르도록 분부하고, 저녁 무렵에 임금은 궁으로 돌아왔다. 이때 나도 죄가 있다 하여 파면되었다.

유홍俞泓[109]이 우상이 되고 최홍원과 윤두수를 차례로 올려 썼다. 이때까지는 적이 아직 서울에 도착하지 않았기 때문에 여러 사람의 의견이 파천을 떠나게 한 것은 잘못이라고 내려진 것이다.

승지 신잡申磼[110]을 시켜 도성으로 돌아가서 형세를 살펴오도록 했다. 그러나 초사흗날 적은 도성으로 들어왔다. 유도장留都將 이양원과 원수元帥 김명원은 모두 달아나 버렸다.

처음에 적은 동래로부터 세 길로 나누어 올라왔다. 한 길은 양산·밀양·청도·대구·인동·선산을 거쳐서 상주에 이르러 이일의 군사를 패배시켰고, 또 한 길을 장기·기장을 거쳐 좌도 병영인 울산·경주·영천·신녕·의흥·군위·비안을 함락시켰다. 이들

---

109 유홍(1524~1594)의 본관은 기계杞溪이고, 자는 지숙止叔, 호는 송당松塘이다. 임진왜란이 일어나자 선종을 호종했으며 이후 광해군과 함께 종묘사직의 신위를 모시고 동북 방면으로 가서 도체찰사가 되어 의병을 모집하고 지휘하는 데 힘썼다. 후에 서울로 돌아와서 불탄 도성을 정리하고 전재민을 구호하기 위해 노력했으며 1594년 좌의정의 신분으로 해주에 있는 왕비를 호종하다가 객사했다. 시호는 충목忠穆이다.

110 신잡(1541~1609)의 본관은 평산平山이고, 자는 백준伯俊, 호는 독송獨松이다. 1583년 정시문과에 병과로 급제하여 벼슬길에 나섰다. 임진왜란이 일어나자 비변사당상으로 활동했으며 이어 평안도 병마절도사로 부임했으나 관내의 철산군에서 탈옥 사건이 일어나자 파직되었다. 1593년 다시 기용되어 밀양 부사와 형조판서 등을 지냈으며 1600년에는 호조판서가 되었다. 시호는 충헌忠獻이다.

은 다시 용궁과 하풍진河豊津 나루를 건너 문경으로 나온 후
중로로 온 적병과 합쳐 조령을 넘어 충주로 들어갔다. 이들은
다시 충주에서 군사를 두 길로 나누었다. 하나는 여주를 거쳐
강을 건넌 다음 양근을 거쳐 용진을 건너 서울 동쪽으로 들어
왔고, 다른 하나는 죽산·용인을 거쳐 한강 남쪽으로 들어왔다.
또 세 길 중의 한 길은 김해를 거쳐 성주·무계현으로 해서 강을
건너고 지례·금산을 지나 충청도 영동으로 들어갔다. 그들은
청주를 함락시킨 다음 쏜살같이 경기도로 향했다.

　이때 적의 깃발과 창검은 천 리에 뻗쳤고 총소리를 요란
히 울리면서 진군했다. 지나가는 곳마다 10리, 혹 50~60리에
모두 험한 곳을 가려서 영책을 세웠다. 영책은 군사로 하여금
지키게 하고, 밤에는 불을 켜서 저희끼리 서로 응하게 했다.

　도원수 김명원은 제천정濟川亭에 있었다. 그는 다가오는
적을 바라보기만 할 뿐, 감히 나가 싸우지도 못했다. 그가 군기
軍器와 화포, 기계를 모두 강물 속에 집어넣고 변복을 한 채 도
망치려 하니 종사관 심우정沈友正[111]이 굳이 이를 말렸다. 그러
나 그는 듣지 않았다.

111　심우정(1546~1599)의 본관은 청송靑松이고, 자는 원택元擇이다. 임진왜란이 일어
　　나자 도원수 김명원의 종사관으로 한강과 임진강 전투에 참여했다. 그 뒤 이천에서
　　왕세자를 만나 필선弼善이 되어 해서 지방의 백성들을 위로했다. 이어 강원도로 가서
　　군사들을 모으는 한편, 이듬해에는 진휼랑賑恤郎이 되어 서울 백성들의 진휼에 힘썼
　　다. 정유재란이 일어나자 광주 목사가 되어 산성을 수축하는 등 활약을 펼쳤다.

이양원은 성안에 있다가 한강을 지키던 군사가 이미 흩어졌다는 소식을 듣고 성을 지키지 못할 것으로 생각하고 양주로 도망가 버렸다.

강원도 조방장 원호元豪[112]는 맨 처음에 군사 수백 명을 거느리고 여주 북쪽 기슭을 지키고 있었다. 적은 이를 보고 감히 건너오지 못했다. 그러나 며칠 뒤에 강원도 순찰사 유영길柳永吉[113]이 졸지에 글을 보내어 그를 본도로 불러들였다. 이 틈을 타서 적들은 민가와 관사를 헐어다가 그 재목으로 긴 뗏목을 만들어 강을 건넜다. 강물이 거칠어 그들이 중류에 이르자 빠져 죽은 자가 수없이 많았다. 그러나 원호는 이미 가 버리고 강 위에는 아무도 지키는 사람이 없으니, 적은 마음 놓고 여러 날에 걸쳐 유유히 건널 수 있었다.

이리하여 세 길로 온 적병은 모두 도성으로 들어왔다. 그

---

112 원호(1533~1592)의 본관은 원주原州이고, 자는 중영仲英이다. 1567년에 무과에 급제했다. 경원 부사로 있을 때 이탕개의 침입을 격퇴했으나 1587년에 전라우도 수군절도사로 재직하던 중에 침입한 왜구를 막지 못해 유배되었다. 임진왜란이 일어나자 강원도 조방장이 되어 패잔병과 의병들을 규합하여 여주의 신륵사에서 왜군을 크게 무찔렀다. 이때의 공으로 경기·강원방어사 겸 여주 목사로 임명되었다. 이후 강원 감사 유영길의 격문에 호응해 군사를 이끌고 가다가 적의 복병과 싸우던 중에 전사했다.

113 유영길(1538~1601)의 본관은 전주全州이고, 자는 덕순德純, 호는 월봉月篷이다. 1559년 별시문과에 장원으로 급제해 벼슬길에 나섰다. 1565년에 평안도 도사가 되었으나 권신 이량李樑에게 아부했다는 탄핵을 받아 이듬해에 파직되었다. 임진왜란이 일어났을 당시 강원도 관찰사로 춘천에 있었는데 왜군이 강을 건너는 것을 막고 있던 조방장 원호를 불러들이는 바람에 적이 강을 건너게 하는 실책을 범했다.

러나 도성에는 이미 사람들이 모두 흩어져 달아나 버리고 아무도 없었다.

김명원은 한강을 잃은 다음, 임금이 계신 곳으로 가려고 임진강에 이르러 장계를 올렸다. 그러나 임금은 "경기도와 황해도 군사를 뽑아서 임진강을 지키도록 하라"고 명을 내렸다. 또 신할에게도 명하여 함께 임진강을 지켜서 적이 서쪽으로 오는 길을 막도록 했다.

이날 임금은 개성을 떠나 금교역金郊驛에 이르렀다. 나는 이때 비록 파직당한 몸이지만 감히 뒤떨어질 수 없었다. 따라간 지 4일 만에 임금은 흥의興義·금암金巖·평산부平山府를 지나서 보산역寶山驛에 이르렀다.

처음 개성을 떠날 적에 창졸간에 종묘 신주를 목청전穆淸殿에 두고 왔는데, 종실 한 사람이 울면서 말했다.

"어떻게 적이 있는 곳에 신주를 두고 가신단 말입니까."

이리하여 하는 수 없이 밤으로 개성에 달려가 봉안해 왔다고 한다.

닷샛날, 임금의 행차는 안성安城·용천龍泉·검수역劍水驛을 지나 봉산군鳳山郡에 도착했다.

엿샛날 황주黃州로 나갔고, 이렛날에는 중화中和를 지나 평양으로 들어갔다.

삼도 순찰사의 군사는 용인에서 허물어졌다. 처음에 전라도 순찰사 이광이 본도 군사를 거느리고 도성으로 가서 후원하려 했었다. 그러나 임금은 벌써 서쪽으로 떠났고 도성은 함락되었다는 소문이 들렸다. 그리하여 군사를 거두어 전주로 돌아오니 도내 사람들 중에는 이광이 싸우지도 않고 돌아왔다고 하여 불평하는 자도 있었다. 이광은 마음이 불안했다. 다시 군사를 수습해서 충청도 순찰사 윤국형尹國馨[114]과 함께 군세를 합하여 앞으로 나갔다. 여기에 경상도 순찰사 김수도 자기 도로부터 군관 수십 명을 거느리고 와서 합쳤다. 그들의 군사는 총수가 5만이 넘었다.

이 군사들이 용인에 이르러 앞을 바라보니 북쪽 두문산斗門山 위에 적의 작은 영책이 보였다. 이광은 이것을 대단치 않게 여겼다. 그는 용사 백광언白光彦·이시례李時禮 등을 시켜 적의 동태를 살피고 오라고 일렀다. 백광언 등은 선봉을 거느리고 산으로 올라가 적의 영책 십여 보 밖까지 갔다. 그들은 말에서 내려 활을 쏘았다. 그러나 영책 안에서는 아무도 나오지 않았다.

---

114 윤국형(1543~1611)은 조선 중기의 문신으로 본관은 파평坡平, 자는 수부粹夫, 호는 은성恩省과 달천達川이다. 1592년 충청도 관찰사가 되어 왜적의 침입에 대비해 무기를 정비했다. 임진왜란 당시 적에게 패해 파직당했다가 다시 기용되어 충청도 순변사가 되었다. 이후 비변사당상이 되어 왜란 뒤의 혼란한 업무들을 처리했다. 광해군이 즉위하자 공조판서에 올랐다.

이날 해가 저물었다. 적은 백광언의 군사가 차츰 해이해진 것을 엿보고 긴 칼을 빼어들고 큰 소리를 치면서 쫓아 나왔다. 백광언 등은 황급히 말을 찾아 달아나려 했다. 하지만 졸지의 일이라 미처 달아나지 못하여 적에게 죽고 나머지 군사들도 이 소식을 듣고는 군세가 흔들리기 시작했다. 이때 순찰사 세 사람은 모두 문인文人이었다. 다 같이 병무兵務에 익숙하지 못했기 때문에 군사의 수는 많았지만 영이 제대로 서지 않았다. 그뿐만 아니라, 험한 곳을 찾아서 지킬 준비도 하지 않았으니, 이야말로 옛사람들이 말한, "군사 일을 마치 봄놀이하듯 하니 어찌 패하지 않을 수 있으랴" 한 것과 같다.

이튿날 적들은 우리 군사가 겁내는 것을 알고 몇 명이 칼을 빼어 휘두르면서 달려 나왔다. 우리 삼도 군사들은 이것을 바라보고 모두 겁내어 흩어져 달아나니, 그 흩어지는 소리가 마치 산이 무너지는 것과 같았다. 우리 군사가 무너지며 버린 군자軍資와 기계器械가 길에 무수히 널려 있어 사람이 다닐 수가 없을 지경이었다. 적들은 이것을 모두 가져다가 불태워 버렸다. 이리하여 이광은 전라도로 돌아갔고, 윤국형은 공주로, 김수는 경상우도로 제각기 돌아갔다.

부원수 신각申恪은 양주楊州에서 적과 싸워 이겨서 적병 60여 명의 머리를 베었다. 그럼에도 불구하고 조정에서는 선전관宣傳官을 보내어 신각을 죽였다.

처음에 신각은 김명원의 부장副將으로 있었다. 그러나 한강 싸움에서 김명원을 따라가지 않고 양주로 이양원을 따라갔던 것이다. 이때 함경우도 병사 이혼李渾의 군사가 마침 왔다. 신각은 이와 합세하여, 도성으로부터 나와 일반 민가를 약탈하는 적을 격파했다. 그것은 왜병이 우리나라에 온 뒤로 우리 군사가 처음으로 이긴 싸움이었다. 백성들은 모두 좋아라고 날뛰었다. 그러나 김명원은 임진강에서 장계를 올렸다.

"신각이 제 마음대로 일을 하고 명령에 복종하지 않았습니다."

이것을 보고 우상 유홍은 그대로 임금께 아뢰었다. 임금은 그를 죽이라고 선전관을 내려보냈다. 그때 마침 신각의 첩보가 올라왔다. 조정에서는 급히 사람을 뒤쫓아 보냈으나 따르지 못했다. 먼저 간 선전관의 손에 신각은 그만 죽고 말았던 것이다.

신각은 비록 무인武人이나 본래 맑고 신중한 사람이었다. 전에 연안 부사로 있을 때는 성을 쌓고 도랑을 파며, 군기軍器를 많이 장만한 일도 있었다. 그 뒤에 이정암李廷馣[115]이 연안

---

115 이정암(1541~1600)의 본관은 경주慶州이고, 자는 중훈仲薰, 호는 사류재四留齋, 퇴우당退憂堂, 월당月塘이다. 임진왜란 당시 개성을 수비하려 했으나 임진강 방어선이 무너져 실패했다. 그 뒤 황해도로 들어가 초토사招討使가 되어 의병을 모집해 연안성을 지키던 중에 왜장 구로다가 병사들을 이끌고 공격하자 치열한 싸움 끝에 물리쳤다. 이때의 공으로 황해도 관찰사 겸 순찰사가 되었다. 1596년에는 충청도 관찰사가 되어 이몽학李夢鶴의 난을 평정했다. 정유재란 당시에는 해서초토사海西招討

성을 지킬 적에 사람들이 모두 이는 신각의 공로라고 말한 일
도 있었다. 그런 사람이 아무런 죄도 없이 죽었다. 그뿐만 아니
라, 그에게는 아흔이 넘은 늙은 어머니가 있다 하니 듣는 사람
들 중에는 이를 애석해하지 않는 자가 없었다.

이런 뒤에 지사 한응인韓應寅[116]으로 하여금 평안도 정병
3천 명을 거느리고 임진강에 가서 적을 치게 하였다. 그러나
김명원의 절제는 받지 말라고 했다. 그때 마침 한응인은 북경
北京에서 돌아온 참이었다. 윤두수가 여러 사람을 보고, "이 사
람은 얼굴에 복기福氣가 있으니 능히 일을 잘 처리할 것이오"
라고 말하면서 한응인을 떠나보냈던 것이다.

한응인과 김명원이 거느린 군사가 임진강에서 적에게 패
했다. 적병은 강을 건너 올라왔다.

원래 김명원은 임진강 북쪽에 있었다. 그는 모든 군사들
에게 분부하여 "군사를 벌려 강을 지키라" 했다. 그리고 강 위

使가 되어 해주의 수양산성을 지켰다. 저서로 『상례초喪禮抄』, 『독역고讀易攷』, 『왜변
록倭變錄』, 『서정일록西征日錄』 등이 있다.

116　한응인(1554~1614)의 본관은 청주淸州이고, 자는 춘경春卿, 호는 백졸재百拙齋와
유촌柳村이다. 1591년 예조판서에 올라 진주사陳奏使로 명나라에 가서 일본의 도
요토미 히데요시가 명나라를 공격하기 위해 조선에 길을 빌려 달라고 요구했다는 사
실을 말해 명나라의 의심을 풀게 만들었다. 임진왜란이 일어나자 제도도순찰사諸道
都巡察使로 임진강 방어에 나섰으나 왜군의 유인 작전에 속아 대패했다. 이후 공조판
서가 되어 명의 원병을 촉구했으며 이여송이 원군을 이끌고 오자 접반관接伴官으로
맞이했다. 서울이 수복되고 나서는 질서 회복에 힘썼다. 시호는 충정忠靖이다.

에 있는 배를 거두어 모두 북쪽 기슭에 머무르게 했다.

적들은 임진강 남쪽에 진을 쳤다. 그러나 배가 없어 강을 건너지 못하고 다만 군사를 조금씩 내어 강을 사이에 두고 싸울 뿐이었다. 이렇게 10여 일이 지났다. 적병은 종시 강을 건너지 못하고 있었다. 어느 날 그들은 강 위에 있는 막사를 불사르고 군기를 낱낱이 거두어 실었다. 그리고 거짓 퇴병하려는 기색을 보여 우리 군사를 유인했다.

신할은 본래 날쌔기는 했으나 꾀가 없는 사람이었다. 이것을 보고 적병이 정말 물러가거니 생각했다. 경기감사 권징과 힘을 합해서 이내 강을 건너 적의 뒤를 쫓으려 했다. 김명원은 이것을 보고도 금하지 못했다.

이날 한응인의 군사도 임진강에 도착했다. 이것을 보고 함께 적을 쫓으려 했다. 한데 한응인의 군사는 모두 강변에서 자란 튼튼한 군사들이었다. 더욱이 북방 오랑캐와도 가까이 있었으므로 그들은 싸우고 진 치는 법과 형세를 보는 법을 어느 정도 터득하고 있었다.

그 군사들이 한응인을 보고 말했다.

"이제 군사가 멀리 오느라고 너무 피로했습니다. 거기에 아직껏 밥을 먹지 못했고 병기도 정돈되지 않았으며 후군도 도착하지 못했습니다. 또 적의 동정을 보건대 퇴병하려는 것이 참인지 거짓인지 분명치 않습니다. 바라건대 조금 쉬었다가 내일 다시 적의 동정을 본 다음에 나가 싸우도록 하십시오."

한응인은 이들이 머무르려고 한다 하여 군사 몇 명을 당장에 목 베어 죽였다.

김명원은 혼자 생각해 보았다.

'한응인은 새로 조정에서 왔고, 또 지금 내 절제를 받을 처지가 아니다.'

이렇게 생각했기 때문에 뻔히 그 처사가 옳지 못한 줄 알면서도 감히 말하지 못했다.

별장 유극량은 나이가 늙었지만 싸움에 익숙한 장수였다. 이 모양을 보고 경동하지 말기를 애써 권했다. 그러나 신할은 도리어 그를 목 베려 했다. 그러자 유극량이 말했다.

"나는 어려서부터 전쟁에 나섰는데 어찌 내 몸 하나 죽는 것을 피해서 진군하지 않으려 하겠습니까? 내가 이렇게 말씀드리는 것은 오로지 국사를 그르칠까 두려워함이올시다."

말을 마치고 분연히 자기 군사들을 데리고 앞장서서 강을 건넜다. 이리하여 우리 군사는 일제히 강을 건너 적의 뒤를 따랐다. 그러나 험한 지점에 당도하자 매복했던 적의 군사가 산 뒤로부터 일시에 일어났다.

우리 군사들은 모두 무너지기 시작했다. 이것을 본 유극량은 할 수 없이 말에서 내려 땅에 주저앉았다.

"허허! 여기가 바로 내가 죽을 땅이로구나!" 하고 탄식하며 활을 당겨 적군 몇 사람을 쏘아 죽였다. 그러나 그는 이내 왜군에게 해를 입었고 신할도 역시 죽었다.

우리 군사들은 놀라 모두 도망쳐서 강기슭에 이르렀다. 뒤에서 왜병이 쫓아오니 미처 강을 건너지 못하고 군사들은 바위 위에서 물속으로 떨어져 죽었다. 그 모양이 마치 모진 바람에 흩날리는 낙엽과도 같았다. 미처 강에 떨어져 죽지 못한 군사는 적병이 뒤에서 긴 칼로 찌르자 모두 엎드려 칼을 받을 뿐, 감히 아무도 저항하지 못했다.

이때 한응인과 김명원은 강 북쪽에서 이 모양을 바라보며 기가 막혀 아무 말도 하지 못했다. 상산군 박충간朴忠侃은 마침 군중에 있었다. 이 모양을 보고 말을 달려 앞서 달아났다. 군사들은 이것을 김명원이 달아나는 것으로 알고 모두 소리 높여 외쳤다.

"야! 원수도 달아난다."

강을 지키던 군사들은 이 말을 듣고 일제히 흩어져 버렸다.

김명원과 한응인은 임금이 계신 곳으로 돌아왔다. 그러나 조정에서는 이 일을 불문에 붙이고 묻지도 않았다.

경기감사 권징은 가평군으로 들어가 난을 피했다. 이렇게 되니 적들은 제 마음대로 서쪽으로 밀려들어 거리낄 것 없이 진군해 왔다.

적병이 함경도에 다다르자 두 왕자는 적의 수중으로 들어가 버리고 말았다. 이들을 모시고 있던 김귀영·황정욱·황혁과

본도 감사 유영립柳永立[117], 북병사北兵使 한극함韓克諴[118] 등도 모두 잡혔다. 남병사南兵使 이혼은 갑산甲山으로 도망쳤다가 그곳 백성들에게 해를 입었다. 이리하여 남북의 도와 군현郡縣 은 모두 적에게 빼앗기게 되었다.

이때 왜학통사 함정호咸廷虎란 사람이 도성에서 적의 대 장 가등청정에게 잡혔다. 그는 가등청정을 따라 북도로 들어 갔다가 적이 물러난 뒤에 도망쳐 서울로 돌아왔다. 나를 보고 그는 북도 사정을 자못 자세히 이야기해 주었다.

원래 적의 장수 중에는 가등청정이 가장 용맹스럽고 싸움 에도 능했다. 가등청정이 평행장과 함께 임진강을 건너서 황해 도 안성역에 이르러 보니, 길이 두 갈래로 나뉘어 있었다. 두 사 람은 서로 갈 길을 정하지 못했다. 그들은 마침내 제비를 뽑아 평행장은 평안도로 가고 가등청정은 함경도로 가게 되었다.

이리하여 가등청정이 안성에 사는 백성 두 사람을 사로잡 아서 길을 인도하라 하니, 이들 두 사람은 모두 이렇게 말하는

---

117 유영립(1537~1599)은 조선 중기의 문신으로 본관은 전주全州, 자는 입지立之다. 1592년에 강원도 관찰사가 되었는데 임진왜란이 발발하자 산속으로 피신했다가 왜 군에게 포로가 되었다. 이후 뇌물로 매를 바치고 탈출했는데 이때의 일로 대간들의 탄핵을 받고 파직당했으나 유성룡의 변호로 복직되어 병조참판이 되었다.

118 한극함(?~1593)은 조선 중기의 무신으로 경원 부사를 거쳐 임진왜란 당시 해정창에 서 가토 기요마사의 군사와 싸웠으나 전세가 불리하자 임해군과 순화군을 남겨둔 채 혼자 오랑캐 마을로 도망쳤다가 오히려 그들에게 붙잡혀 왜군의 포로가 되었다. 일 본군이 서울을 철수할 때 다시 홀로 탈출하여 고언백의 군진으로 돌아왔으나 처형당 했다.

것이었다.

"우리들은 이곳에서 성장해서 북쪽 지리에는 밝지 못하다."

가등청정은 이 말을 듣고 그 자리에서 한 사람을 칼로 쳐죽였다. 그러고 보니 남은 한 사람은 하는 수 없이 길을 인도해 주었다는 것이다.

가등청정의 일행은 이 사람을 따라 산골짜기를 더듬어 노리현老里峴을 넘어 철령鐵嶺 북쪽으로 나왔다. 하루에 수백 리 길을 달리는데, 그 형세는 풍우와도 같았다.

북도 병사 한극함은 육진六鎭 군사를 거느리고 해정창海汀倉에서 적을 만나 싸우게 되었다. 북쪽 군사들은 원래 말타기와 활쏘기에 능한 터였다. 더욱이 땅이 평탄한 까닭에 좌우로 달리면서 활을 쏘니 적은 지탱하지 못하고 창고 속으로 쫓겨 들어가 버렸다.

이때 벌써 해가 저물었다. 군사들은 일제히 "조금 쉬었다가 적이 나오거든 내일 다시 싸우도록 하십시오" 했으나 한극함은 이 말을 듣지 않고 군사를 지휘하여 적을 포위하도록 했다.

적은 창고 속에서 곡식 섬을 성 모양으로 쌓고 우리 군사의 화살과 돌을 피하면서 그 속에서 조총을 수없이 쏘아 댔다. 성 밖에는 우리 군사가 겹겹이 서 있었다. 총 한 방에 무려 서너 명씩 쓰러지고 보니 얼마 안 가서 우리 군사는 형세를 지탱하지 못하게 되었다. 할 수 없이 한극함은 남은 군사를 거둬 고 개 위에 진을 치고 날이 밝기를 기다리고 있었다. 그러나 적은 밤중에 가만히 우리 군사의 주위를 둘러 풀 속에 군사를 매복 했다.

때마침 아침 안개가 자욱해서 지척을 분별하지 못했다. 우리 군사는 적군이 저만큼 먼 산 밑에 있겠거니 생각하고 안 심하고 진군해 나갔다. 그러나 대포 소리가 한 번 나면서 적의 군사가 사면에서 일제히 내달으니, 우리 군사는 어찌할 줄 모 르고 흩어지기 시작했다. 우리 군사들은 적이 없는 곳을 찾아 달아나느라 모두 진흙 속에 빠져 있었다. 이것을 적이 쫓아와 긴 칼로 베니 죽는 자가 수없이 많았다.

싸움에 져 도망친 한극함은 경성鏡城으로 들어갔다가 적 에게 사로잡혔고, 왕자 임해군과 순화군은 모두 회령부會寧府 로 갔다.

순화군은 처음에 강원도에 있었다. 그러다가 강원도로 들 어오는 적병을 보고 북도로 피한 것이다. 이때 적은 맹렬히 왕 자를 뒤쫓았다. 이것을 본 회령 아전 국경인鞠景仁[119]이 저희 패

---

119 국경인(?~1592)은 전주 사람으로 죄를 지어 회령으로 유배되었다. 이후 회령부의 아전이 되어 재산을 모았다. 임진왜란이 일어나자 반란을 일으켜 왜장 가토 기요마사 에게 임해군과 순화군을 포로로 잡아 넘겼다. 이언우李彦祐, 전언국田彦國 등과 함 께 횡포를 자행하다가 북평사北評事 정문부鄭文孚의 격문을 받은 회령 유생 신세준 申世俊과 오윤적吳允迪에게 붙잡혀 죽었다.

들을 거느리고 반란을 일으켜 먼저 왕자와 종신들을 묶어 놓고 적을 맞았다.

이것을 본 가등청정은 묶은 것을 풀고 우선 군중에 두었다가 나중에 함흥咸興으로 옮겨 갔다. 칠계군 윤탁연은 도중에 병이 있다는 핑계를 대고 다른 길로 별해보別害堡로 깊숙이 들어가 버렸다.

동지同知 이기는 왕자를 쫓아가지 않고 강원도에 머물러 있었다. 그래서 적에게 잡히지 않았다.

유영립은 적에게 며칠 동안 붙들려 있었지만, 적들이 이 사람은 문관文官이라 해서 가두지 않았다. 그래서 틈을 타서 빠져나와 임금이 계신 곳으로 도망쳐 왔던 것이다.

이일이 평양에 이르렀다. 이일은 충주에서 패해 강을 건너 강원도를 경계로 해서 겨우 이곳으로 왔다. 그 당시 여러 장수들은 도성으로부터 남쪽으로 내려가다가 혹은 도망가고 혹은 죽어서 한 사람도 임금의 행차를 호위하는 사람이 없게 되었다.

이때 적들이 머지않아 도착한다는 소식이 들렸다. 민심이 몹시 소란한 판에 이일이 여기에 온 것이다. 이일은 무장들 중에서도 원래부터 명망이 두터웠던 터여서, 비록 그가 싸움에 패해서 왔지만 기뻐하지 않는 사람이 없었다. 그러나 이일은 벌써 여러 번 싸움에 패한 탓에 평량자를 쓰고 흰 도포를 걸치고 짚신을 끌고 들어오는 모양이 몹시 초라해 보는 이들이 탄식해 마지않았다.

이것을 보고 내가 말했다.

"이곳 사람들이 그대에게 의존하려 하는데, 꼴이 이래 가지고서야 어떻게 여러 사람의 마음을 수습한단 말이오."

나는 행장 속에서 남빛 비단옷을 꺼내어 그에게 주었다. 이에 다른 사람들도 다투어 종립驄笠[120]도 주고, 은정자銀頂子[121]와 채영彩纓[122]도 주어 당장에 급한 치장은 일신해졌다. 그러나 신을 벗어 주는 사람은 없어 짚신을 그대로 끌고 있었다. 나는 또 웃으면서 말했다.

"비단옷에 짚신이라니, 격이 맞지 않는군."

이 말을 듣자 좌우에 있던 사람들도 모두 쳐다보면서 대소했다.

이윽고 벽동碧潼에 있는 토병土兵[123] 임욱경任旭景이 달려와서 "적이 벌써 봉산鳳山에 왔습니다" 하고 보고했다.

나는 급히 좌상을 돌아보았다.

"필시 적의 척후가 강 건너에 와 있을 거요. 이 영귀루詠歸

---

120 갓보다 약간 높고 위의 통형筒形 옆에 깃털을 붙인 모자를 말한다.

121 전립 따위의 위에 꼭지처럼 만들어 달던 꾸밈새의 일종.

122 채색된 갓끈을 말한다.

123 지역의 토박이들 가운데 뽑은 군사를 말한다.

樓 밑에 강물이 두 줄기 흐르고 있소. 한 줄기는 물이 얕아 건널 만한데, 만일 적들이 우리 백성들을 앞세우고 가만히 강을 건너 갑자기 쳐들어온다면 성이 위태로울 것이오. 급히 이일을 보내어 물이 얕은 강줄기를 지키도록 하시오."

윤공尹公도 그렇게 생각하고 곧 이일을 보내도록 했다. 그즈음 이일이 거느린 강원도 군사는 겨우 수십 명에 지나지 않았다. 도저히 그 수로는 데리고 갈 수가 없었다. 딴 군사로라도 수를 채워 보려고 이일은 함구문含毬門에 앉아서 군사를 점호하고 있었다.

나는 아무래도 일이 급하다는 생각이 들어 사람을 보내어 가 보라고 했으나 아직도 이일은 문루 위에 있다는 것이었다. 다시 여러 번 윤공에게 재촉하여 이일을 떠나보냈다. 이리하여 이일은 떠나갔다. 하지만 길을 인도하는 사람이 없었기 때문에 강의 서쪽 길로 잘못 들어서서 평양 좌수平壤座首[124] 김내윤金乃胤을 만나게 되었다. 겨우 김내윤에게 길을 물어 만경대萬頃臺 아래로 달려갔다. 그러나 그곳은 성안에서 겨우 10여 리를 사이에 둔 곳이었다. 바라다보니 강 저편 남쪽 기슭에 적병이 벌써 수백 명이나 모여 있었다. 강 가운데 작은 섬에 사는 백성들은 놀라서 달아나는 중이었다.

---

[124] 좌수는 조선 시대 지방 자치 기구인 향청鄕廳의 우두머리로 수령권을 견제하는 역할을 했다. 이후 향원鄕員의 인사권과 행정 실무의 일부를 맡았다.

이에 이일은 무사 10여 명에게 급히 명해서 섬에 들어가 활을 쏘라 했다. 그러나 군사들은 겁을 내어 가지 못했다. 이일이 칼을 빼어 베려 하자 그제야 군사들은 마지못해서 섬으로 갔다. 그러나 적들은 벌써 강을 건너 기슭으로 가까이 다가오고 있었다.

우리 군사들은 이것을 보고 급히 활을 쏘아 연달아 예닐곱 명을 죽였다. 그제야 적은 비로소 물러갔다. 이리하여 이일은 계속 그곳을 지키게 되었다.

명나라 요동도사遼東都司[125]는 진무鎭撫 임세록林世祿을 시켜서 우리나라에 가서 왜군의 실정을 탐지하게 했다. 이 소식을 들은 임금은 임세록을 대동관大同館으로 불렀다.

나는 5월에 벼슬에서 파면당했다가 6월 초하루에 다시 복직되었다. 이날 마침 임금의 명으로 임세록을 접대하게 되었다. 이때 요동에서는 왜군이 우리나라를 침범한다는 말을 들은 지 오래지 않은 때였다. 그런데 금시에 임금이 도성을 버리고 서쪽으로 파천했다는 소식이 들리더니, 이내 또 왜병이 평양에 도착했다는 것이다. 이러고 보니 그들은 몹시 이상한 생각이 들었다.

'왜병이 제아무리 급히 진격한다 하더라도 이렇듯 빠를

---

125 도사都司는 중국 명나라 때의 관직으로 성省의 군사 문제를 담당했다.

겸재 정선이 그린 「연광정도」. 평양성과 연광정의 모습을 볼 수 있다.

수가 있단 말인가.'

이렇게 의심했다. 또 어떤 사람은 우리나라에서 왜병에게
길을 안내해서 진격시키는 것이라고 말하기까지 했다. 그래서
임세록을 시켜 그 여부를 탐지하게 했던 것이다.

나는 임세록을 안내하여 연광정練光亭으로 올라갔다. 왜
진의 형세를 바라보니 마침 왜병 하나가 강 저편 동쪽 숲 속에
서 나와 이리저리 움직이고 있었다. 이내 두세 놈이 또 따라 나
오더니 강변에 앉았다 일어섰다 하는 것이 여유가 있어 마치
길 가는 행인이 발을 쉬는 모습과도 같았다. 이것을 보고 내가
말했다.

"저것이 왜군의 척후병이올시다."

임세록은 정자 기둥에 기대어 서서 그쪽을 바라보면서 몹
시 수상스러운 눈치를 보였다.

"왜병 척후가 저렇게 적을 수가 있나요?" 하고 말하면서
임세록은 알 수 없다는 듯이 고개를 갸우뚱거렸다.

"왜병이란 원래 간사하기 짝이 없습니다. 적들의 대병이
뒤에 진을 치고 있으면서도 앞에 나와 척후하는 군사는 언제나
두세 명에 지나지 않지요. 그렇기 때문에 그것만을 보고 소홀히
여겼다가는 반드시 그놈들의 꾀에 빠지고 말지요"라고 말하고
나서 다시 임세록을 쳐다보았다.

임세록은 그제야 비로소 고개를 끄덕이면서 빨리 본국에
보고하기 위해 말에 올라 돌아가 버렸다.

임금은 좌상 윤두수에게 명을 내려 도원수 김명원과 순찰사 이원익 등을 거느리고 평양을 지키도록 했다.

이보다 수일 전의 일이었다. 임금이 평양을 떠나고자 한다는 소문을 듣자 성안 사람들은 제각기 도망가기 시작하여 온 고을이 텅 비게 되었다. 임금은 세자에게 명해서 대동관 문 앞에 나가 성안에 사는 부로父老들을 모아 놓고 타이르게 했다.

"우리가 무슨 일이 있어도 이곳은 지킬 작정이니 염려하지 말라."

이렇게 타일렀지만 인심을 얻지 못했다. 부로들은 앞으로 나와 말했다.

"동궁마마의 말씀만 가지고서는 백성들의 놀란 마음을 진정시킬 수 없습니다. 성상聖上께서 친히 나오셔서 말씀해 주시기 바랍니다."

그 이튿날, 임금은 할 수 없이 관문 앞에 나섰다. 승지를 시켜서 그 전날처럼 부로들을 타일렀다. 그제야 부로들 수십 명은 땅에 엎드려 통곡하면서 서서히 물러갔다. 이에 사람을 놓아 산골짜기에 숨었던 노약老弱을 불러들이니 성안은 사람들로 전과 같이 가득 차 있었다. 그러나 이때 벌써 적의 선봉은 대동강에 나타나기 시작했다. 이에 재신 노직盧稷[126] 등은 묘사

---

126   노직(1545~1618)의 본관은 교하交河이고, 자는 사형士馨이다. 임진왜란이 터지자 선조를 호종해서 성천의 행재소까지 갔다. 이어 병조참판을 거쳐 개성유수가 되었다.

廟社[127]의 위판을 모시고 궁인들을 호위하면서 성문을 나섰다. 이것을 보자 이속吏屬[128]과 불량한 백성들이 난을 일으켜 칼을 빼어들고 길을 가로막아 함부로 쳤다. 위판은 길바닥에 떨어지고 모시고 가던 재신들의 꼴은 말이 아니었다. 그들은 재신들을 막고 욕설을 퍼부었다.

"너희들은 평일에는 앉아서 국록國祿만 먹다가 이제 국사를 그르치고 또 백성마저 속이느냐?"

나는 이때 연광정에서 임금이 계신 곳으로 달려가다가 보니 길 위에 모여 있는 부녀와 어린아이까지도 모두 노기怒氣가 등등해서 서로 떠들고 있었다.

"성을 버리고 도망갈 거라면 왜 우리 백성들을 모두 성안으로 불러들여 적의 손에 어육魚肉이 되게 하느냐?"

궁문에 다다르니 난민亂民이 길에 가득했다. 저마다 웃통을 벗어부치고 칼이나 몽둥이를 손에 들었다. 만나는 대로 후려갈겨서 소란스럽기 짝이 없으나, 이것을 막아 낼 재간이 없었다. 문 안에 있는 여러 재상들은 모두 얼굴빛을 잃고 어쩔 줄을 몰라 뜰에 서 있었다. 이것을 보니 난민이 혹시 궁문 안으로 들어오는 날이면 어쩌나 싶었다. 나는 문 밖 층계 위에 올라 바

정유재란 때에 경강주사대장京江舟師大將을 지내고, 접반정사接伴正使 김명원金命元의 부사가 되어 명나라 장수 형개邢玠와 군사 문제 등을 의논했다.

127 종묘宗廟와 사직社稷을 말한다.

128 아전衙前의 무리를 말한다. 아전은 중앙과 지방의 관아에서 일하던 하급 관리들이다.

라보다가 그중에 나이 먹고 수염이 많은 사람 하나를 손짓하여 불렀다. 알아보니 그는 그곳 토관土官이었다.

나는 조용한 말로 준절히 타일렀다.

"당신들이 힘을 다하여 이 성을 지키려 하고, 또 임금을 성 밖으로 나가지 않도록 한다는 것은 나라를 위하는 충성이 지극한 것이라 매우 가상한 일이오. 하지만 이렇듯 난을 일으켜 궁문에까지 와서 소요를 떤다면 이것은 도리어 불공하기 짝이 없는 일이오. 더구나 조정에서도 지금 임금께 청해서 이곳만은 굳게 지키려는 참이오. 그런데 당신들은 왜 이다지 소란을 피운단 말이오. 당신의 모양을 보니 식자識字도 있어 보이니 내 말대로 여러 군중에게 타일러 모두 순순히 물러가게 한다면 모르거니와, 그렇지 못한다면 그대들이 지은 중죄는 용서치 못할 것이오."

그 사람은 내 말을 듣고 나서 가졌던 몽둥이를 당장 내던지고 손을 모으면서 말했다.

"소인들은 나라에서 이 성을 버린단 말만 듣고 분한 마음에 이렇듯 망동했던 터입니다. 그러하온데 이제 말을 듣고 보니 소인이 비록 우매하고 아는 것도 없사오나 가슴속이 시원해집니다."

그 사람은 모였던 사람들을 모두 쫓아 돌려보냈다.

원래 이런 일이 있기 전에 조신朝臣들은 적병이 가까이 온다는 말을 듣고 모두 피해야 한다고 청했다. 그중에도 양사兩

司[129]와 홍문관에서 연일 힘써 이것을 청했다. 또 인성부원군寅城府院君 정철 또한 더한층 평양을 피하자고 주장했었다. 그러나 나는 그 의논에 반대하여 이렇게 말했다.

"오늘날 사태는 저번에 서울을 떠날 때와는 다릅니다. 서울은 군민軍民이 모두 무너져서 지키려야 지킬 방도가 없었지만, 이 성은 앞에 강이 막혀 있고 민심도 자못 굳단 말입니다. 또 명나라 땅에 가까우니 우리가 수일만 더 굳게 지키다 보면 중원에서 구원병도 올 것입니다. 이렇게 되면 형세를 지탱할 수가 있지만 만일 그렇지 못하고 의주義州로 가 버린다면 다시 버틸 만한 지세가 없어 어찌하지 못할 것이니 나라가 망하고 말 것이외다."

좌상 윤두수도 내 의견과 같았다. 나는 다시 정철에게 말했다.

"평소에 나는 생각하기를 공은 강개한 기운이 있어 어려운 일을 피하려 하지 않을 줄 알았더니, 오늘날 이럴 줄은 뜻하지 못했소이다."

옆에 있던 윤두수는 "내 칼을 빌려 아첨하는 신하를 베고 싶노라我欲借劍斬佞臣"라는 문산文山[130]의 시를 한 수 읊었다.

---

129 사헌부司憲府와 사간원司諫院을 말한다.

130 중국 남송의 정치가이자 시인인 문천상의 호. 송나라가 원나라에 항복하자 문천상의 재능을 아낀 쿠빌라이 칸이 그를 회유하려 했지만 이를 거절하고 죽었다고 한다.

이에 정철은 크게 노하여 옷깃을 뿌리치고 일어서 버렸다. 이런 일이 있었기에 평양 사람들은 내가 이 성을 지키자고 주장하는 줄 알았다. 그래서 이날 내 말을 믿고 순순히 물러갔던 것이다.

저녁 무렵 나는 송언신宋言愼[131]을 불러 말했다.

"왜 난민을 진정시키지 못하는가?"

이렇게 책망하니 송언신이 난민의 두목 세 사람을 적발해 대동문 앞에서 목 베어 죽였다. 그러자 나머지 무리들이 모두 흩어졌다. 이때는 이미 이 성을 떠나기로 결정되어 있었다. 그러나 한 사람도 어디로 갈지 몰랐다. 조신들은 다만 북도가 땅이 궁벽하고 길이 험해서 군사를 피할 만하다고 주장할 뿐이었다.

적은 벌써 함경도를 범해서 길이 통하지 못했다. 그러나 이 사정을 보고하는 자가 없었기 때문에 조정에서는 막연히 알지 못하고 있었다.

동지同知 이희득李希得은 전에 영흥 부사로 있으면서 어진 정치를 해서 민심을 얻었었다. 그래서 함경도 순찰사를 삼았다. 또 병조좌랑 김의원金義元을 종사관으로 삼아 북도에 있

---

131 송언신(1542~1612)의 본관은 여산礪山이고, 자는 과우寡尤, 호는 호봉壺峰이다. 임진왜란이 일어나자 공조참판이 되어 평안도 순찰사를 겸하다가 다시 함경도 순찰사를 겸하면서 군사 모집에 힘썼다.

게 했다.

내전內殿과 비빈妃嬪 이하는 먼저 북도를 향해서 떠나도록 했다. 이것을 보고 나는 군이 반대했다.

"본래 대가大駕가 이쪽으로 떠나온 것은 중원에 구원병을 청해서 다시 나라를 흥복시킬 것을 도모하려던 때문입니다. 이제 명나라에 청병請兵까지 하고 있는 터에 너무 북도로 깊이 들어갔다가 중간에서 적병이 길을 끊고 보면 명나라와의 소식도 우리와 서로 통해질 수가 없을 것입니다. 이러고서 더구나 도성을 회복시키기를 바랄 수 있겠습니까. 또 지금 적들이 여러 도로 흩어져 있다 하는데, 하필 북도만이 적병이 없으리라고 누가 장담할 수 있겠습니까. 불행히 깊은 곳에서 적을 만나기라도 하면 오도 가도 못할 것입니다. 간다면 오직 북쪽의 오랑캐 땅뿐이니, 그렇게 되면 우리가 어디에 의지한단 말입니까? 이제 조신들의 집 식구들이 모두 북도로 피난해 있는 까닭에 각각 제 생각들만 해서 모두 북쪽으로 가자고 하는 모양입니다. 하오나 신의 노모老母도 역시 피난길을 떠났다 하옵는데, 가 있는 곳을 분명히 알지는 못하오나 필시 강원도나 그렇지 않으면 함경도에 있을 것입니다. 그러하오니 신도 저의 사정만 생각하오면 역시 북쪽으로 가는 것이 좋지 않겠습니까. 하오나 국가의 대계를 생각하오면 그렇지 못한 것이 있사와 이토록 간절히 여쭙는 바이올시다."

나는 목메어 울며 눈물을 흘렸다. 임금도 측은한 빛으로 말씀하셨다.

"경卿의 노모를 고생시키는 것도 오직 짐朕 한 사람 때문
이로군!"

내가 물러 나온 뒤에 지사 한준韓準[132]이 다시 임금을 뵈었
다. 그도 힘써 북쪽으로 가는 것이 옳다고 말했다. 이에 중전中
殿도 드디어 함경도로 향해 떠나고 말았다. 그때 적은 대동강
에 와 있은 지 이미 사흘이나 되었다.

우리들 몇 사람은 연광정에서 건너편을 바라보았다. 왜병
하나가 나무 끝에 무슨 종이 한쪽을 달아 강 위 모래 바닥에 꽂
아 놓고 돌아갔다. 우리는 화포장火砲匠 김생려金生麗를 시켜
조그만 배를 타고 가서 그것을 가져오라고 했다.

왜인은 무기를 지니지 않은 채, 김생려와 악수를 하면서
친절히 그 종이를 주어 보냈다. 이렇게 하여 그 종이 쪽지를 가
져왔다. 그러나 윤상尹相은 그 종이를 펴 보려 하지 않았다.

내가 말했다.

"이걸 떼어 보는 데 해로울 게 무어 있겠소."

펴 보니 거기에는 이런 글이 적혀 있었다.

"조선국 예조판서 이공李公 각하께 드리노라."

---

132 한준(1542~1601)의 본관은 청주淸州이고, 자는 공칙公則, 호는 남강南崗이다. 임
진왜란이 일어나자 순화군을 호종하여 강원도로 피난을 떠났다. 이후 한성부판윤에
전임되었으며, 명나라에 다녀와서는 이조판서가 되었다. 살아생전에 근면하고 검소
했다고 전해진다. 시호는 정익靖翼이다.

이것은 이덕형에게 보내온 편지로 평조신과 현소 두 사람이 쓴 것이었다. 필시 이덕형을 만나 강화할 목적으로 의논하자는 것이 분명했다. 이에 이덕형은 편주扁舟를 타고 건너가 평조신과 현소를 강 위에서 만났다.

평일과 같은 인사를 주고받은 다음 현소가 먼저 입을 열었다.

"일본이 이제 길을 빌려 명나라에 조공하려 하는데, 조선이 이를 승낙하지 않아서 이 지경에까지 이르렀소이다. 허나 지금이라도 늦지 않았으니 길 하나만 내어 우리로 하여금 명나라로 가도록 하면 무사할 것이오."

그러나 이덕형은 전일의 약속을 어기는 법이 어디 있느냐고 책망했다. 이덕형은 다시 말했다.

"만일 그렇다면 우선 그대들의 군사를 물리고 나서 다시 강화할 의논을 합시다."

이렇게 교섭했으나, 평조신 등의 언사는 매우 공손치 못했다. 드디어 하는 수 없이 서로 헤어지고 말았다.

이날 저녁 적은 수천 명을 거느리고 강 동쪽 기슭 위에 진을 쳤다.

6월 11일, 임금은 마침내 평양을 떠나 영변寧邊으로 향했다. 이때 대신으로 있던 최홍원과 유홍, 정철 등은 임금을 따랐고, 좌상은 원수 김명원, 순찰 이원익 등과 함께 평양에 머물러 있었다. 나도 명나라 장수를 대접하기 위해서 같이 머물러 있게 되었다.

이날 적들은 우리 성으로 쳐들어왔다. 때마침 나는 좌상과 원수, 순찰사와 함께 연광정에 있었다. 평안감사 송언신은 대동성 문루를 지켰다. 병사 이윤덕李潤德은 부벽루浮碧樓 위쪽 강을 지켰다. 자산 군수 윤유후尹裕後 등은 장경문長慶門을 지켰다.

성안에 있는 군사들은 도합 3천~4천 명이었다. 이들을 성가퀴에 각각 분배했다. 그러나 대오가 정돈되지 못하여 사람이 무척 많은 데도 있고 몹시 적은 데도 있었다. 어떤 곳은 사람이 빽빽하여 서로 맞대고 있는 데도 있었다. 또 어떤 곳은 도무지 사람이 없어서 을밀대乙密臺 같은 데는 옷을 소나무 가지에 걸어 놓고 의병疑兵을 만들어 적을 속이기도 했다.

강 건너를 바라보니 적은 그다지 많지 않은 듯했다. 동쪽의 큰 마을 기슭 위에 한 줄로 일자진一字陳을 벌이고 붉은 깃발과 흰 깃발을 꽂았는데 이는 마치 우리나라 만장挽章 모양과도 같았다.

적들은 말을 탄 군사 십여 명을 내어 양각도兩角島로 향하여 강물 속으로 들어섰다. 강물은 말 허리까지 찼다. 모두 고삐를 잡고 벌려 서서 장차 일제히 강을 건너려는 것 같은 자세를 취했다. 나머지 군사들은 강 위를 오락가락하는데 한두 사람, 혹은 두세 사람씩 큰 칼을 빼어들고 있었다. 칼날은 햇빛이 비쳐 마치 번개처럼 번쩍였다. 이것을 보고 누군가가 말했다.

"저건 진짜 칼이 아니오. 나무를 깎아 칼처럼 만들어서 거기에 백랍白鑞을 칠해서 남의 눈을 속이는 거라오."

하지만 먼 곳이어서 진짜인지 가짜인지를 분별할 수는 없었다.

적병 6~7명은 조총을 가지고 강변 가까이 와서 우리 성을 향해서 총을 쏘았다. 그 소리는 몹시 웅장하고 총알은 강을 건너 성안에까지 날아왔다. 그중에서도 제일 멀리 오는 놈은 대동관까지 와서 지붕 위에 떨어지기도 했다. 몇 천 보나 되는 거리인데도 어떤 것은 성루의 기둥에 맞았는데 몇 치나 깊이 박혔다.

붉은 옷을 입은 왜병 하나가 연광정 위에 앉아 있는 우리를 보고 장수들인 줄 알고 조총을 가지고 눈치를 보면서 모래벌판까지 다가와서 쏘았다. 그 총알은 정자 위에 앉아 있는 두 사람을 맞혔다. 하지만 워낙 거리가 먼 곳이라서 심하게 상하지는 않았다.

나는 군관 강사익姜士益을 불러 활을 쏘라고 했다. 화살은 강 건너 모래 위에 떨어졌다. 이것을 보고 적들은 두리번거리면서 물러가기 시작했다. 김원수는 다시 활을 잘 쏘는 군사를 뽑아 쾌선快船을 타고 중류에 떠서 적을 향해 쏘라고 했다.

배가 저편 언덕에 가까워지자 왜병은 피해 달아나기 시작했다. 우리 군사는 배 위에서 현자총玄字銃을 쏘았다. 화전火箭

이 연달아 쏟아져 강을 넘으니 적들은 이것을 보고 소리를 지르면서 요란스럽게 흩어졌다. 화전이 땅에 떨어지자 모두들 이를 다투어 주워 보고 있었다.

이날 병선兵船을 정돈하지 않았다는 이유로 공방工房 한 사람을 목 베어 죽였다.

이즈음 오랫동안 비가 오지 않아 강물은 날마다 말라가고 있었다. 그런 까닭에 재신들은 나누어 단군檀君·기자箕子·동명왕東明王의 사당에 각각 비를 빌었다. 그래도 비는 쉽사리 오지 않았다.

나는 윤 좌상(윤두수)을 보고 말했다.

"이곳의 강물은 깊고 배가 없어서 적들이 건너오지 못하고 있소. 상류로 가면 물이 얕은 데도 있으니 적들은 머지않아 그리로 건너올 것이오. 적이 이 강만 건너게 된다면 성을 지킬 도리가 없을 것이오. 미리 엄하게 예비해야 할 게 아니겠소."

원수 김명원은 워낙 성질이 느긋한 터였다.

"이윤덕을 시켜서 벌써부터 지키게 했는데요" 하고 말할 뿐, 태연한 태도였다. 나는 다시 말했다.

"이윤덕만 믿고 있을 게 못 되지요."

나는 다시 옆에 있는 이 순찰사(이원익)를 보고 말했다.

"우리가 이렇게 한곳에만 모여 앉아 있어 봤자 아무런 소용이 없으니 빨리 가서 강을 지키도록 하시오."

순찰사는 마지못해 대답했다.

"가라고 명령만 내리신다면 진력해서 지켜보겠습니다."

그제야 윤 좌상도 순찰사를 보고 명을 내렸다.

"공이 어서 가 보시오."

이원익은 자리에서 일어났다.

그 당시 나는 왕명에 의하여 다만 명나라 장수만을 접대할 뿐이요, 군무에는 참여하지 않게 되어 있었다. 그러나 가만히 생각해 보니 아무래도 적에게 패할 게 분명했다. 하루 빨리 명나라 군사를 중도에서 맞아 지원을 받아야만 모든 일이 구제될 것만 같았다.

날은 벌써 저물었다. 종사관 홍종록洪宗祿[133], 신경진辛慶晉[134]과 함께 성을 나섰다. 밤이 깊을 무렵 우리는 순안順安에 당도했다.

중로에서 이양원과 종사관 김정목金廷睦을 만났다. 그들은 회양淮陽으로부터 오는 길이라 하면서, 적병은 벌써 철령에 이르렀다고 했다. 이튿날 숙천肅川을 지나 안주安州에 도착하

---

133   홍종록(1546~1593)의 본관은 남양南陽이고, 자는 연길延吉, 호는 유촌柳村이다. 1572년 별시문과에 을과로 급제하였고 예문관검열이 되었다. 1583년에 병조정랑이 되었으나 정여립 모반 사건이 일어나자 그의 이름도 거론되어 유배를 가게 되었다. 이후 풀려나와 제용감정濟用監正이 되었다. 임진왜란이 일어나자 유성룡의 종사관으로 활약했다. 후에 이조참판에 추증되었다.

134   신경진(1554~1619)의 본관은 영월寧越이고, 자는 용석用錫, 호는 아호丫湖다. 임진왜란이 일어나자 지평이 되어 왕을 호종했으며 이후 유성룡의 종사관으로 활약했다. 광해군 1년인 1609년에는 경상도 관찰사가 되었고, 이어 예조참판을 거쳐 대사헌에 올랐다. 1612년 이이첨의 음모에 사돈이 연루되자 그 역시 파직되었다.

123

자 요동 진무 임세록이 또 왔다. 나는 공문을 접수하여 임금이 계신 곳으로 보냈다. 이튿날, 임금의 행차가 이미 영변을 떠나 박천博川으로 나갔다는 소식이 나에게 전해졌다. 나는 박천까지 달려갔다. 임금은 동헌東軒에서 나를 불러 보시고 물었다.

"평양은 능히 지킬 만하던가?"

이에 나는 이렇게 대답했다.

"거민居民들의 마음이 굳어서 지킬 만한 것도 같사오나, 그렇다고 그대로 내버려 두어서는 안 됩니다. 한시바삐 구원병을 보내야 하겠기로, 신이 이렇게 와서 뵙는 것은 빨리 명나라 구원병을 맞아다가 평양으로 보내려는 계획입니다. 하오나 이때껏 오지 않았사오니 참으로 걱정되는 일이옵니다."

이때 임금은 윤두수의 장계를 한쪽 손에 들고 나에게 보이면서 말하였다.

"어제 벌써 노약자들은 모두 성 밖으로 내보냈다고 하니, 필시 인심이 동요했을 것이오. 다시 무슨 재주로 지킨단 말인가?"

나는 대답했다.

"참으로 걱정하시는 바와 같사옵니다. 신이 그곳에 있을 적에는 이런 일까지는 보지 못했습니다. 대개 그곳 형세를 보면 적병이 반드시 강물이 얕은 곳으로 해서 건너올 것 같습니다. 마땅히 마름쇠를 물속에 깔아서 방비하도록 하는 것이 좋을까 하나이다."

이에 그 고을에 있는 마름쇠를 찾아보니 수천 개나 있었다. 임금은 다시 나에게 말했다.

"빨리 사람을 시켜 평양으로 보내게 하라."

나는 또 아뢰었다.

"평양 서쪽에 있는 강서江西·용강龍岡·증산甑山·함종咸從 등의 고을은 곡식과 거민이 많이 있습니다. 만일 적병이 가까이 왔다는 소식만 들으면 필경 놀라서 달아날 것이오니, 급히 시종 한 사람을 보내어 인심을 수습하도록 하시옵소서. 또 군사를 거두어 평양을 구원하도록 하는 것이 옳겠나이다."

"누구를 보내는 것이 좋겠는가?"

"병조정랑 이유징李幼澄[135]이 일을 잘 처리하는 도량이 있사오니 보낼 만한 줄 아룁니다."

나는 이렇게 대답하고 나서 다시 말을 계속했다.

"신은 지금 일이 급해서 오래도록 지체할 수 없사옵니다. 밤을 새워 달려가서 명나라 장수를 만나 보겠습니다."

나는 물러 나와 곧 이유징을 불렀다. 임금과 하던 말을 그에게 전하니 이유징은 깜짝 놀라면서 말했다.

"그곳은 적의 소굴인데 어떻게 간단 말입니까?"

---

135 이유징(1562~1593)의 본관은 전주全州이고, 자는 징원澄源이다. 임진왜란 당시 서울 근교 사현에서 선조를 만나 의주까지 호종했다. 1593년 의주 목사 겸 병마절제사가 되어 민심을 안정시키는 등 여러모로 활약했으나 과로로 죽었다. 1604년 호성공신扈聖功臣 2등에 책록되었으며, 이조판서에 증직되고 완흥군完興君에 봉해졌다.

마름쇠. 능철菱鐵, 여철藜鐵, 질려철蒺藜鐵, 철질려鐵蒺藜라고도 불린다. 끝이 뾰족하며 어떠한 상태로 놓아두어도 한쪽 끝은 위로 향하게 되어 있다. 길목에 뿌려 두어 적의 침입을 막는 용도로 사용하였다.

그는 거절하는 말투였다. 나는 낯빛을 고치면서 말했다.

"나라의 녹을 먹고 있으면서 어려운 일을 피하지 않는 것이 신자臣子 된 도리 아니오. 지금 국사가 몹시 위급하오. 비록 물이나 불 속이라도 가리지 않고 들어가야 할 때가 왔소. 그런데 이만한 일을 못하겠단 말이오?"

이유징은 묵묵히 아무 말도 못했지만 원망스런 빛을 보였다.

나는 이미 떠나겠다고 임금께 말한 터였다. 대정강大定江 가에 이르러 보니 해는 벌써 서쪽으로 기울었다. 광통원廣通院 쪽을 돌아보니 들판에 흩어진 졸병들이 하나 둘씩 계속해서 오는 것이 보였다. 이것을 보니 평양을 벌써 적에게 빼앗긴 것은 아닐까 하는 걱정이 들었다. 곧 군관 몇 사람을 시켜 달려가서 알아 오도록 했다. 얼마 안 되어 군관들이 군사 열아홉 명을 데리고 왔다. 이들은 모두 의주와 용천 땅에 있는 군사들로서 평양에 가서 강 여울을 지키던 사람들이었다. 그들의 말을 들어 봤다.

"적병은 어제 왕성탄王城灘으로 해서 강을 건너 쳐들어왔습니다. 강변에 있던 우리 군사들은 모두 흩어지고 이 통에 병사 이윤덕도 도망쳐 버렸습니다."

이 말을 듣고 나는 크게 놀랐다. 도중에 글을 써서 군관 최윤원崔允元에게 주어 임금이 계신 곳에 갖다 바치도록 했다.

나는 밤으로 가산군嘉山郡에 들어갔다. 이날 저녁 내전은 박천에 도착했다. 내전은 길을 가던 도중에서 적병이 이미 북도에 들어왔다는 소식을 들었기 때문에 앞으로 더 나가지 않고 되돌아온 것이다.

이때 통천 군수 정구鄭逑[136]가 사람을 시켜 음식을 보내왔다.

평양은 마침내 함락되고 임금은 가산으로 옮겼다. 동궁東宮도 묘사와 신주神主를 모시고 박천을 거쳐 가산으로 들어왔다.

처음에 적병은 강 모래 위에 10여 곳으로 나누어 둔치고 풀을 엮어 막을 치고 있었다. 그러나 여러 날이 지나도록 강을 건너지 못하고 있어 경비가 자못 해이해져 있었다. 이때 김명원 등은 성 위에 올라 이 모습을 보고는 밤중에 엄습하면 이길 것이라고 생각했다. 그래서 날랜 군사를 뽑아 고언백高彦伯[137]

---

136 정구(1543~1620)의 본관은 청주淸州이고, 자는 도가道可, 호는 한강寒岡이다. 임진왜란 당시 통천 군수로 있으면서 의병을 일으켜 활약했다. 1593년 하릉군의 시신을 찾아 장례를 지낸 공으로 당상관이 되었다. 1608년에 임해군의 역모 사건이 일어나자 관련자들을 용서해 줄 것을 주청하고는 대사헌직을 그만두고 낙향했다. 이후에도 계축옥사 때 영창대군을 구하려 했으며, 인목대비를 서인으로 쫓아내지 말 것을 주장했다.

137 고언백(?~1609)은 조선 중기의 무신으로 본관은 제주濟州다. 임진왜란이 터지자 영원 군수로서 대동강에서 적을 맞아 싸워 패배했으나 그 후 왜군을 산간으로 유인해 승리를 거두었다. 양주 목사로 있을 때에는 산속 험준한 곳에서 복병하고 있다가 왜군을 공격해 큰 전과를 올렸다. 태릉이 한때 왜군의 침범을 받았으나 그가 잘 지킨 덕분에 여러 능이 보호되었다. 이후 서울 탈환에도 공을 세워 경상좌도 병마절도사가 되었다. 그러나 광해군이 즉위한 이후 임해군의 심복이라는 이유로 죽임을 당했다.

등을 시켜 거느리게 한 다음 부벽루 아래 능라도綾羅島로부터 배를 타고 몰래 건너게 했다.

삼경[138]으로 약속하고 거행하려 했던 것이 그만 시간을 놓쳤다. 강을 건넜을 때는 벌써 동이 훤히 트기 시작했다. 그러나 적의 장막 속을 보니 아직 잠자리에서 일어나지 않은 것 같았다. 제1진에 쳐들어가니 적병은 놀라서 어지러워졌다. 우리 군사들은 활을 당겨 적을 많이 쏘아 죽였고, 그중에 토병 임욱경은 앞장서서 힘껏 싸우다가 적에게 죽었다. 그러나 이 싸움에 적의 말을 3백여 필이나 빼앗았다.

적병은 얼마 안 되어 여러 곳에 있던 군사들을 합쳐서 한꺼번에 진군해 왔다. 우리 군사는 할 수 없이 강으로 돌아와 급히 배에 올라타려 했으나 이때 배에 있던 사람들이 보니 벌써 적이 뒤에 바싹 따라오고 있었다. 중류에서 미처 배를 갖다 대지 못하여 강물에 빠져 죽은 자가 매우 많았다. 나머지 군사들은 왕성탄으로 해서 얕은 곳을 골라 허겁지겁 건너왔다. 적병은 이것을 보고 비로소 강물이 깊지 않다는 것을 알게 되었다.

이날 저녁 때, 여울을 따라 건너오는 적병에게 이곳을 지키던 우리 군사들은 화살 하나 쏘아 보지 못하고 모두 흩어져 버렸다. 그러나 적들은 군사들이 모두 건너고서도 우리 성안에 방비가 있을까 의심해 진격을 서두르지 않고 그대로 있었다.

---

138 밤 11시에서 새벽 1시 사이의 시간을 말한다.

이날 밤 윤두수와 김명원은 건너오는 적병을 보고 성문을 열어 성안 백성을 모두 내보냈다. 그런 다음 군기와 화포를 가져다가 풍월루風月樓 못 속에 집어넣었고는 보통문普通門으로 빠져나와 순안에 도착했다.

적들은 아군의 뒤를 따르지는 않았다. 한편 종사관 김신원金信元은 혼자서 대동문으로 나와 배를 타고 물을 따라 강서로 향했다.

이튿날이 되었다. 적병들은 성 밖에 이르자 모란봉牧丹峰에 올라 오랫동안 성안을 바라보았다. 성안에 아무도 없음을 알고 그제야 비로소 군사를 몰아 들어갔다.

맨 처음 임금이 평양에 이르자 조정에서는 모두들 양식을 걱정하여 여러 고을의 전세田稅를 거두어 평양으로 보내 두었다. 이제 평양이 함락되고 보니 창고에 둔 곡식 10여만 석이 그대로 적의 수중으로 들어가고 말았다. 이때 내가 올린 장계는 벌써 박천에 이르렀고, 또 순찰사 이원익과 종사관 이호민李好閔[139]이 평양으로부터 와서 말했다.

"적들이 벌써 강을 건너왔습니다."

---

139 이호민(1553~1634)의 본관은 연안延安이고, 자는 효언孝彦, 호는 오봉五峯과 남곽南郭, 수와睡窩다. 1584년에 별시문과에 을과로 급제하여 벼슬길에 나섰다. 임진왜란이 일어나자 이조좌랑으로 선조를 의주까지 호종했으며 명나라의 원병을 요청하는 일에 크게 공헌했다. 1595년에는 부제학이 되어 명나라로 보내는 외교 문서를 전담했다. 1604년에 호성공신 2등으로 연릉군延陵君에 봉해졌다.

이 말을 듣자 임금과 내전의 행차는 밤을 새워 가산으로 향했다. 또 세자에게 명하여 묘사를 받들고 딴 길로 가서 사방에 있는 군사들을 수송하여 형세를 회복할 계책을 도모하라고 했다. 여기에 신료들도 나누어 따라가도록 했다. 이에 영의정 최흥원은 세자를 따라갔고, 우의정 유홍은 자기도 세자를 따라가겠노라고 자청했다. 그러나 임금은 답이 없었다.

임금의 행차가 이미 떠나자 유홍은 길가에서 엎드려 임금을 하직하고 가려 했다. 내관內官도 여러 번 우상 유홍이 하직하기를 청한다는 말을 아뢰었다. 그러나 임금은 종시 아무런 대답도 없었다. 유홍은 할 수 없이 동궁을 따라 길을 떠났다. 이때 윤두수는 평양에서 아직 돌아오지 않고 있었다. 임금이 계신 곳에는 다만 정철만이 옛날 재상의 몸으로 행차를 따라 가산에 다다랐다. 때는 벌써 오경140이었다.

임금의 행차가 정주定州에 이르렀다. 임금이 평양을 떠나면서부터 인심이 흉흉해지기 시작했다. 지나는 곳마다 난민들은 패를 지어 남의 창고 속에 들어가 곡식을 약탈해 가는 일이 허다했다. 이리하여 순안·숙천·안주·영변·박천 등 여러 고을이 연달아 모두 패했다.

이날 임금의 행차가 가산을 떠나는데 군수 심신겸沈信謙

---

140 오경은 새벽 3시에서 새벽 5시 사이의 시간이다.

이 나를 보고 말했다.

"이 고을은 원래 곡식이 많아서 관청에도 백미白米가 1천 석이나 있습니다. 이것으로 명나라 구원병을 먹이려 했던 것인데 불행히 이제 일이 이 지경이 되었습니다. 지금이라도 공公께서 이곳에 머물러 계시어 민심을 진정시킨다면 모르거니와 그렇지 않으면 고을 주민들이 모두 난동을 일으킬 것입니다. 그렇게 되면 소인도 이곳에 있을 수 없고 부득이 해변을 향해 도망가는 수밖에 없습니다."

이때 이미 심신겸은 부하들에게 명령을 내리지 못하고 있는 지경이었다.

내가 데리고 있는 군관 여섯 명과 도중에서 수습한 패잔병 열아홉 명 이외에는 아무도 없었다. 이들은 나를 따르도록 하였으므로 활과 화살을 가지고 내 곁에 있었다. 심신겸은 이것을 빙자해 자기 신변을 보호하려고 그러는 것 같았다. 그러나 이것을 보고 나도 차마 졸연히 떠나갈 수는 없는 노릇이었다. 문 위에 얼마 동안 앉아 있으려니 날은 벌써 한낮이 지났다. 다시 생각하니 임금의 명도 없이 제멋대로 여기에 머물러 있는 것도 도리에 어긋난 일이었다. 생각다 못해 할 수 없이 심신겸과 작별하고 길을 떠났다.

효성령曉星嶺에 올라 가산을 돌아다보니 고을 안이 벌써 어지럽기 시작했다. 창고에 있는 곡식도 내버린 채 도망가는 심신겸이 보였다.

이튿날 임금의 행차는 정주를 떠나 선천宣川으로 향했다. 나는 정주에 머물러 있으라는 명을 받았다. 그러나 거민들은 이미 사방으로 피난하여 흩어지고 늙은 관리 백학송白鶴松 등 몇 사람이 성안에 남아 있을 뿐이었다.

이때 나는 길가에 엎드려 임금의 행차를 보냈다. 그러고 나서 연훈루延薰樓 아래에서 울며 앉아 있었다. 군관 몇 사람이 좌우 뜰 아래 남아 있었다. 도중에 얻었던 군사 열아홉 명도 가지 않고 길가 버드나무에 말을 매고 둘러앉아 있었다.

저녁 무렵 남문을 바라보니 몽둥이를 든 자들이 밖으로부터 연거푸 들어와 왼편으로 가고 있었다. 군관을 시켜 따라가 보라 했더니 창고 아래 모여든 사람들이 벌써 수백 명에 달한다고 했다.

혼자 생각해 보니, 내가 거느리고 있는 사람이란 불과 몇명에 지나지 않는데, 그렇다고 저것을 그대로 내버려 두었다간 난민이 점점 많아져서 싸운대도 막아 낼 도리가 없을 것 같았다. 그러니 차라리 일찍이 쳐서 흩어지게 하는 것이 옳다고 생각했다.

다시 성문을 보니 또 십여 명이 연달아 모여들고 있었다. 이에 나는 급히 군관을 불렀다. 군사 열아홉 명을 데리고 가서 저놈들을 모두 잡아오라 명했다. 이것을 본 군중들은 모두 도망쳐 버려서 겨우 그중 아홉 명만을 잡아왔다. 이들의 머리를 풀고 옷을 벗겨 창고 옆 길가에 내세웠다.

십여 명의 군사가 그 뒤에 서서 큰 소리로 외쳤다.

"창고를 터는 도적놈들은 모두 이렇게 해서 목 베어 죽일 테다."

저 멀리서 이 광경을 보고 있던 성안 사람들이 뿔뿔이 흩어져 도망쳐 버렸다. 이렇게 해서 정주 땅 곡식은 겨우 보전했다. 그리고 이 때문에 용천·선천·철산 등 여러 고을의 창고도 난민들이 범하지 못했다.

정주 판관 김영일金榮一은 무인武人이었다. 그가 평양에서 도망쳐 온 후 자기 처자를 바닷가에 두고 창고의 곡식을 훔쳐 내어 보내려고 한다는 소식이 들렸다. 나는 그를 불러 꾸짖었다.

"너는 무장의 몸으로 싸움에 패하고서도 죽지 않았으니 그 죄가 크거늘, 하물며 관곡까지 훔쳐 내다니 그게 옳은 일이냐? 이 관곡은 앞으로 명나라에서 올 구원병을 위해 둔 것이지 네가 사사로이 처분할 것이 아니다."

그러고는 곤장을 예순 번 때려서 내쫓았다.

조금 뒤에 윤 좌상과 김 원수, 무장 이빈李薲[141] 등이 평양

이빈(1537~1603)은 조선 중기의 무신으로 본관은 전주全州이고, 자는 문원聞遠이다. 임진왜란이 일어나자 충주에서 신립의 휘하에 들어가 싸웠으나 패했고 이후 김명원의 휘하에서 임진강을 방어했으나 역시 실패하고 말았다. 나중에 명나라 장수 이여송과 함께 평양을 탈환했으며 권율과 더불어 파주산성을 수비했다. 왜란이 끝난 뒤에 포도대장에 임명되었으나 늙었다는 이유로 물러났다.

에서 모두 정주로 왔다. 원래 임금은 정주를 떠나면서 이렇게 말씀하셨다.

"좌상이 오거든 정주에 머물러 있도록 하라."

그래서 나는 윤 좌상을 보고 이 말을 전했다. 그러나 윤 좌상은 대답도 하지 않고 바로 임금이 계신 곳으로 가 버렸다. 나도 김명원과 이빈 등을 남겨 두어 정주를 지키게 하고 용천에 계신 임금을 뒤따랐다. 그러나 이때 그 고을 사람들은 벌써 평양이 함락되었다는 소식을 듣고는 적들이 필시 뒤따라올 것이라 생각해서 모두 산골짜기로 숨었다. 길바닥에는 사람 자취 하나 구경할 수가 없었다. 이곳뿐 아니라 강변에 있는 여러 고을과 강계江界 등지에서도 모두 이 모양이라는 것이었다.

내가 곽산산성 아래 이르러 보니 길이 두 갈래로 되어 있었다. 하졸을 불러 물었다.

"이것은 어디로 가는 길이냐?"

하졸들은 모두 귀성龜城으로 향하는 길이라고 대답했다. 나는 말을 세우고 종사관 홍종록을 돌아보면서 말했다.

"길가에 있는 창고가 모두 비었으니 구원병이 온들 무엇으로 식량을 댄단 말인가. 이 지방에서는 귀성 땅 하나가 가장 지킬 만할 듯싶으나, 이곳도 이속吏屬이나 백성들이 모두 흩어져 도망치고 없다니 어떻게 곡식을 운반한단 말인가. 자네는 오랫동안 귀성에 있었으니, 그 지방 사람들은 자네가 왔다는 소식을 들으면 산골짜기에 숨었던 사람이라도 나와서 적의 형세를 듣고자 할 것이니 빨리 가 보도록 하게. 그곳 백성들을 보거든 왜병은 아직 평양을 떠나지 않았다고 말하고, 또 명나라에서 구원병이 몰려 나오고 있어 머지않아 잃었던 땅이 모두 수복될 것이라고 하게. 다만 양식이 부족한 것이 걱정이니 관민官民 구분 없이 힘을 다해 군량을 운반하면 후일에 반드시 큰 상이 있을 것이라 타이르게. 그러면 아마 동심합력하여 정주와 가산으로 군량을 수송해 어려움을 면하게 될 걸세."

홍종록은 이 말을 듣고 쾌히 응낙하고 길을 떠났다. 나는 용천龍川을 향해 떠났다.

본래 홍종록은 기축년 옥사獄事에 연좌되어 귀성으로 귀양 가 있었다. 임금이 평양에 다다르자 비로소 불러들여 사옹정司饔正을 시켰던 사람인데, 사람됨이 충실해서 자기 일신을 잊고 나랏일을 위하여 험한 일도 가리지 않고 할 뜻이 있는 사람이었다.

임금의 행차가 의주에 이르렀다. 이때 명나라 참장參將 대모戴某와 유격장遊擊將 사유史儒[142]가 각각 한 떼의 군사를 거느리고 평양으로 향해 오던 중 임반역林畔驛에 이르러 평양

---

142 사유(?~1592). 명나라의 유격장군으로 임진왜란 때 조선으로 원병을 이끌고 왔다. 명나라 부총병 조승훈祖承訓과 함께 왜군이 점령하고 있던 평양성을 공격하던 중 전사했다.

이 이미 함락되었단 말을 듣고는 되돌아와서 의주에 묵고 있었다.

그때 명나라에서는 우리 군사에게 줄 은 2만 냥을 보내왔다. 명나라의 관리들과 장령將領들도 의주에 도착했다. 이보다 앞서 요동에서는 우리나라에 적들이 침입했다는 말을 듣고 곧 조정에 알렸다. 그러나 조정의 의논은 한결같지 않았다. 심지어는 우리가 적을 위해서 길을 빌려 주고 있다는 의견까지 있었다. 하지만 병부상서兵部尙書 석성石星[143]만은 이 말에 반대하고 우리나라를 구원하자고 주장하고 나섰다.

이때 우리 사신 신점申點[144]은 마침 옥하관玉河館에 있었다. 요동에서 석 상서(석성)는 신점을 불러들여 우리나라에 적변이 생겼다고 보고한 문서를 내보였다. 신점은 이것을 보고 소리 내어 울었다. 그러고는 일행과 함께 조석으로 구원병을 청했다. 이에 석 상서는 황제에게 청하여 두 대대隊의 군사를 내주면서 우리 국왕을 호위하도록 했으며 또 은도 줘서 보냈던

---

143 석성(1538~1599). 명나라의 문신으로 자는 공신拱宸, 호는 동천東泉이다. 병부상서를 지냈으며 임진왜란이 일어나자 조선에 원군을 파병할 것을 주장했다. 이후 일본과의 화의를 추진했다가 실패로 끝나자 관직이 삭탈되었고 옥사했다.

144 신점(1530~?)은 조선 중기의 문신으로 본관은 평산平山, 자는 성여聖與다. 1578년 집의執義가 되어 야인의 침입에 대비해 국방을 강화할 것을 건의했으며 1584년에는 충청도와 경기도 감목관監牧官이 되어 마정馬政을 순시했다. 이후 임진왜란이 일어나자 명나라 병부상서 석성의 도움을 받아 가며 병부와 예부에 계속 위급함을 호소해서 명의 원군 출병에 크게 기여했다. 1604년 선무공신宣武功臣 2등에 녹훈되고, 평성부원군平星府院君에 봉해졌다.

임진왜란 당시 명나라 황제인 만력제. 초기에는 정치를 잘했으나 나중에는 태만해져서 명나라에 정치적 혼란을 가져왔다.

것이다.

　신점은 통주通州로 돌아왔는데 우리나라에서 보낸 고급
사告急使 정곤수鄭崑壽[145]도 뒤이어 들어왔다. 상서는 이들을
방에 불러들여, 친히 정세를 묻고는 간혹 눈물을 흘리더라는
것이다. 당시 우리나라 사신은 연달아 요동에 들어가 사태가
급함을 알리고 구원병을 청했으며 또 명나라에 합병할 것을
청했던 것이다.

　그때 생각으로는 적병이 평양을 함락시키고 보니 그 형세
가 강대해서 금시에 압록강까지 치밀어 올라올 것 같았다. 그
래서 이같이 위급한 사태가 없다고 하여 명나라에 합병하려고
까지 했던 것이다. 그러나 다행히 적들은 평양에 들어와 성안
에 머물러 있는지 여러 달이 지나도록 움직이지 않았다. 그들
은 평양에서 다시 북쪽으로 올라오지 않은 것이다.

　순안順安과 영유永柔는 평양에서 지척인데도 손을 대지
않고 있는 곳이었다. 이것을 보고 비로소 차츰 인심이 안정되
고 흩어진 군사를 수습할 수 있었다. 또한 명나라 구원병을 인
도하여 일을 회복시켰으니 이는 참으로 하늘이 한 일이요, 우

145　정곤수(1538~1602)의 본관은 청주淸州이고, 자는 여인汝仁, 호는 백곡栢谷과 경음
　　　慶陰, 조은朝隱이다. 임진왜란 당시 외교 부문에서 여러 역할을 담당했다. 전쟁이 터
　　　지자 의주까지 선조를 호종했으며 대사간이 되어 명나라에 원병을 요청할 것을 건의
　　　했다. 이후 청병진주사請兵陳奏使로 명나라에 파견되었고, 원병을 불러온 공로로 숭
　　　정대부에 오르는 한편 판돈녕부사가 되었다. 이후 영위사迎慰使와 접반사接伴使를
　　　맡아 명나라 장수와의 교섭을 담당했다.

리네 힘으로 된 것이 아니라 하겠다.

　7월에 요동부총병遼東副總兵 조승훈祖承訓이 군사 5천을 거느리고 와서 우리나라를 구원하게 되었다. 이 기별이 먼저 이르렀을 때에 나는 치질로 누워 꼼짝 못하고 있었다. 그렇기 때문에 임금은 좌상 윤두수를 시켜서 구원병이 오는 길을 닦고 연도에 군량을 준비하라 하였다. 그러나 나는 비록 병중이었지만 종사관 신경진을 시켜서 임금께 글을 올렸다.

　"이제 전하가 계신 곳에 현직 대신이라고는 윤두수 한 사람밖에 있지 않사옵니다. 그러하온데 그 사람마저 내보낼 수가 있겠습니까. 신臣이 이왕 명나라 장수를 접대하는 소임을 맡아왔던 터이오니 아무리 병이 있을지라도 나가서 일을 보겠나이다."

　임금도 이 글을 보시고 허락하시었다. 이에 초이렛날에 억지로 몸을 일으켜 행궁行宮에 나가 임금을 뵈었다. 임금은 가까이 오라 명했다. 나는 앞에 엎드려 임금께 아뢰었다.

　"이제 명나라 구원병이 소관所串으로부터 남쪽으로 내려가고 있사옵니다. 그들이 정주와 가산에 도착하고 보면 군사 5천 명이 하루 이틀 먹을 것은 마련할 만합니다. 하오나 안주와 숙천, 순안 세 고을은 양식이 하나도 없는 터이옵니다. 그러하오니 명나라 구원병이 이곳을 지날 때는 반드시 3일 동안 먹을 양식을 미리 준비해서 안주 이남에서 쓰도록 해야 할 것입니다. 그다음으로는 구원병이 평양에 이르러 즉시 성을 수복하면 성안에 양식이 많이 있사온즉 별 걱정이 없을 것이옵고, 또 비록 여러 날을 두고 싸운다 하더라도 평양 서쪽 세 고을에 있는 양식을 부지런히 운반하면 아무런 부족도 없을 것입니다. 그러하오니 이런 형편을 짐작하시어 이곳에 있는 여러 대신들로 하여금 명나라 장수와 상의하여 편의대로 일을 처리하도록 하시옵소서.”

임금도 듣고 나자 이 말을 옳게 여겼다.

임금을 뵙고 나와서 길을 떠나려 하는데, 임금은 웅담熊膽과 납약臘藥을 내려 주시고, 또 내의원內醫院의 용운龍雲이란 사람을 보냈다. 그는 성문 밖 5리까지 따라와서 나를 전송하면서 소리 내어 울었다. 내가 전문령箭門嶺 고개를 넘을 때까지 그 사람의 울음소리는 그치지 않았다.

우리 일행은 이날 저녁 소곶역所串驛에 이르렀다. 주위를 살펴보니 이졸들은 모두 흩어져 도망쳐 버려서 사람의 그림자도 볼 수가 없는 형편이었다. 기가 막힌 나는 군관을 촌락에 보내어 정세를 살펴보라 시켰다. 얼마 안 되어 군관이 이졸 몇 사람을 데리고 왔다. 이에 나는 그들을 불러 놓고 말했다.

“국가에서 평일에 너희들을 길러 온 것은 지금 같은 때 쓰고자 한 것이다. 그런데 너희들이 먼저 도망을 치다니 이 무슨 꼴이란 말이냐. 지금 명나라에서 구원병까지 이르렀으니 정말 국사가 급한 때라, 이때야말로 그대들이 힘껏 일하고 공을 세

울 때다."

나는 공책을 한 권 꺼내서 그곳에 모인 사람들의 성명을 써서 보였다.

"이 다음날에 이 책을 가지고 너희들의 공과 죄의 등급을 정하여 임금께 아뢰어 상도 주고 벌도 줄 것이다. 만일 여기에 이름이 적히지 않은 사람은 일일이 조사해서 벌을 줄 것이니, 한 사람도 면치 못할 것이다."

이렇게 말하고 나서 그들을 돌려보냈다. 얼마 안 되어 뒤를 이어 이졸들이 모여들었다. 그들은 모두 사죄했다.

"소인들은 마침 볼일이 있어서 나갔던 터이옵고, 감히 책임을 회피한 것은 아니올시다. 원컨대 그 책에 이름을 적어 주시옵소서."

이것을 보고 나는 이곳은 인심을 수습할 수가 있겠다고 생각했다. 즉시 이 소식을 글로 써서 여러 곳에 전하여 이와 같은 방법을 취하도록 했다. 그랬더니 사람들은 서로 다투어 모여들었다. 나무와 마초馬草도 운반하고 집도 세웠다. 음식도 준비하여 수일 동안 모든 일이 차츰 수습되었다. 그러나 난리 속의 백성들이라 일을 급히 서둘러서는 안 될 것으로 생각했다. 그래서 지성껏 타이를 뿐이요, 한 사람도 매질을 하거나 심하게 꾸짖지는 않았다.

정주에 이르러서 보니 홍종록이 귀성 사람들을 모두 일으켜 말먹이 콩과 밀을 운반하여 정주와 가산으로 옮겨 놓은 것이 이미 2천여 석이 넘었다. 오히려 나는 안주 이후부터가 걱정이 되었다. 한데 마침 충청도 아산창牙山倉의 세미稅米 1천 2백여 석이 배에 실려 임금이 계신 곳으로 가려고 정주 입암立 巖에 머무르고 있었다. 나는 이것을 보고 몹시 기뻐하며 즉시 임금이 계신 곳으로 가서 아뢰었다.

"먼 곳에 있는 곡식이 때마침 기약이라도 한 듯이 와 있사 옵니다. 이야말로 하늘이 우리에게 중흥할 운수를 주는 것인가 합니다. 그러하오니 원하옵건대 이 곡식을 가져다가 군량에 보 충하도록 하여 주시옵소서."

승낙을 얻자 나는 즉시 수문장守門將 강사웅姜士雄을 입암 으로 보냈다. 그곳에서 쌀 2백 석은 정주로, 2백 석은 가산으 로, 또 8백 석은 안주로 각각 운반하게 했다. 그러나 안주는 적 병이 있는 곳에 가까운 터여서 잠시 배를 강 위에 대고 기다리 게 하였다. 선사포첨사宣沙浦僉使 장우성張佑成은 대정강에, 노 강첨사老江僉使 민계중閔繼仲은 청천강에 각각 명나라 군사가 건너갈 부교를 만들고 있었다.

나는 먼저 안주에 가서 정세를 살폈다. 이때 적병은 평양 에 들어온 지 오래도록 나오지 않고 있었다.

순찰사 이원익은 병사 이빈과 함께 순안에 머무르고, 도 원수 김명원은 숙천에 있었으며, 나는 안주에 머물러 있었다.

19일에 조승훈은 평양을 치다가 형세가 불리해 퇴각했고 이때 유격장군 사유는 전사했다. 이보다 먼저 조승훈이 의주에 이르자 사유는 자기 군사를 거느려 선봉이 되었던 것이다.

조승훈은 원래 요좌遼左의 용장勇將이다. 북쪽 오랑캐와 여러 번 싸워서 공을 세우기도 했던 터라, 이번 길에도 왜병을 쉽사리 물리치리라고 생각했다. 그래서 조승훈은 가산에 이르자 우리 군사를 보고 이렇게 물었다.

"평양에 있는 왜적이 아직도 도망치지 않았는가?"

군사들은 대답했다.

"아직 물러서지 않았습니다."

조승훈은 이 말을 듣자 술잔을 들어 하늘을 향해 빌었다.

"적이 아직 그대로 있다 하오니 이번에도 하느님은 나로 하여금 반드시 큰 공을 세우게 해 주시옵소서."

이날 순안에서 밤 삼경에 군사를 내어 평양을 쳤다. 때마침 큰비가 내렸다. 성 위에는 적병이 하나도 지키지 않고 있었다. 군사가 칠성문七星門으로 쫓아 들어가니 성안은 길이 몹시 좁고 꼬불꼬불하여 말이 마음대로 달리지 못했다. 게다가 적들은 험한 곳에 숨어서 조총을 요란스럽게 쏘니, 이 싸움에서 사유는 총에 맞아 죽었고, 그 밖에 군마도 많이 잃었다. 조승훈은 할 수 없이 군사를 물리고 말았다. 이때 적들은 급히 뒤쫓지는 않았지만, 그래도 조승훈의 후군後軍 중 진흙 속에 빠져 도망치지 못한 자는 모두 적에게 죽고 말았다.

조승훈이 남은 군사를 거느리고 순안과 숙천을 지나 밤

중에 안주에 다다랐다. 그는 성 밖에 말을 세우고 통역관 박의
검朴義儉을 시켜 크게 외쳤다.

"우리 군사가 오늘 싸움에서 적을 많이 죽이기는 했지만,
불행히 유격장군이 전사하고 또 천시天時가 불리해서 큰비
가 내려 진창을 이루었기 때문에 적을 전멸시키지 못했다. 하
지만 이제 군사를 더 보충시킨 다음 싸우려 한다. 너희 정승
에게 말해서 조금도 동요하지 말게 하고 또 부교도 없애지
말라."

그런 다음 말을 달려 두 강을 건너서 공강정控江亭에 군사
를 주둔시켰다. 이것은 조승훈이 그날 싸움에 패해서 몹시 겁
이 났던 터로 혹시 적병이 따라오지나 않을까 해서 두 강을 건
너고 이같이 서둘렀던 것이다. 이때 나는 종사관 신경진을 보
내어 조승훈을 위로했다. 한편 양식과 먹을 음식을 보내어 그
의 놀란 마음을 진정시켜 주었다.

조승훈이 공강정에 머문 지 이틀 동안 날마다 비가 내렸
다. 이때 군사들은 모두 들에서 노숙하던 터라, 갑옷이 젖고 고
생스러워 모두 조승훈을 원망했다. 그런 지 얼마 안 되어 조승
훈은 요동으로 돌아가 버렸다. 그러나 나는 인심이 동요될까
염려하여 임금께 아뢰고, 안주에 머물러 있으면서 후군이 오
기를 기다리겠노라고 주청했다.

전라수군절도사 이순신이 경상우수사 원균, 전라우수사

이억기李億祺[146] 등과 함께 거제 앞바다에서 적병을 크게 쳐부수었다. 처음에는 상륙하는 적병을 본 원균이 그 형세가 매우 큰 데 놀라서 감히 나가 싸우지도 못하고 전선 백여 척과 화포, 군기 등을 바닷속에 내다 버렸다.

그는 수하 비장裨將 이영남李英男[147]과 이운룡李雲龍[148] 등만 데리고 배 네 척에 나누어 타고 황망히 도망쳐서 곤양昆陽 바다 어귀에 상륙하여 적을 피하려 했다. 이리하여 그가 거느린 수군 만여 명은 모두 없어지게 되었다. 이것을 본 비장 이영남이 말했다.

"공公께서 수군절도사라는 높은 자리에 계시면서 이렇게 군사를 버리고 육지로 피하시고 보면 후일 조정에서 죄를 물

---

146 이억기(1561~1597)는 본관이 전주全州이고, 자는 경수景受다. 임진왜란이 일어나자 전라좌수사 이순신, 경상우수사 원균 등과 함께 당항포와 한산도, 안골포, 부산포 등지에서 왜군을 크게 격파했다. 이순신이 조정의 명을 따르지 않았다는 죄목으로 잡혀가자 조정 대신들에게 서신을 보내 무죄를 적극 주장하기도 했다. 이후 원균이 지휘한 칠천량해전에 참여했다가 패하면서 충청수사 최호崔湖 등과 함께 전사했다. 선무공신 2등으로 책정되고 병조판서에 추증되었으며 완흥군完興君에 봉해졌다.

147 이영남(?~1598)은 조선 중기의 무신으로 임진왜란이 일어나자 원균을 도와 왜군을 물리쳤다. 이후 정유재란이 일어나자 가리포첨절제사 겸 조방장으로 삼도수군통제사 이순신의 지휘 아래 싸우던 중 노량해전에서 전사했다.

148 이운룡(1562~1610)의 본관은 재령載寧이고, 자는 경현景見, 호는 동계東溪다. 이순신의 막하로 들어가 많은 공을 세웠다. 이순신의 천거로 경상좌도 수군절도사가 되었다가 칠천량해전에서 원균이 대패하고 수군이 괴멸되자 영천永川과 창암蒼巖 등지에서 육전陸戰에 참여했다. 임진왜란이 끝나고는 선무공신으로 식성군息城君에 봉해졌다. 이후 1607년에 오랑캐들이 북쪽 변방에 침입하자 함경도 병마절도사가 되어 이들을 진압했다.

을 적에 무슨 말로 이것을 모면하려 하십니까? 제 생각으로는 전라도에 군사를 청해 한 번 싸워 본 다음에, 만일 그 싸움에 이기지 못하거든 퇴군하는 것이 옳을까 합니다."

이 말을 듣자 원균은 이를 좇았다. 즉시 이영남을 이순신에게 보내 구원을 청했다. 그러나 이순신은 "우리에게는 각각 책임을 맡은 분계分界가 따로 있는 것이오. 그런 터에 조정의 명령도 없이 어떻게 내 맘대로 지경을 넘어갈 수가 있겠는가?" 하면서 한마디로 거절했다. 원균은 대여섯 차례나 이영남을 보내어 간절히 청했다. 또 이영남이 이순신에게 다녀올 때마다 원균은 뱃머리에 앉아서 통곡했다.

이윽고 이순신은 몸소 판옥선 40척을 가지고 이억기와 함께 거제로 나와 원균과 군사를 합쳐 적과 싸우게 되었다. 이리하여 적병을 견내량見乃梁에서 만났다.

이순신은 원균을 보고 말했다.

"이곳은 바다가 좁고 물이 얕아 배를 돌릴 수가 없소이다. 우리는 거짓 도망하는 체하여 적병을 유인해서 넓은 곳으로 가서 싸우는 것이 좋겠소."

그러나 원균은 급한 마음에 금세 나가 싸우려 했다. 이순신이 다시 주장했다.

"그대가 용병用兵할 줄을 알지 못하니, 이러다가는 반드시 패하고 말겠소."

이렇게 말하고는 깃발을 흔들어 지휘해 거짓으로 패해서

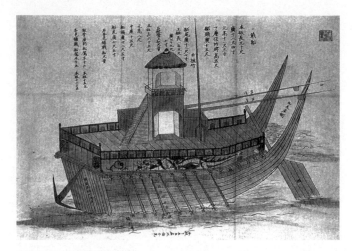

조선 수군의 주력선이었던 판옥선

달아나는 체했다. 적병은 크게 기뻐하여 그 뒤를 급히 따라왔다. 이윽고 넓은 바다에 다다라 북소리가 한 번 울리자 이순신의 군사는 일제히 뱃머리를 돌려 바다 위에 열을 지어 벌려 섰다. 이때 적선과의 거리는 불과 수십 보밖에 되지 않았다.

원래 이순신은 거북선龜船을 만들었는데, 판자로 배 위를 깔아 그 모양이 마치 거북과 같고 전사戰士와 노 젓는 수부들은 배 안에 들어가 있고 전후좌우로 화포를 싣고 있어 물 위를 마치 베 짜는 북梭과 같이 마음대로 종횡했다.

적선을 만날 때마다 화포를 쏘는데 여러 배가 동시에 공격을 하니 연기와 불꽃이 하늘에 가득하고 적의 배는 그 속에서 수없이 불타고 침몰했다. 이때 적의 장수가 탄, 높이가 두어 길이나 되고 붉은 비단으로 두른 배 하나가 눈에 띄었다. 이 배역시 거북선의 화포에 맞아 깨졌다. 적의 군사는 모두 물에 빠져 전멸하고 말았다. 이 뒤에도 여러 번 싸울 적마다 적은 이순신에게 패했다. 그들은 할 수 없이 부산과 거제로 도망쳐서 다시 나오지 않았다.

어느 날 이순신은 싸움을 지휘하고 있었다. 난데없이 날아오는 탄환이 이순신의 왼편 어깨에 맞았다. 피가 발꿈치까지 흘러내렸지만 이순신은 아무런 말도 하지 않았다. 싸움이 끝난 뒤에야 비로소 칼을 가져오라 해서 살을 가르고 두어 치나 깊이 박힌 탄환을 꺼냈다. 옆에서 이를 본 사람들은 모두 얼굴빛이 변하고 아연했으나, 이순신은 아무렇지도 않게 웃고

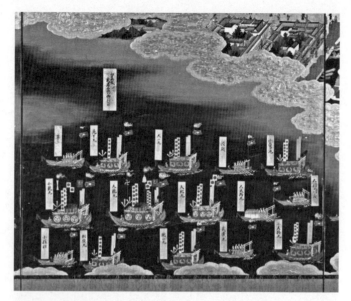

임진왜란 당시 일본의 주력선이었던 아타케부네. 조선 수군의 주력선이었던 판옥선이 평저선인데 비해 아타케부네는 배 밑이 뾰족한 첨저선이어서 속도가 빨랐으나 판옥선보다 크기가 작은 데다가 튼튼하지 못했고, 화포의 운영에도 어려움이 많았다.

이야기하는 것이 평상시와 같았다.

이 싸움에서 이겼다는 첩보는 바로 조정에 전해졌다. 임금은 매우 기뻐하고 이순신에게 일품一品의 벼슬을 주려 했으나 주변 사람들이 반대했다. 이것은 너무 지나친 일이라는 것이었다. 그래서 겨우 정헌대부正憲大夫로 승급시켰다. 또 이억기와 원균 등은 가선대부嘉善大夫로 승급시켜 주었다.

이보다 앞서 적의 장수 평행장이 평양에 이르러 우리에게 글을 보내 위협했다.

"일본 수군 십여 만이 지금 서쪽 바다로 오는 중이오. 그렇게 되면 대왕의 행차는 장차 어디로 가시렵니까?"

원래 적들은 수륙 양면으로 군사를 합하여 서쪽으로 치려 했다. 그러나 이순신과의 싸움에 패해서 위세가 크게 꺾이고 말았다. 그래서 평행장이 평양을 얻기는 했으나 형세가 외로워 감히 더 진격하지 못했다. 우리 국가가 보존된 것은 오로지 이 때문이었던 것이다. 이에 전라도와 충청도로부터 황해와 평안 각 도의 연안 일대에 군량을 준비시키고 전령을 내려 중흥을 도모했던 것이다. 또 요동과 천진天津 등지에 적의 발자국이 들어가지 못한 까닭에 구원병이 육로로 나와 적을 물리친 것 또한 모두 이순신이 이 싸움에 이긴 공이었다. 이 어찌 하늘의 도움이 아닐까 보냐!

이 뒤로 이순신은 삼도 수군을 거느리고 한산도에 머물러 있으면서 적들이 서쪽으로 오려는 길을 막았다.

전 의금부도사義禁府都事 조호익曹好益[149]은 군사를 모집하여 강동江東에서 적을 토벌했다.

조호익은 창원昌原 사람이다. 원래 지행志行이 있었으나, 남에게 무고를 당하여 온 집안이 모두 강동으로 이사해 살았다. 집이 가난해서 아이들을 모아 글을 가르쳐서 20여 년 동안 겨우 연명을 했지만 그의 굳은 지조는 말할 수 없이 강한 터였다.

이때 임금의 행차가 평양에 이르자, 조호익은 죄를 용서받고 의금부도사로 임명되었다. 그런 뒤에 평양이 적병에게 포위되자, 조호익은 급히 군사를 모집해서 위급한 평양을 구원하고자 했다. 그러나 조금 뒤에 평양이 함락되고 군민軍民들이 모두 흩어져 버리니, 조호익은 할 수 없이 다시 임금이 계신 곳으로 가다가 양책역良策驛에서 나를 만났다.

나는 그를 보고 말했다.

"이제 구원병이 올 것일세. 그대는 의주로 가지 말고 강동으로 다시 가서 군사를 더 모아가지고 오도록 하게. 그래서 구원병과 평양에서 합쳐 군세軍勢를 돕는 것이 좋겠네."

---

149 조호익(1545~1609)의 본관은 창녕昌寧이고, 자는 사우士友, 호는 지산芝山이다. 임진왜란이 일어나자 유성룡에 의해 금오랑金吾郎에 특별히 임명되어 행재소가 있는 중화로 갔다. 그 뒤 소모관召募官이 되어 군민을 모아 중화와 상원 등지에서 전공을 세워 녹피를 하사받았으며 1593년 평양 전투에도 참가해 공을 세웠다. 저서로 『심경질의고오心經質疑考誤』, 『가례고증家禮考證』, 『주역석해周易釋解』, 『역상추설易象推說』 등이 있다.

조호익도 내 말을 듣자 그대로 시행했다. 나는 이 사유대로 임금께 글을 올렸다. 그리고 기병문起兵文을 조호익에게 주어 돌리게 했다. 또 군기도 더 나누어 주어 보냈다. 그 뒤로 조호익은 내 말대로 강동으로 가서 군사 수백 명을 모아 상원祥原으로 나와 진을 쳤다가 적병과 싸워서 많은 공을 세웠던 것이다.

조호익은 본래 한낱 서생이었다. 궁마弓馬에 능하지도 못하였지만, 오직 충의로써 군사들의 마음을 격려했던 것이다. 동짓날 그가 사졸을 거느리고 임금이 계신 곳을 향하여 사배四拜를 하고 밤새도록 통곡하니 군사들도 따라서 울었다고 한다.

적의 군사가 전라도를 침범하자 김제 군수 정담鄭湛[150]과 해남 현감 변응정邊應井[151] 등이 힘써 싸우다가 전사했다.

적들은 경상우도를 거쳐 전주로 들어왔던 것인데, 정담과 변응정 등은 웅령熊嶺(곰재)에서 이를 막았다. 그들은 목책을

---

150 정담(?~1592)의 본관은 영덕盈德이고, 자는 언결彦潔이다. 1583년에 무과에 급제하였으며 이탕개의 난에 공을 세웠다. 임진왜란이 일어나자 의병을 모아 나주 판관 이복남李福男, 해남 현감 변응정, 의병장 황박黃樸 등과 함께 웅치熊峙를 방어했으나 일본군과 용감히 싸우다 모두 전사했다.

151 변응정(1557~1592)의 본관은 원주原州이고, 자는 문숙文淑이다. 해남 현감으로 있던 중에 임진왜란이 일어나자 관내의 소요를 진정시키고 의병을 모집했다. 금산에서 조헌趙憲과 합류하여 공격할 것을 약속했지만 행군에 차질이 생기는 바람에 조헌이 전사한 뒤에 도착했다. 왜군과 싸워 큰 전과를 올렸으나 적의 야습에 전사했다.

세워 산길을 막고 군사들을 격려해서 종일토록 싸웠다. 이 싸움에서 적병을 수없이 활로 쏘아 죽이니, 적들은 이를 당하지 못하고 물러서려 했다. 날은 이미 저물고 설상가상으로 화살도 떨어졌을 때 적병들이 다시 힘을 내어 쳐들어왔으므로 두 사람은 할 수 없이 그 자리에서 전사했고 그가 거느렸던 군사들도 모두 흩어져 버렸다.

그 이튿날, 적들이 전주에 이르자 관리들은 도망치려 했다. 전주 사람으로 전에 전적을 지낸 이정란李廷鸞[152]이 입성하여 이속들과 백성들을 일으켜 성을 굳게 지켰다. 당시 적은 정예병들을 웅령에서 많이 잃어 사기가 이미 땅에 떨어져 있었다.

전라감사 이광李洸도 성 밖에서 의병疑兵을 만들고, 낮이면 기치를 수없이 꽂아 위엄을 보이고 밤이 되면 온 산에 횃불을 만들어 적을 속였다. 적병은 성 밑에 이르러 몇 번이나 돌아다니면서 형세를 살폈으나 감히 싸우지 못하고 그대로 가 버렸다.

---

152 이정란(1529~1600)의 본관은 전의全義이고, 자는 문보文父다. 1568년에 증광문과에 병과로 급제하였으나 당시 요직에 앉아 있던 정여립이 극력으로 방해했다. 그래서 성균관 전적, 해미 현감 등을 전전하다가 사임하고 은거했다. 이후 정여립 모반 사건으로 복주되자 비로소 사람들은 그의 선견지명에 감탄했다고 한다. 임진왜란이 일어나고 왜군이 배티고개를 넘어 전라도로 침입하자 스스로 수성장守城將이 되어 백성들을 거느리고 전주성을 지켰다. 이 소식을 들은 조정에서는 그 공으로 태상시첨정太常寺僉正에 제수하고 포상했다. 이어 군기시정을 거쳐 수원 부사에 오르고, 공주 목사에 이르렀으나 행정 능력이 부족하다는 사헌부의 탄핵으로 파직되었다. 정유재란이 발발하여 왜군이 전주성을 다시 포위하자 수성의 계책을 제시했으나 받아들여지지 않았다. 이어 전주성을 지키던 명나라 장수가 도망가자 성안에는 큰 혼란이 일어났다. 이에 조정에 읍소해서 전주부윤이 되어 성을 지키는 한편 삼도소모사가 되었다.

적들은 물러가다가 웅령에서 전사한 우리 군사들의 시체를 거두어 길 옆에 묻고, 큰 무덤을 몇 개 만들었다. 그리고 그 위에 말뚝을 세워 이렇게 썼다.

"조선국의 충성스런 심간心肝과 의로운 담기膽氣를 조상하노라."

이는 우리 군사들이 힘써 싸운 것을 가상히 여긴 것이었다. 이리하여 전라도만이 홀로 온전하였다.

8월 초하루, 순찰사 이원익과 순변사 이빈 등이 군사를 거느리고 평양에 나가 공격하다가 형세가 불리하여 도로 물러났다. 그때 이원익과 이빈은 군사 수천 명을 거느리고 순안에 둔쳤다. 별장別將 김응서金應瑞 등은 용강龍岡·삼화三和·증산甑山·강서江西 등 네 고을의 군대를 20여 개로 나누어 평양 서쪽에 둔쳤다. 김억추金億秋는 수군을 거느리고 대동강 하류에 머무르면서 서로 기각掎角(앞뒤에서 적을 몰아치는 것)의 형세를 취하려 했다.

이날 이원익 등은 평양성 북쪽으로부터 군사를 몰고 나가다가 적의 선봉을 만나 20여 명을 쏘아 죽였다. 이윽고 적의 군사가 크게 몰려왔다. 우리 군사는 모두 놀라서 흩어지고 강변의 용사들이 많이 다쳤다. 결국 할 수 없이 순안으로 물러가 둔치게 되었다.

9월에 명나라 유격장군 심유경沈惟敬[153]이 왔다.

조승훈의 군사가 패한 뒤로 적들은 더욱 교만해져서 아군에 글을 보내기를, "양 떼가 범을 치는 것과 같다"고 하였으니, 이는 말할 것도 없이 양은 명나라 군사들이요, 범은 저들을 가리킨 것이었다.

심유경은 본시 절강浙江 사람으로 석 상서가 짐짓 왜의 정세를 살피고자 거짓으로 유격장군이란 이름을 붙여서 내보냈던 것이다.

심유경은 순안에 이르자, 왜장에게 글을 보내어 황제의 명으로 꾸짖었다.

"조선이 일본에 무슨 잘못이 있기에 군사를 내어 이러한 난리를 일으키는고?"

이때 왜국에는 졸지에 변이 일어나서 그 여파가 매우 컸는데, 우리는 모두 두려움에 잠겨 있는 판이어서 누구도 감히 그들의 병영을 엿보는 자가 없었다.

심유경의 심부름꾼이 노란 보자기에 편지를 싸 가지고 보통문普通門으로 들어가니, 왜장 행장이 받아 보고는 이내 만나서 상의하자는 회보回報를 써 보냈다. 심유경은 즉시 서둘러 떠

---

153 심유경(?~1597). 임진왜란 당시 조선에 파견된 명나라의 유격장군. 지금의 저장성 자싱 출신으로 평양성 전투에서 명나라군이 일본군에 대패하자 일본과 화평을 꾀하는 임무를 맡아 고니시 유키나가와 협상을 추진했으나 실패했다.

나려 했다. 그러나 주위에서 위태로운 짓이라고 적극 만류했다.

심유경은 태연히 웃으면서 "저들이 어찌 나를 해칠까 보냐" 하고 말한 뒤, 심부름꾼을 서넛 데리고 왜진으로 건너갔다. 행장과 평의지, 현소 등은 군기軍器를 크게 벌여 위세를 돋우고, 성 북쪽 십 리 밖 강복산降福山 아래까지 나와서 맞았다. 우리 군사는 대흥산大興山 꼭대기에 올라 바라보고 있었다.

왜군은 수가 매우 많아 검극(劍戟, 칼과 창)이 눈雪과 같았다. 심유경이 말에서 내려 적진 가운데로 들어갔다. 그런데 사면에서 왜군이 그를 에워싸는 게 아닌가! 그가 사로잡히는 것이 아닌가 하는 의심이 들었다. 그러나 심유경은 날이 저물녘에 돌아왔다. 더구나 왜군은 무리를 지어 나와 공손히 작별 인사를 했다.

이튿날, 행장으로부터 문안글이 왔는데, "대인大人께서는 칼날 가운데서도 얼굴빛이 변치 않으니, 우리 일본 사람으로서도 이에 미치지 못하겠소이다" 하는 구절이 있었다.

이에 심유경이 회답하기를, "너는 우리 나라의 곽영공郭令公[154]이란 사람 이야기를 듣지 못했는가? 그는 단기로 회흘回紇[155]의 만군萬軍 중에 들어갔으되 조금도 두려워하지 않았는

---

154 중국 당나라 때의 무장 곽자의를 말한다. 산시陜西성 정현 출신으로 안녹산의 난이 일어나자 중원의 반란군을 토벌했다. 이어 토번이 장안을 치려고 하자 위구르를 회유하고 토번을 무찔렀다. 당나라 최대의 공신으로서 영광을 누렸다.

155 회흘은 오늘날의 위구르를 가리키는 음역어다.

데, 내가 어찌 너를 겁내겠는가?" 하였다. 그는 다시 왜와 약속하면서, "내가 돌아가 우리 황제께 보고하면 반드시 무슨 처분이 있으실 것이니, 50일 동안을 기약하되, 왜병은 약탈하러 평양성 십 리 밖에 나오지 말 것이요, 또한 조선 군사도 십 리 안에 들어가 왜와 싸우지 말 것이며, 모두 푯말을 세워 경계를 삼을지니라" 하였으나, 우리는 이것이 무엇을 의미하는지는 예측하지 못하였다.

경기감사 심대沈岱[156]가 적의 습격을 받아 삭녕朔寧에서 죽임을 당하였다. 심대는 사람됨이 강개하여 왜변이 있은 후로 항상 울울한 기색으로 지냈으며, 나랏일로 전지戰地를 출입할 때에도 험한 곳을 가리지 않았는데, 이해 가을에 권징을 대신하여 경기감사가 되었던 것이다.

임지로 갈 때, 그는 안주를 지나며 나를 찾아왔었다. 백상루百祥樓에서 담소를 나누는데, 이야기가 국란에 이르자 개연한 안색을 지으며 자기가 직접 싸움터에 나가서 적과 싸울 뜻을 보이는 것이었다.

---

156 심대(1546~1592)의 본관은 청송靑松이고, 자는 공망公望, 호는 서돈西墩이다. 임진왜란이 터지자 근왕병 모집에 힘썼으며 그 공으로 우부승지와 좌부승지를 지냈다. 의주까지 선조를 호종했으며 권징權徵의 후임으로 경기도 관찰사가 되어 서울을 수복하려 했으나 삭녕에서 왜군의 야습을 받아 전사했다. 후에 이조판서에 추증되고, 호성공신에 책록되었으며, 청원군靑原君에 봉해졌다.

"옛사람의 말에 '밭 가는 일은 종에게 물으라' 하지 않았는가. 그대는 서생이니 싸움에 나서는 것이 능사가 아닐세. 그곳에 양주 목사 고언백이란 사람이 있는데, 그 사람이 용력이 있고 싸움에 익숙하네. 그대는 뒤에서 군병이나 수습해 주고 고언백으로 하여금 군사를 이끌고 싸우게 하면 공을 세울 것이니 결코 직접 나서지 말도록 하게."

내가 경계하여 일렀으나 심대는 그저 대답만 "예! 예!" 할 뿐이었다.

적들이 있는 곳으로 혼자 떠나는 심대를 보고 나는 활을 잘 쏘는 의주 사람 군관 장모張某를 딸려 보냈다. 그 후 수개월 동안 경기도에서 임금이 계신 곳으로 보고를 하러 안주를 지나는 사람이 있을 때마다 그는 나에게 글을 보내 문안을 했다. 나는 그럴 때마다 경기도에 있는 적의 형세와 감사의 동정을 물었다.

"경기도는 다른 데보다도 적의 발호가 한결 심해서 매일같이 불을 지르고 약탈하여 평안한 곳이 없습니다. 전의 감사 및 수령 이하는 모두 깊은 곳에 숨어서 나타나지 않거나, 변장을 하고 몰래 다니거나, 이리저리 옮겨 다녀 거처를 일정하지 않게 하여 적의 화를 방지하려 하였는데, 새로 부임해 온 감사께서는 조금도 적을 두려워하지 않고 매양 순찰을 다닐 때에는 평시처럼 먼저 공문을 띄워 알리고, 깃발을 꽂아 젓대를 불면서 행차한답니다."

이러한 말을 들은 나는 매우 근심이 되어 조심하라는 글을 보냈다. 그러나 심대는 듣지 않았다. 군사를 모으려 하니 군사들이 자진해서 모여들었으며, 도성을 다시 찾겠노라고 공언하는 것이었다.

어느 날 심대는 성안에 사람을 보내어 내응할 사람을 모집했다. 성안 사람들은 만일 적을 물리친 뒤에 적들에게 협력했다는 죄를 뒤집어쓸까 겁내어 연명장을 써서 감사에게 내응할 것을 약속했다.

하루에도 수많은 사람들이 스스로 내응하겠다고 나섰다. 약속을 한다는 둥, 군기를 실어 온다는 둥, 적의 동태를 보고한다는 둥 하여 사람들의 내왕을 막을 수가 없었다. 마침내 이 일이 적에게 누설되고 말았다. 적들은 여러 차례 우리의 동정을 살피러 와서는 어지러이 출몰했다. 그러나 심대는 내응자의 보고만 믿고 의심치 않았다. 이때 심대는 삭녕군에 있었다. 적들은 이를 염탐해서 알아내고 말았다.

적들이 몰래 큰 여울을 건너 밤에 습격해 왔다. 심대는 깜짝 놀라 일어나 옷을 걸쳐 입고 도망쳐 달아났다. 그러나 적이 뒤쫓아 살해하였고 군관 장모도 역시 함께 죽었다.

적이 물러간 후, 경기도 사람들이 심대의 시체를 거두어 삭녕군 어느 곳에 초빈草殯을 해 주었다. 그러나 며칠 뒤, 다시 나타난 적들은 심대의 시체를 찾아내어 그 머리를 종로 길거리 위에 매달아 놓았다. 그런 지 50~60일이 지났으나 심대의 얼굴빛은 오히려 산 사람과 같아, 이를 보는 도성 사람들의 마음을 더욱 슬프게 만들었다. 그의 충의에 감복한 사람들은 재물을 모아 지키는 왜병에게 뇌물을 주고 머리를 찾았다. 그 머리를 목함에 넣어 강화로 보냈다가 적이 물러간 뒤에 찾아다가 시체와 함께 고향에 장사 지내 주었다.

심대는 본이 청송靑松이요, 자는 공망公望이다. 조정에서는 심대의 옛일로 해서 그의 아들 대복大復에게 현감 벼슬을 주었다.

강원도 조방장 원호는 적을 구미포龜尾浦에서 쳐 무찌르고, 또 춘천에서 싸우다가 패하여 죽임을 당했다. 이때 적의 대진大陣은 충주와 원주에 있었는데, 영책이 도성까지 연달아 있어 충주에 있는 적들은 죽산竹山·양지陽智·용인龍仁 길을 거쳐 왕래하고, 원주에 있는 적들은 지평砥平·양근楊根·양주楊州·광주廣州를 거쳐서 도성으로 오고자 했었다.

원호는 여주驪州 구미포에서 적을 쳐서 섬멸하고, 이천 부사 변응성은 또 활 쏘는 군사를 배에 싣고, 안개가 자욱한 틈을 타 적을 여주의 마탄馬灘에서 맞아 싸워 많이 죽였다. 이 까닭에 원주의 적로賊路가 끊어져 적들은 모두 충주 길을 거쳐 올라오게 되었다. 이로써 여주·양근·지평의 읍민들은 적의 칼날을 면했으니, 사람들은 이를 원호의 공이라고 말했다.

순찰사 유영길은 원호에게 춘천으로 가서 다시 적을 치라고 재촉했다. 원호는 싸움에 이기자 자못 적을 만만히 보는 마음이 생겼다. 그러나 적은 원호의 군사가 올 것을 알고 매복해서 기다리고 있었다. 원호는 이 사실을 알지 못하고 나가다가 복병에게 죽임을 당하고 말았다. 이로부터 강원 일도一道에는 적을 막을 사람이라곤 하나도 없게 되었다.

한편, 훈련부봉사訓鍊副奉事 권응수權應銖[157]와 정대임鄭大任[158] 등이 향병鄕兵을 거느리고 영천永川에 있는 적을 쳐서 이겨 드디어 영천을 수복했다.

권응수는 영천 사람으로, 담력과 용맹이 있었다. 대임과 함께 향병 천여 명을 거느리고 영천에서 적을 포위했으나 우리 군사들은 두려워해서 앞으로 나아가지를 못했다. 이에 권응수는 칼을 빼어 몇 사람을 쳐 죽이니 그제야 군사들은 앞을 다투어 성을 넘어 들어가서 적을 습격했다. 이때 적은 창고 속으로 도망가거나 명원루明遠樓로 올라가기도 했는데 그대로

---

157 권응수(1546~1608)의 본관은 안동安東이고, 자는 중평仲平, 호는 백운재白雲齋다. 경상좌수사 박홍 밑에 있다가 임진왜란이 일어나자 고향으로 돌아와 의병을 모았다. 이후 경상좌도 병마절도사 박진의 휘하에 들어갔으며 각 고을의 의병장을 규합해 의병 대장이 되었다. 영천에 있던 왜군이 약탈을 일삼자 이들을 공격해 무찔렀으며 영천 성까지 수복했다. 그 공으로 경상좌도 병마절도사 우후가 되었다. 이후에도 크고 작은 전투에서 활약을 보였다. 선무공신 2등으로 책록되었으며 화산군花山君에 봉해졌다.

158 정대임(1553~1594)의 본관은 영일迎日이고, 자는 중경重卿, 호는 창대昌臺다. 임진왜란 당시 의병을 모아 당지산唐旨山에서 적을 무찔렀고 의병 대장 권응수의 밑에서 중총中摠의 직책을 맡고 활약했다. 1594년에 무과에 급제했으나 왜군과 싸우다 전사했다. 이후 선무원종공신宣武原從功臣 2등에 녹훈되었다.

불을 질러 전멸시키니, 그 냄새가 몇 리 밖에까지 풍겼다. 남은
수십 명은 도망하여 경주慶州로 달아났다.

이로부터 신녕新寧·의흥義興·의성義城·안동安東 등지에
있던 적들이 모두 한쪽 길로 모였기 때문에 좌도左道의 군과
읍에서는 난을 면했으니, 이는 영천 싸움의 공이었다.

좌병사 박진이 경주를 수복했다. 박진은 처음에 밀양에서
달아나 산속에 들어가 있었다. 조정에서는 전 병사兵使 이각이
성을 버리고 달아났다 하여 그를 찾아 목을 베고 대신 박진을
병사로 삼았다.

이때 적병은 그 도내에 가득히 들어와 행조行朝의 소식이
남쪽 지방에 끊긴 지 오래여서 인심은 한층 동요되어 어찌할
바를 몰랐다. 그런 중에 박진이 병사가 되었다는 소식이 들리
자 흩어졌던 백성들이 차차 모이고 수령도 산골짜기에서 다시
나와 나랏일을 보게 되니, 비로소 조정이 있는 듯하였다.

권응수가 영천을 회복하자, 박진이 좌도 군사 만여 명을
거느리고 경주성 밑까지 진병해 나갔다. 그러나 적은 북문으
로 나와 박진의 후군을 엄습했기 때문에 하는 수 없이 안강安
康으로 돌아갔다.

박진은 그 밤으로 다시 성 밑에 군사를 잠복시켜서 비격
진천뢰飛擊震天雷를 성안에 대고 쏘니 객사客舍 마당에 떨어졌
다. 적들은 그것이 무엇인지 몰라 서로 다투어 모여들어 구경

© Kang Byeong Kee

비격진천뢰. 국립진주박물관 소장

했다. 조금 있더니 폭탄이 속에서 저절로 터져 천지를 진동하는 듯한 폭음이 나면서 쇳조각이 무수히 흩어지니, 여기에 맞아 즉사한 자가 30여 명이요, 직접 맞지는 않았어도 놀라서 쓰러지는 자가 많았다. 살아난 자들도 한참 만에 일어나서 놀라고 두려워하지 않는 자가 없었으며, 그 제작법을 알지 못하니 모두 귀신이 한 짓이라 생각하고 이튿날 드디어 성을 버리고 서생포로 달아났다. 이리하여 박진은 경주 성안에 들어가 만여 석의 곡식을 얻었다.

이 일이 조정에 알려지자 박진을 가선嘉善으로 올렸고, 권응수는 통정通政으로, 정대임은 예천 군수로 삼았다.

비격진천뢰란 원래는 없었던 것으로, 군기시의 화포장으로 있는 이장손李長孫이란 자가 창안해 낸 것이다. 이것은 진천뢰를 대완구포大腕口砲로 쏘아서 5백~6백 보밖에 떨어지게 하고, 땅에 떨어진 뒤 잠시 후에 저절로 터지게 만든 것으로, 적들이 가장 두려워했다.

그때 각 도에서 의병을 일으켜 적을 친 자가 많았다. 우선 전라도에서는 전 팔결사判決事[159] 김천일金千鎰[160], 첨지 고경명

---

159   조선 시대 때 장예원掌隸院의 최고 벼슬인 정3품 당상관으로 노비 송사에 관한 판결 책임관이었다.

160   김천일(1537~1593)의 본관은 언양彦陽이고, 자는 사중士重, 호는 건재健齋다. 임진왜란이 발발하자 고경명, 박광옥, 최경회 등에게 글을 보내 의병을 일으킬 것을 제

「북관유적도첩」 중에서 「창의토왜도」. 임진왜란 당시 의병을 일으킨 정문부가 종성을 수복하는 상황을 그린 그림이다. 말을 타고 도망가는 왜군의 모습이 생생히 묘사되어 있다.

高敬命[161], 전 영해 부사 최경회崔慶會[162] 등이 있었다.

김천일의 자는 사중士重으로, 군사를 거느리고 먼저 경기도에 이르니, 조정에서 그를 가상히 여겨 창의倡義라는 군호軍號를 주었다. 그러나 결국 일을 이루지 못하고 강화로 들어갔다.

의했다. 나주에서 출병해서 수원의 독성산성을 거점으로 본격적인 의병 활동을 전개했다. 이후 최원崔遠의 관군과 함께 강화도로 진을 옮겼으며 조정으로부터 창의사倡義使라는 군호軍號를 받고 장례원판결사掌禮院判決事에 임명되었다. 1593년 4월 왜군이 서울에서 철수하자 이를 추격하여 상주를 거쳐 함안에 이르렀다. 이때 왜군이 진주성을 공격하려 하자 의병을 이끌고 성에 들어가 항전 태세를 갖추었다. 적의 대군에 맞서 치열하게 싸웠으나 중과부적으로 성이 함락되자 아들 상건象乾과 함께 남강에 몸을 던져 죽었다.

161 고경명(1533~1592)의 본관은 장흥長興이고, 자는 이순而順, 호는 제봉霽峰과 태헌苔軒이다. 임진왜란이 일어나자 두 아들인 종후從厚와 인후因厚에게 도망쳐 온 관군들을 인솔해서 수원에서 싸우고 있던 광주 목사 정윤우丁允佑에게 인계시켰다. 이어 김천일, 박광옥과 함께 의병을 일으키기로 약속하고 여러 고을에 격문을 돌려 의병을 모았다. 전라좌도 의병 대장에 추대되고 나서 담양을 출발해 북상을 개시했으며 무주와 진안 등지의 길목에 복병을 배치해 영남에서 호남으로 침입하는 왜군을 막도록 했다. 이후 충청도 의병장 조헌에게 서신을 보내어 금산의 왜군을 함께 공격할 것을 제의한 뒤, 방어사 곽영郭嶸의 관군과 합세했다. 그러나 왜군과의 전투 중에 관군이 싸울 것을 포기하고 도망치는 바람에 의병마저 더불어 붕괴되었고 이때 아들 인후와 더불어 순절했다.

162 최경회(1532~1593)의 본관은 해주海州이고, 자는 선우善遇, 호는 삼계三溪와 일휴당日休堂이다. 임진왜란이 터지자 형인 경운慶雲, 경장慶長과 의병을 모았다. 고경명이 전사하고 그의 휘하에 있던 문홍헌文弘獻 등이 남은 병력을 수습해 합류했고 이어 의병장으로 추대되었다. 금산과 무주 등지에서 왜군에 맞섰다. 특히 금산에서 퇴각하는 적을 추격해 우지치牛旨峙에서 대승을 거두었다. 1593년에 왜군이 다시 진주성을 공격하자 창의사 김천일, 충청 병사 황진, 복수의병장復讐義兵將 고종후高從厚 등과 함께 진주성을 지켰으나 중과부적으로 성이 함락되자 남강에 투신해 순절했다.

또 고경명의 자는 이순而順이니, 맹영孟英의 아들로서 글
재주가 있는 사람이다. 역시 향병鄕兵을 거느리고 군현에 격문
을 돌려 적을 치도록 하였으나 적과 싸우다가 패해 죽었다. 그
아들 종후從厚가 그를 대신하여 군사를 거느렸는데 이를 복수
군復讐軍이라 불렀다.

최경회는 뒤에 경상우병사가 되었다가 진주 싸움에서 죽
었다.

경상도에 있어서는 현풍玄風 사람 곽재우郭再祐[163], 고령高
靈 사람 전 좌랑 김면金沔[164], 합천陜川 사람 전 장령 정인홍鄭仁

---

163 곽재우(1552~1617)의 본관은 현풍玄風이고, 자는 계수季綏, 호는 망우당忘憂堂이
다. 임금의 뜻에 거슬리는 글을 지었다는 이유로 과거에 떨어진 후 평생 은거할 결심
을 했으나 임진왜란이 일어나자 의병을 일으켜 관군을 대신해 싸우게 되었다. 그 공
으로 유곡찰방幽谷察訪을 거쳐 형조정랑에 제수되었다. 이후 절충장군折衝將軍으로
승진해 조방장을 겸했다. 1597년 강화회담이 결렬되고 일본의 재침이 뚜렷해지자
경상좌도 방어사가 되어 현풍의 석문산성을 신축했다. 그러나 일을 마치기도 전에 왜
군이 침입해 오자 창녕의 화왕산성으로 옮겨 성을 수비했다. 자신을 '천강홍의장군天
降紅衣將軍'이라 부르며 적군과 아군의 병사들에게 위엄을 보이는 한편, 의병의병疑兵을
구사해 위장 전술을 펴서 적을 공격했다. 유인이나 매복을 이용한 급습이나 유격전에
도 능했다. 왜란이 끝난 후에 조정에서 여러 차례 벼슬을 내렸으나 일체 사절하고 은
둔 생활을 했다. 시호는 충익忠翼이다.

164 김면(1541~1593)의 본관은 고령高靈이고, 자는 지해志海, 호는 송암松庵이다. 임
진왜란이 일어나자 조종도趙宗道, 곽준郭䞭, 문위文緯 등과 함께 의병을 일으켰다.
진주 목사 김시민과 함께 지례知禮에서 왜군을 역습해서 대승을 거두었고, 이 공로로
합천 군수에 제수되었다. 뒤이어 무계茂溪에서도 승리했으며 첨지사僉知事에 임명
되었고, 의병대장의 교서를 받았다. 이후 경상우도 병마절도사가 되어 선산善山의 왜
군을 격퇴시킬 준비를 하던 중에 병사했다.

弘[165], 예안禮安 사람 전 한림 김해金垓[166], 교서정자校書正字 유종개柳宗介[167], 초계草溪 사람 이대기李大期[168], 군위교생軍威校生 장사진張士珍[169] 등이 있었다.

165 정인홍(1535~1623)의 본관은 서산瑞山이고, 자는 덕원德遠, 호는 내암來庵이다. 임진왜란이 발발하자 성주에 침입한 왜군을 격퇴하고, 성주·합천·고령·함안 등지를 방어했다. 1602년 대사헌이 되었고 동지중추부사, 공조참판 등을 역임했다. 임진왜란 때 화의를 주장했다는 이유로 유성룡을 탄핵해 파직시켰으며 홍여순洪汝諄, 남이공南以恭 등의 북인과 함께 정권을 잡았다. 1607년 선조가 광해군에 양위하려 할 때 유영경이 이를 반대하자 탄핵했다가 이효원의 탄핵으로 영변에 유배되었다. 이어 광해군이 즉위하자 유배지에서 풀려 나와 대사헌에 기용되었다. 1612년에 우의정이 되었으며 이이첨과 계축옥사를 일으켜 영창대군을 제거하고 서령부원군瑞寧府院君에 봉해졌다. 이어 좌의정을 거쳐 인목대비 유폐 사건에 가담하여 영의정에 올랐으나 인조반정이 일어나 참형되었다.

166 김해(1555~1593)의 본관은 광산光山이고, 자는 달원達遠, 호는 근시재近始齋와 시재始齋다. 임진왜란이 일어나자 예안禮安에서 의병을 일으켰다. 영남의병대장으로 추대되어 안동과 군위 등지에서 왜군과 맞서 싸웠으며 좌도병마사 권응수權應銖와 힘을 합쳐 상주 당교唐橋에서 큰 승리를 거두었다. 이후 경주에서 이광휘李光輝와 합세하여 싸우다가 병사했다.

167 유종개(1558~1592)의 본관은 풍산豊山이고, 자는 계유季裕다. 임진왜란 당시 수백 명의 의병을 모아 고을을 지켰으며 함경도에서 태백산맥을 거쳐 퇴각하던 왜군을 맞아 싸웠으나 소천小川에서 전사했다. 후에 참의에 추증되었다.

168 이대기(1551~1628)의 본관은 전의全義이고, 자는 임중任重, 호는 설학雪壑이다. 임진왜란 당시의 의병장으로 창의장倡義將 정인홍의 휘하에서 공을 세워 장원서별제掌苑署別提가 되었다. 1599년에는 형조정랑이 되었으며 1608년에 청풍 군수와 함양 군수 등을 지냈다.

169 장사진(?~1592)은 조선 중기의 의병장으로 어렸을 때부터 호협심이 대단했다고 전해진다. 임진왜란이 일어나서 왜군이 약탈과 살인을 저지르자 격문을 돌려 의병을 모집했다. 이어 군위와 인동 지역을 돌면서 왜군들을 척살하여 큰 전과를 올렸다. 그러자 왜군들은 그를 장장군이라고 부르며 두려워했다고 전해진다. 후에 적의 유인책에 걸려 맹렬히 싸우다 전사했다.

곽재우는 월越의 아들로서 자못 재략才略이 있는 터로 적과 여러 번 싸웠는데, 적들이 모두 이를 두려워하고 꺼렸다. 정진鼎津을 굳게 지켜 적으로 하여금 의령宜寧 지경에 들어오지 못하게 하였으니 이는 곧 곽재우의 공이라 하겠다.

김면은 무장 세문世文의 아들로서 거창居昌 우척현牛脊峴에서 적을 막아 여러 번 적을 물리쳤다. 이 소문을 듣고서 조정에서는 그를 우병사右兵使로 올려 썼으나 병으로 군중에서 죽고 말았다.

또한 유종개는 군사를 일으킨 지 얼마 안 되어 적을 만나 죽임을 당하니, 조정에서는 그 뜻을 가상히 여겨 증직贈職으로 예조참의禮曹參議를 제수했다.

장사진은 전후前後에 적병을 쏘아 죽인 수가 많아 적들이 그를 장장군張將軍이라 부르고 감히 군위軍威 지경을 범하지 못했다. 그러던 어느 날 적들은 군사를 매복하고 장사진을 유인하여 궁한 지경에 빠뜨리고 말았으나, 장사진은 오히려 큰 소리를 지르면서 힘껏 싸웠다. 그러나 장사진의 군사들에게는 화살이 모자랐다. 적들이 달려들어 그의 한쪽 어깨를 칼로 쳐서 떨어뜨렸으나 장사진은 그래도 한쪽 팔로 한참 동안이나 적을 치다가 마침내 힘이 다하여 죽고 말았다. 이것을 들은 조정에서는 그에게 증직으로 수군절도사를 주었다.

충청도에 있어서는 승려 영규靈圭[170]를 비롯하여 전 제독

관提督官 조헌趙憲[171], 전 청주 목사 김홍민金弘敏[172], 서얼 이산
겸李山謙, 선비 박춘무朴春茂[173], 충주 사람 조덕공趙德恭[174], 내
금위 조웅趙雄, 청주 사람 이봉李逢[175] 등이 있었다.

170 영규(?~1592)는 승병장으로 호는 기허騎虛다. 임진왜란이 일어나자 승병 수백 명을
모아 관군과 함께 청주성의 왜군을 공격했다. 이때 관군은 패하여 달아났으나 영규가
이끄는 승병만은 끝까지 분전한 끝에 결국 청주성을 수복했다. 이어 의병장 조헌이
전라도로 향하는 일본군을 공격하려 하자 관군과의 연합 작전을 위해 이를 늦출 것
을 요청했으나 조헌은 들질 않았다. 결국 그는 조헌과 함께 금산 전투에 참가해 싸우
던 중에 전사했다.

171 조헌(1544~1592)의 본관은 백천白川, 호는 중봉重峯과 도원陶原, 후율後栗이다.
1567년에 식년문과에 병과로 급제했으며, 1574년에는 질정관質正官으로 명나라
에 다녀왔다. 1582년에 보은 현감이 되었으며 1589년 동인을 공박하다가 길주로
귀양을 가게 되었다. 이후 정여립의 모반 사건으로 동인이 실각하자 풀려났다. 임진
왜란 당시 의병을 모았으며 영규가 일으킨 승병과 힘을 합쳐 청주를 탈환했다. 이어
전라도로 향하는 왜군을 막기 위해 금산에서 싸우던 중 전사했다.

172 김홍민(1540~1594)의 본관은 상주尙州이고, 자는 임보任甫, 호는 사담沙潭이다.
1570년 문과에 급제했으며 한림과 삼사三司를 거쳐, 1584년 이조좌랑이 되었다.
임진왜란이 일어나자 의병을 모아 상주에서 적의 길을 막았다. 이로 인해 왜군은 부
득이하게 호서 지역으로 통행하게 되었다.

173 박춘무(?~?)의 본관은 순천順天이고, 호는 화천당花遷堂이다. 임진왜란이 일어나자
창의사가 되어 의병을 일으키고 조헌과 함께 호서 지방을 방어하는 데 큰 활약을 펼
쳤다. 침구술이 뛰어나 의관醫官으로도 활동했다.

174 조덕공(1547~1607)의 본관은 순창淳昌이고 자는 사원士愿이다. 임진왜란이 발발
하자 의병을 일으켰으며 이후 선전관, 훈련원주부를 지냈다. 임진왜란에서의 공을 인
정받아 선무원종공신 2등에 녹권되었다.

175 이봉(?~?)의 본관은 한양漢陽이고, 자는 자운子雲이다. 정철, 이항복, 유성룡 등과
교유하면서 문장가로 이름을 날렸다. 임진왜란이 일어나자 의병을 모아 많은 활약을
펼쳤다. 옥천 군수로 재직할 때에는 부호들의 양곡을 풀어 기근에 시달리는 백성들을
구제했다. 정유재란이 일어났을 때에는 관군과 의병을 요충지에 배치하여 적의 진격
을 저지했다.

영규는 원래 용력이 있고 잘 싸워서 조헌과 함께 청주를
수복한 일이 있었다. 그러나 그 뒤에 적에게 패해서 모두 죽고
말았다.

조웅은 더욱 용감한 사람이다. 특히 말 위에 서서 달리기
를 잘하여 적을 많이 죽였으나 그도 또한 전사했다.

경기도에는 전 사간 우성전禹性傳[176], 전정 前正 정숙하鄭淑
夏[177], 수원 사람 최흘崔屹, 고양 사람 진사 이로李魯, 이산휘李
山輝, 전 목사 남언경南彦經[178], 유학幼學 김탁金琢, 전 정랑 유대
진兪大進[179], 충의위忠義衛 이질李軼, 서얼 홍계남洪季男[180], 선비

176 우성전(1542~1593)의 본관은 단양丹陽이고, 자는 경선景善, 호는 추연秋淵과 연
     암淵庵이다. 1564년 성균관 유생들을 이끌고 요승 보우普雨의 주살을 청원했으며
     1568년에는 증광문과에 병과로 급제했다. 1591년 정철의 사건에 연좌되어 관직
     을 삭탈당했고 임진왜란이 일어나자 풀려나와 경기도에서 의병을 모집했다. 소금과
     식량을 조달해 난민을 구제하는 등 많은 활약을 보였으며 퇴각하는 왜군을 경상우도
     의령까지 쫓아갔으나 과로로 병사했다. 이후 이조판서에 추증되었다.

177 정숙하(1541~1599)의 본관은 동래東萊이고, 호는 월호月湖다. 임진왜란 당시 의
     병장으로 활약했으며 이후 승정원 동부승지로 있을 때 왜군과 싸우다 죽은 군사들의
     의총義塚을 만들자는 상소를 올렸다.

178 남언경(?~?)은 조선 시대 최초의 양명학자 가운데 한 사람으로 본관은 의령宜寧이
     고, 호는 동강東岡이다. 임진왜란 당시 의병들과 함께 싸웠다. 이후 이황을 비판했다
     가 양명학을 숭상한다는 빌미를 받고 탄핵되었다.

179 유대진(1554~1599)의 본관은 기계杞溪이고, 호는 신포新浦다. 1583년에 별시문
     과에 병과로 급제한 뒤, 이이의 천거로 홍문관 직임에 발탁되어 정자, 저작 등을 역임
     했다. 임진왜란이 일어나자 의병장으로 공을 세워 선무원종공신에 녹훈되고 이조판
     서에 추증되었다.

180 홍계남(?~?)의 본관은 남양南陽이다. 1590년에 통신사의 군관으로 황윤길, 김성일
     을 따라 일본에 갔다. 임진왜란이 일어나자 아버지를 따라 안성에서 의병을 일으켰으

왕옥王玉 등이 있었다.

그중에서 홍계남이 제일 용맹스러웠고, 나머지는 제각기 자기 동리에서 백 명, 혹은 수십 명씩 사람을 모아 의병이라 하여 군사를 일으킨 자가 셀 수 없이 많았으나, 기록할 만한 공적은 하나도 없고 모두 날짜만 보낼 뿐이었다.

유정惟政[181]은 금강산 표훈사表訓寺에 있던 중이다. 금강산에 들어온 적을 보고 딴 중들은 모두 도망쳤으나 유정은 홀로 꼼짝도 않고 앉아 있었다. 그래서 적들은 감히 가까이 오지 못하고 혹 합장해 절하고 되돌아가기도 했다.

그때 나는 안주에 있었다. 여러 곳으로 글을 보내어 각각 의병을 일으켜 적을 막으라 했다. 이 글이 도착되매, 유정은 그것을 불탁 위에 펼쳐 놓고 중들을 불러 같이 읽으면서 울다가, 드디어 승군僧軍을 일으켜 서쪽으로 가서 임금을 도왔다. 그가 평양에 이르자 무리가 천여 명이나 되었다. 그는 평양성 동쪽

며 1596년에는 이몽학의 난을 평정하는 데 공을 세웠다.

181 유정(1544~1610)은 사명대사로 잘 알려져 있다. 본관은 풍천豊川이고, 속명은 임응규任應奎, 호는 사명당四溟堂 또는 송운松雲이다. 유정惟政은 법명이다. 1559년 김천 직지사直指寺로 출가해 신묵信默의 제자가 되었다. 1589년에 정여립의 역모 사건에 연루되었다는 모함을 받았으나, 강릉의 유생들이 무죄를 주장하여 석방되었다. 임진왜란이 일어나자 유점사楡岾寺 인근의 백성들을 구했으며 승병을 모아 순안으로 가서 휴정과 합류했다. 의승도대장義僧都大將이 되어 평양성과 중화 사이의 길을 차단해 평양성 탈환에 큰 공을 세웠으며 네 차례에 걸쳐 적진에서 가토 기요마사와 회담을 가지기도 했다. 이후 선조의 명을 받들고 일본으로 가서 전란 때 잡혀간 3천여 명의 백성을 데리고 귀국했다.

「영은사 사명당대선사 진영」. 월정사 성보박물관에 소장되어 있다. 강원유형문화재 제 141호다.

에 둔치고 순안 군사와 합세했다.

종실宗室 호성감湖城監도 또한 백여 명을 거느리고 임금이 계신 곳으로 달려갔다. 이것을 보고 조정에서는 그를 호성도정湖城都正으로 삼고 순안에 둔쳐 대군大軍과 합세하도록 하였다.

북도北道에서는 평사評事[182] 정문부鄭文孚[183]와 훈융첨사訓戎僉使 고경민高敬民 등이 가장 공이 컸다.

이일을 순변사로 삼고 이빈을 임금이 계신 곳으로 불러왔다. 처음에 이일은 대동강 여울을 지키고 있었다. 이일은 평양이 함락되자 강을 건너 남쪽으로 들어가 황해도 안악安岳을 거쳐 해주海州로 갔다. 해주에서 다시 강원도 이천伊川으로 가서 세자를 따라 수백 명가량의 군사를 모집했다.

그는 적병이 평양에 들어갔단 말을 듣고 오랫동안 동정을 살피고 있다가 장차 명나라 구원병이 다시 온다는 소식을 들

---

182 정6품 서반 외관직으로 우후虞侯와 더불어 병마절도사兵馬節度使의 속료屬僚이다. 함경도와 평안도에 각각 한 명씩 두었다.

183 정문부(1565~1624)의 본관은 해주海州이고, 호는 농포農圃다. 회령에서 국경인이 임해군과 순화군을 잡아 왜군에게 포로로 넘기자 격분해 최배천崔配天, 이붕수李鵬壽와 의병을 일으킬 것을 의논했다. 이에 종성 부사 정현룡鄭見龍, 경원 부사 오응태吳應台 등과 합세해 의병을 조직하여 국경인을 참수하고 명천과 길주에 주둔한 왜군을 장덕산長德山에서 물리쳐 대승을 거두었다. 이어 쌍포 전투와 백탑교 전투에서 승리함으로써 관북 지방을 완전히 수복하는 전공을 세웠다.

고 드디어 평양으로 돌아왔다. 임원평林原坪에 진을 치고 평양 동북쪽 십여 리에 머물러 있으면서 의병장 고충경高忠卿과 함께 힘을 모아 많은 적을 죽이고 사로잡았다.

한편 이빈은 순안에 있었다. 진병할 때마다 패하니 무군사종관撫軍司從官은 모두 이일과 바꾸기를 주장했다. 그러나 원수 김명원만이 이에 응하지 않았다.

이빈이 무군사와는 의견이 맞지 않아 서로 싸우고 있단 말이 들려왔다. 조정에서는 나로 하여금 순안 군중에 가서 이를 진정시키라 했다. 이에 나는 순안에 이르렀다. 조정의 의논은 이일의 실력이 이빈보다 낫다는 것이었고, 구원병이 장차 이르고 보면 이빈은 그 책임을 맡아 보지 못할 거라는 것이었다. 이리하여 마침내 이일로 하여금 순변사를 삼고, 대신 박명현朴名賢[184]으로 하여금 이일의 군사를 거느리게 했다. 그래서 이빈은 임금이 계신 곳으로 돌아오게 되었다.

적의 간첩 김순량金順良을 사로잡았다. 그해 12월 초이틀, 나는 안주에서 군관 성남成男으로 하여금 전령을 가지고 수군

---

184 박명현(?~1608)은 조선 중기의 무신으로 본관은 죽산竹山이다. 임진왜란이 일어났을 당시 이몽학이 반란을 일으켜 홍성으로 진격하자 홍주성으로 들어가 목사 홍가신洪可臣과 협력해 협공 태세를 취했다. 이몽학이 포위망을 뚫고 달아나자 임득의林得義와 함께 추격해 반란을 평정했다. 이때의 공으로 청난공신淸難功臣 2등에 녹훈되고, 연창군延昌君에 봉해졌다. 선조가 죽은 뒤에 고언백과 함께 임해군을 추대하려 했으나 붙잡혀 문초를 받던 중에 숨졌다. 이어 공신녹권에도 삭제되었다.

장水軍將 김억추金億秋[185]에게 보내어 적을 공격할 일을 비밀리에 알리도록 했다. 그리고 경계하기를 "앞으로 6일 안에 이 전령을 다시 돌려보내도록 하라"고 했다. 그러나 기일이 지나도록 전령을 보내오지 않으므로, 이에 성남에게 사람을 보내어 추궁했다. 그는 벌써 강서江西 군사 김순량을 시켜서 보냈다고 대답했다.

김순량을 잡아다가 전령이 어디 있느냐고 물었다. 그러나 그의 대답이 횡설수설이라 종잡을 수가 없었다. 성남은 "김순량이 전령을 가지고 나가더니 며칠 뒤에 소 한 마리를 끌고 군중으로 들어와 잡아먹었습니다. 이 소가 어디서 났느냐고 물었더니, 자기 일가 집에서 먹이고 있던 것을 찾아온 것이라 했습니다. 지금 생각하니 그자의 행동이 수상합니다"라고 말했다. 이에 나는 비로소 김순량을 엄하게 고문하여 실정을 말하도록 했다. 마침내 그가 말했다.

"소인은 적의 간첩이 되었습니다. 그때 받은 전령과 비밀 공문을 평양으로 가지고 가서 적에게 보였더니 적장이 전령은 저들의 책상 위에 놓고 비밀 공문은 그 자리에서 찢어 없앴습

---

185 김억추(?~?)의 본관은 청주淸州로 임진왜란이 일어나 선조가 평양으로 피신하자 허숙許淑과 함께 수군을 이끌고 대동강을 지켰다. 이때의 공으로 안주 목사가 되었으나, 허위 보고를 하고 군율을 어겼다는 이유로 탄핵을 받아 관직을 박탈당했다. 이후 여주 목사를 거쳐 만포진첨절제사滿浦鎭僉節制使가 되었으나, 다시 탐욕스럽다는 탄핵을 받고 교체되었다. 칠천량해전에서 전사한 이억기의 후임으로 전라우도 수군절도사가 되었고, 명량해전에 참전했다. 이후 밀양 부사를 거쳐, 제주 목사를 지냈다.

니다. 그리고 상으로 소 한 마리를 주었습니다. 저와 같이 일한 서한룡徐漢龍에게는 비단 다섯 필을 주었습니다. 다시 다른 비밀을 탐지하여 15일 안에 와서 보고할 것을 약속하고 나왔습니다."

이 말을 듣고 나는 다시 말했다. "그러면 이러한 간첩은 너뿐이냐, 너 이외에 또 몇 명이나 있느냐?" 하고 물으니 그의 대답은 이러했다.

"모두 40여 명이나 있습니다. 그 사람들은 순안·강서 등 여러 진에 흩어져 있고, 숙천·안주·의주 등지에도 들어가 있지 않은 곳이 없습니다. 그들은 무슨 일이든지 가서 보고하도록 되어 있습니다."

이 말을 듣자 나는 몹시 놀랐다. 곧 임금께 장계를 올리고 각 진에도 각각 통지해서 이런 자를 잡아내도록 했다. 그랬더니 혹 잡기도 하고, 혹 놓쳐 버리기도 했다. 김순량은 성 밖에 내다가 목 베어 죽였다.

이런 일이 있은 지 얼마 안 되어 명나라 구원병이 왔다. 그러나 적들은 이 사실을 알지 못했다. 그것은 그동안 간첩들이 놀라 달아났기 때문이었으니, 이 역시 사기事機의 우연한 일이라 하겠으나, 한편 생각하면 또한 하늘의 도움이라 할 것이다.

萬曆丙戌間 日本國使橘康廣 以其國王平秀吉
만 력 병 술 간　일 본 국 사 귤 강 광　이 기 국 왕 평 수 길

書來 始日本國王源氏 立國於洪武初 與我修隣
서 래　시 일 본 국 왕 원 씨　입 국 어 홍 무 초　여 아 수 린

好殆二百年 其初我國亦嘗遣使修慶弔禮 申叔
호 태 이 백 년　기 초 아 국 역 상 견 사 수 경 조 례　신 숙

舟以書狀往來 卽其一也 後叔舟臨卒 成宗問所
주 이 서 장 왕 래　즉 기 일 야　후 숙 주 임 졸　성 종 문 소

欲言 叔舟對曰 願國家 毋與日本失和 成廟感
욕 언　숙 주 답 활　원 국 가　무 여 일 본 실 화　성 묘 감

其言 命副提學李亨元 書狀官金訴修睦 到對馬
기 언　명 복 제 학 이 형 원　서 장 관 김 흔 수 목　도 대 마

島 使臣以風水驚疑得疾 上書言狀 成廟命 致
도　사 신 이 풍 수 경 의 득 질　상 서 언 장　성 묘 명　치

書幣於島主而回 自是不復遣使 每其國信使至
서 페 어 도 주 이 회　자 시 부 복 견 사　매 기 국 신 사 지

依禮接待而已 至是平秀吉 代源氏爲王 秀吉者
의 례 접 대 이 이　지 시 평 수 길　대 원 씨 위 왕　수 길 자

或元華人流入倭國 負薪爲生 一日國王出遇於
혹 원 화 인 유 입 왜 국　부 신 위 생　일 일 국 왕 출 우 어

路中異其爲人 招補軍伍 勇力善鬪 積功至大官
로 중 이 기 위 인　초 보 군 오　용 력 선 투　적 공 지 대 관

因得權 竟奪源氏而代之 或曰 源氏爲他人所弒
인 득 권　경 탈 원 씨 이 대 지　혹 왈　원 씨 위 타 인 소 시

秀吉又殺其人而奪國云 用兵平定諸島 域內六
수 길 우 살 기 인 이 탈 국 운　용 병 평 정 제 도　역 내 육

十六州 合而爲一 遂有外侵之志 乃曰我使每往
십 육 주　합 이 위 일　수 유 외 침 지 지　내 왈 아 사 매 왕

朝鮮 而朝鮮使不至是鄙我也 遂使康廣 來求通
조 선　이 조 선 사 부 지 시 비 아 야　수 사 강 광　내 구 통

信 書辭甚倨 有今天下歸朕一握之語 蓋源氏之
신　서 사 심 거　유 금 천 하 귀 짐 일 악 지 어　개 원 씨 지

亡 已十餘年 諸島倭歲往來我國 而畏其令嚴不
망 이십여년 제도왜세왕래아국 이외기령엄불

泄故朝廷不知也 康廣時年五十餘 容貌傀偉 鬚
설고조정부지야 강광시년오십여 용모괴위 수

髮半白 所經館驛 必舍上室 擧止倨傲 與平時
발반백 소경관역 필사상실 거지거오 여평시

倭使絶異 人頗怪之 故事 一路郡邑 凡遇倭使
왜사절이 인파괴지 고사 일로군읍 범우왜사

發境內民夫執槍夾道 以示軍威 康廣過仁同 睨
발경내민부집창협도 이시군위 강광과인동 예

視執槍者笑曰 汝輩槍竿太短矣 到尙州 牧使宋
시집창자소왈 여배창간태단의 도상주 목사송

應洞 享之 妓樂成列 康廣見應洞衰白 使譯官
응형 향지 기악성렬 강광견응형쇠백 사역관

語之曰 老夫數年在干戈中 鬚髮盡白 使君處聲
어지왈 노부수년재간과중 수발진백 사군처성

妓之間 百無所憂 而猶爲皓白 何哉 蓋諷之也
기지간 백무소우 이유위호백 하재 개풍지야

及至 禮曹判書押宴 酒酣 康廣散胡椒於筵上
급지 예조판서압연 주감 강광산호초어연상

妓工爭取之 無復倫次 康廣回所館 歎息語譯曰
기공쟁취지 무복륜차 강광회소관 탄식어역왈

汝國亡矣 紀網已毀 不亡何待 及還 朝廷但報
여국망의 기망이훼 불망하대 급환 조정단보

其書辭以水路迷昧 不許遣使 康廣歸報 秀吉大
기서사이수로미매 불허견사 강광귀보 수길대

怒殺康廣又滅族 蓋康廣 與其兄康年 自源氏時
노살강광우멸족 개강광 여기형강년 자원씨시

來朝我國受職名 其言頗爲我國地 故爲秀吉所
내조아국수직명 기언파위아국지 고위수길소

害云
해운

日本國使平義智來 秀吉旣殺橘康廣 令義智來
일 본 국 사 평 의 지 래　수 길 기 살 귤 강 광　영 의 지 래

求信使 義智者 其國主兵大將平行長女壻也 爲
구 신 사　의 지 자　기 국 주 병 대 장 평 행 장 녀 서 야　위

秀吉腹心 對馬島太守宗盛長 世守馬島 服事我
수 길 복 심　대 마 도 태 수 종 성 장　세 수 마 도　복 사 아

國 時秀吉去宗氏 使義智代主島務 以我國不諳
국　시 수 길 거 종 씨　사 의 지 대 주 도 무　이 아 국 불 암

海道爲辭 拒通信詐言義智 乃島主子 熟海路
해 도 위 사　거 통 신 사 언 의 지　내 도 주 자　숙 해 로

與之偕行 便欲使我 無辭以拒 因又窺覘我虛
여 지 해 행　편 욕 사 아　무 사 이 거　인 우 규 점 아 처

實 平調信僧玄蘇等同至 義智年少精悍 他倭皆
실　평 조 신 승 현 소 등 동 지　의 지 년 소 정 한　타 왜 개

畏之 俯伏膝行不敢仰視 久留東平館 必邀我使
외 지　부 복 슬 행 불 감 앙 시　구 유 동 평 관　필 요 아 사

與俱 朝議依違而已 數年前 倭寇全羅道損竹島
여 구　조 의 의 위 이 이　수 년 전　왜 구 전 라 도 손 죽 도

殺邊將李太源 捕得生口 言我國邊氓沙乙背同
살 변 장 이 태 원　포 득 생 구　언 아 국 변 맹 사 을 배 동

者 叛入倭中 導倭爲寇 朝廷憤之 至是人或 言
자　반 입 왜 중　도 왜 위 구　조 정 분 지　지 시 인 혹　언

宜令日本 刷還叛民 然後議通信 以觀誠否 使
의 령 일 본　쇄 환 반 민　연 후 의 통 신　이 관 성 불　사

館客諷之 義智曰此不難 卽遣平調信 歸報其國
관 객 풍 지　의 지 왈 차 불 난　즉 견 평 조 신　귀 보 기 국

不數月悉捕我民之在其國者十餘人來獻 上御
불 수 월 실 포 아 민 지 재 기 국 자 십 여 인 래 헌　상 어

仁政殿 大陳兵威 鎖沙乙背同等入庭詰問 斬於
인 정 전　대 전 병 위　쇄 사 을 배 동 등 입 정 힐 문　참 어

城外 賞義智內厩馬一匹 後引見倭使一行賜宴
성 외　상 의 지 내 구 마 일 필　후 인 견 왜 사 일 행 사 연

義智玄蘇等 皆入殿內 以次進爵 時余判禮曹
의지현소등 개입전내 이차진작 시여판예조

亦宴倭使於曹中 然通信之議久未決 余爲大提
역연왜사어조중 연통신지의구미결 여위대제

學 將撰國書 啓請速定議 勿致生釁 明日 朝講
학 장찬국서 계청속정의 물치생흔 명일 조강

知事邊協等 亦啓 宜遣使報答 且見彼中動靜而
지사변협등 역계 의견사보답 차견피중동정이

來 非失計也 於是朝議始定 命擇可使者 大臣
래 비실계야 어시조의시정 명택가사자 대신

以僉知黃允吉 司成金誠一 爲上副使 典籍許筬
이첨지황윤길 사성김성일 위상부사 전적허성

爲書狀官 庚寅三月 遂與義智等同發 時義智獻
위서장관 경인삼월 수여의지등동발 시의지헌

二孔雀及鳥銃槍刀等物 命放孔雀於南陽海島
이공작급조총창도등물 명방공작어남양해도

下鳥銃於軍器寺 我國之有鳥銃始此
하조총어군기시 아국지유조총시차

辛卯春 通信使黃允吉金誠一等 回自日本 倭人
신묘춘 통신사황윤길김성일등 회자일본 왜인

平調信玄蘇偕來 初允吉等 上年四月二十九日
평조신현소해래 초윤길등 상년사월이십구일

自釜山浦乘船抵對馬島 留一月 又自馬島 水行
자부산포승선저대마도 유일월 우자마도 수행

四十餘里到一岐島 歷博多州長門州浪古耶 至
사십여리도일기도 역박다주장문주낭고야 지

七月二十二日始至國都 蓋倭人 故迂迴其路 且
칠월이십이일시지국도 개왜인 고우회기로 차

處處留滯 故累月乃至 其在對馬島 平義智請使
처처유체 고누월내지 기재대마도 평의지청사

臣宴山寺中 使臣已在座義智乘轎入門 至階方
신 연산사중 사신이재좌 의지승교입문 지계방

下 金誠一怒曰 對馬島乃我國藩臣 使臣奉命
하 김성일노왈 대마도내아국번신 사신봉명

至 豈敢慢侮如此 吾不可受此宴卽起出 許筬等
지 기감만모여차 오불가수차연즉기출 허무등

繼出 義智歸咎於擔轎者殺之 奉其首來謝 自是
계출 의지귀구어담교자살지 봉기수래사 자시

倭人 敬憚誠一待之加禮 望見下馬 到其國館
왜인 경탄성일대지가례 망견하마 도기국관

於大刹 適平秀吉往擊東山道 留數月 秀吉回又
어대찰 적평수길왕격동산도 유수월 수길회우

託以修治宮室 不卽受國書 前後留館五月 始
탁이수치궁실 부즉수국서 전후유관오월 시

傳命其國尊其天皇 自秀吉以下 皆以臣禮處之
전 명기국존기천황 자수길이하 개이신례처지

秀吉在國中不稱王 但稱關白或稱博陸侯 所謂
수길재국중불칭왕 단칭관백혹칭박륙후 소위

關白者 取霍光凡事皆先關白之語而稱之也 其
관백자 취곽광범사개선관백지어이칭지야 기

接我使也 許乘轎入其宮 以茄角前導 陞堂行
접아사야 허승교입기궁 이가각전도 승당행

禮 秀吉容貌矮陋 面色黧黑無異表 但微覺目光
례 수길용모왜루 면색여흑무이표 단미각목광

閃閃射人云 設三重席 南向地坐 戴紗帽穿黑袍
섬섬사인운 설삼중석 남향지좌 대사모천흑포

諸臣數人列坐 引我使就席 不設宴具 前置一卓
제신수인렬좌 인아사취석 부설연구 전치일탁

中有熟餠一器 以瓦甌行酒 酒亦濁 其禮極簡
중유숙병일기 이와구행주 주역탁 기례극간

數巡而罷 無拜揖酬酢之節 有頃 秀吉忽起入內
수순이파 무배읍수초지절 유경 수길홀기입내

183

在席者皆不動 俄而 有人便服 抱小兒從內出
재 석 자 개 부 동 아 이 유 인 편 복 포 소 아 종 내 출

徘徊堂中視之乃秀吉也 坐中俯伏而已 已而出
배 회 당 중 시 지 내 수 길 야 좌 중 부 복 이 이 이 이 출

臨楹外 招我國樂工 盛奏衆樂而聽之 小兒遺溺
임 영 외 조 아 국 악 공 성 주 중 악 이 청 지 소 아 유 닉

衣上秀吉笑呼侍者 一女倭應聲走出 授其兒更
의 상 수 길 소 호 시 자 일 녀 왜 응 성 주 출 수 기 아 경

他衣 皆肆意自得 傍若無人 使臣辭出 其後不
타 의 개 사 의 자 득 방 약 무 인 사 신 사 출 기 후 부

得再見 與上副使銀四百兩 書狀通事以下有差
득 재 견 여 상 부 사 은 사 백 냥 서 장 통 사 이 하 유 차

我使將回 不時裁答書令先行 誠一曰 吾爲使臣
아 사 장 회 불 시 재 답 서 령 선 행 성 일 왈 오 위 사 신

奉國書來 若無報書 與委命於草莽同 允吉懼見
봉 국 서 래 약 무 보 서 여 위 명 어 초 망 동 윤 길 구 견

留 遽發至界濱待之 答書始來而辭意悖慢 非我
류 거 발 지 계 빈 대 지 답 서 시 래 이 사 의 패 만 비 아

所望也 誠一不受 改定數次然後行 凡所經由
소 망 야 성 일 불 수 개 정 수 차 연 후 행 범 소 경 유

諸倭僧遺 誠一皆郤之 允吉還泊釜山馳啓情形
제 왜 승 유 성 일 개 극 지 윤 길 환 박 부 산 치 계 정 형

以爲必有兵禍 旣復 命上引見而問之 允吉對如
이 위 필 유 병 화 기 복 명 상 인 견 이 문 지 윤 길 대 여

前 誠一曰 臣不見其有是 因言允吉搖動人心非
전 성 일 왈 신 불 견 기 유 시 인 언 윤 길 요 동 인 심 비

宜 於是議者 或主允吉 或主誠一 余問誠一曰
이 어 시 의 자 혹 주 윤 길 혹 주 성 일 여 문 성 일 왈

君言與黃使不同 萬一有兵 將奈何 曰吾亦豈能
군 신 여 황 사 부 동 만 일 유 병 장 내 하 왈 오 역 기 능

必倭終不動 但黃言太重 中外驚惑 故解之耳
필 왜 종 부 동 단 황 언 태 중 중 외 경 혹 고 해 지 이

時倭書 有率兵超入大明之語 余謂當卽具由奏
시 왜 서 유 솔 병 초 입 대 명 지 어 여 위 당 즉 구 유 주

聞天朝 首相以爲 恐皇朝罪我私通倭國 不如諱
문 천 조 수 상 이 위 공 황 조 죄 아 사 통 왜 국 불 여 휘

之 余曰因事往來隣邦 有國之所不免 成化間
지 여 왈 인 사 왕 래 린 방 유 국 지 소 불 면 성 화 간

日本亦嘗因我 求貢 中國 卽據實奏聞 天朝降
일 본 역 상 인 아 구 공 중 국 즉 거 실 주 문 천 조 강

勅回諭 前事已然非獨今日 今諱不聞奏 於大義
칙 회 유 전 사 이 연 비 독 금 일 금 휘 불 문 주 어 대 의

不可 況賊若實有犯順之謀 從他處奏聞 而天朝
불 가 황 적 약 실 유 범 순 지 모 종 타 처 주 문 이 천 조

反疑我國同心隱諱 則其罪不止於通信而已也
반 의 아 국 동 심 은 휘 즉 기 죄 부 지 어 통 신 이 이 야

朝廷多是余議者 遂遣金應南等馳奏 時福建人
조 정 다 시 여 의 자 수 견 김 응 남 등 치 주 시 복 건 인

許儀後陳申等 被擄在倭中 已密報倭情及琉球
허 의 후 진 신 등 피 로 재 왜 중 기 밀 보 왜 정 급 유 구

國世子尙寧 連遣使報聲息 獨我使未至天朝疑
국 세 자 상 녕 연 견 사 보 성 식 독 아 사 미 지 천 조 의

我貳於倭 論議籍籍 閣老許國 曾使我國 獨言
아 이 어 왜 논 의 적 적 각 노 허 국 증 시 아 국 독 언

朝鮮至誠事大 必不與倭叛 姑待之 未久 應南
조 선 지 성 사 대 필 불 여 왜 반 고 대 지 미 구 응 남

等 賫奏至 許公大喜而朝議始釋然云
등 재 주 지 허 공 대 희 이 조 의 시 석 연 운

朝廷憂倭 擇知邊事宰臣 巡察下三道以備之 金
조 정 우 왜 택 지 변 사 재 신 순 찰 하 삼 도 이 비 지 김

晬 爲慶尙監司 李洸爲全羅監司 尹先覺爲忠淸
수 위 경 상 감 사 이 광 위 전 라 감 사 윤 선 각 위 충 청

監司 令備器械修城池 慶尙道築城尤多 如永川
감사 영비기계수성지 경상도축성우다 여영천

清道三嘉大丘星州釜山東萊晋州安東尙州左右
청도삼가대구성주부산동래진주안동상주좌우

兵營 或新築或增修 時昇平旣久 中外狃安 民
병영 혹신축혹증수 시승평기구 중외뉴안 민

以勞役爲憚 怨聲載路 余同年前典籍李魯 陜川
이노역위탄 원성재로 여동년전전적이로 합천

人 貽書余言 築城非計 且曰 三嘉前阻鼎津 倭
인 이서여언 축성비계 차왈 삼가전조정진 왜

能飛渡乎 何爲浪築勞民 夫以萬里滄溟 猶不能
능비도호 하위랑축로민 부이만리창명 유불능

禦倭 而欲限一 衣帶水 必倭之不能渡 其亦踈
어왜 이욕한일 의대수 필왜지불능도 이역소

矣 而一時人議如此 弘文館亦上剳論之 然兩南
의 이일시인의여차 홍문관역상답론지 연양남

所築 皆不得形勢 且以濶大容衆爲務 如晋州城
소축 개부득형세 차이활대용중위무 여진주성

本據險可守 至是以爲小 移東面下就平地 其後
본거험가수 지시이위소 이동면하취평지 기후

賊由此入城 城遂不保 大抵城以堅小爲貴 而猶
적유차입성 성수불보 대저성이견소위귀 이유

恐其不廣 亦時論然也 至於軍政之本 擇將之要
공기불광 역시론연야 지어군정지본 택장지요

組練之方 百不一擧 以至於敗
조련지방 백불일거 이지어패

擢井邑縣監李舜臣 爲全羅左道水軍節度使 舜
탁정읍현감이순신 위전라좌도수군절도사 순

臣有膽略善騎射 甞爲造山萬戶 時北邊多事 舜
신유담략선기사 상위조산만호 시북변다사 순

臣以計誘致叛胡于乙其乃 縛送兵營斬之虜患
신 이 계 유 치 반 호 우 을 기 내　박 송 병 영 참 지 노 환

遂息 巡察使鄭彦信 令舜臣護鹿屯島屯田 一
수 식　순 찰 사 정 언 신　영 순 신 수 호 녹 둔 도 전　일

日大霧 軍人盡出收禾 柵中但有十餘人 俄而虜
일 대 무　군 인 진 출 수 화　책 중 단 유 십 여 인　아 이 노

騎四集 舜臣閉柵門 自以柳葉箭 從柵內連射賊
기 사 집　순 신 폐 책 문　자 이 유 엽 전　종 책 내 연 사 적

數十墮馬 虜驚駭退走 舜臣開門 單騎大呼逐之
수 십 타 마　노 경 해 퇴 주　순 신 개 문　단 기 대 호 축 지

虜衆大奔 盡奪所掠而還 然朝無推挽者 登第十
노 중 대 분　진 탈 소 략 이 환　연 조 무 추 만 자　등 제 십

餘年不調 始爲井邑縣監 是時倭聲日急 上命備
여 년 부 조　시 위 정 읍 현 감　시 시 왜 성 일 급　상 명 비

邊司 各薦才堪將師者 余擧舜臣 遂自井邑 超
변 사　각 천 재 감 장 수 자　여 거 순 신　수 자 정 읍　초

拜水使 人或疑其驟 時在朝武將中 惟申砬李鎰
배 수 사　인 혹 의 기 취　시 재 조 무 장 중　유 신 립 이 일

最有名 慶尙右兵使曹大坤 年老無勇 衆憂不堪
최 고 명　경 상 우 병 사 조 대 곤　연 로 무 용　중 우 불 감

閫寄 余於 經席 啓請以鎰代大坤 兵曹判書洪
곤 기　여 어　경 성　계 청 이 일 대 대 곤　병 조 판 서 홍

汝諄曰 名將當在京都 鎰不可遣 余再 啓曰 凡
여 순 왈　명 장 당 재 경 도　일 불 가 견　여 재　계 왈　범

事貴預 況治兵禦賊 尤不可猝辦 一朝有變 鎰
사 귀 예　황 치 병 어 적　우 불 가 졸 판　일 조 유 변　일

終不得不遣 等遣之 寧早往一日 使預備待變
종 부 득 불 견　등 견 지　영 조 왕 일 일　사 예 비 대 변

庶或有益 不然倉卒之際 以客將馳下 旣不諳本
서 혹 유 익　불 연 창 졸 지 제　이 객 장 치 하　기 불 암 본

道形勢 又不識軍士勇㤲此兵家所忌 必有後悔
도 형 세　우 불 식 군 사 용 겁 차 병 가 소 기　필 유 후 회

不答 余又出備邊司 與諸人議 啓請修祖宗鎭管
부답 여우출비변사 여제인의 계청수조종진관

之法 大略以爲 國初各道軍兵皆分屬鎭管 有事
지법 대략이위 국초각도군병개분속진관 유사

則鎭管統率屬邑 鱗次整頓 以待主將號令 以慶
즉진관통솔속읍 인차정돈 이대주장호령 이경

尙道言之 則金海大丘尙州慶州安東晋州是爲
상도언지 즉김해대구상주경주안동진주시위

六鎭管 脫有敵兵 一鎭之軍 雖或失利 他鎭次
육진관 탈유적병 일진지군 수혹실리 타진차

第嚴兵堅守 不至於靡然奔潰 往在乙卯變後 金
제엄병견수 부지어미연분궤 왕재을묘변후 김

秀文在全羅道 始改分軍法 割道內諸邑 散屬於
수문재전라도 시개분군법 할도내제읍 산속어

巡邊使防禦使助防將都元師及本道兵水使 名
순변사방어사조방장도원수급본도병수사 명

曰制勝方略諸道皆效之 於是鎭管之名雖存 而
왈제승방략제도개효지 어시진관지명수존 이

其實不相維繫 一有警急則必將遠近俱動使無
기실불상유계 일유경급즉필장원근구동사무

將之軍 先聚於原野之中 以待將師於千里之外
장지군 선취어원야지중 이대장수어천리지외

將不時至 而賊鋒已逼則軍心驚懼 此必潰之道
장불시지 이적봉이핍즉군심경구 차필궤지도

也 大衆一潰 難可復合 此時將師雖至誰與爲戰
야 대중일궤 난가복합 차시장수수지수여위전

不如更修祖宗鎭管之制 平時易於訓鍊 有事得
불여경수조종진관지제 평시이어훈련 유사득

以調集 且使前後相應 內外相倚 不至於土崩瓦
이조집 차사전후상응 내외상의 부지어토붕와

解 於事爲便 事下本道 慶尙監司金睟以爲制勝
해 어사위편 사하본도 경상감사김수이위제승

方略 行用已久 不可猝變 議遂寢
방략 행용이구 불가졸변 의수침

壬辰春 分遣申砬李鎰 巡視邊備 鎰往忠清全羅
임진춘 분견신립이일 순시변비 일왕충청전라

道 砬往京畿黃海道 皆閱月而還 所點者弓矢槍
도 립왕경기황해도 개열월이환 소점자궁실창

刀而已 郡邑率以文具避法 無他備禦長策 砬素
도이이 군읍솔이문구피법 무타비어장책 립소

有殘暴之名所至殺人立威 守令畏之 發民治道
유잔폭지명소지살인입위 수령외지 발민치도

供帳極侈 雖大臣之行不如也 旣復命 四月一日
공장극치 수대신지행불여야 기복명 사월일일

砬來見余于私第余問早晚有變 公當任之 公料
립래견여우사제여문조만유변 공당임지 공료

今日賊勢難易何如 砬甚輕之 以爲不足憂 余曰
금일적세난이하여 립심경지 이위부족우 여왈

不然 往者倭但恃短兵 今則兼有鳥銃長技 不可
불연 왕자왜단시단병 금즉겸유조총장기 불가

輕視 砬遽曰 雖有鳥銃 豈能盡中 余曰國家昇
경시 립거왈 수유조총 기능진중 여왈국가승

平久 士卒怯弱 果然有急 極難支吾 吾意數年
평구 사졸겁약 과연유급 극난지오 오의수년

後 人頗習兵 或還收拾未可知 其初則吾甚憂之
후 인파습병 혹환수습미가지 기초즉오심우지

砬都不省悟而去 蓋砬於癸未爲穩城府使 叛胡
립도불성오이거 개립어계미위온성부사 반호

圍鍾城 砬馳往救之 以十餘騎突擊 虜解去 朝
위종성 립치왕구지 이십여기돌격 노해거 조

廷以砬才堪大將 陞爲北兵使平安兵使 未久 階
정이립재감대장 승위북병사평안병사 미구 계

資憲 至欲以爲兵曹判書意氣方銳 正如趙括輕
자헌 지욕이위병조판서의기방예 정여조괄경

秦 略無臨事而懼之意 識者憂焉
진 약무임사이구지의 식자우언

遞慶尙右兵使曹大坤 特旨以承旨金誠一代之
체경상우병사조대곤 특지이승지김성일대지

備邊司啓 誠一儒臣也 不合此時邊師之任 不允
비변사계 성실유신야 불합차시변사지임 불윤

誠一遂拜辭而行 四月十三日 倭兵犯境陷釜山
성일수배사이행 사월십삼일 위병범경함부산

浦 僉使鄭撥死 先是倭平調信玄蘇等 與通信使
포 첨사정발사 선시왜평조신현소등 여통신사

偕來 館於東平館 備邊司 請令黃允吉金誠一等
해래 관어동평관 비변사 청령황윤길김성일등

私以酒饌往慰 因從容問其國事 鉤察情形 以備
사이주찬왕위 인종용문기국사 구찰정형 이비

策應 許之 誠一至館 玄蘇果密語曰 中國久絶
책응 허지 성일지관 현소과밀어왈 중국구절

日本 不通朝貢 平秀吉以此心懷憤恥 欲起兵端
일본 불통조공 평수길이차심회분치 욕기병단

朝鮮先爲奏聞 使貢路得達則必無事 以日本六
조선선위주문 사공로득달칙필무사 이일본육

十六州之民 亦免兵革之勞矣 誠一等 因以大義
십육주지민 역면병혁지노의 성일등 인이대의

責諭之 玄蘇又曰 昔高麗導元兵擊日本 日本以
적유지 현소우왈 석고려도원병격일본 일본이

此報怨於朝鮮 勢所宜然 其言漸悖 自是再不復
차보원어조선 세소의연 기언점패 자시재불복

問而調信玄蘇自回 辛卯夏 平義智又到釜山浦
문이조신현소자회 신유하 평의지우도부산포

爲邊將言 日本欲通大明 若朝鮮爲之奏聞則幸
위 변 장 언 일 본 욕 통 대 명 약 조 선 위 지 주 문 칙 행

甚 不然 兩國將失和氣 此乃大事 故來告 邊將
심 불 연 양 국 장 실 화 기 차 내 대 사 고 래 고 변 장

以聞 時朝議方咨通信 且怒其悖慢不報 義智泊
이 문 시 조 의 방 구 통 신 차 노 기 패 만 불 보 의 지 박

船十餘日 怏怏而去 是後倭人不復至 釜山浦留
선 십 여 일 앙 앙 이 거 시 후 왜 인 불 복 지 부 산 포 유

館倭 常有數十餘人 稍稍入歸 一館幾空 人怪
관 왜 상 유 수 십 여 인 초 초 입 귀 일 관 기 공 인 괴

之 是日倭船自對馬島 蔽海而來 望之不見其際
지 시 일 왜 선 자 대 마 도 폐 해 이 래 망 지 불 견 기 제

釜山僉使鄭撥 出獵絶影島 狼狽入城 倭兵隨至
부 산 첨 사 정 발 출 엽 절 영 도 낭 패 입 성 왜 병 수 지

登陸 四面雲集 不移時城陷 左水使朴泓 見賊
등 륙 사 면 운 집 불 이 시 성 함 좌 수 사 박 홍 견 적

勢大 不敢出兵棄城逃 倭分兵陷西平浦多大浦
세 대 불 감 출 병 기 성 도 왜 분 병 함 서 평 포 다 대 포

多大僉使尹興信 力戰被殺 左兵使李珏聞聲息
다 대 첨 사 윤 흥 신 역 전 피 살 좌 병 사 이 각 문 성 식

自兵營入東萊及釜山陷 珏惶撓失措 託言欲在
자 병 영 입 동 래 급 부 산 함 각 광 요 실 조 탁 언 욕 재

外掎角 出城退陣于蘇山驛 府使宋象賢 留與同
외 기 각 출 성 퇴 진 우 소 산 역 부 사 송 상 현 유 여 동

守 珏不從 十五日 倭進迫東萊 象賢登城南門
수 각 부 종 십 오 일 왜 진 박 동 래 상 현 등 성 남 문

督戰半日而城陷 象賢堅坐受刃而死 倭人嘉其
독 전 반 일 이 성 함 상 현 견 좌 수 인 이 사 왜 인 가 기

死守 棺斂之埋於城外 立標以識之於是郡縣望
사 수 관 감 지 매 어 성 외 입 표 이 식 지 어 시 군 현 망

風奔潰 密陽府使朴晉 自東萊奔還 欲阻鵲院隘
풍 분 궤 밀 양 부 사 박 진 자 동 래 분 환 욕 조 작 원 애

路以禦之 賊陷梁山至鵲院 見其守兵 從山後乘
로 이 어 지 적 함 양 산 지 작 원 견 기 수 병 종 산 후 승

高 蟻附散漫而至 守隘者望之皆散 晉馳還密陽
고 의 부 산 만 이 지 수 애 자 망 지 개 산 진 치 환 밀 양

縱火焚軍器倉庫 棄城入山 李珏奔還兵營 先出
종 화 분 군 기 창 고 기 성 입 산 이 각 분 환 병 영 선 출

其妾城中洶洶 軍一夜四五驚 珏乘曉亦脫身遁
기 첩 성 중 흉 흉 군 일 야 사 오 경 각 승 효 역 탈 신 둔

去 衆軍大潰敵分道長驅 連陷諸邑 無一人敢拒
거 중 군 대 궤 적 분 도 장 구 연 함 제 읍 무 일 인 감 거

者 金海府使徐禮元 閉門城守 賊刈城外麥禾塡
자 김 해 부 사 서 예 원 폐 문 성 수 적 예 성 외 맥 화 전

壕頃刻與城齊 因踰城 草溪郡守李某先遁 禮元
호 경 각 여 성 제 인 유 성 초 계 군 수 이 모 선 둔 예 원

繼出 城遂陷 巡察使金晬初在晉州聞變 馳向東
계 출 성 수 함 순 찰 사 김 수 초 재 진 주 문 변 치 향 동

萊 至中路 聞賊兵已近 不能前 還走右道 不知
래 지 중 로 문 적 병 이 근 불 능 전 환 주 우 도 부 지

所爲 但檄列邑 諭民避賊 由是道內皆空 愈不
소 위 단 격 렬 읍 유 민 피 적 유 시 도 내 개 공 유 불

可爲矣 龍宮縣監禹伏龍 領邑軍赴兵營 食永川
가 위 의 용 궁 현 감 우 복 룡 영 읍 군 부 병 영 식 영 천

路邊 有河陽軍數百 屬防禦使向上道 過其前
노 변 유 하 양 군 수 백 속 방 어 사 향 상 도 과 기 전

伏龍怒軍士不下馬 拘之責以欲叛 河陽軍出兵
복 룡 노 군 사 불 하 마 구 지 책 이 욕 반 하 양 군 출 병

使公文示之 方自辨 伏龍目其軍 圍而殺之皆盡
사 공 문 시 지 방 자 변 복 룡 목 기 군 위 이 살 지 개 진

積屍滿野 巡察使以功聞 伏龍爲通政代鄭熙績
적 시 만 야 순 찰 사 이 공 문 복 룡 위 통 정 대 정 희 적

爲安東府使 後河陽人孤兒寡妻 每逢使臣之來
위 안 동 부 사 후 하 양 인 고 아 과 처 매 봉 사 신 지 래

遮馬首號冤 伏龍有時名 故無伸理者云
차 마 수 호 원 　복 룡 유 시 명 　고 무 신 리 자 운

十七日早朝 邊報始至 乃左水使朴泓狀啓也 大
십 칠 일 조 조 　변 보 시 지 　내 좌 수 사 박 홍 장 계 야 　대

臣備邊司會賓廳請對 不許 卽啓請以李鎰爲巡
신 비 변 사 회 빈 청 청 대 　불 허 　즉 계 청 이 이 일 위 순

邊使 下中路 成應吉爲左防禦使 下左道趙儆爲
변 사 　하 중 로 　성 응 길 위 좌 방 어 사 　하 좌 도 조 경 위

右防禦使 下西路 劉克良爲助防將 守竹嶺 邊
우 방 어 사 　하 서 로 　유 극 량 위 조 방 장 　수 죽 령 　변

璣爲助防將 守鳥嶺 以慶州府尹尹仁涵 儒臣懦
기 위 조 방 장 　수 조 령 　이 경 주 부 윤 윤 인 함 　유 신 나

怯 起復前江界府使邊應星 爲慶州府尹 皆令自
겁 　기 복 전 강 계 부 사 변 응 성 　위 경 주 부 윤 　개 령 자

擇軍官以去 俄而金山陷報又至 時釜山受圍 人
택 군 관 이 거 　아 이 부 산 함 보 우 지 　시 부 산 수 위 　인

不能通 泓狀啓但云 登高以望 赤旗滿城中 以
불 능 통 　홍 장 계 단 운 　등 고 이 망 　적 기 만 성 중 　이

此知城陷 李鎰欲率京中精兵三百名去 取兵曹
차 지 성 함 　이 일 욕 솔 경 중 정 병 삼 백 명 거 　취 병 조

選兵案視之 皆閭閻市井白徒 胥吏儒生居半 臨
선 병 안 시 지 　개 여 염 시 정 백 도 　서 리 유 생 거 반 　임

時點閱儒生具冠服持試卷 吏載平頂巾 自愬求
시 점 열 유 생 구 관 복 지 시 권 　이 재 평 정 건 　자 소 구

免者 充滿於庭 無可遣者 鎰受命三日不發 不
면 자 　충 만 어 정 　무 가 견 자 　일 수 명 삼 일 불 발 　부

得已令鎰先行 使別將兪沃 隨後領去 余啓兵曹
득 이 영 일 선 행 　사 별 장 유 옥 　수 후 영 거 　여 계 병 조

判書洪汝諄 不能治任 且軍士多怨可遞 於是金
판 서 홍 여 순 　불 능 치 임 　차 군 사 다 원 가 체 　어 시 김

應南 代爲判書 沈忠謙爲參判 臺諫啓請 宜使
응남 대위판서 심충겸위참판 대간계청 의사

大臣 爲體察使 檢督諸將 首相以余應命 余請
대신 위체찰사 검독제장 수상이여응명 여청

以金應南爲副 以前義州牧使金汝岉有武略 時
이김응남위부 이전의주목사김여물유무략 시

汝岉坐事繫獄 啓請貸罪自隨 募武士可堪裨將
여물좌사계옥 계청대죄자수 모무사가감비장

者得八十餘人 旣而急報絡繹 聞賊鋒已過密陽
자득팔십여인 기이급보락역 문적봉이과밀양

大丘 將近嶺下 余謂應南及申砬曰 寇深事已急
대구 장근령하 여위응남급신립왈 구심사이급

矣 將若之何 砬曰鎰以孤軍左前 而無後繼 體
의 장약지하 립왈일이고군좌전 이무후계 체

察使雖下去 非戰將 何不使猛將星馳先下爲鎰
찰사수하거 비전장 하부사맹장성치선하위일

策應耶 觀砬意 欲自行援第鎰 余與應南請對
책응야 관립의 욕자행원제일 여여응남청대

啓如砬言 上卽召申砬問之 遂以砬爲都巡邊使
계여립언 상즉소신립문지 수이립위도순변사

砬出闕門外 自行招幕 武士無願從者時余在中
립출궐문외 자행초막 무사무원종자시여재중

樞府治行事砬至余所 見階庭間應募者簇立 色
추부치행사립지여소 견계정간응모자족립 색

甚怒 指金判書謂余曰 如此公者 大監帶去安
심노 지김판서위여왈 여차공자 대감대거안

用 小人願爲副使而去 余知砬怒武士不從已 笑
용 소인원위부사이거 여지립노무사부종이 소

曰 同是國事 何分彼此 令公旣行急 吾所得軍
왈 동시국사 하분피차 영공기행급 오소득군

官 可先帶行吾當別募隨行 因以軍官單子授之
관 가선대행오당별모수행 인이군관단자수지

砬遂回顧庭中武士曰來 乃引之而出 諸人皆憮
립 수 회 원 정 중 무 사 왈 래 　 내 인 지 이 출 　 제 인 개 무

然而去 金汝岉亦同去 意甚不樂 砬臨行 上引
연 이 거 　 김 여 물 역 동 거 　 의 심 불 악 　 립 임 행 　 상 인

見賜寶劒曰 李鎰以下不用命者 用此劒 砬辭出
견 사 보 검 왈 　 이 일 이 하 불 용 명 자 　 용 차 검 　 립 사 출

又詣賓廳見大臣 將下階 頭上紗帽忽落在地上
우 지 빈 청 견 대 신 　 장 하 계 　 두 상 사 모 홀 락 재 지 상

見者失色 到龍仁啓事狀中 不署其名 人或疑其
견 자 실 색 　 도 용 인 계 사 장 중 　 불 사 기 명 　 인 혹 의 기

心亂
심 란

逮慶尙右兵使金誠一下獄 未至 還以爲招諭使
체 경 상 우 병 사 김 성 일 하 옥 　 미 지 　 환 이 위 조 유 사

以咸安郡守崇仁 爲兵使 初誠一到尙州 聞賊已
이 함 안 군 수 숭 인 　 위 병 사 　 초 성 일 도 상 주 　 문 적 이

犯境晝夜馳赴本營 遇曹大坤於路中 交印節 時
범 경 주 야 치 부 본 영 　 우 조 대 곤 어 로 중 　 교 인 절 　 시

賊已陷金海 分掠右道諸邑 誠一進與賊還 將士
적 이 함 김 해 　 분 략 우 도 제 읍 　 성 일 진 여 적 악 　 장 사

欲走 誠一下馬踞胡床不動 呼軍官李宗仁曰 汝
욕 주 　 성 일 하 마 거 호 상 부 동 　 호 군 관 이 종 인 왈 　 여

勇士也 不可見賊先退 有一賊著金假面 揮刃突
용 사 야 　 불 가 견 적 선 퇴 　 유 일 적 저 금 가 면 　 휘 인 돌

進 崇仁馳馬而出 一箭迎射殪之 諸賊却走不敢
진 　 숭 인 치 마 이 출 　 일 전 영 사 에 지 　 제 적 각 주 불 감

前 誠一收召離散 移檄郡縣 以爲牽綴之計 上
전 　 성 일 수 소 이 산 　 이 격 군 현 　 이 위 견 철 지 계 　 상

以誠一 前使日本 言賊未易至 解人心誤國事
이 성 일 　 전 사 일 본 　 언 적 미 이 지 　 해 인 심 오 국 사

命遣義禁府都事拿來 事將不測 監司金睟 聞誠
명견의금부도사나래 사장불측 감사김수 문성

一被逮出別於路上 誠一辭氣慷慨 無一語及已
일피체출별어로상 성일사기강개 무일어급이

事 惟勉睟以盡力討賊 老吏河自溶歎曰 已死之
사 유면수이진력토적 노리하자용탄왈 이사지

不恤 而惟國事是憂 眞忠臣也 誠一行至稷山
불휼 이유국사시우 진충신야 성일행지직산

上怒霽且知誠一得本道士民心 命赦其罪 爲右
상노제차지성일득본도사민심 명사기죄 위우

道招諭使 使諭道內人民 起兵討賊 時柳崇仁有
도초유사 사유도내인민 기병토적 시유숭인유

戰功 故超拜兵使
전공 고초배병사

以僉知金玏 爲慶尙左道安集使 時監司金睟在
이첨지김륵 위경주좌도안집사 시감사김수재

右道 而賊兵橫貫中路 與左道聲聞不通 守令皆
우도 이적병횡관중로 여좌도성문불통 수령개

棄官逃走 民心解散 朝廷聞之 以金玏榮川人
기관도주 민심해산 조정문지 이김륵영천인

詳知本道民情 可以安集 故白遣之 玏旣至 左
상지본도민정 가이안집 고백견지 륵기지 좌

道之民 始聞朝廷之令 稍稍還集 榮川豐基二邑
도지민 시문조정지령 초초환집 영천풍기이읍

賊幸不至 而義兵頗起云
적행부지 이의병파기운

賊陷尙州 巡邊使李鎰 兵敗奔還忠州 初慶尙道
적함상주 순변사이일 병폐분환충주 초경상도

巡察使金睟 聞賊變卽依方略分軍 移文列邑 各
순 찰 사 김 수 문 적 변 즉 의 방 략 분 군 이 문 열 읍 각

率所屬 屯聚信地 以待京將之至 聞慶以下守令
솔 소 속 둔 취 신 지 이 대 경 장 지 지 문 경 이 하 수 령

皆引其軍赴大丘 露次川邊 待巡邊使旣數日 巡
개 인 기 군 부 대 구 노 차 천 변 대 순 변 사 기 수 일 순

邊使未及來而賊漸近 衆軍自相驚動 會大雨 衣
변 사 미 급 래 이 적 점 근 중 군 자 상 경 동 회 대 우 의

裝沾濕 糧餉不繼 夜中皆潰散 守令悉而單騎奔
장 첨 습 양 향 불 계 야 중 개 궤 산 수 령 실 이 단 기 분

還 巡邊使入聞慶 縣中已空 不見一人 自發倉
환 순 변 사 입 문 경 현 중 이 공 불 견 일 인 자 발 창

穀 餉所率人而過歷咸昌至尙州 牧使金澥 託以
곡 향 소 솔 인 이 과 력 함 창 지 상 주 목 사 김 해 탁 이

支待巡邊使于出站 遁入山中 獨判官權吉守邑
지 대 순 변 사 우 출 참 순 입 산 중 독 판 관 권 길 수 읍

鎰以無兵責吉 曳之庭欲斬之 吉哀告願自出招
일 이 무 병 적 길 애 지 정 욕 참 지 길 애 고 원 자 출 초

呼 達夜搜索村落間 詰朝得數百人以至 皆農民
호 달 야 수 색 촌 락 간 힐 조 득 수 백 인 이 지 개 농 민

也 鎰留尙州一日 發倉開糶誘出散民 從山谷中
야 일 유 상 주 일 일 발 창 개 조 유 출 산 민 종 산 곡 중

介介而來 又數百餘人 倉卒編伍爲軍 無一堪戰
개 개 이 래 우 수 백 여 인 창 졸 편 오 위 군 무 일 감 전

者時賊已至善山 暮有開寧縣人 來報賊近 鎰以
자 시 적 이 지 선 산 모 유 개 령 현 인 래 복 적 근 일 이

爲惑衆將斬之 其人呼曰 願姑囚我 明早賊未至
위 혹 중 장 참 지 기 인 호 왈 원 고 수 아 명 조 적 미 지

死未晚也 是夜賊兵屯長川 距尙州二十里 而鎰
사 미 완 야 시 야 적 병 둔 장 천 거 상 주 이 십 리 이 일

軍無斥候故賊來不知 翌朝鎰猶謂無賊 出開寧
군 무 척 후 고 적 래 부 지 익 조 일 유 위 무 적 출 개 령

人於獄 斬以徇衆因率所得民軍 合京來將士僅

八九百 習陣于州北川邊依山爲陣 陣中立大將

旗 鎰被甲立馬大旗下 從事官尹暹朴箎及判官

權吉 沙斤察訪金宗武等 皆下馬在鎰馬後 有頃

有數人從林木間出 徘徊眺望而回衆疑爲候 而

懲開寧人不敢告 旣又望見域中 數處烟起 鎰

始使軍官一人往探 軍官跨馬 二驛卒執鞚緩緩

去 倭先伏橋下 以鳥銃中軍官墜馬斬首而去 我

軍望見奪氣 俄而賊大至 以鳥銃十餘衝之 中者

卽斃 鎰急呼軍人發射 失數十步輒墜 不能傷賊

賊已分出左右翼 持旗幟繞軍後 圍抱而來 鎰知

事急 撥回馬向北走 軍大亂 各自逃命 得脫者

無幾 從事以下未及上馬者 悉爲賊所害 賊追鎰

急 鎰棄馬脫衣服披髮赤體而走 到聞慶 索紙筆

馳啓敗狀 欲退守鳥嶺 聞申砬在忠州 遂趨忠州

以右相李陽元 爲守城大將 李戩邊彦琇 爲京城
이우상이양원 위수성대장 이전변언수 위경성

左右衛將 商山君朴忠侃 爲京城巡檢使 使守都
좌우위장 상산군박충간 위경성순검사 사수도

城 起復金命元 爲都元師守漢江 時李鎰敗報
성 기복김명원 위도원수수한강 시이일패보

已至 人心洶洶 內間有去邠之意 外庭不和 理
이지 인심흉흉 내간유거빈지의 외정불화 이

馬金應壽 到賓廳與首相耳語 去而復來 觀者疑
마김응수 도빈청여수상이어 거이복래 관자의

之 蓋首相時爲司僕提調故也 都承旨李恒福 於
지 개수상시위사복제조고야 도승지이항복 어

掌中 書立馬永康門內六字示我 臺諫劾首相誤
장중 서입마영강문내육자시아 대간핵수상오

國請罷 不允宗親聚閤門外痛哭請勿棄城 領府
국청파 불윤종친취합문외통곡청물기성 영부

事金貴榮尤憤憤與諸大臣入對 請固守京城 且
사김귀영우분분여제대신입대 청고수경성 차

曰倡議棄城者 乃小人也 上敎曰 宗社在此 予
왈창의기성자 내소인야 상살왈 종사재차 여

將何適 衆逐退 然事不可爲矣 抄發坊里民及公
장하적 중수퇴 연사불가위의 초발방리민급공

私賤胥吏三醫司 分守城堞 計堞三萬餘 而守城
사천서리삼의사 분수성첩 계첩삼만여 이수성

人口僅七千 率皆烏合 皆有縋城逃散之心 上番
인구근칠천 솔개오합 개유추성도산지심 상번

軍士 雖屬於兵曹 而與下吏相與爲奸 受賂私放
군사 수속어병조 이여하리상여위간 수뢰사방

者甚多 官員不問去留 臨急皆不可用 軍政解弛
자심다 관원불문거류 임급개불가용 군정해이

一至於此 大臣請建儲 以繫人心 從之
일지어차 대신청건저 이계인심 종지

遣同知事李德馨 使倭軍 尙州之敗 有倭學通
견 동 지 사 이 덕 형　　사 왜 군　　상 주 지 패　　유 왜 학 통

事景應舜者 在李鎰軍中 爲賊所獲 倭將平行
사 경 응 순 자　　재 이 일 군 중　　위 적 소 획　　왜 장 평 행

長 以平秀吉書契及送禮曹公文一道 授應舜出
장　　이 평 수 길 서 계 급 송 예 조 공 문 일 도　　수 응 순 출

送 且曰在東萊時 生得蔚山郡守 傳送書契 而
송　　차 왈 재 동 래 시　　생 득 울 산 군 수　　전 송 서 계　　이

至今未報 郡守卽李彦誠自敵中回 而畏得罪 自
지 금 미 보　　군 수 즉 이 언 성 자 적 중 회　　이 외 득 죄　　자

云逃來隱其書不傳故朝廷不知也 朝鮮若有意
운 도 래 은 기 서 부 전 고 조 정 부 지 야　　조 선 약 유 의

講和 可令李德馨 於二十八日 會我於忠州 蓋
강 화　　가 령 이 덕 형　　어 이 십 팔 일　　회 아 어 충 주　　개

德馨 往年嘗爲宣慰使 接待倭使 故行長欲見之
덕 형　　왕 년 상 위 선 위 사　　접 대 왜 사　　고 행 장 욕 견 지

應舜至京 時事急 計無所出 意或因此緩兵 德
응 순 지 경　　시 사 급　　계 무 소 출　　의 혹 인 차 완 병　　덕

馨亦自請行 令禮曹裁答書 挾應舜而去 德馨在
형 역 자 청 행　　영 예 조 재 답 서　　협 응 순 이 거　　덕 형 재

道 聞忠州已陷 先使應舜往探 應舜爲賊將淸正
도　　문 충 주 이 함　　선 사 응 순 왕 탐　　응 순 위 적 장 청 정

所殺 德馨遂從中路還 復命於平壤
소 살　　덕 형 수 종 중 로 환　　복 명 어 평 양

熒或犯南斗 徵京畿江原黃海平安咸鏡等道兵
형 혹 범 남 두　　징 경 기 강 원 황 해 평 안 함 경 등 도 병

入援京師 以吏曹判書李元翼 爲平安道都巡察
입 원 경 사　　이 이 조 판 서 이 원 익　　위 평 안 도 도 순 찰

使 知事崔興源 爲黃海道都巡察使 皆卽日發
사　　지 사 최 흥 원　　위 황 해 도 도 순 찰 사　　개 즉 일 발

遣 以將有西狩之議 而元翼曾爲安州牧使 興源

爲黃海監司 皆有惠政 爲民心所喜 故使之先往

撫諭軍民 以備巡幸

賊兵入忠州 申砬迎戰敗績而死 諸軍大潰 砬至

忠州 忠淸道郡縣兵來會者八千餘人 砬欲保鳥

嶺 聞鎰敗膽落 還忠州 且召李鎰邊璣等俱到忠

州 棄險不守 號令煩擾 見者知必敗 有所親軍

官 密報賊已踰嶺 乃二十七日初昏也 砬忽跳出

城 軍中擾擾 不知砬所在 夜深潛還客舍 明朝

謂軍官妄言 引出斬之狀啓猶云 賊未離尙州 不

知賊兵已在十里內也 因率軍出陣于彈琴臺前

兩水間 其地左右多稻田 水草交雜不便馳驅 少

頃賊從丹月驛 分路而至 勢如風雨 一路循山而

東 一路沿江而下 炮響震地 塵埃接天 砬不知

所爲 鞭馬欲親自突 陣者再不得入 還赴江沒于

水中而死 諸軍悉赴江中 屍蔽江而下 金汝岉亦
수중이사 제군실부강중 시폐강이하 김여물역

死亂兵中 李鎰從東邊山谷間脫走 初朝廷聞賊
사란병중 이일종동변산곡간탈주 초조정문적

兵盛 憂李鎰獨力難支 以申砬一時名將 士卒畏
병성 우이일독력난지 이신립일시명장 사졸외

服 使引重兵隨其後 欲兩將協勢 庶幾捍賊 計
복 사인중병수기후 욕양장협세 서기한적 계

未失也 不幸本道水陸將皆惺惚其在海中也 左
미실야 불행본도수륙장개광겁기재해중야 좌

水使朴泓 一兵不出右水使元均 雖水路稍遠 所
수사박홍 일병불출우수사원균 수수로초원 소

領舟艦既多 且賊兵非一日俱至 可悉衆前進 耀
령주함기다 차적병비일일구지 가실중전진 요

兵相持 幸而一捷則賊當有後顧慮 未必遽深入
병상지 행이일첩즉적당유후고려 미필거심입

而乃望風遠避不一交兵 及賊登陸 左右兵使李
이내망풍원피불일교병 급적등륙 좌우병사이

珏曹大坤 或遁或遞 賊鳴鼓橫行 蹈數百里無人
각조대곤 혹둔혹체 적명고횡행 도수백리무인

之地 晝夜北上 無一處敢齟齬少緩其勢者 不十
지지 주야북상 무일처감저어소완기세자 불십

日 已至尙州 李鎰客將無軍 猝與相角 勢固不
일 이지상주 이일객장무군 졸여상각 세고부

敵砬未至忠州 而鎰先敗 進退失據 事是以大謬
적립미지충주 이일선패 진퇴실거 사시이대류

嗚乎痛哉 後聞賊入尙州 猶以過險爲憚 聞慶縣
오호통재 후문적입상주 유이과험위탄 문경현

南十餘里有古城 曰姑母 據左右道交會處 兩峽
남십여리유고성 왈고모 거좌우도교회처 양협

如束 中盤大川 路出其下賊恐有守兵 使人再三
여속 중반대천 노출기하적공유수병 사인재삼

覘覗 知無兵 乃歌舞而過云 其後天將李提督如
첨 처 지무병 내가무이과운 기후천장이제독여

松 追賊過鳥嶺歎曰 有險如此 而不知守 申總
송 추적과조령탄왈 유험여차 이부지수 신총

兵可謂無謀矣 蓋砬雖輕銳得時名 籌略非其所
병가위무모의 개립수경예득시명 주약비기소

長 古人云 將不知兵 而其國與敵 今雖悔之無
장 고인운 장부지병 이기국여적 금수회지무

及 猶可謂後日之戒 故備著云
급 유가위후일지계 고비저운

四月三十日曉 車駕西巡 申砬旣去 都人日望捷
사월삼십일효 거가서순 신립기거 도인일망첩

報前日夕 有氈笠三人 走馬入崇仁門 城內人
보전일석 유전립삼인 주마입종인문 성내인

爭問軍前消息 答曰 我乃巡邊使軍官奴僕 昨日
쟁문군전소식 답왈 아내순변사군관노복 작일

巡邊使敗死於忠州 諸軍大潰 俺等脫身獨來 欲
순변사패사어충주 제군대궤 엄등탈신독래 욕

歸報家人避兵耳聞者大驚 所過傳相告語 不移
귀보가인피병이문자대경 소과전상고어 불이

時 滿城俱震 初昏 召宰執議出避 上御東廂地
시 만성구진 초혼 소재집의출피 상어동상지

坐張燈燭 宗室河源君河陵君等侍坐 大臣啓 事
좌장등촉 종실하원군하릉군등시좌 대신계 사

勢至此 車駕暫出幸平壤 請兵天朝 以圖收復
세지차 거가잠출행평양 청병천조 이도수복

掌令權悏請對 造膝大聲呼 請固守京城 語囂甚
장령권협청대 조슬대성호 청고수경성 어효심

余謂曰 雖危難之際 君臣之禮 不可如是 可少
여위왈 수위난지제 군신지례 불가여시 가소

退以啓恔連呼曰 左相亦爲此言耶 然則京城可

棄乎 余啓曰 權恔言甚忠 但事勢不得不然 因

請分遣 王子諸道 使呼召勤王 世子隨駕定議

大臣出在 閤門外得旨 臨海君可往咸鏡道 領

府事金貴榮 漆溪君尹卓然從順和君可往江原

道 長溪君黃廷彧 護軍黃赫 同知李墍從 蓋赫

女爲順和夫人 而李墍爲原州人故幷遣之 時右

相爲留將 領相幷宰臣數十人 以扈從點出 余無

所命 政院啓扈從 不可無柳某 於是令扈行 內

醫趙英璇 政院吏申德撛十餘人 大呼言 京都不

可棄 俄而李鎰狀 啓至 而宮中衛士晝散 更漏

不鳴 得火炬於宣傳官廳 發狀 啓讀之 內云賊

今明日當入都城 狀入良久 駕出 三廳禁軍奔

竄 昏黑中互相抵觸 適羽林衛池貴壽過前 余認

之 責令扈從 貴壽曰敢不盡力 幷呼其類二人而

至過景福宮前 市街兩邊 哭聲相聞 承文院書員

李守謙 執余馬鞚問曰 院中文書當何如 余令收
<small>이 수 겸 집 여 마 공 문 왈 원 중 문 서 당 하 여 여 령 수</small>

拾其緊關者追來 守謙哭而去 出敦義門到沙峴
<small>습 기 긴 관 자 추 래 수 겸 곡 이 거 출 돈 의 문 도 사 현</small>

東方向明 回視城中 南大門內大倉火起 烟焰已
<small>동 방 향 명 회 시 성 중 남 대 문 내 대 창 화 기 연 염 이</small>

騰空矣 踰沙峴至石橋 雨作 京畿監司權徵 追
<small>등 공 의 유 사 현 지 석 교 우 작 경 기 감 사 권 징 추</small>

至扈從 至碧蹄驛 雨甚 一行皆沾濕 上入驛少
<small>지 호 종 지 벽 제 역 우 심 일 행 개 첨 습 상 입 역 소</small>

頃卽出 衆官自此多還入都城者 侍從臺諫 往往
<small>경 즉 출 중 관 자 차 다 환 입 도 성 자 시 종 대 간 왕 왕</small>

多落後不至 過惠陰嶺 雨如注 宮人騎弱馬 以
<small>다 락 후 부 지 과 혜 음 령 우 여 주 궁 인 기 약 마 이</small>

物蒙面號哭而行 過馬山驛 有人在田間 望之痛
<small>물 몽 면 호 곡 이 행 과 마 산 역 유 인 재 전 간 망 지 통</small>

哭曰 國家棄我去 我輩何恃而生耶 至臨津雨不
<small>곡 왈 국 가 기 아 거 아 배 하 시 이 생 야 지 임 진 우 부</small>

止 上御舟中 召首相及臣入對 旣渡已向昏不能
<small>지 상 어 주 중 소 수 상 급 신 입 대 기 도 이 향 혼 불 능</small>

辨色 臨津南麓 舊有丞廳 恐賊取材作桴筏以濟
<small>변 색 임 진 남 록 구 유 승 청 공 적 취 재 작 부 벌 이 제</small>

命焚之 火光照江北 得尋路而行 初更到東坡
<small>명 분 지 화 광 조 강 북 득 심 로 이 행 초 경 도 동 파</small>

驛 坡州牧使許晉長湍府使具孝淵 以支待差使
<small>역 파 주 목 사 허 진 장 단 부 사 구 효 연 이 지 대 차 사</small>

員在其處 略設御廚 扈衛人終日飢來 亂入廚中
<small>원 재 기 처 약 설 어 주 호 위 인 종 일 기 래 난 입 주 중</small>

搶奪以食 將闕 上供 晉孝淵 懼而逃
<small>창 탈 이 식 장 궐 상 공 진 효 연 구 이 도</small>

五月初一日朝 引見大臣 問南方巡察使有能勤
오 월 초 일 일 조 인 견 대 신 문 남 방 순 찰 사 유 능 근

王者否 日晚 乘輿欲發向開城而京畿吏卒逃散
왕 자 부 일 만 승 여 욕 발 향 개 성 이 경 기 이 졸 도 산

無扈衛人 適黃海監司趙仁得 率本道兵 將入援
무 호 위 인 적 황 해 감 사 조 인 득 솔 본 도 병 장 입 원

瑞興府使南嶷先到 有軍數百人 馬五六十匹 以
서 흥 부 사 남 억 선 도 유 군 수 백 인 마 오 육 십 필 이

此始發 臨行 司鑰崔彦俊出曰 宮中人昨日不食
차 시 발 임 행 사 약 최 언 준 출 왈 궁 중 인 작 일 불 식

今又未食 得少米饒飢可行 索南嶷軍人所持糧
금 우 미 식 득 소 미 요 기 가 행 색 남 억 군 인 소 지 량

雜大小米二三斗以入 午至招賢站 趙仁得來朝
잡 대 소 미 이 삼 두 이 입 오 지 초 현 참 월 인 득 래 조

設帳幕於路中以迎之百官始得食 夕次于開城
설 장 막 어 로 중 이 영 지 백 관 시 득 식 석 차 우 개 성

府 御南門外公署 臺諫交章劾首相交結誤國等
부 어 남 문 외 공 서 대 간 교 장 핵 수 상 교 결 오 국 등

罪 不允 二日 臺諫仍 啓首相罷余陞爲之 崔興
죄 불 윤 이 일 대 간 잉 계 수 상 파 여 승 위 지 최 응

源爲左相 尹斗壽爲右相 咸鏡北道兵使申硈遞
원 위 좌 상 윤 두 수 위 우 상 함 경 북 도 병 사 신 할 체

來 是日午 上御南城門樓 慰諭人民 有旨令各
래 시 일 오 상 어 남 성 문 루 위 유 인 민 유 지 령 각

陳所懷 有一人出行俯伏 問何言 對曰 願召鄭
진 소 회 유 일 인 출 행 부 복 문 하 언 대 왈 원 소 정

政丞 蓋鄭澈時竄江界故云然 上曰 知道卽命召
정 승 개 정 철 시 찬 강 계 고 운 연 상 왈 지 도 즉 명 소

澈赴行在 夕還宮 余以罪罷 兪泓爲右相 崔興
철 부 행 재 석 환 궁 여 이 죄 파 유 홍 위 우 상 최 흥

源尹斗壽以次而陞 聞賊尙未至京城 衆議皆咎
원 윤 두 수 이 차 이 승 문 적 상 미 지 경 성 중 의 개 구

去邪之失 使承旨申礰 還入京城察形勢 初三日
거 빈 지 실 사 승 지 신 잡 환 입 경 성 찰 형 세 초 삼 일

賊入京城 留都將李陽元 元帥金命元皆走 初賊
적 입 경 성 유 도 장 이 양 원 원 수 김 명 원 개 주 초 적

自東萊分三路以進 一路由梁山密陽淸道大丘
자 동 래 분 삼 로 이 진 일 로 유 양 산 밀 양 청 도 대 구

仁同善山 至尙州敗李鎰軍 一路由左道長鬐機
인 동 선 산 지 상 주 패 이 일 군 일 로 유 좌 도 장 기 기

張 陷左兵營蔚山慶州永川新寧義興軍威比安
장 함 좌 병 영 울 산 경 주 영 천 신 녕 의 흥 군 위 비 안

渡龍宮河豊津出聞慶 與中路兵合 踰鳥嶺入忠
도 룡 궁 하 풍 진 출 문 경 여 중 로 병 합 유 조 령 입 충

州 又自忠州 分兩路一趨驪州渡江由楊根渡龍
주 우 자 충 주 분 양 로 일 추 려 주 도 강 유 양 근 도 용

津 出於京城東 一趨竹山龍仁 至漢江之南 又
진 출 어 경 성 동 일 추 죽 산 용 인 지 한 강 지 남 우

一路由金海從星州茂溪縣渡江 歷知禮金山 出
일 로 유 김 해 종 성 주 무 계 현 도 강 역 지 례 금 산 출

忠淸道永同 進陷淸州向京畿 旌旗釖戟 千里相
충 청 도 영 동 진 함 청 주 향 경 기 정 기 일 극 천 리 상

連 炮聲相聞 所過或十里 或五六十里 皆據險
련 포 성 상 문 소 과 혹 십 리 혹 오 육 십 리 개 거 험

設營柵 留兵以守 夜則擧火相應 都元帥金命元
설 영 책 유 병 이 수 야 칙 거 화 상 응 도 원 수 김 명 원

在濟川亭 望見賊至 不敢戰 悉沈軍火炮器械
재 제 천 정 망 견 적 지 불 감 전 실 심 군 화 포 기 계

于江中 變服以逃 從事官沈友正 固止不從 李
우 강 중 변 복 이 도 종 사 관 심 우 정 고 지 부 종 이

陽元在城中 聞漢江軍已散 知城不可守 亦出走
양 원 재 성 중 문 한 강 군 이 산 지 성 불 가 수 역 출 주

楊州 江原道助防將元豪 初率兵數百 守驪州北
양 주 강 원 도 조 방 장 원 호 초 솔 병 수 백 수 려 주 북

岸 與賊相持 賊不能渡者數日 既而江原道巡察
안 여적상지 적불능도자수일 기이강원도순찰

使柳永吉 檄召元豪歸本道 賊毀閭里民家及官
사유영길 격소원호귀본도 적훼려리민가급관

舍 取屋材聯爲長筏以渡中流爲水所漂 死者甚
사 취옥재련위장벌이도중류위수소표 사자심

多 而豪既去 江上無一守者故累日畢渡 於是賊
다 이호기거 강상무일수자고루일필도 어시적

三路兵皆入京城 城中之民 先已散去 無一人矣
삼로병개입경성 성중지민 선이산거 무일인의

金命元 既失漢江 欲向行在至臨津 狀啓言狀命
김명원 기실한강 욕향행재지임진 장계언장명

更徵京畿黃海兵守臨津 且命申硈同守 以遏賊
갱징경기황해병수임진 차명신활동수 이알적

西下之路 是日 車駕發開城 次于金郊驛 余雖
서하지로 시일 거가발개성 차우김교역 여수

罷散 不敢後從行四日 車駕過興義金巖平山府
파산 불감후종행사일 거가과흥의김암평산부

次于寶山驛初出開城時 倉卒留 宗廟神主于穆
차우보산역초출개성시 창졸류 종묘신주우목

淸殿 有宗室一人號泣 啓不當委神主於賊所 於
청전 유종실일인호읍 계부당위신주어적소 어

是達夜馳至開城奉還云 五日 車駕過安城龍泉
시달야치지개성봉환운 오일 거가과안성용천

劒水驛 次于鳳山郡 六日 進次黃州 七日 過中
검수역 차우봉산군 육일 진차황주 칠일 과중

和入平壤
화입평양

三道巡察使之軍 潰於龍仁 初全羅道巡察使李
삼 도 순 찰 사 지 군 궤 어 용 인 초 전 라 도 순 찰 사 이

洸率本道兵入援 聞車駕西狩 京城已陷 收兵還
광 솔 본 도 병 입 원 문 거 가 서 수 경 성 이 함 수 병 환

全州道內人 咎洸不戰而回 多憤惋不平者洸不
전 주 도 내 인 구 광 부 전 이 회 다 분 완 부 평 자 광 부

自安 更調兵 與忠淸道巡察使尹國馨 合軍而進
자 안 경 조 병 여 충 청 도 순 찰 사 윤 국 형 합 군 이 진

慶尙巡察使金睟亦自其道 率軍官數十餘人來
경 상 순 찰 사 김 수 역 자 기 도 솔 군 관 수 십 여 인 래

會 兵總五萬餘 至龍仁望見北斗門山上有賊小
회 병 총 오 만 여 지 용 인 망 견 북 두 문 산 상 유 적 소

壘 洸易之 先使勇士白光彦李時禮等嘗賊 光彦
루 광 역 지 선 사 용 사 백 광 언 이 시 례 등 상 적 광 언

等 率先鋒登山去賊壘數十餘步 下馬發射 賊不
등 솔 선 봉 등 산 거 적 루 수 십 여 보 하 마 발 사 적 불

出 日晚賊見光彦等稍解 發白刃大呼突出 光彦
출 일 만 적 견 광 언 등 초 해 발 백 인 대 호 돌 출 광 언

等倉皇索馬 欲走不及 皆爲賊所害諸軍聞之震
등 창 황 색 마 욕 주 불 급 개 위 적 소 해 제 군 문 지 진

懼 時三巡察皆文人 不閑兵務 軍數雖多 而號
구 시 삼 순 찰 개 문 인 불 한 병 무 군 수 수 다 이 호

令不一 且不據險設備 眞古人所謂軍行如春遊
령 불 일 차 불 거 험 설 비 진 고 인 소 위 군 행 여 춘 유

安得不敗者也 明日 賊知我軍心怯 數人揮刃賈
안 득 불 패 자 야 명 일 적 지 아 군 심 겁 수 인 휘 인 가

勇而前三道軍望之大潰 聲如崩山 委棄軍資器
용 이 전 삼 도 군 망 지 대 궤 성 여 붕 산 위 기 군 자 기

械無數 塞路人不能行 賊悉聚而焚之 洸還全羅
계 무 수 새 로 인 불 능 행 적 실 취 이 분 지 광 환 전 라

國馨還公州 睟還慶尙右道
국 형 환 공 주 수 환 경 상 우 도

副元師申恪 與賊戰于楊州敗之 斬首六十餘級
부 원 수 신 각　여 적 전 우 양 주 패 지　참 수 육 십 여 급

遣宣傳官 卽軍中斬之 恪初從金命元爲副 漢江
견 선 전 관　즉 군 중 참 지　각 초 종 김 명 원 위 부　한 강

之潰 恪不從命元 隨李陽元于楊州 時咸鏡南道
지 궤　각 부 종 명 원　수 이 양 원 우 양 주　시 함 경 남 도

兵使李渾兵適至 恪合兵 遇賊自京城出散掠閭
병 사 이 혼 병 적 지　각 합 병　우 적 자 경 성 출 산 약 여

閻 邀擊破之 自倭入我國 始有此捷 人皆踊躍
염　요 격 파 지　자 왜 입 아 국　시 유 차 첩　인 개 용 약

金命元在臨津 狀啓恪擅自他適 不從號令 右相
김 명 원 재 임 진　장 계 각 천 자 타 적　부 종 호 령　우 상

兪泓 遽請誅之 宣傳官旣行 而捷報至 朝廷使
유 홍　거 청 주 지　선 전 관 기 행　이 첩 보 지　조 정 사

人追止不及恪雖武人 而素淸愼 嘗爲延安府使
인 추 지 불 급 각 수 무 인　이 소 청 신　상 위 연 안 부 사

修城浚壕 多備軍器 後李廷馣守延安全城 人以
수 성 준 호　다 비 군 기　후 이 정 암 수 연 안 정 성　인 이

爲恪之功 死非其罪 且有九十歲老母 聞者莫不
위 각 지 공　사 비 기 죄　차 유 구 십 세 노 모　문 자 막 부

痛之 遣知事韓應寅 師平安道江邊精兵三千人
통 지　견 지 사 한 응 인　사 평 안 도 강 변 정 병 삼 천 인

赴臨津擊賊 令勿受金命元節制 時應寅 赴京新
부 임 진 격 적　영 물 수 김 명 원 절 제　시 응 인　부 경 신

回 尹左相言於衆曰 斯人狀貌有幅氣 必能辦事
회　윤 좌 상 언 어 중 왈　사 인 상 모 유 폭 기　필 능 판 사

遂行
수 행

韓應寅金命元之師 潰于臨津 賊渡江 初命元在
한 응 인 김 명 원 지 사　궤 우 임 진　적 도 강　초 명 원 재

臨津北 分付諸軍列守江灘 歛江中船集 悉在北
임진북 분부제군열수강탄 감강중선집 실재북

岸 賊結陣于臨津南 無船可渡 但出遊兵 隔江
안 적결진우임진남 무선가도 단출유병 격강

交戰 相持十餘日 賊終不能渡 一日賊焚江上廬
교전 상지십여일 적종불능도 일일적분강상려

幕 撤帷帳載軍器 爲退遁狀 以誘我軍 申硈素
막 철유장재군기 위퇴둔상 이유아군 신석소

輕銳無謀 以爲賊實遁 欲渡江追躡京畿監司權
경예무모 이위적실둔 욕도강추섭경기감사권

徵 與硈合 命元不能禁是日應寅亦至 將悉衆追
징 여석합 명원불능금시일응인역지 장실중추

賊 應寅所將 皆江邊健兒 與北虜近 備諳戰陣
적 응인소장 개강변건아 여북로근 비암전진

形勢 告應寅曰 軍士遠來罷弊 尙未食 器械未
형세 고응인왈 군사원래파폐 상미식 기계미

整 後軍亦未齊到 且賊之情僞未可知 願少休
정 후군역미제도 차적지정위미가지 원소휴

明日觀勢進戰 應寅以爲逗遛 斬數人 命元以應
명일관세진전 응인이위두류 참수인 명원이응

寅 新自朝廷來 且令勿受己節制故 雖知不可
인 신자조정래 차령물수기절제고 수지불가

而不敢言 別將劉克良 年老習兵 力言不宜輕進
이불감언 별장유극량 연로습병 역언불의경진

申硈欲斬之 克良曰 吾結髮從軍 豈以避死爲心
신석욕참지 극량왈 오결발종군 기이피사위심

所以云云者 恐誤國事耳憤憤而出 率其屬先渡
소이운운자 공오국사이분분이출 솔기속선도

我軍旣入險地 賊果伏精兵於山後 一時俱起諸
이군기입험지 적과복정병어산후 일시구기제

軍奔潰 克良下馬坐地曰 此吾死所也 彎弓射賊
군분궤 극량하마좌지왈 차오사소야 만궁사적

211

數人 爲賊所害 申硈亦死 軍士奔至江岸不得渡
수인 위적소해 신할역사 군사분지강안부득도

從巖石上自投入江 如風中亂葉 其未及投江者
종암석상자투입강 여풍중란엽 기미급투강자

賊從後奮長刀斫之 皆匍匐受刃 無敢拒者 命元
적종후분장도작지 개포복수인 무감거자 명원

應寅 在江北望之喪氣 商山君朴忠侃 適在軍中
응인 재강북망지상기 상산군박충간 적재군중

騎馬先走 衆望之以爲命元 皆呼曰 元師去矣
기마선주 중망지이위명원 개호왈 원수거의

諸守灘軍 應聲皆散 命元應寅 還行在朝廷不問
제수탄군 응성개산 명원응인 환행재조정불문

京畿監司權徵 入加平郡避亂 賊遂乘勝西下 不
경기감사권징 입가평군피란 적수승승서하 불

可復止矣
가복지의

賊兵入咸鏡道 兩王子陷賊中 從臣金貴榮黃廷
적병입함경도 양왕자함적중 종신김귀영황정

彧黃赫 及本道監司柳永立 北兵使韓克諴等 皆
욱황혁 급본도감사유영립 북병사한극함등 개

被執 南兵使李渾 走至甲山 爲我民所害南北
피집 남병사이혼 주지갑산 위아민소해남북

道郡縣 皆沒于賊 有倭學通事咸廷虎者 在京
도군현 개몰우적 유왜학통사함정호자 재경

城 爲賊將淸正所得 因隨淸正入北道 賊退後逃
성 위적장청정소득 인수청정입북도 적퇴후도

還京城 見余言北道事頗詳 淸正在賊將中尤勇
환경성 견여언북도사파상 청정재적장중우용

悍善鬪 與平行長 同渡臨津至黃海道安城驛 謀
한선투 여평행장 동도임진지황해도안성역 모

分搶兩界 各議所向未決 二賊拈鬮 行長得平安
분창양계 각의소향미결 이적념구 행장득평안

道 清正得咸鏡道 於是清正擒安城居民二人 使
도 청정득함경도 어시청정금안성거민이인 사

向導 二人辭以生長此地 不諳北路 清正卽斬之
향도 이인사이생장차지 불암북로 청정즉참지

一人懼請先導 從谷山地踰老里峴 出於鐵嶺北
일인구청선도 종곡산지유로리현 출어청령북

日行數百里 勢如風雨 北道兵使韓克諴 率六鎭
일행수백리 세여풍우 북도병사한극함 솔육진

兵 相遇於海汀倉 北兵善騎射 地又平衍 乃左
병 상우어해정창 북병선기사 지우평연 내좌

右迭出且馳且射 賊不能支 退入倉中 時日已暮
우질출차치차사 적불능지 퇴입창중 시일이모

軍士欲少休 俟賊出 明日復戰 克諴不聽 揮其
군사욕소휴 사적출 명일복전 극함불청 휘기

軍圍之 賊出倉中穀石 列置爲城 以避矢石 從
군위지 적출창중곡석 열치위성 이피시석 종

其內多發鳥銃 我軍櫛比而立 重疊如束 中必貫
기내다발조총 아군즐비이립 중첩여속 중필관

穿 或一丸斃三四人 軍遂潰 克諴收兵退屯嶺上
천 혹일환폐삼사인 군수궤 극함수병퇴둔령상

欲天明更戰 夜賊潛行 環我軍散伏于草間 朝
욕천명경전 야적잠행 환아군산복우초간 조

大霧 我軍猶意賊在山下 忽一聲砲響 從四面大
대무 아군유의적재산하 홀일성포향 종사면대

呼突起 皆賊兵也 軍遂驚潰 將士向無賊處奔走
호돌기 개적병야 군수경궤 장사향무적처분주

悉陷泥澤中 賊追至芟刈 死者無數 克諴遁入鏡
실함니택중 적추지삼예 사자무수 극함둔입경

城 遂被擒 兩王子臨海君順和君 俱至會寧府
성 수피금 양왕자임해군순화군 구지회령부

蓋順和君 初在江原道 賊兵入江原道 故轉向北
개 순 화 군 초 재 강 원 도 적 병 입 강 원 도 고 전 향 북

道 是時賊窮追王子 會寧吏鞠景仁率其類叛 先
도 시 시 적 궁 추 왕 자 회 령 리 국 경 인 솔 기 류 반 선

縛王子及從臣以迎賊 賊將淸正 解其縛留置軍
박 왕 자 급 종 신 이 영 적 적 장 청 정 해 기 박 류 치 군

中 還屯咸興 獨漆溪君尹卓然 路中稱病從他路
중 환 둔 함 흥 독 칠 계 군 윤 탁 연 노 중 칭 병 종 타 로

深入別害堡 同知李墍 不從王子 留江原道 皆
심 입 별 해 보 동 지 이 기 부 종 왕 자 유 강 원 도 개

免執 柳永立拘賊中數日 賊以爲文官 防禁少懈
면 집 유 영 립 구 적 중 수 일 적 이 위 문 관 방 금 소 해

永立乘間脫走 還行在
영 립 승 간 탈 주 환 행 재

106

李鎰至平壤 鎰旣敗于忠州 渡江入江原道界 輾
이 일 지 평 양 일 기 패 우 충 주 도 강 입 강 원 도 계 전

轉至行在 時諸將自京城南下 或走或死 無一人
전 지 행 재 시 제 장 자 경 성 남 하 혹 주 혹 사 무 일 인

扈駕者 聞賊將至 人心益懼 鎰於武將中 素有
호 가 자 문 적 장 지 인 심 익 구 일 어 무 장 중 소 유

重名 雖奔敗之餘 而人聞其來 無不喜悅 鎰旣
중 명 수 분 패 지 여 이 인 문 기 래 무 부 희 열 일 기

屢敗竄荊棘中 載平凉子穿白布衫草屨而至 形
루 패 찬 형 극 중 재 평 량 자 천 백 포 삼 초 구 이 지 형

容憔悴 親者歎息 余語之曰 此處人將倚君爲
용 초 췌 친 자 탄 식 여 어 지 왈 차 처 인 장 의 군 위

重 而稿枯如此 何以慰衆 索行橐得藍色紗帖裏
중 이 고 고 여 차 하 이 위 중 색 행 탁 득 남 색 사 첩 리

與之 於是諸宰 或與驄笠 或與銀頂子彩纓 當
여 지 어 시 제 재 혹 여 종 립 혹 여 은 정 자 채 영 당

214

面改換 服飾一新 獨無有脫靴與之者 猶著草屨
면 개 환 복 식 일 신 독 무 유 탈 화 여 지 자 유 저 초 루

余笑曰 錦依草屨 不相稱矣 左右皆笑 俄而碧
여 소 왈 금 의 초 구 불 상 칭 의 좌 우 개 소 아 이 벽

潼士兵任旭景 探報賊已至鳳山 余謂尹相曰 賊
동 사 병 임 욱 경 탐 보 적 이 지 봉 산 여 위 윤 상 왈 적

之斥候 應已至江外 此間詠歸樓下江水岐而爲
지 척 후 응 이 지 강 외 차 간 영 귀 루 하 강 수 기 이 위

二 水淺可涉 萬一賊得我民嚮導而暗渡猝至 則
이 수 천 가 섭 만 일 적 득 아 민 향 도 이 암 도 졸 지 즉

城危矣 何不急遣鎰往把淺灘 以防不測乎 尹公
성 위 의 하 불 급 견 일 왕 파 천 탄 이 방 불 측 호 윤 공

曰然 卽遣鎰 時鎰所率江原道軍 僅數十餘人
왈 연 즉 견 일 시 일 소 솔 강 원 도 군 근 수 십 여 인

益以他軍 鎰坐含毬門點兵不卽行 余念事急 遣
익 이 타 군 일 좌 함 구 문 점 병 부 즉 행 여 념 사 급 견

人視之 猶在門上 余連語尹公使催之 鎰始去
인 시 지 유 재 문 상 여 련 어 윤 공 사 최 지 일 시 거

旣出城 無指路者 誤向江西 路遇平壤座首金乃
기 출 성 무 지 로 자 오 향 강 서 로 우 평 양 좌 수 김 내

胤自外來 問之使前引 馳至萬頃臺下 距城纔十
윤 자 외 래 문 지 사 전 인 치 지 만 경 대 하 거 성 재 십

餘里 望見江南岸 賊兵來聚者 已數百江中小島
여 리 망 견 강 남 안 적 병 래 취 자 이 수 백 강 중 소 도

居民 驚呼奔散 鎰急令武士十餘人 入島中射之
거 민 경 호 분 산 일 급 령 무 사 십 여 인 입 도 중 사 지

軍士畏不卽進 鎰拔劒欲斬之 然後乃進賊已在
군 사 외 부 즉 진 일 발 검 욕 참 지 연 후 내 진 적 이 재

水中多近岸 我軍急以强弓射之 連斃六七而賊
수 중 다 근 안 아 군 급 이 강 궁 사 지 연 폐 육 칠 이 적

遂退 鎰仍留守渡口
수 퇴 일 잉 류 수 도 구

遼東都司 使鎭撫林世祿 來探倭情 上接見于大
요 동 도 사 사 진 무 임 세 록 래 탐 왜 정 상 접 견 우 대

同館 余自五月罷六月初一日收叙 是日承 命接
동 관 여 자 오 월 파 육 월 초 일 일 수 서 시 일 승 명 접

待唐將 時遼東聞倭犯我國 未久 又聞都城不守
대 당 장 시 료 동 문 왜 범 아 국 미 구 우 문 도 성 불 수

車駕西遷 旣又聞倭兵 已至平壤 甚疑之 以爲
거 가 서 천 기 우 문 왜 병 이 지 평 양 심 의 지 이 위

倭變雖急 不應猝遽如此 或云我國爲倭先導 世
왜 변 수 급 불 응 졸 거 여 차 혹 운 아 국 위 왜 선 도 세

祿之來 余與之同上練光亭 望察形勢 有一倭從
록 지 래 여 여 지 동 상 연 광 정 망 찰 형 세 유 일 왜 종

江東林木間 乍見乍隱 已而 二三倭繼出或坐或
강 동 임 목 간 사 견 사 은 이 이 이 삼 왜 계 출 혹 좌 혹

立 意態安閑若行路休息之狀 余指示世祿曰 此
립 의 태 안 한 약 행 로 휴 식 지 상 여 지 시 세 록 왈 차

倭候也 世祿倚柱而望 殊有不信之色曰 倭兵何
왜 후 야 세 록 의 주 이 망 수 유 불 신 지 색 왈 왜 병 하

其少也 余曰倭巧詐 雖大兵在後 而先來偵探者
기 소 야 여 왈 왜 교 사 수 대 병 재 후 이 선 래 정 탐 자

不過數輩 若見其少而忽之則 必陷於賊術矣 世
불 과 수 배 약 견 기 소 이 홀 지 칙 필 함 어 적 술 의 세

祿唯唯 亟求回咨馳去 命左相尹斗壽 率都元帥
록 유 유 극 구 회 자 치 거 명 좌 상 윤 두 수 솔 도 원 수

金命元 巡察使李元翼等 守平壤 數日前 城中
김 명 원 순 찰 사 이 원 익 등 수 평 양 수 일 전 성 중

人聞 車駕欲出避 各自逃散 閭里幾空 上命世
인 문 거 가 욕 출 피 각 자 도 산 여 리 기 공 상 명 세

子 出大同館門 集城中父老 諭以堅守之意 父
자 출 대 동 관 문 집 성 중 부 로 유 이 견 수 지 의 부

老進前曰 但聞 東宮之令 民心不信 必得 聖上
로 진 전 왈 단 문 동 궁 지 령 민 심 불 신 필 득 성 상

親諭乃可 明日 上不得已 御館門 令承旨曉諭
친유내가 명일 상부득이 어관문 령승지효유

如昨 父老數十人 拜伏痛哭 承命而退 遂各分
여작 부로수십인 배복통곡 승명이퇴 수각분

出招呼 悉追老弱男婦子弟之竄伏山谷者入城
출초호 실추노약남부자제지찬복산곡자입성

城中皆滿 及賊見形於大同江邊宰臣盧稷等 奉
성중개만 급적견형어대동강변재신노직등 봉

廟社位版 幷護宮人先出 於是城中吏民作亂 挺
묘사위판 병호궁인선출 어시성중리민작란 연

刃橫路縱擊之墜 廟社主路中 指從行宰臣大罵
인횡로종격지추 묘사주로중 지종행재신대매

曰 汝等平日 偸食國祿 今乃誤國 欺民乃爾耶
왈 여등평일 투식국록 금내오국 기민내이야

余自練光亭 赴行宮 路上見婦女幼稚 皆怒髮上
여자연광정 부행궁 로상견부녀유치 개노발상

指 相與號呼曰 旣欲棄城 何故紿我輩入城 獨
지 상여호호왈 기욕기성 하고태아배입성 독

使魚肉於賊手耶 至宮門 亂民塞街 皆袒臂持兵
사어육어적수야 지궁문 난민새가 개단비지병

杖 遇人輒擊紛囂雜沓 不可禁 諸宰在門內朝堂
장 우인첩격분효잡답 불가금 제재재문내조당

者 皆失色起立於庭中 余恐亂民入宮門 出立門
자 개실색기립어정중 여공란민입궁문 출립문

外階上 見其中有年長多髥者 以手招之 其人
외계상 견기중유년장다염자 이수초지 기인

卽至 乃士官也 余諭之曰 汝輩欲竭力守城 不
즉지 내토관야 여유지왈 여배욕갈력수성 불

願 車駕出城 爲國之忠則至矣 但因此作亂 至
원 거가출성 위국지충칙지의 단인차작란 지

於驚擾宮門 事甚可駭 且朝廷方啓請堅守 上已
어경요궁문 사심가해 차조정방계청견수 상이

許之汝輩何事乃爾 觀汝貌樣 乃有識人 須以此
허 지 여 배 하 사 내 이 관 여 모 양 내 유 식 인 수 이 차

意 曉諭衆人而退 不爾則汝輩將陷重罪 不可赦
의 효 유 중 인 이 퇴 불 이 칙 여 배 장 함 중 죄 불 가 사

也 其人卽棄杖歛手曰 小民聞欲棄城 不勝憤氣
야 기 인 즉 기 장 감 수 왈 소 민 문 욕 기 성 불 승 분 기

妄動如此 今聞此言 小人雖迷劣 胸中卽豁然
망 동 여 차 금 문 차 언 소 인 수 미 열 흉 중 즉 활 연

矣 遂揮其衆而散 蓋前此朝臣 聞賊兵將近 皆
의 수 휘 기 중 이 산 개 전 차 조 신 문 적 병 장 근 개

請出避 兩司弘文館 連日伏閤力請 寅城府院君
청 출 피 양 사 홍 문 관 연 일 복 합 력 청 인 성 부 원 군

鄭澈 尤主避出之議 余曰今日事勢與前在京城
정 철 우 주 피 출 지 의 여 왈 금 일 사 세 여 전 재 경 성

時有異 京城則軍民崩潰 雖欲守之 末由也 此
시 유 이 경 성 칙 군 민 붕 궤 수 욕 수 지 말 유 야 차

城前阻江水 而民心頗固 且近中原地方 若堅守
성 전 조 강 수 이 민 심 파 고 차 근 중 원 지 방 약 견 수

數日 天兵必來救 猶可藉以郤賊 不然從此至
수 일 천 병 필 래 구 유 가 자 이 극 적 불 연 종 차 지

義州 更無可據之地勢必至於亡國 左相尹斗壽
의 주 경 무 가 거 지 지 세 필 지 어 망 국 좌 상 윤 두 수

同余意 余又請鄭澈曰 平時每意公慷慨不避難
동 여 의 여 우 청 정 철 왈 평 시 매 의 공 강 개 불 피 난

易 不圖今日之議如此也 尹相詠文山詩曰 我欲
이 부 도 금 일 지 의 여 차 야 윤 상 영 문 산 시 왈 아 욕

借劒斬佞臣 寅城大怒 奮袂而起 平壤人亦聞余
차 검 참 녕 신 인 성 대 노 분 메 이 기 평 양 인 역 문 여

爲守議故 是日聞余言 頗順從而退 夕召監司宋
위 수 의 고 시 일 문 여 언 파 순 종 이 퇴 석 소 감 사 송

言愼 責以不能鎭定亂民 言愼摘發其倡首者三
언 신 책 이 불 능 진 정 난 민 언 신 적 발 기 창 수 자 삼

人 斬於大同門內 餘皆散去 時已定出城 而不

知所適 朝臣多言北道地僻路險 可以避兵 蓋是

時 賊兵已犯咸鏡道 而道路不通 且無報變者故

朝廷不知也 於是以同知李希得 曾爲永興府使

有惠政得民心 以爲咸鏡道巡檢使 兵曹佐郎金

義元 爲從事官 往北道而 內殿及宮嬪以下 先

出向北 臣固爭曰 車駕西狩 本欲倚仗 天兵 以

圖興復耳 今旣請兵于 天朝 而顧深入北道 中

間賊兵限隔 天朝聲問亦無可通之路 況望恢復

平且賊散出諸道 安知北道必無賊兵 若不幸旣

入其處 而賊兵隨至 則他無去路 只有北虜而已

何處可依 其爲危迫 不亦甚乎 今朝臣家屬 多

避亂于北道故各顧私計 皆言向北便 臣有志母

亦聞東出避難 雖不知在處 而必流入於江原咸

鏡之間 臣亦以私計言之則豈無向北之情哉 只

以國家大計 不如人臣同故 敢此懇陳耳 因嗚咽

流涕 上惻然日 卿母安在 予之故矣 既退 知事
류체 상측연왈 경모안재 여지고의 기퇴 지사

韓準 又獨請對 力言向北之便於是 中殿遂向咸
한준 우독청대 력언향북지편어시 중전수향함

鏡道 時賊至大同江已三日矣 余輩在練光亭 望
경도 시적지대동강이삼일의 여배재연광정 망

見越邊有一倭 以木末縣小紙 插江沙上 令火砲
견월변유일왜 이목말현소지 삽강사상 령화포

匠金生麗棹小舟徃取之 倭不帶兵器 與生麗握
장김생려도소주왕취지 왜부대병기 여생려악

手拊背 極疑狎 附書以送 書至 尹相欲不開見
수부배 극의압 부서이송 서지 윤상욕불개견

余日 開見何妨 開示則書面云 上朝鮮國禮曹判
여왈 개견하방 개시칙서면운 상조선국예조판

書李公閣下 蓋與李德馨書而平調信玄蘇所裁
서이공각하 개여이덕형서이평조신현소소재

也 大壑欲見德馨議講解 德馨以扁舟會平調信
야 대기욕견덕형의강해 덕형이편주회평조신

玄蘇于江中 相勞問如平日 玄蘇言 日本欲借道
현소우강중 상로문여평일 현소언 일본욕차도

朝貢中原而朝鮮不許 故事至此 今亦借一條路
조공중원이조선불허 고사지차 금역차일조로

使日本達中原則無事矣 德馨責以負約 且令退
사일본달중원칙무사의 덕형책이부약 차령퇴

兵後議講解 調信等 語頗不遜 遂各罷去 夕賊
병후의강해 조신등 어파불손 수각파거 석적

數千 結陣於江東岸上
수천 결진어강동안상

六月十一日 車駕出平壤向寧邊 大臣崔興源愈
육월십일일 거가출평양향영변 대신최흥원유

泓鄭澈等 扈從 左相與金元師李巡察元翼留守
홍정철등 호종 좌상여김원수이순찰원익유수

平壤 余亦以接待唐將留 是日賊攻城 左相元師
평양 여역이접대당장유 시일적공성 좌상원수

巡察及余 在練光亭 本道監司宋言愼 守大同城
순찰급여 재연광정 본도감사송언신 수대동성

門樓 兵使李潤德守浮碧樓以上江灘 慈山郡守
문루 병사이윤덕수부벽루이상강탄 자산군수

尹裕後等 守長慶門 城中士卒民夫合三四千 分
윤유후등 수장경문 성중사졸민부합삼사천 분

配城堞 而部伍不明 城上人或疎或密 或人上有
배성첩 이부오불명 성상인혹소혹밀 혹인상유

人 肩背相磨或連數垛無一人 散掛衣服於乙密
인 견배상마혹련수타무일인 산괘의복어을밀

臺近處松樹間 名曰疑兵 隔江望賊兵亦不甚多
대근처송수간 명왈의병 격강망적병역불심다

東大院岸上 排作一字陣 列堅紅白旗 如我國挽
동대원안상 배작일자진 열견홍백기 여아국만

章樣 出十餘騎向羊角島 入江中 水沒馬腹 皆
장양 출십여기향양각도 입강중 수몰마복 개

按轡列立 示將渡江之狀 其餘往來江上者 或
안비열립 시장도강지상 기여왕래강상자 혹

一二或三四 荷大劒 日光下射 閃閃如電 或云
일이혹삼사 하대검 일광하사 섬섬여전 혹운

非眞劒以木爲之 沃以白鑞 以眩人眼者 然遠不
비진검이목위지 옥이백랍 이현인안자 연원불

可辨 又六七賊持鳥銃到江邊向城放 聲響甚壯
가변 우육칠적지조총도강변향성방 성향심장

丸過江入城 遠者入大同館 散落瓦上 幾千餘
환과강입성 원자입대동관 산락와상 기천여

步 或中城樓柱 深入數寸 有紅衣賊 見練光亭
보 혹중성루주 심입수촌 유홍의적 견연광정

上諸公會坐 知爲將師 挾鳥銃邪睨 漸進至沙渚
상 제 공 회 좌 지 위 장 수 협 조 총 사 예 점 진 지 사 저

上 放丸中亭上二人 然遠故不重傷 余令軍官姜
상 방 환 중 정 상 이 인 연 원 고 부 중 상 여 령 군 관 강

士益 從防牌內 以片箭射之 矢及沙上 賊逡巡
사 익 종 방 패 내 이 편 전 사 지 시 급 사 상 적 준 순

而郤 元師發善射者 乘快船中流射賊 船稍近東
이 극 원 수 발 선 사 자 승 쾌 선 중 류 사 적 선 초 근 동

岸 賊亦退避 我軍從船上發玄字銃 火箭如椽過
안 적 역 퇴 피 아 군 종 선 상 발 현 자 총 화 전 여 연 과

江 倭衆仰視 皆叫噪而散 箭落地 爭聚觀之 是
강 왜 중 앙 시 개 규 조 이 산 전 락 지 쟁 취 관 지 시

日以不卽整兵船 斬工房吏一人 時久不雨 江水
일 이 부 즉 정 병 선 참 공 방 리 일 인 시 구 불 우 강 수

日縮 曾分遣宰臣 禱雨檀君箕子東明王廟猶不
일 축 중 분 견 재 신 주 우 단 군 기 자 동 명 왕 묘 유 불

雨 余謂尹相曰 此處水深無船 賊終不能渡 惟
우 여 위 윤 상 왈 차 처 수 심 무 선 적 종 불 능 도 유

水上多淺灘 早晚賊必由此渡 渡則城不可守 向
수 상 다 천 탄 조 만 적 필 유 차 도 도 칙 성 불 가 수 향

不嚴備 金元師性緩 但曰已命李潤德守之矣 余
불 엄 비 김 원 수 성 완 단 왈 이 명 이 윤 덕 수 지 의 여

曰潤德輩何可倚杖 指李巡察曰 公等會坐一處
왈 윤 덕 배 하 가 의 장 지 이 순 찰 왈 공 등 회 좌 일 처

如宴集 無益於事不可往護江灘耶 李曰若令往
여 연 집 무 익 어 사 불 가 왕 호 강 탄 야 이 왈 약 령 왕

見 敢不盡力 於是尹相謂李曰 公可往李起出余
견 감 부 진 력 어 시 윤 상 위 이 왈 공 가 왕 이 기 출 여

時承命 只應接唐將 不參軍務 默念必敗 不如
시 승 명 지 응 접 당 장 불 참 군 무 묵 염 필 패 불 여

早迎唐將於中路 速進一步來救 庶可有濟 日暮
조 영 당 장 어 중 로 속 진 일 보 래 구 서 가 유 제 일 모

遂與從事官洪宗祿辛慶晉出城夜深到順安　路
수 여 종 사 관 홍 종 록 신 경 진 출 성 야 심 도 순 안　로

中逢李陽元從事官金廷睦自淮陽來　聞賊兵至
중 봉 이 양 원 종 사 관 김 정 목 자 회 양 래　문 적 병 지

鐵嶺矣　明日過肅川至安州　遼東鎭撫林世祿又
철 령 의　명 일 과 숙 천 지 안 주　요 동 진 무 임 세 록 우

來　接受咨文送行在　翌日聞車駕已離寧邊次博
래　접 수 자 문 송 행 재　익 일 문 거 가 이 리 영 변 차 박

川　余馳詣博川　上御東軒引見臣　問平壤可守乎
천　여 치 예 박 천　상 어 동 헌 인 견 신　문 평 양 가 수 호

臣對曰　人心頗固　似可守但援兵　不可不速進
신 대 왈　인 심 파 고　사 가 수 단 원 병　불 가 불 속 진

故　臣爲此以來　欲迎着天兵　請速馳援而至今未
고　신 위 차 이 래　욕 영 착 천 병　청 속 치 원 이 지 금 미

見兵至　玆以爲憫　上手取尹斗壽狀啓示臣曰昨
견 병 지　자 이 위 민　상 수 취 윤 두 수 장 계 시 신 왈 작

日已令老弱出城云　人心必搖　何以能守　臣對曰
일 이 령 노 약 출 성 운　인 심 필 요　하 이 능 수　신 대 왈

誠如聖慮　臣在彼時未見此事　大槪觀其處形勢
성 여 성 려　신 재 피 시 미 견 차 사　대 개 관 기 처 형 세

賊必由淺灘以渡　宜多布菱鐵於水中以備之　上
적 필 유 천 탄 이 도　의 다 포 릉 철 어 수 중 이 비 지　상

使問此縣　亦有菱鐵否　對有數千介　上曰急募人
사 문 차 현　역 유 릉 철 부　대 유 수 천 개　상 왈 급 모 인

送之平壤　臣又啓曰　平壤以西江西龍岡甑山咸
송 지 평 양　신 우 계 왈　평 양 이 서 강 서 용 강 증 산 함

從等邑　倉穀多人民衆　聞賊兵已近則必驚駭散
종 등 읍　창 곡 다 인 민 중　문 적 병 이 근 칙 필 경 해 산

失　宜急遣侍從一人　自此馳去鎭撫之　且收兵爲
실　의 급 견 시 종 일 인　자 차 치 거 진 무 지　차 수 병 위

平壤繼援便　上曰誰人可去　對曰兵曹正郎李幼
평 양 계 원 편　상 왈 수 인 가 거　대 왈 병 조 정 랑 이 유

223

澄有計慮可遣 又啓臣事急不可遲滯 當達夜馳
징 유 계 려 가 견　우 계 신 사 급 불 가 지 체　당 달 야 치

去 以迎見唐將爲期 遂辭退出 見李幼澄 言上
거　이 영 견 당 장 위 기　수 사 퇴 출　견 이 유 징　언 상

前所達幼澄愕然曰 此乃賊藪 何可進 余責之曰
전 소 달 유 징 악 연 왈　차 내 적 수　하 가 진　여 책 지 왈

食祿不避亂 臣子之義 今國事危急如此 雖湯火
식 록 불 피 란　신 자 지 의　금 국 사 위 급 여 차　수 탕 화

不可避 顧以此一行爲難乎 幼澄默然有恨色 余
불 가 피　고 이 차 일 행 위 난 호　유 징 묵 연 유 한 색　여

旣拜辭出 至大定江邊 日已平西矣 回望廣通院
기 배 사 출　지 대 정 강 변　일 이 평 서 의　회 망 광 통 원

野有散卒 絡繹而來 疑平壤失守 使軍官數輩
야 유 산 졸　락 역 이 래　의 평 양 실 수　사 군 관 수 배

馳往收之得十九人而至 乃義州龍川等處之軍
치 왕 수 지 득 십 구 인 이 지　내 의 주 용 천 등 처 지 군

而往平壤守江灘者也 言昨日賊已 從王城灘渡
이 왕 평 양 수 강 탄 자 야　언 작 일 적 이　종 왕 성 탄 도

江 江上軍潰兵使李潤德遁走 余大驚 卽於路中
강　강 상 군 궤 병 사 이 윤 덕 둔 주　여 대 경　즉 어 로 중

爲書狀遣軍官崔允元 馳報行在 夜入嘉山郡 是
위 서 장 견 군 관 최 윤 원　치 보 행 재　야 입 가 산 군　시

日夕 內殿至博川 蓋在路聞賊兵已入北道故 不
일 석　내 전 지 박 천　개 재 로 문 적 병 이 입 북 도 고　부

前而回 通川郡守鄭逑 遣使進物膳
전 이 회　통 천 군 수 정 구　견 사 진 물 선

평壤陷 車駕次于嘉山 東宮奉廟社主 自博川入
평 양 함　거 가 차 우 가 산　동 궁 봉 묘 사 주　자 박 천 입

山郡 初賊兵分駐江沙上 作十餘屯 結草爲幕
산 군　초 적 병 분 주 강 사 상　작 십 여 둔　결 초 위 막

128

旣累日不得渡江 警備頗怠 金命元等 自城上望

見 以爲可乘夜掩襲 抄擇精兵 使高彦伯等領之

從浮碧樓下綾羅渡 潛以船渡軍 初約三更擧事

失時刻 旣渡已昧爽矣 見諸幕中賊猶未起 遂前

突第一陣 賊驚擾 我軍多射殺賊 士兵任旭景

先登力戰爲賊所害 奪賊馬三百餘匹 俄而列屯

賊 悉起大至 我軍退走還趨船 船上人見賊已迫

後 中流不敢艤船 淹死者甚衆 餘軍又從王城灘

亂流而渡 賊始知水淺可涉 是日暮 擧衆由灘以

濟 我軍守灘者 不敢發一矢 皆散走 賊旣渡 猶

疑城中有備 遲回不前 是夜 尹斗壽金命元 開

城門 盡出城中人 沉軍器火炮于風月樓池水中

斗壽等 由普通門而出至順安 賊無追躡者 從事

官金信元 獨出大同門 乘船順流向江西 明日賊

至城外 登牡丹峰 良久觀望 知城空無人 乃入

城 始車駕至平壤廷議皆以糧餉爲憂 盡取列邑

225

田稅 輸到平壤 及城陷 幷本倉穀十餘萬石 皆
전세 수도평양 급성함 병본창곡십여만석 개

爲賊所有 時余狀報至博川 又巡察使李元翼從
위적소유 시여장보지박천 우순찰사이원익종

事官李好閔 亦自平壤來 言賊渡江狀夜 車駕及
사관이호민 역자평양래 언적도강상야 거가급

內殿 發向嘉山 命世子奉廟社 別由他路 使之
내전 발향가산 명세자봉묘사 별유타로 사지

收召四方 以圖興復 分臣僚從行 領議政崔興源
수소사방 이도흥복 분신료종행 영의정최흥원

以命從世子 右議政兪泓 亦自請隨世子 上不答
이명종세자 우의정유홍 역자청수세자 상부답

駕旣出 泓伏路邊辭去 內官屢啓右相兪泓請辭
가기출 홍복노변사거 내관누계우상유홍청사

上終不答 泓遂從東宮 時尹斗壽在平壤未還 行
상종부답 홍수종동궁 시윤두수재평양미환 행

在無大臣 淮鄭澈以舊相從駕至嘉山 已五鼓矣
재무대신 회정철이구상종가지가산 이오고의

131

車駕次于定州 自駕出平壤 人心崩潰 所過亂民
거가차우정주 자가출평양 인심붕궤 소과난민

輒入倉庫 搶掠穀物 順安肅川安州寧邊博川 以
첩입창고 창략곡물 순안숙천안주영변박천 이

次皆敗是日駕發嘉山 郡守沈信謙謂余曰 此郡
차개패시일가발가산 군수심신겸위여왈 차군

糧穀頗優 官廳亦有白米一千石 欲以此餉天兵
양곡파우 관청역유백미일천석 욕이차향천병

不幸事至於此 公若少留鎭定 則邑人不敢動 不
불행사지어차 공약소유진정 칙읍인불감동 불

然亂作 小人亦不敢留此 將向海邊躱避矣 時信
연난작 소인역불감유차 장향해변타피의 시신

謙已不能令其下矣 獨余所帶軍官六人 及路中
겸 이 불 능 영 기 하 의   독 여 소 대 군 관 육 인   급 로 중

所收潰卒十九人 余約束使之自隨故 各帶弓箭
소 수 궤 졸 십 구 인   여 약 속 사 지 자 수 고   각 대 궁 전

在傍 信謙欲藉此自護故云然 余不忍遽發 少坐
재 방   신 겸 욕 자 차 자 호 고 운 연   여 불 인 거 발   소 좌

大門 日已過午 更念無上命而擅留不行於義未
대 문   일 이 과 오   경 념 무 상 명 이 천 류 불 행 어 의 미

安 遂與信謙別 行上曉星嶺 回望嘉山 則郡中
안   수 여 신 겸 별   행 상 효 성 령   회 망 가 산   칙 군 중

已亂矣 信謙盡失倉穀而逃翌日 車駕出定州向
이 란 의   신 겸 진 실 창 곡 이 도 익 일   거 가 출 정 주 향

宣川 命臣留定州 州人已四散避亂 獨老吏白鶴
선 천   명 신 유 정 주   주 인 이 사 산 피 란   독 로 리 백 학

松等數人 在城中而已 余伏路邊 送駕出城 掩
송 등 수 인   재 성 중 이 이   여 복 로 변   송 가 출 성   엄

泣坐延薰樓下 軍官數人在左右階下 所收潰卒
읍 좌 연 훈 루 하   군 관 수 인 재 좌 우 계 하   소 수 궤 졸

十九人猶不去 繫馬路邊柳木 相環而坐 向晚見
십 구 인 유 불 거   계 마 로 변 유 목   상 환 이 좌   향 만 견

南門有執杖者 自外連絡而來 向左邊去 使軍官
남 문 유 집 장 자   자 외 연 락 이 래   향 좌 변 거   사 군 관

視之 聚於倉下者已數百余念已所率寡弱 若亂
시 지   취 어 창 하 자 이 수 백 여 념 이 소 솔 과 약   약 난

民益多 而與之爭鬪則難制 不如先攻弱者使之
민 익 다   이 여 지 쟁 투 칙 난 제   불 여 선 공 약 자 사 지

驚散爲可 於是視城門 又有繼至者十餘人 余急
경 산 위 가   어 시 시 성 문   우 유 계 지 자 십 여 인   여 급

呼軍官 從十九卒馳捕之 其人望見奔走 追及捕
호 군 관   종 십 구 졸 치 포 지   기 인 망 견 분 주   추 급 포

九人而至 卽令披髮反接而赤脫之 徇于倉邊道
구 인 이 지   즉 령 피 발 반 접 이 적 탈 지   순 우 창 변 도

路 十餘卒隨其後大呼曰 擒怯倉賊 將行刑斧
로 십여졸수기후대호왈 금겁창적 장행형부

首 城中人見之於是已聚倉下者 望而惶駭 悉從
수 성중인견지어시이취창하자 망이황해 실종

西門散去 由是定州倉穀僅全 而龍川宣川鐵山
서문산거 유시정주창곡근전 이용천선천철산

等邑怯倉者亦絕 定州判官金榮一 武人也 自平
등읍겁창자역절 정주판관김영일 무인야 자평

壤奔還 置其妻子於海邊 偸出倉穀欲送之 余聞
양분환 치기처자어해변 투출창곡욕송지 여문

而數之曰 汝爲武將 敗軍不死 其罪可誅 又敢
이 수지왈 여위무장 패군불사 기죄가주 우감

偸出官穀耶 此穀將餉天兵 非汝所得私者 杖之
투출관곡야 차곡장향천병 비여소득사자 장지

六十 旣而尹左相金元師武將李薲等 自平壤皆
육십 기이윤좌상김원수무장이빈등 자평양개

至定州 上出定州時有命左相若來 亦留駐定州
지정주 상출정주시유명좌상약래 역류주정주

及尹至 余傳上命 尹不答 直向行在 余亦留金
급윤지여전상명 윤부답 직향행재 여역류김

命元李薲等守定州 追及乘輿於龍川 時郡邑人
명원이빈등수정주 추급승여어용천 시군읍인

民 聞平壤陷 意賊隨後至盡竄山谷 路上不見一
민 문평양함 의적수후지진찬산곡 노상불견일

人 聞江邊列邑如江界等地皆然 余行至郭山山
인 문강변열읍여강계등지개연 여행지곽산산

城下 見有岐路 問下卒曰 此向何處路 曰此走
성하 견유기로 문하졸왈 차향하처로 왈차주

龜城路也 余駐馬呼從事官洪宗祿曰 沿道倉儲
귀성로야 여주마호종사관홍종록왈 연도창저

一空 天兵雖來 何以接濟 此間惟龜城一邑 儲
일공 천병수래 하이접제 차간유귀성일읍 저

峙頗優 而亦聞吏民盡散 輸運無策 君久在龜城
치 파 우 이 역 문 리 민 진 산 수 운 무 책 군 구 재 귀 성

其處人如聞君至雖隱山谷中 必有來見 欲聞賊
기 처 인 여 문 군 지 수 은 산 곡 중 필 유 래 견 욕 문 적

勢者 君從此急去龜城諭之曰 賊入平壤尙不出
세 자 군 종 차 급 거 귀 성 유 지 왈 적 입 평 양 상 불 출

天兵方大至 收復不遠 所患一路 糧餉不足耳
천 병 방 대 지 수 복 불 원 소 환 일 로 양 향 부 족 이

爾輩無論品官人吏 悉一境之力 輸運軍糧 不乏
이 배 무 론 품 관 인 리 실 일 경 지 력 수 운 군 량 불 핍

軍興 則後日匹有重賞 若此則庶幾同心恊力 輸
군 흥 칙 후 일 필 유 중 상 약 차 칙 서 기 동 심 협 력 수

到定州嘉山 可以濟事 宗祿慨然應諾 分路而去
도 정 주 가 산 가 이 제 사 종 록 개 연 응 낙 분 로 이 거

余自向龍川 蓋宗祿坐己丑獄 謫在龜城 車駕至
여 자 향 용 천 개 종 록 좌 기 축 옥 적 재 귀 성 거 가 지

平壤後 始收叙爲司饔正 爲人忠實 有忘身徇國
평 양 후 시 수 서 위 사 옹 정 위 인 충 실 유 망 신 순 국

不避夷險之志
불 피 이 험 지 지

136

車駕至義州 天將參將戴某 遊擊將軍史儒 各領
거 가 지 의 주 천 장 참 장 대 모 유 격 장 군 사 유 각 령

一枝兵向平壤 至林畔驛 聞平壤已陷 亦還駐義
일 지 병 향 평 양 지 임 반 역 문 평 양 이 함 역 환 주 의

州 天朝賜犒軍銀二萬兩 唐官領到義州 先是遼
주 천 조 사 호 군 은 이 만 냥 당 관 령 도 의 주 선 시 요

東聞我國有賊變 卽 奏聞而朝議多異同 甚或疑
동 문 아 국 유 적 변 즉 주 문 이 조 의 다 이 동 심 혹 의

我爲賊向導 獨兵部尙書石星 銳意救援 時我使
아 위 적 향 도 독 병 부 상 서 석 성 예 의 구 원 시 아 사

申點 在玉河館 尙書呼至庭 出遼東報變文書示
신 점 재옥하관 상서호지정 출요동보변문서시

之 點卽號慟 與一行 朝夕大臨 先請援兵 尙書
지 점즉호통 여일행 조석대림 선청원병 상서

奏發二枝兵往衛國王 及請賜銀 點回至通州 而
주 발이지병왕위국왕 급청사은 점회지통주 이

告急使鄭崑壽繼至 尙書引入火房 親問事狀或
고 급사정곤수계지 상서인입화방 친문사장 혹

至流涕云 至是連遣使至遼東 告急請援 且乞內
지 류체운 지시연견사지요동 고급청원 차걸내

附 蓋賊已陷平壤則勢如建瓴 意請朝夕當至鴨
부 개적이함평양칙세여건령 의청조석당지압

綠江 事之危急如此 故至欲內附 幸賊旣入平壤
록강 사지위급여차 고지욕내부 행적기입평양

歛跡城中 延至數月 雖順安永柔 去平壤咫尺
감적성중 연지수월 수순안영유 거평양지척

而猶不來犯 以此人心稍定 收拾餘燼 導迎天兵
이유불래범 이차인심초정 수습여신 도영천병

終致恢復之功 此實天也 非人力所及也
종치회복지공 차실천야 비인력소급야

七月遼東副總兵祖承訓 率兵五千來援報先至
칠월요동부총병조승훈 솔병오천래원보선지

時余病痔苦甚 臥不能起 上令左相 出治沿道軍
시여병치고심 와불능기 상령좌상 출치연도군

食 余使從事辛慶晉 啓曰 行在時任大臣只有斗
식 여사종사신경진 계왈 행재시임대신지유두

壽一人 不可出 臣已受接待唐將之命 雖病猶可
수일인 불가출 신이수접대당장지명 수병유가

自力一行 上許之 初七日 力疾詣行宮拜辭 蒙
자력일행 상허지 초칠일 역질예행궁배사 몽

引對 匍匐以入 啓曰 一路自所串以南 至定州
인 대 포 복 이 입 계 왈 일 로 자 소 관 이 남 지 정 주

嘉山則 五千兵經過時 一二日食可辨 安州肅川
가 산 칙 오 천 병 경 과 시 일 이 일 식 가 변 안 주 숙 천

順安三邑蕩無所儲 天兵過此宜先持三日糧 以
순 안 삼 읍 탕 무 소 저 천 병 과 차 의 선 지 삼 일 량 이

備安州以南之食 若兵至平壤 卽日收復則 城中
비 안 주 이 남 지 식 약 병 지 평 양 즉 일 수 복 칙 성 중

粟多 可以接濟 雖圍城累日 平壤西三縣穀 亦
속 다 가 이 접 제 수 위 성 루 일 평 양 서 삼 현 곡 역

可竭力輸到軍前 不至闕乏 此等曲折 請令在
가 갈 력 수 도 군 전 부 지 궐 핍 차 등 곡 절 청 령 재

此諸臣 與唐將相議 濶狹相濟便宜施行 上曰然
차 제 신 여 당 장 상 의 활 협 상 제 편 의 시 행 상 왈 연

旣出 內賜態膽臘藥 內醫院僕龍雲者 送金于城
기 출 내 사 태 담 납 약 내 의 원 복 용 운 자 송 김 우 성

門外五里痛哭 余登箭門嶺 哭聲猶聞 夕至所串
문 외 오 리 통 곡 여 등 전 문 령 곡 성 유 문 석 지 소 곶

驛 吏卒逃散不見形影 使軍官往搜村落間 得數
역 이 졸 도 산 불 견 형 영 사 군 관 왕 수 촌 락 간 득 수

人而至 余勉諭曰 國家平日撫養汝輩 用在今
인 이 지 여 면 유 왈 국 가 평 일 무 양 여 배 용 재 금

日 何忍逃避 且 天兵方至 國事正急 此乃汝輩
일 하 인 도 피 차 천 병 방 지 국 사 정 급 차 내 여 배

效勞立功之秋也 因出空冊子一卷 先書來見者
효 로 입 공 지 추 야 인 출 공 책 자 일 권 선 서 래 견 자

姓名示之曰 後日當以此 等第功勞 啓聞論賞其
성 명 시 지 왈 후 일 당 이 차 등 제 공 로 계 문 론 상 기

不在此錄者 事定一一查覈行罰不可免也 旣而
부 재 차 록 자 사 정 일 일 핵 행 벌 불 가 면 야 기 이

來者相續 皆曰小人因事暫出 豈敢避役願書名
래 자 상 속 개 왈 소 인 인 사 잠 출 기 감 피 역 원 서 명

于冊 余知人心可合 卽移文各處 使例置考功
우 책　여지인심가합　즉이문각처　사례치고공

冊 書功勞多少 以憑轉報施行 於是聞令者爭
책　서공로다소　이빙전보시행　어시문령자쟁

出 搬運柴草 架造房屋 排設釜鼎 數日之間 凡
출　반운시초　가조방옥　배설부정　수일지간 범

事稍集 余以爲亂離之民 不可用急 但至誠曉
사초집　여이위난리지민　불가용급　단지성효

諭 未嘗鞭撻一人進至定州 洪宗祿盡起龜城人
유　미상편달일인진지정주　홍종록진기귀성인

輸運馬豆及小米 到定州嘉山者 已二千餘石矣
수운마두급소미　도정주가산자　이이천여석의

余猶以安州以後爲憂 適忠淸道牙山倉稅米全
여유이안주이후위우　적충청도아산창세미전

一千二百石 載船將向行在 到泊於定州立嵒 余
일천이백석　재선장향행재　도박어정주입암 여

喜甚 卽馳啓曰 遠穀適至如期 似是天贊中興之
희심　즉치계왈　원곡적지여기　사시천찬중흥지

運 請幷取以補軍餉 令守門將姜士雄馳去立嵒
운　청병취이보군향　령수문장강사웅치거입암

分運二百石定州 二百石嘉山 八百石於安州 安
분운이백석정주　이백석가산　팔백석어안주 안

州則以近賊姑令停船水中以待之 宣沙浦僉使
주칙이근적고령정선수중이대지　선사포첨사

張佑成 造大定江浮橋 老江僉使閔繼仲 造晴川
장우성　조대정강부교　노강첨사민계중　조청천

江浮橋擬渡天兵 余前往安州調度 時賊入平壤
강부교의도천병　여전왕안주조도　시적입평양

久不出巡察使李元翼 與兵使李薲 駐順安 都元
구불출순찰사이원익　여병사이빈　주순안　도원

師金命元在肅川 余在安州
수김명원재숙천　여재안주

十九日 祖總兵軍 攻平壤不利而退 史遊擊戰死
십 구 일 조 총 병 군 공 평 양 불 리 이 퇴 사 유 격 전 사

先是祖承訓至義州 史儒以其軍爲先鋒 祖乃遼
선 시 조 승 훈 지 의 주 사 유 이 기 군 위 선 봉 조 내 요

左勇將累與北虜戰有功 是行 謂倭必可取 至嘉
좌 용 장 누 여 북 로 전 유 공 시 행 위 왜 필 가 취 지 가

山 問我人曰 平壤賊 無乃已走耶 曰不退 承訓
산 문 아 인 왈 평 양 적 무 내 이 주 야 왈 불 퇴 승 훈

擧酒仰天祝之曰 賊猶在 必天使我成大功也 是
거 주 앙 천 축 지 왈 적 유 재 필 천 사 아 성 대 공 야 시

日自順安三更發軍進攻平壤 適大雨城上無賊
일 자 순 안 삼 경 발 군 진 공 평 양 적 대 우 성 상 무 적

守兵 天兵從七星門入 城內路狹多委巷 馬足不
수 병 천 병 종 칠 성 문 입 성 내 로 협 다 위 항 마 족 불

可殿 賊依險阨 亂發鳥銃 史遊擊中丸卽斃 軍
가 전 적 의 험 액 난 발 조 총 사 유 격 중 환 즉 폐 군

馬多死 祖遂退軍 賊不及追 後軍陷泥潦中 不
마 다 사 조 수 퇴 군 적 불 급 추 후 군 함 니 료 중 불

能自拔者 悉爲賊所害 承訓引餘兵還過順安肅
능 자 발 자 실 위 적 소 해 승 훈 인 여 병 환 과 순 안 숙

川 夜中至安州城外 立馬呼譯官朴義儉曰 吾軍
천 야 중 지 안 주 성 외 입 마 호 역 관 박 의 검 왈 오 군

今日多殺賊 不幸史遊擊傷死 天時又不利 大雨
금 일 다 살 적 불 행 사 유 격 상 사 천 시 우 불 리 대 우

泥濘 不能殲賊 當添兵更進耳 語汝宰相毋動
니 녕 불 능 섬 적 당 첨 병 갱 진 이 어 여 재 상 무 동

浮橋亦不可撤 言畢馳渡兩江 駐軍於控江亭 蓋
부 교 역 불 가 철 언 필 치 도 양 강 주 군 어 공 강 정 개

承訓戰敗膽怯 恐賊追躡 欲前阻二江故 疾急如
승 훈 전 패 담 겁 공 적 추 섭 욕 전 조 이 강 고 질 급 여

此 余使辛從事往慰 且載送糧饌 承訓留控江亭
차 여 사 신 종 사 왕 위 차 재 송 량 찬 승 훈 유 공 강 정

二日 連日夜大雨 諸軍露處野中 衣甲盡濕 皆
이일 연일야대우 제군로처야중 의갑진습 개

怨承訓 已而退還遼東 余恐人心動搖 啓請仍留
원승훈 이이퇴환요동 여공인심동요 계청잉유

安州 以待後軍之至
안주 이대후군지지

全羅水軍節度使李舜臣 與慶尙右水使元均 全
전라수군절도사이순신 여경상우수사원균 전

羅右水使李億祺等 大破賊兵于巨濟洋中 初賊
라우수사이억기등 대파적병우거제양중 초적

旣登陸 均見賊勢大 不敢出擊 悉沉其戰船百餘
기등륙 균견적세대 불감출격 실침기전선백여

艘及火炮軍器於海中 獨與手下裨將李英男李
소급화포군기어해중 독여수하비장이영남이

雲龍等 乘四船奔至昆陽海口 欲下陸避賊 於是
운룡등 승사선분지곤양해구 욕하륙피적 어시

水軍萬餘人皆潰 英男諫曰 公受命爲水軍節度
수군만여인개궤 영남간왈 공수명위수군절도

今棄軍下陸 後日朝廷按罪 何以自解 不如請兵
금기군하륙 후일조정안죄 하이자해 불여청병

於全羅道 與賊一戰不勝然後逃未晚也 均然之
어전라도 여적일전불승연후도미만야 균연지

使英男往舜臣請援 舜臣辭以各有分界 非朝廷
사영남왕순신청원 순신사이각유분계 비조정

之命 豈宜擅自越鏡 均又使英男往請 凡往返至
지명 기의천자월경 균우사영남왕청 범왕반지

五六不已 每英男回 均坐船頭 望見痛哭 旣而
오륙불이 매영남회 균좌선두 망견통곡 기이

舜臣率板屋船四十艘 幷約億祺到巨濟 與均合
순신솔판옥선사십소 병약억기도거제 여균합

234

兵進與賊船 遇於見乃梁 舜臣曰 此地海狹水淺

難於回旋 不如佯退誘賊 至海濶處相戰也 均乘

憤欲直前搏戰 舜臣曰公不知兵 如此必敗 遂以

旗揮其船退 賊大喜爭乘之 旣出隘口 舜臣鳴鼓

一聲 諸船一齊回棹擺列於海中 正與賊船撞著

相距數十步 先是舜臣創造龜船 以板鋪其上 其

形穹窿如龜 戰士櫂夫 皆在其內 左右前後多載

火炮 縱橫出入如梭 遇賊船 連以火炮碎之 諸

船一時合攻 烟焰漲天 焚賊船無數 有賊將在樓

船 高數丈 上施樓櫓 以紅殷彩氈圍其外 亦爲

大炮所破 賊悉赴水死 其後賊連戰皆敗 遂遁入

釜山巨濟 不復出 一日方督戰 流丸中舜臣左肩

血流至踵 舜臣不言 戰罷 始以刀割肉出丸 深

入數寸 觀者色墨 而舜臣談笑自若 捷聞 朝廷

大喜 上欲加舜臣以一品 言者以爲大濫 陞正憲

億祺均 陞嘉善 先是賊將平行長 到平壤投書曰

日本舟師十餘萬 又從西海來 未知大王龍御 自
일본주사십여만 우종서해래 미지대왕용어 자

此何之 蓋賊本欲水陸合勢西下 賴此一戰 遂斷
차하지 개적본욕수륙합세서하 뢰차일전 수단

賊一臂 行長雖得平壤而勢孤不敢更進 國家得
적일비 행장수득평양이세고불감갱진 국가득

保全羅忠淸以及黃海平安沿海一帶 調度軍食
보전라충청이급황해평안연해일대 조도군식

傳通號令 以濟中興 以遼東金復海蓋與天津等
전통호령 이제중흥 이요동금복해개여천진등

地 不被震驚 使天兵從陸路來援 以致郤賊者
지 불피진경 사천병종육로래원 이치극적자

皆此一戰之功 嗚呼豈非天哉 舜臣因率三道舟
개차일전지공 오호기비천재 순신인솔삼도주

師 留屯于閑山島 以遏賊西犯之路
사 유둔우한산도 이알적서범지로

152

前義禁府都事曹好益 募兵江東討賊 好益昌原
전의금부도사조호익 모병강동토적 호익창원

人有志行 爲人所誣全家徙江東 貧困 敎授生徒
인유지행 위인소무전가사강동 빈곤 교수생도

以得食 幾二十餘年 厲操益堅 車駕至平壤 赦
이득식 기이십여년 려조익견 거가지평양 사

其罪 召拜義禁府都事 及平壤被圍 好益往江東
기죄 소배의금부도사 급평양피위 호익왕강동

募兵 欲救平壤 旣而平壤陷 軍民皆潰 好益還
모병 욕구평양 기이평양함 군민개궤 호익환

赴行在 余遇於良策驛 語之曰 天兵將至 子毋
부행재 여우어양책역 어지왈 천병장지 자무

往義州 可還江東 仍行召募 與天兵會平壤 以
왕의주 가환강동 잉행소모 여천병회평양 이

助軍勢 好益從之 余遂狀啓其由 爲起兵文移授
조 군 세 호 익 종 지 여 수 장 계 기 유 위 기 병 문 이 수

好益 且助以軍器 好益去聚兵得數百人 出陣祥
호 익 차 조 이 군 기 호 익 거 취 병 득 수 백 인 출 진 상

原 邀賊多斬獲 好益書生 不閑弓馬 徒以忠義
원 요 적 다 참 획 호 익 서 생 불 한 궁 마 도 이 충 의

激厲士心 冬至日 率其士卒 望行在四拜 終夜
격 려 사 심 동 지 일 솔 기 사 졸 망 행 재 사 배 종 야

痛哭 一軍爲之流涕
통 곡 일 군 위 지 류 체

賊兵犯全羅道 金堤郡守鄭湛 海南縣監邊應井
적 병 범 전 라 도 김 제 군 수 정 담 해 남 현 감 변 응 정

力戰死之 時賊從慶尙右道 入全州界 湛應井等
역 전 사 지 시 적 종 경 상 우 도 입 전 주 계 담 응 정 등

禦之於熊嶺 爲木柵橫斷山路 督將士終日大戰
어 지 어 웅 령 위 목 책 횡 단 산 로 독 장 사 종 일 대 전

射殺賊兵無算 賊欲退 會日暮矢盡 賊更進攻之
사 살 적 병 무 산 적 욕 퇴 회 일 모 시 진 적 갱 진 공 지

二人俱死 軍遂潰 明日賊至全州 官吏欲走 州
이 인 구 사 군 수 궤 명 일 적 지 전 주 관 리 욕 주 주

人前典籍李廷鸞 入城倡吏民固守時賊精銳 多
인 전 전 적 이 정 란 입 성 창 이 민 고 수 시 적 정 예 다

死於熊嶺 氣已索 監司李洸 又設疑兵於域外
사 어 웅 령 기 이 색 감 사 이 광 우 설 의 병 어 역 외

晝則多張旗幟 夜則列炬滿山 賊到城下 環視數
주 칙 다 장 기 치 야 칙 렬 거 만 산 적 도 성 하 환 시 수

周 不敢攻而去 悉聚熊嶺戰死者屍 埋路邊作數
주 불 감 공 이 거 실 취 웅 령 전 사 자 시 매 로 변 작 수

大塚 立木其上 書曰弔朝鮮國忠肝義膽 蓋嘉其
대 총 입 목 기 상 서 왈 조 조 선 국 충 간 의 담 개 가 기

力戰也 由是全羅一道獨全
력전야 유시전라일도독전

八月初一日 巡察使李元翼 巡邊使李薲等 率兵
팔월초일일 순찰사이원익 순변사이빈등 솔병

進攻平壤 不利而退時元翼與薲 將數千人往順
진공평양 불리이퇴시원익여빈 장수천인왕순

安 別將金應瑞等 率龍岡三和甑山江西四邑之
안 별장김응서등 솔용강삼화증산강서사읍지

軍 作二十餘屯 在平壤之西 金億秋率水軍在大
군 작이십여둔 재평양지서 김억추솔수군재대

同江下流 以爲掎角之勢 是日 元翼等從平壤城
동강하류 이위기각지세 시일 원익등종평양성

北進兵 遇賊先鋒射中二十餘賊 旣而賊大至 軍
북진병 우적선봉사중이십여적 기이적대지 군

士驚潰 江邊勇力之士多折傷 遂還屯順安
사경궤 강변용력지사다절상 수환둔순안

九月 天朝遊擊將軍沈惟敬來 初祖承訓旣敗 賊
구월 천조유격장군심유경래 초조승훈기패 적

愈驕 投書我軍 有群羊攻一虎之語 羊喩天兵
유교 투서아군 유군양공일호지어 양유천병

虎以自詫 聲言朝夕將西下 義州人皆荷擔而立
호이자이 성언조석장서하 의주인개하담이립

惟敬本浙民石尙書以爲素諳倭情 假遊擊將軍
유경본절민석상서이위소암왜정 가유격장군

號出送 旣至順安馳書倭將 以聖旨責問朝鮮有
호출송 기지순안치서왜장 이성지책문조선유

何釁負於日本 日本如何擅興師旅時倭變猝發
하흔부어일본 일본여하천흥사려시왜변졸발

且殘毒甚 人人惴恐 莫敢有窺其營者 惟敬以黃
차 잔 독 심 인 인 췌 공 막 감 유 규 기 영 자 유 경 이 황

袱裹書使家丁一人背負 騎馬直馳 由普通門而
복 과 서 사 가 정 일 인 배 부 기 마 직 치 유 보 통 문 이

入 倭將行長 見其書 卽回報求面見議事 惟敬
입 왜 장 행 장 견 기 서 즉 회 보 구 면 견 의 사 유 경

將往 人皆危之 多勸止者 惟敬笑曰 彼焉能害
장 왕 인 개 위 지 다 권 지 자 유 경 소 왈 피 언 능 해

我也 從三四家丁赴之 行長平義智玄蘇等盛陳
아 야 종 삼 사 가 정 부 지 행 장 평 의 지 현 소 등 성 진

氏威 出會于城北十里外降福山下 我軍登大興
씨 위 출 회 우 성 북 십 리 외 강 복 산 하 아 군 등 대 흥

山頭望見倭軍甚多 劍戟如雪 惟敬下馬入倭陣
산 두 망 견 왜 군 심 다 검 극 여 설 유 경 하 마 입 왜 진

中 群倭四面圍繞 疑被拘執 日暮惟敬還 倭衆
중 군 왜 사 면 위 요 의 피 구 집 일 모 유 경 환 왜 중

送之甚恭 翌日 行長遺書馳間 且曰大人在白刃
송 지 심 공 익 일 행 장 유 서 치 간 차 왈 대 인 재 백 인

中 顔色不變 雖日本人 無以加也 惟敬答之曰
중 안 색 불 변 수 일 본 인 무 이 가 야 유 경 답 지 왈

爾不聞唐朝有郭令公者乎 單騎入回紇萬軍中
이 불 문 당 조 유 곽 영 공 자 호 단 기 입 회 흘 만 군 중

曾不畏懾 吾何畏爾也 因與倭約曰 吾歸報聖皇
증 불 외 섭 오 하 외 이 야 인 여 왜 약 왈 오 귀 보 성 황

當有處分 以五十日爲期 倭衆無得出平壤西北
당 유 처 분 이 오 십 일 위 기 왜 중 무 득 출 평 양 서 북

十里外搶掠 朝鮮人毋入十里內與倭鬪 乃於地
십 리 외 창 략 조 선 인 무 입 십 리 내 여 왜 투 내 어 지

界 立木爲禁標而去我國人皆莫測
계 입 목 위 금 표 이 거 아 국 인 개 막 측

京畿監司沈岱 爲賊所襲 死於朔寧 岱爲人慷慨
경 기 감 사 심 대 위 적 소 습 사 어 삭 녕 대 위 인 강 개

自變後 常憤憤 奉仕出入 不避夷險 是年秋 代
자 변 후 상 분 분 봉 사 출 입 불 피 이 험 시 년 추 대

權徵爲 京畿監司 從行朝赴任所 路出安州 見
권 징 위 경 기 감 사 종 행 조 부 임 소 로 출 안 주 견

余于白祥樓上 語國難慨然 觀其意直欲親犯矢
여 우 백 상 루 상 어 국 난 개 연 관 기 의 직 욕 친 범 시

石以角賊 余戒之曰 古人不云乎 耕當問奴 君
석 이 각 적 여 계 지 왈 고 인 불 운 호 경 당 문 노 군

書生 臨陣終非所能其處有楊州牧使高彦伯者
서 생 임 진 종 비 소 능 기 처 유 양 주 목 사 고 언 백 자

勇力善鬪 君但收拾軍兵 使彦伯將之 可有功
용 력 선 투 군 단 수 습 군 병 사 언 백 장 지 가 유 공

愼勿自將也 岱唯唯而不甚然之 余又見其孤行
신 물 자 장 야 대 유 유 이 불 심 연 지 여 우 견 기 고 행

入賊中 分軍官善射者義州人張某與俱岱旣去
입 적 중 분 군 관 선 사 자 의 주 인 장 모 여 구 대 기 거

數月間每有京畿人 啓事行朝 經過安州者 未嘗
수 월 간 매 유 경 기 인 계 사 행 조 경 과 안 주 자 미 상

不致書問余也 余輒親問其人京畿賊勢及監司
불 치 서 문 여 야 여 첩 친 문 기 인 경 기 적 세 급 감 사

何爲 對曰 畿甸創殘甚他道 賊日出焚掠 無乾
하 위 대 왈 기 전 창 잔 심 타 도 적 일 출 분 략 무 건

淨地 前監司及守令以下 悉從深僻處躱避 減
정 지 전 감 사 급 수 령 이 하 실 종 심 벽 처 타 피 감

去儀從 微服潛行或屢遷徙 不定厥居 以防賊患
거 의 종 미 복 잠 행 혹 루 천 사 부 정 궐 거 이 방 적 환

今監司 殊不畏賊 每巡行 先文知委如平日 建
금 감 사 수 불 외 적 매 순 행 선 문 지 위 여 평 일 건

旗鳴角而行 余聞而甚憂之 申書戒勅如前 岱不
기 명 각 이 행 여 문 이 심 우 지 신 서 계 칙 여 전 대 불

變 旣乃聚集軍兵 悉以自隨 聲言欲復京城 日
변 기내취집군병 실이자수 성언욕복경성 일

遣人入城中召募 約爲內應 城中人恐事定後 以
견인입성중소모 약위내응 성중인공사정후 이

附賊獲罪 連名結狀 出赴監司 自言能內 應者
부적획죄 연명결장 출부감사 자언능내 응자

日以千百數 名曰聽約束 曰輸軍器 曰報賊情
일이천백수 명왈청약속 왈수군기 왈보적정

人人往來無阻 其間亦有爲賊耳目 來察動靜者
인인왕래무조 기간역유위적이목 내찰동정자

多 出沒相雜 而岱信之不疑 至是岱在朔寧郡賊
다 출몰상잡 이대신지불의 지시대재삭녕군적

詗知之潛渡大灘夜襲之 岱驚起披衣走出 賊追
동지지잠도대탄야습지 대경기피의주출 적추

害之 軍官張姓者亦同死 賊去京畿人 權殯于朔
해지 군관장성자역동사 적거경기인 권빈우삭

寧郡中 數日賊復出取其首 懸於鍾樓街上 積
녕군중 수일적복출취기수 현어종루가상 적

五六十日 面色如生 京城人哀其忠義 相與率財
오육십일 면색여생 경성인애기충의 상여솔재

物 賂守倭贖出之 函送于江華 賊退後 與尸身
물 뇌수왜속출지 함송우강화 적퇴후 여시신

還葬故山 岱靑松人 字公望 子大復 朝廷以岱
환장고산 대청송인 자공망 자대복 조정이대

故官之 至縣監
고관지 지현감

江原道助防將元豪 擊賊于龜尾浦殲之 又戰于
강원도조방장원호 격적우구미포섬지 우전우

春川 兵敗而死 時賊大陣在忠州及原州連營達
춘천 병패이사 시적대진재충주급원주연영달

于京都其在忠州者 取路竹山陽智龍仁往來其
우 경 도 기 재 충 주 자　취 로 죽 산 양 지 용 인 왕 래 기

在原州者 欲從砥平楊根楊州廣州抵京 元豪擊
재 원 주 자　욕 종 지 평 양 근 양 주 광 주 저 경　원 호 격

殲于驪州龜尾浦 利川府使邊應星 又船載射手
섬 우 여 주 구 미 포　이 천 부 사 변 응 성　우 선 재 사 수

乘霧邀賊於驪州之馬灘殺賊頗多 由是原州賊
승 무 요 적 어 여 주 지 마 탄 살 적 파 다　유 시 원 주 적

路遂斷 悉由忠州之路 而利川驪州楊根砥平等
로 수 단　실 유 충 주 지 로　이 이 천 여 주 양 근 지 평 등

邑之民 見遺於賊鋒者 人以爲豪之功也 巡察使
읍 지 민　견 유 어 적 봉 자　인 이 위 호 지 공 야　순 찰 사

柳永吉 又催豪擊春川賊 豪旣勝 頗有輕敵之意
유 영 길　우 최 호 격 춘 천 적　호 기 승　파 유 경 적 지 의

賊知豪將至 設伏以待 豪不知而進 伏發遂爲所
적 지 호 장 지　설 복 이 대　호 부 지 이 진　복 발 수 위 소

殺 於是江原一道 無禦賊者
살　어 시 강 원 일 도　무 어 적 자

訓鍊副奉事權應銖鄭大任等 以鄕兵 擊永川賊
훈 련 부 봉 사 권 응 수 정 대 임 등　이 향 병　격 영 천 적

破之 遂復永川 應銖永川人 有膽勇與犬任 率
파 지　수 복 영 천　응 수 영 천 인　유 담 용 여 견 임　솔

鄕兵千餘人 圍賊于永川 軍士畏賊不進 應銖斬
향 병 천 여 인　위 적 우 영 천　군 사 외 적 부 진　응 수 참

數人 士卒爭奮 踰城而入 與賊巷擊 賊不勝 奔
수 인　사 졸 쟁 분 유 성 이 입　여 적 항 격　적 불 승　분

入倉中 或上明遠樓 我軍以火攻之 悉燒死 臭
입 창 중　혹 상 명 원 루　아 군 이 화 공 지　실 소 사 취

聞數里 餘賊數十遁歸慶州 自是新寧義興義城
문 수 리　여 적 수 십 둔 귀 경 주　자 시 신 녕 의 흥 의 성

安東等處賊 皆聚一路 而左道郡邑得保 永川一
안 동 등 처 적 개 취 일 로 이 좌 도 군 읍 득 보 영 천 일

戰之功也
전 지 공 야

左兵使朴晉 收復慶州 晉初自密陽 奔入山中
좌 병 사 박 진 수 복 경 주 진 초 자 밀 양 분 입 산 중

朝廷以前兵使李珏棄城逃走 卽其所在誅之 以
조 정 이 전 병 사 이 각 기 성 도 주 즉 기 소 재 주 지 이

晉代爲兵使 時賊兵充滿 行朝聲聞 不通南方已
진 대 위 병 사 시 적 병 충 만 행 조 성 문 불 통 남 방 이

久 人心搖動不知所出 及聞晉爲兵使 於是散民
구 인 심 요 동 부 지 소 출 급 문 진 위 병 사 어 시 산 민

稍集 而守令往往從山谷中復出莅事 始知有 朝
초 집 이 수 령 왕 왕 종 산 곡 중 복 출 리 사 시 지 유 조

廷矣 及權應銖復永川 晉率左道兵萬餘 進薄慶
정 의 급 권 응 수 복 영 천 진 솔 좌 도 병 만 여 진 박 경

州城下 賊潛出北門掩軍後 晉奔還安康 夜又使
주 성 하 적 잠 출 북 문 엄 군 후 진 분 환 안 강 야 우 사

人潛伏城下 發飛擊震天雷入城中 墮於客舍庭
인 잠 복 성 하 발 비 격 진 천 뢰 입 성 중 타 어 객 사 정

中 賊不曉其制 爭聚觀之 相與推轉而諦視之
중 적 불 효 기 제 쟁 취 관 지 상 여 추 전 이 체 시 지

俄而 炮自中而發 聲震天地 鐵片星碎 中仆卽
아 이 포 자 중 이 발 성 진 천 지 철 편 성 쇄 중 부 즉

斃者三十餘人 未中者亦顚仆 良久而起 莫不驚
폐 자 삼 십 여 인 미 중 자 역 전 부 양 구 이 기 막 불 경

懼 不測其制 皆以爲神 明日遂擧衆棄城 遁歸
구 불 측 기 제 개 이 위 신 명 일 수 거 중 기 성 둔 귀

西生浦 晉遂入慶州 得餘穀萬餘名 事聞 陞晉
서 생 포 진 수 입 경 주 득 여 곡 만 여 명 사 문 승 진

嘉善 應銖通政大任醴泉郡守 震天雷飛擊 古無
가선 응수통정대임예천군수 진천뢰비격 고무

其制 有軍器寺火炮匠李長孫者創出 取震天雷
기제 유군기시화포장이장손자창출 취진천뢰

以大碗口發之 能飛至五六百步 墜地良久 火自
이대완구발지 능비지오육백보 추지량구 화자

內發賊最畏此物
내발적최외차물

時各道起義兵討賊者甚衆 在全羅道者 前判決
시각도기의병토적자심중 재전라도자 전판결

事金千鎰 僉知高敬命 前寧海府使崔慶會 千鎰
사김천일 첨지고경명 전영해부사최경회 천일

字士重 率兵先至京畿 朝廷嘉之 賜其軍號曰
자사중 솔병선지경기 조정가지 사기군호왈

倡義 已而不能軍 入江華 敬命字而順 孟英之
창의 이이불능군 입강화 경명자이순 맹영지

子 有文才 亦率鄉兵 移檄郡縣討賊 與賊戰敗
자 유문재 역솔향병 이격군현토적 여적전패

死 其子從厚 代領其衆 名曰復讎軍 慶會後爲
사 기자종후 대령기중 명왈복수군 경회후위

慶尚右兵使 死於晉州 其在慶尚道者 玄風人郭
경상우병사 사어진주 기재경상도자 현풍인곽

再祐 高靈人 前佐郎金沔 陜川人前掌令鄭仁
재우 고령인 전좌랑김면 합천인전장령정인

弘 禮安人前翰林金垓 校書正字柳宗介草溪人
홍 예안인전한림김해 교서정자유종개초계인

李大期 軍威校生張士珍 再祐越之子 頗有才略
이대기 군위교생장사진 재우월지자 파유재략

累與賊戰 賊憚之 固守鼎津 使賊不得入宜寧界
누여적전 적탄지 고수정진 사적부득입의령계

人以爲再祐之功 沔故武將世文之子 禦賊于居
昌牛脊峴 累郤賊事聞 擢爲右兵使 病卒於軍中
宗介起兵未久 遇賊而死 朝廷嘉其志 贈禮曹參
議 士珍前後射殺賊兵甚多 賊稱爲張將軍 不敢
入軍威界 一日賊設伏誘之 士珍窮追陷伏中 猶
大呼力戰 矢盡 賊擊斷士珍一臂 士珍獨以一臂
奮擊未已 遂死 事聞 贈水軍節度使 其在忠淸
道者 僧人靈圭 前提督官趙憲 前淸州牧使金弘
敏 庶孽李山謙 士人朴春茂 忠州人趙德恭 內
禁衛趙雄 淸州人李逢 靈圭勇力善鬪 與憲復淸
州 後爲賊所敗皆死 雄尤勇敢 能馬上立馳 殺
賊頗多 戰死 其在京畿者 前司諫禹性傳 前正
鄭叔夏 水原人崔屹 高陽人進士李魯李山輝 前
牧使南彥經 幼學金琢 前正郎兪大進 忠義衛李
軼 庶孽洪季男 士人王玉 李男最驍勇 其餘各
聚鄕里 或百餘人 或數十餘人 以義爲名者 不

可勝數 而無可紀之績 皆遷徙日闕而已 又有僧
가 승 수 이 무 가 기 지 적 개 천 사 일 결 이 이 우 유 승

人惟正 在金剛山表訓寺 賊入山中 寺僧皆走
인 유 정 재 금 강 산 표 훈 사 적 입 산 중 사 승 개 주

惟正不動 賊不敢逼 或合掌致敬而去 余在安
유 정 부 동 적 불 감 핍 혹 합 장 치 경 이 거 여 재 안

州 移文四方 使各起兵赴難文至山中 惟正殿佛
주 이 문 사 방 사 각 기 병 부 난 문 지 산 중 유 정 전 불

卓上 呼諸僧讀之流涕 遂起僧軍 西赴勤王 比
탁 상 호 제 승 독 지 류 체 수 기 승 군 서 부 근 왕 비

至平壤 衆千餘人 屯平壤城東 與順安軍作爲形
지 평 양 중 천 여 인 둔 평 양 성 동 여 순 안 군 작 위 형

勢 又有宗室湖城監 率百餘人赴行在 朝廷陞秩
세 우 유 종 실 호 성 감 솔 백 여 인 부 행 재 조 정 승 질

爲湖城都正 使屯順安 與大軍合勢 其在北道者
위 호 성 도 정 사 둔 순 안 여 대 군 합 세 기 재 북 도 자

評事鄭文孚 訓戎僉使高敬民 功最多云
평 사 정 문 부 훈 융 첨 사 고 경 민 공 최 다 운

175

以李鎰爲巡邊使 召李薲還行在 鎰初守江灘 平
이 이 일 위 순 변 사 소 이 빈 환 행 재 일 초 수 강 탄 평

壤旣陷 渡江而南 入黃海道 從安岳至海州 又
양 기 함 도 강 이 남 입 황 해 도 종 안 악 지 해 주 우

自海州至江原道伊川 從世子募得兵數百 聞賊
자 해 주 지 강 원 도 이 천 종 세 자 모 득 병 수 백 문 적

入平壤久不出 而天兵將至 遂還平壤 結陣于
입 평 양 구 불 출 이 천 병 장 지 수 환 평 양 결 진 우

林原坪 在平壤東北十餘里 與義兵將高忠卿等
임 원 평 재 평 양 동 북 십 여 리 여 의 병 장 고 충 경 등

連勢 頗有斬獲 而李薲在順安 每進兵輒北 撫
련 세 파 유 참 획 이 이 빈 재 순 안 매 진 병 첩 북 무

軍司從官 皆欲以鎰代薈 元師金命元 獨主李薈
군 사 종 관 개 욕 이 일 대 빈 원 수 김 명 원 독 주 이 빈

與撫軍司論議不協 頗有相激之端 朝廷使余往
여 무 군 사 론 의 불 협 파 유 상 격 지 단 조 정 사 여 왕

順安軍中 使之鎭定調輯 旣而 朝議皆言鎰勝薈
순 안 군 중 사 지 진 정 조 집 기 이 조 의 개 언 일 승 빈

又聞天兵將出 恐薈不勝任 遂以鎰代之 朴名賢
우 문 천 병 장 출 공 빈 불 승 임 수 이 일 대 지 박 명 현

代領鎰軍 而薈還行在
대 령 일 군 이 빈 환 행 재

獲賊諜金順良 余自安州 遣軍官成男 持傳令密
획 적 첩 김 순 량 여 자 안 주 견 군 관 성 남 지 전 령 밀

約 進取事于水軍將金億秋 時十二月初二日也
약 진 취 사 우 수 군 장 김 억 추 시 십 이 월 초 이 일 야

戒曰六日內回繳 過期不繳 追成男詰之成男云
계 왈 육 일 내 회 격 과 기 불 격 추 성 남 힐 지 성 남 운

已使江西軍人金順良還納 又捕順良來 問傳令
이 사 강 서 군 인 김 순 량 환 납 우 포 순 량 래 문 전 령

安在 其人故作迷罔狀 言辭流遁 成男曰 此人
안 재 기 인 고 작 미 망 상 언 사 류 둔 성 남 왈 차 인

持傳令出數日還軍中 牽一牛來 與同伴屠食 人
지 전 령 출 수 일 환 군 중 견 일 우 래 여 동 반 도 식 인

間牛何來 順良答曰 吾牛而寄養於族人家 故還
간 우 하 래 순 량 답 왈 오 우 이 기 양 어 족 인 가 고 환

取耳 今聞其言 蹤跡可疑 余始令拷掠而嚴鞫之
취 이 금 문 기 언 종 적 가 의 여 시 령 고 략 이 엄 국 지

乃吐實曰 小人爲賊間 其日受傳 令及秘密公文
내 토 실 왈 소 인 위 적 간 기 일 수 전 령 급 비 밀 공 문

直入平壤示賊 賊將置傳令案上 公文則見卽扯
직 입 평 양 시 적 적 장 치 전 령 안 상 공 문 칙 견 즉 차

裂賞一牛 同爲間者徐漢龍 賞紬五疋 約更探外
열 상 일 우 동 위 간 자 서 한 룡 상 주 오 필 약 갱 탐 외

事 期十五日來報 故聽出矣 余問爲間者獨汝乎
사 기 십 오 일 래 보 고 청 출 의 여 문 위 간 자 독 여 호

更有幾人 對曰凡四十餘輩 每散出順安江西 諸
갱 유 기 인 대 왈 범 사 십 여 배 매 산 출 순 안 강 서 제

陣以至肅川安州義州 無不貫穿行走 隨事輒報
진 이 지 숙 천 안 주 의 주 무 불 관 천 행 주 수 사 첩 보

余大駭卽狀啓 又按名急通諸陣捕之 或得或逸
여 대 해 즉 장 계 우 안 명 급 통 제 진 포 지 혹 득 혹 일

斬順良於城外 不久 天兵至而賊不知 蓋其類駭
참 순 량 어 성 외 불 구 천 병 지 이 적 부 지 개 기 류 해

散故耳 玆亦事機之偶然者 莫非天也
산 고 이 자 역 사 기 지 우 연 자 막 비 천 야

제2권

12월에 명나라에서 크게 군사를 냈다.

병부우시랑兵部右侍郞 송응창宋應昌을 경략經略으로 삼고, 병부원외랑兵部員外郞 유황상劉黃裳과 주사主事 원황袁黃으로 찬획군무贊畫軍務를 맡게 하여 모두 요동에 머무르게 했다.

제독提督 이여송이 대장이 되어서 삼영장三營將 이여백李如柏·장세작張世爵·양원楊元과 남쪽 장수 낙상지駱尙志·오유충吳惟忠·왕필적王必迪 등을 거느리고 강을 건너니 군사의 수효는 4만이 넘었다.

이보다 앞서 심유경이 간 뒤에 적들은 과연 군사를 거두고 움직이지 않았다. 그러나 50일이 지나도록 심유경이 오지 않으므로 왜병들은 의심하여, 곧 압록강 물을 기어이 우리(왜) 말에 먹이겠다고 큰소리쳤다. 적진에 잡혀갔다가 도망쳐 돌아

명나라 장수 이여송이 유성룡에게 준 부채. 안동 유성룡 종가(충효
당)에 소장되어 있다.

온 자의 말을 들어도 모두들 적병이 우리 성을 크게 칠 준비를 하고 있다 하여 인심이 갈수록 흉흉해졌다. 그러던 중 12월 초에 심유경이 다시 와 성안에서 수일을 머무르면서 그들과 회합하여 무슨 약속을 하고 가는 모양이었으나, 그 회담 내용을 아는 사람은 아무도 없었다.

이러고 있을 무렵 갑자기 명나라 군사가 안주에 이르러 성 남쪽에 영을 치니 깃발과 병기의 정숙하기가 무척이나 신령스러웠다.

나는 제독 이여송에게 할 말이 있노라고 면담을 요청했다. 그는 동헌에 앉아 나를 맞이했는데, 대해 보니 헌헌한 장부였다. 의자에 마주 자리를 잡자, 나는 소매 속에서 평양 지도를 꺼내 놓고 지형이며 군사가 들어갈 수 있는 길을 자세히 설명했다.

이여송은 나의 설명을 열심히 들으며 내가 가리키는 곳마다 붉은 글씨로 표를 해 두었다. 나의 말이 끝나자 그는 나를 향해 입을 열었다.

"왜병들이 믿는 것은 오직 조총뿐이 아니겠소. 그러나 우리는 대포를 사용한단 말입니다. 우리가 가지고 있는 대포는 모두 5~6리는 가니, 적들이 조총으로 어찌 이를 당해 낼 수 있겠소?"

면담을 마치고 자리에서 일어나려는 나에게 이여송은 다음과 같은 시 한 수를 부채에 써서 주었다.

군사를 거느리고 밤을 도와 강을 건넘은,

삼한三韓 나라 편안하지 못한 까닭이로세.

황제의 생각하심 날마다 깊으시며,

나 또한 밤에도 술잔을 들어 즐기는 것 그쳤구나.

봄날이라 이는 살기殺氣 내 마음 더욱 장할씨고,

이제부터 왜적들 뼈 절로 저리리.

담소談笑 오가는 속엔들 승산勝算이 없다고 말할쏘냐,

말 안장에 앉았음이야 꿈속엔들 잊을쏜가.

提兵星夜渡江干

爲說三韓國未安

明主日縣㫌節報

微臣夜釋酒杯歡

春來殺氣心猶壯

此去妖氛骨已寒

談笑敢言非勝算

夢中常憶跨征鞍

이때는 명나라 군사가 성안에 가득 차 있을 때였다.

　내가 마침 백상루 위에 있으려니까 밤중에 졸연히 명나라 군사 한 사람이 군중의 밀약密約 삼조三條를 가지고 나를 찾아와 보여 주는 것이었다. 그의 성명을 물었지만 대답하지 않고 그냥 가 버리고 말았다.

제독 이여송이 부총병 사대수查大受로 하여금 군사를 거느리고 먼저 순안으로 가게 해서 왜병에게 거짓말로 "우리 조정에서 이미 화친하기를 허락했고, 유격장군 심유경도 와 있다"고 이야기했다. 그러자 왜병들은 몹시 기뻐했으며 현소는 헌시를 보냈다.

동쪽 나라 싸움 그치고 중화와 강화하니,
사해四海와 구주九州가 모두 한집 되었네.
기쁜 기운 갑자기 나라 밖 눈을 녹이니,
건곤에 봄은 아직 이르건만 태평한 꽃이 피었도다.

扶桑息戰服中華
四海九州同一家
喜氣忽消還外雪
乾坤春早太平花

때는 바로 계사년(선조 26년, 1593년) 정월 초하루였다.

왜적은 그들의 소장小將 평호관平好官을 시켜 부하 20여 명만을 거느리고 순안에 나와 심유경을 맞게 했다. 사 총병(査總兵, 사대수)이 이들을 유인하여 술을 대접하는 체하면서 한편으로 복병을 시켜 평호관을 사로잡고 따라온 왜병을 잡아

「평양성 탈환도」. 조선과 명나라 연합군이 평양성을 탈환하는 모습을 그렸다.

죽였다. 이 틈에 겨우 왜병 셋이 살아서 도망쳐 자기 진에 사실을 보고하니, 왜적은 그제야 비로소 명나라의 구원병이 온 줄을 알고 몹시 소요스러웠다.

이때는 명나라의 대군이 숙천肅川에 이르렀을 때였다. 이윽고 날이 저물자 그들은 영책에서 내려와 밥을 지어 먹고 있었다. 군사들이 진군을 멈추었다는 보고를 받은 제독은 아무런 말없이 활을 잡고 말에 올라 기병 몇을 데리고 순안을 향해 달렸다. 이를 본 모든 영책의 군사들도 뒤따라 진병했다.

이튿날 아침에 대군은 평양을 포위하고 보통문과 칠성문을 치니 적병은 성 위에 올라가 홍백기紅白旗를 내세우고 대항하였다. 이에 이편에서는 대포와 화전火箭으로 치니 그 소리는 땅을 울려 수십 리 사이의 산들이 모두 움직이는 듯 요란하였고, 화전이 비단처럼 공중에 날아 쏟아지니 연기가 하늘을 덮었다. 화전이 성안에 떨어지자 곳곳마다 불이 일어나 수목이 모두 타고 있었다.

낙상지와 오유충 등은 자기 병사를 거느리고 개미처럼 성에 기어오르기 시작했다. 앞의 군사가 떨어지면 뒤의 군사가 올라 물러나는 자가 하나도 없었다. 성안에는 적의 칼과 창이 마치 고슴도치 털처럼 벌려 섰건만 명나라 군사는 더욱 힘써 싸우니 적들은 대적하지 못하고 내성內城으로 쫓겨 들어갔다. 이 싸움에서 칼에 맞고 불에 타 죽은 적병이 부지기수였다.

우리 군사는 다시 적의 뒤를 쫓아 내성으로 쳐들어갔다.

적들이 성 위 토벽에 구멍을 많이 뚫어 놓아 마치 벌집과 같았다. 적들은 그 틈으로 총을 어지러이 쏘며 대항했다. 이 바람에 우리 편 군사가 적의 총에 많이 상했다.

이를 본 제독은 궁한 적을 급히 치다가 오히려 우리 군사가 많이 상할까 걱정하여 성 밖으로 군사를 거두어 적이 달아날 길을 열어 주니, 그 밤으로 적들은 허겁지겁 얼음 위로 강을 건너 달아났다.

이보다 먼저 내가 안주에 있을 때, 대병이 장차 나온다는 말을 들은 나는 황해도 방어사 이시언李時言[1]과 김경로金敬老[2]에게 은밀히 말하여 그들의 돌아가는 길을 막아 치도록 했다. 그리고 경계하여 이렇게 말했다.

"적은 반드시 이 길로 달아날 것이니, 그대들 양군은 길 좌우에 매복하고 있다가 적이 지나가는 것을 기다려 공격하라. 그러면 적들은 필연 주리고 곤해져서 싸울 마음이 없을 것이니, 그때를 타 모두 사로잡을 수 있을 것이다."

---

1 이시언(?~1624)은 조선 중기의 무신으로 임진왜란이 일어나자 황해도 좌방어사로 있다가 충청도 병마절도사로 전임, 경주 탈환전에서 큰 공을 세웠다. 1594년에는 전라도 병마절도사가 되었으며 이몽학의 난을 진압하는 데 기여하였다. 광해군 때에는 훈련대장이 되었고, 인조 초에는 순변부원수巡邊副元帥가 되었으나 이괄의 난 때 그 일파로 몰려 처형되었다.

2 김경로(?~1597)는 남원 출신으로 임진왜란이 일어나자 경상도 관찰사 김수金睟의 휘하에서 병사들을 모으고 군량을 조달했다. 이어 정유재란이 터지고 왜군이 남원을 포위하자 병마절도사 이복남李福男과 더불어 결사대를 조직해 방어사 오응정吳應井, 구례 현감 이원춘李元春과 함께 명나라 부총병 양원을 도와 싸우다가 전사했다.

나의 말을 들은 이시언은 곧 중화로 떠나고, 김경로는 다른 일이 있다 하여 가지 않으려 했다. 다시 군관 강덕관姜德寬을 보내어 싸움을 독려했더니 김경로도 하는 수 없이 중화로 갔다.

달아나던 적은 하루 전날 황해도 순찰사 유영경柳永慶[3]의 관關에 막혀서 길을 바꾸어 재령載寧으로 달아났다. 그때 유영경은 해주에서 자기가 거느리고 있는 군사만으로 방위하려 하였고, 김경로는 적과 싸우기를 꺼려하여 피해 달아나 버렸다.

적장 평행장·평의지·현소·평조신 등은 남은 군사를 이끌고 밤을 도와 달아나기에 바빴다. 그들은 기운이 빠지고 발이 부르터 걸음을 제대로 걸을 수조차 없게 되었으며, 무릎으로 기어 밭고랑에 엎드려 숨기도 하고, 인가에 들어와 밥을 훔쳐 굶주림을 면하는 형편에까지 이르렀다. 그러나 이때 우리나라에서는 한 사람도 이를 치는 군사가 없었고, 명나라 군사 또한 그들의 뒤를 추격하지 않았다. 오직 이시언만이 그 뒤를 쫓았으나 역시 치지는 못하고 다만 굶주리고 병들어 뒤떨어진 왜

---

3 유영경(1550~1608)의 본관은 전주全州이고, 자는 선여善餘, 호는 춘호春湖다. 임진왜란 당시 의병을 모집했으며 황해도 순찰사로서 해주에서 왜적을 맞아 60여 명의 수급을 베어 호조참의에 올랐다. 정유재란 때에는 가족을 먼저 피란시켰다는 혐의로 파직되었다가 이듬해 병조참판에 올랐다. 유성룡과 함께 동인에 속했으며, 동인이 다시 남인과 북인으로 갈라지자 이발李潑과 함께 북인에 가담했다. 1604년에 호성공신 2등에 책록되고, 전양부원군全陽府院君에 봉해졌다. 광해군이 즉위한 뒤 이이첨, 정인홍으로부터 탄핵을 받고 경흥에 유배되었다가 사사되었다.

병 60여 명만을 베었을 뿐이었다.

이때 왜장 중에서 도성에 남아 있던 자는 평수가平秀嘉[4]였다. 그는 관백의 조카라고도 하고 사위라는 말도 있었다. 그는 나이가 어린 탓으로 군무를 지휘하지는 못하고 다만 평행장의 제재만 받는 형편에 지나지 않았다. 한편 청정淸正은 함경도에서 돌아오지 않고 있을 때였다.

만일 평행장·평의지·현소 등만 사로잡는다면 도성에 있는 적은 저절로 무너질 판국이었다. 도성이 무너진다면 청정이 돌아갈 길도 자연히 막히는 것이다. 그렇게 되는 날에는 적의 군심軍心이 흉흉해지고, 반드시 바다를 끼고 달아나지 않는 한 어찌할 수 없을 것이다. 한강 남쪽에 있는 적 또한 따라서 와해될 것이 뻔한 사실이다. 이때를 타서 구원병이 북을 울리고 추격한다면 부산까지 아무 거리낌 없이 내려 쫓았을 것이 아닌가? 이대로만 했더라면 잠깐 사이에 온 나라가 맑고 깨끗했을 것이니, 수년 동안 분분했던 전쟁이 왜 있었을까 보냐. 한 사람의 잘못으로 천하 대사를 그르쳤으니 실로 통석할 일이로다.

나는 임금께 장계를 올려 김경로의 목을 베자고 아뢰었다. 이때 나는 평안도 체찰사로 갔을 때라, 김경로가 내 관하管下가

---

4   우키타 히데이에宇喜多 秀家(1572~1655)를 말한다. 왜군이 조선을 침략해 북진하고 있을 때 한양의 수비를 담당했다. 이후 행주대첩에서 권율에게 대패한다.

아니므로 먼저 임금께 아뢰었던 것이다.

조정에서는 선전관 이순일李純一을 보내어 표신標信을 가지고 개성부開城府에 가서 그의 목을 베고자 먼저 제독 이여송에게 알리게 했다. 보고를 받은 제독은 "그 죄는 죽여 마땅할 것이나, 적병을 완전히 쳐 없애지 못한 이 마당에 한 사람의 무사라도 아껴야 할 것이다. 우선 백의白衣로 종군케 하였다가 그로 하여금 공을 세워 속죄케 하는 것이 옳은 일일까 하노라" 하고 자문咨文을 주어 이순일을 돌려보냈다.

순변사 이일을 다시 이빈으로 바꾸었다.

평양 싸움에 참여한 구원병은 보통문으로 들어가고, 이일과 김응서 등은 함구문으로 들어갔다. 그런데 군사를 거둘 때 보니 이일과 김응서의 군사는 모두 성 밖에 물러 나와 진을 치고 있어, 적들이 밤을 틈타 도망쳤다는 사실이 이튿날 아침에야 비로소 알려지게 되었다.

이것을 안 이여송 제독은 아군이 잘 지키지 못해서 적이 달아나도 모르고 있었다고 나무랐다. 이때 명나라 장수 중에 순안을 왕래하여 이빈과 교분이 두터운 사람이 있었는데, 그가 이여송 제독의 눈치를 살피며 아뢰었다.

"이일은 본시 장수감이 아닙니다. 그 자리를 이빈과 바꾸는 것이 좋겠습니다."

이여송 제독은 이 말을 옳게 여겨 그대로 우리 조정에 그 뜻을 전해 왔다. 이에 조정에서는 우상 윤두수로 하여금 평양에 가서 이일을 문죄하고 군법을 행하고자 하였으나 얼마 있다가 이일을 석방시키고 이빈을 순변사로 삼아 군사 3천 기騎를 뽑아 제독을 따라 남쪽으로 가게 했다.

이여송 제독은 파주坡州에 진병하여 적과 벽제碧蹄 남쪽에서 싸웠으나 이기지 못하고 개성으로 돌아가 주둔하였다.

평양이 회복되고 대동강 남쪽에 있던 적들이 모두 도망치니 제독은 이를 추격하라 하고, 나를 보고는 "이제 대군이 바야흐로 전진하려 하는데, 듣건대 앞길에 군량과 마초가 없다니 공은 대신으로서 마땅히 국사를 생각하실지라, 수고를 아끼지 마시고 급히 떠나 군량을 준비하되 그릇됨이 없도록 하여 주십시오" 하고 부탁했다.

이에 나는 제독과 작별하고 나왔다. 구원병의 선봉은 벌써 대동강을 건너 남쪽으로 가고 있었다. 대숲처럼 빽빽이 줄지어 가는 군사들 때문에 길이 막혀 더 나아가지 못하게 된 나는 옆길로 돌아 빨리 가서 군사의 앞에 나섰다. 그날 밤으로 중화를 거쳐 황주黃州에 다다르니 밤은 이미 삼경이었다.

그때는 적병이 금방 물러간 뒤였다. 고을마다 텅 빈 채 백성들이 보이지 않아 수습할 길이 없었다. 급히 황해감사 유영경에게 글을 보내어 서두르게 하는 한편, 평안감사 이원익에게도 글을 보내어 김응서 등이 거느린 군사 중에 싸움에 나가

지 못할 자들을 동원하여 평양으로부터 곡식을 황주로 운반하게 하고, 또 배로 평안도 세 고을의 곡식을 청룡포靑龍浦를 거쳐 황해도로 운반하게 하였다.

이렇듯 일을 미리 준비하지 못하고 임시로 졸지에 서두른 것은 갑자기 대군이 이르고 보면 군량이 모자랄까 두려워했던 터로 나로서는 이 점을 몹시 걱정하여 노심초사했던 것이다.

유영경에게는 적을 피해 산골짜기에 쌓아 두었던 곡식이 꽤 있어 백성들을 재촉하여 운반하도록 하였다. 서두른 보람이 있어 연도에서 군량이 결핍되는 일은 없었다. 그런 뒤에 이윽고 대군이 개성부에 도착하였다.

정월 24일, 적들은 우리 백성들이 내응할까 의심하고, 또 평양에서 패한 것을 분하게 여겨 도성에 남아 있던 백성들을 닥치는 대로 잡아 죽이고, 관공서와 사가에 모두 불을 놓아 태워 버렸다. 그들은 한바탕 살인과 방화를 자행하고 나서 서로西路에 둔친 군사를 모두 도성에 집결시켜 다시 한 번 우리와 싸울 계획을 하고 있었다. 이에 나는 제독에게 빨리 적을 추격해야 한다고 여러 번 건의해서 서둘렀으나, 여러 날 만에 겨우 파주에 다다랐다.

그 이튿날, 부총병 사대수가 우리 장수 고언백과 함께 군사 수백을 거느리고 먼저 가서 적의 정세를 정찰했다. 이들 일행은 벽제역 남쪽 여석령礪石嶺에서 적과 마주치게 되었다. 이 싸움에서 우리 편은 적병 백여 명의 머리를 베거나 사로잡

왔다.

제독이 이 소식을 듣자 대군은 그대로 머물러 있도록 하고, 자기 혼자서 말을 탄 군사 천여 명만 거느린 채 길을 재촉했다. 막 혜음령 고개를 넘어서려는 순간 탔던 말이 실족하여 땅에 떨어지자, 따르던 사람들이 급히 붙들어 일으켰다. 이때 적들은 대병을 여석령 뒤에 숨겨 놓고 겨우 수백 명만 고개 위에 있었다.

제독은 이들을 바라보고 자기 군사를 두 길로 나누어 앞으로 나아갔다. 적병도 역시 고개에서 내려와 점점 가까워졌다. 바로 그때 뒤에 숨어 있던 적군이 산 뒤에서 다시 고개 위로 올라와 진을 치니, 그 수가 수만을 헤아렸다. 이것을 본 구원병은 싸울 마음이 없는 듯 어찌할 바를 몰라 했다. 그러나 이미 싸움을 피할 수 없었다.

원래 제독이 거느린 군사는 모두 북쪽의 기병이라, 화기火器는 없고 다만 짧은 칼만 가졌는데, 적은 보병을 써서 서너 척이나 되는 날카로운 긴 칼을 휘둘러 좌우로 치니, 인마가 모두 쓰러져 도저히 당해 낼 수가 없었다. 자못 형세가 위태롭게 된 제독은 후군後軍을 불렀으나 그들이 도착하기 전에 거느린 군사가 모두 패하여 죽거나 상하는 자가 무척 많았다. 다행히 적들도 군사를 거두고 그 이상 급히 따르지 않아서 날이 저물자 그대로 파주로 돌아왔다.

제독은 그날 싸움에 패한 것을 두고 아무 말도 하지 않았으나, 신기神氣가 몹시 상하여 그날 밤 자기와 가까웠던 부하의 죽음을 위해 남몰래 통곡까지 하였다.

　그 이튿날 제독은 동파東坡로 퇴병할 기세를 보였다. 이를 본 나는 우의정 유홍과 도원수 김명원, 순변사 이빈 등과 함께 제독을 찾아갔다. 제독은 장막 밖에 나와 서 있었고, 여러 장수들도 좌우에 서 있었다. 나는 힘써 권했다.

　"승패는 병가의 상사常事라, 이제 적의 형세를 보아 다시 도모함이 옳겠거늘 제독은 어찌 가벼이 움직이려 하시오?"

　이 말을 듣자 제독은 "어제 싸움에 적병을 많이 무찔러 우리 편에 이롭기는 하지만, 이곳 땅이 비가 조금만 와도 질어서 군사가 머무르기에 여간 불편하지가 않습니다. 그래서 동파로 돌아가 군사를 쉬게 하였다가 다시 진병할까 하는 참입니다"하고 대답했다.

　내가 같이 간 여러 사람과 함께 거듭 제독의 퇴병 계획을 만류하니, 제독은 자기가 본국에 보내는 글을 초한 것을 나에게 내보였다.

　그 글 속에는 "서울에 웅거해 있는 적병만 20여 만이오니, 우리 적은 순사順事로는 대적할 수가 없사옵고……" 하는 구절이 들어 있고, 또한 끝에 가서, "신이 병이 심하여 중임을 감당하지 못하겠사오니 다른 사람으로 대신해 주옵소서" 하는 말이 있었다. 이를 본 나는 놀라지 않을 수가 없었다. 나는 손으로 가리키면서 말했다.

"적병의 수는 불과 얼마 안 되는데 20만이라니 무슨 말씀이시오?"

"내가 알겠소? 공의 나라 사람들이 그렇다 하니 그런 줄 알 뿐이지요."라고 했는데, 제독의 이 말은 핑계였다.

명나라 장수 중에서도 특히 장세작이 퇴병할 것을 강력히 주장하고 나섰다. 우리 일행이 굳이 이를 만류하며 물러나지 않자, 그는 몹시 화가 난 듯 순변사 이빈을 발로 차면서 꾸짖는 소리가 자못 날카로웠다.

이때 큰비가 날마다 계속 내리는데도 적은 길가의 산들을 모두 불살라 버려 말을 먹일 풀 한 포기조차 찾아볼 수 없었다. 게다가 마역馬疫[5]이 생겨 수일 동안에 수만 필의 말이 쓰러졌다.

이날 세 영책의 군사가 도로 임진강을 건너 동파역 앞에 진을 쳤고, 그 이튿날 다시 동파로부터 개성부로 돌아가려 했다. 이를 본 나는 또 제독을 보고, "대군이 한 번 물러서면 그만큼 적들은 교만해지고 우리 민심은 원근이 모두 놀라서 임진강 이북도 보존하기 어려울 것이니, 원컨대 잠시 이곳 동파에 머무르다가 틈을 보아 움직이도록 하십시오" 하니, 제독은 거짓으로 허락하는 체하였다. 그러나 내가 물러 나온 지 얼마 안 되어 제독은 말을 재촉해 개성으로 돌아갔고, 모든 군사도 뒤

---

5   말의 돌림병을 말한다.

따라 개성으로 물러가 버리고 말았다.

이때 다만 부총병 사대수와 유격장군 관승선冊承宣만이 군사 수백을 거느리고 임진臨津을 지키고 있었으며, 나는 혼자 동파에 머무른 채 날마다 제독에게 사람을 보내어 진병할 것을 청했다. 제독은 꾸며대기를, "비가 개고 땅이 마르거든 진병하자"고 회답을 보냈으나, 실제로는 진병할 의사가 없었다.

대군이 개성에 이른 지 여러 날이 지나 군량이 딸리기 시작했다. 이때는 다만 수로水路로 좁쌀과 말먹이 풀을 강화에서 운반해 올 뿐이었다. 또 충청도와 전라도에서 세금으로 거두어 둔 양식을 배로 겨우 실어오고 있는 형편이었는데, 이것도 실어오자마자 떨어져 버리곤 하니 그 형세가 더욱 급했다.

어느 날 명나라 장수 여럿이 제독을 보고 군량이 없으니 빨리 퇴병하자고 말했다. 군량이 떨어졌다는 말에 제독은 여간 노하지 않았다. 그 자리에서 나와 호조판서戶曹判書[6] 이성중李誠中[7]과 경기좌감사京畿左監司 이정형李廷馨[8]을 불러 뜰 아래

---

6   조선 시대 국가의 재정을 관장하던 호조戶曹의 으뜸 벼슬로 정2품에 해당한다.

7   이성중(1539~1593)의 본관은 전주全州이고, 자는 공저公著, 호는 파곡坡谷이다. 임진왜란 당시에 수어사가 되어 선조를 평양까지 호종했다. 이어 호조판서가 되었으며 선조가 요동으로 피난하려 하자 이를 반대했다. 명나라 이여송의 원병에 식량 조달을 위해 힘쓰다가 1593년 함창에서 과로로 병사했다. 시호는 충간忠簡이다.

8   이정형(1549~1607)의 본관은 경주慶州이고, 자는 덕훈德薰, 호는 지퇴당知退堂과 동각東閣이다. 임진왜란 당시 우승지로 선조를 호종했다. 임진강 방어선이 무너지자 의병을 모아 항전하는 한편 장단과 삭녕 등지에서도 왜군을 물리쳐 경기도 관찰사 겸 병마수군절도사가 되었다. 1600년에 강원도 관찰사가 되었고, 1602년에는 예

267

꿇어앉히고 큰 소리로 꾸짖으면서 군법을 행하고자 하였다. 나는 이를 보고 급히 사죄하면서 제독을 말리기에 진땀을 빼야 했다. 나라 형편이 이 지경에 이른 것을 생각하니 걷잡을 수 없는 눈물이 옷깃을 적셨다.

제독도 나의 모습을 보고 민망했는지 다시 자기 부하 장수에게 "너희가 전날 나를 따라 서하西夏를 칠 때는 군사가 여러 날을 먹지 못하였어도 돌아가자는 말을 하지 않고 마침내 큰 공을 세우더니, 이제 조선에 와서는 겨우 2~3일 동안 양식이 없다 하여 감히 군사를 돌이키자 하느냐? 너희들 중에 갈 사람은 가도 좋다. 나는 여기서 적을 쳐 없애지 않고는 결코 돌아가지 않고, 마땅히 말가죽으로 나의 시체를 꾸리리라" 하고 꾸짖으니 그제야 제장들이 모두 머리를 조아리며 사과했다.

제독을 작별하고 나와서 나는 군량을 단속하지 못한 개성 경력經歷⁹ 심예겸沈禮謙을 장형杖刑에 처했다. 이날 군량미를 실은 배 수십 척이 강화로부터 서강에 도착하여 겨우 무사할 수 있었다.

그날 밤 제독은 총병 장세작을 시켜 나를 불렀다. 그는 나의 마음을 위로해 주며 한편 싸울 일을 의논하였다. 그 후 제

조참판으로 명나라에 다녀왔다. 북인이 정권을 잡자 벼슬에서 물러나 잠시 은둔했다. 1606년 삼척 부사로 재직하던 도중 임지에서 죽었다.

9   조선 시대 때 주요 부서의 실무를 담당하던 관직으로 종4품이다.

독은 평양으로 돌아갔다. 이때 적장 청정은 함경도에 있었는데, 들리는 말로는 청정이 장차 함흥으로부터 양덕陽德과 맹산孟山을 넘어 평양으로 습격해 온다는 것이었다. 원래 북쪽으로 돌아가고 싶은 생각이었으나 기회를 얻지 못해 망설이던 제독은 이 소문을 듣자, "평양은 싸움의 요지요 중심지로서, 이곳을 지키지 않으면 우리 대군이 돌아갈 길이 없을 것이다" 하면서 드디어 평양으로 회군하고자 했다.

제독은 왕필적 등에게 머무르면서 개성을 지키게 하고 스스로는 대군을 이끌고 평양으로 갈 준비를 했다. 그는 또한 접반사 이덕형을 보고 말했다. "조선 군사는 형세가 고립되고 구원병도 없으니, 마땅히 임진강 북쪽으로 옮기게 하라."

이때 전라도 순찰사 권율權慄[10]은 고양高陽의 행주幸州에 있었고, 순변사 이빈은 파주에 있었다. 고언백과 이시언 등은

---

10 권율(1537~1599)의 본관은 안동安東이고, 자는 언신彦愼, 호는 만취당晚翠堂과 모악暮嶽이다. 임진왜란이 일어나자 광주 목사에 제수되었으며 전라도 관찰사 이광李洸과 방어사 곽영郭嶸이 군사를 모집할 때 곽영의 휘하에서 중위장中衛將이 되어 서울 수복을 위해 함께 북진했다. 이때 수원과 용인에 이른 이광에게 자중할 것을 권했으나 이를 듣지 않은 이광이 무모하게 공격하다가 대패하자 휘하의 군사를 이끌고 광주로 퇴각해 후사를 도모했다. 12월에 다시 서울 수복을 위해 북진했으나 용인 전투에서의 패배를 거울삼아 바로 북상하는 것을 피하고, 수원의 독성산성에 들어가 진지를 구축했다. 후방과 연락이 단절될 것을 염려한 왜군이 권율을 밖으로 유인하려 했으나 지구전과 유격전을 펼치면서 왜군을 괴롭혔다. 그 뒤 명나라 원군과 호응해 서울을 수복하기 위해 독성산성에서 행주산성으로 군사를 옮겼다. 왜군은 3만여 명의 대군을 이끌고 행주산성을 공격했으나 대패했다. 1604년에 선무공신 1등에 영가부원군永嘉府院君으로 추봉되었다. 시호는 충장忠莊이다.

해유령에 있었고, 원수 김명원은 임진 남쪽에 있었다. 나는 동 파에 있었는데, 혹시 틈을 타서 적이 쳐들어 올까 싶었던 제독 이 이렇게 시켰던 것이다. 그러나 나는 이 말을 듣고 종사관 신 경진을 시켜, 제독에게 달려가 퇴군해서는 안 될 다섯 가지 이 유를 전하게 했다.

"우리나라 역대 선왕의 분묘墳墓가 모두 경기에 있어, 이 땅이 도적에게 짓밟히고 있으니 신인神人의 소망이 끊어질까 봐 차마 버리고 갈 수 없는 것이 그 첫째요. 경기 남쪽에 남은 백성들이 목마르게 기다리던 것이 구원병이었는데, 이제 졸지 에 퇴군하게 되면 의지할 길 없는 백성들이 살길을 찾아 적에 게로 돌아갈 것이니, 이것이 불가한 그 둘째요. 우리나라 땅을 한 치라도 쉽사리 버릴 수 없는 것이 그 셋째요. 장졸들이 비록 힘은 약하나 구원병의 힘을 믿고 용기를 얻어 함께 진병할 계 획을 세우고 있는 터인데, 이제 퇴병한다는 말을 들으면 모두 원한을 품고 흩어질 것이니 이것이 넷째요. 일단 퇴병하고 나 면 적들이 승세하여 쳐들어올 것이고 임진 이북마저 보존하지 못할 것이니, 이것이 그 다섯째입니다."

제독은 이 말을 듣고 묵연히 아무런 말이 없었다.

한편 전라도 순찰사 권율은 적을 행주에서 격파하고 군사 를 파주로 옮겼다. 이보다 먼저 권율은 광주 목사로서 이광을 대신하여 순찰사가 되어 군사를 거느려 임금을 돕고, 이광 등이 야전에서 패한 것을 징계하고, 수원에 이르러 독성산성에 웅거하게 되니 적은 감히 공격해 오지 못했다. 이럴 즈음 권율은 구원병이 장차 서울에 들어온다는 소식을 듣고 강을 건너 행주산성에 진을 쳤다.

이때에 적들은 도성으로부터 크게 공격해 왔다. 이 때문에 군심이 흉흉해서 싸울 생각을 버리고 사방으로 흩어질 기미마저 엿보였다. 그러나 뒤에는 강이 가로막혀 있어 달아날 길이 없으므로 할 수 없이 다시 성으로 들어가 힘써 싸웠다. 화살이 비 오 듯했다. 적들은 세 진으로 나누어 쳐들어왔으나 모두 패하여 돌아가 버리고 말았다.

이날 날이 저문 후 적들이 도성으로 돌아가자 권율은 군사들로 하여금 적의 시체를 찢어 사방 나뭇가지에 걸어 놓아 분함을 풀고자 했다. 그러나 얼마 후 적들이 다시 나와 싸우고자 한다는 말을 듣고 두려운 나머지 영책을 헐어 버린 다음 임진으로 가 도원수 김명원을 따랐다.

이 소식을 듣고 나는 단기로 달려가 파주산성에 올라 지형을 살폈다. 큰길을 가로막아 대적한다면 가히 지킬 만한 곳이었다. 나는 곧 권율과 순변사 이빈으로 하여금 합세해서 이곳을 지켜 적이 서쪽으로 나오지 못하도록 했다.

한편으로 방어사 고언백과 이시언, 조방장 정희현과 박명현 등을 유병遊兵으로 해유령을 막게 하고, 의병장 박유인朴惟仁, 윤선정尹先正, 이산휘李山輝 등은 우로右路로 창릉昌陵과 경

271

릉敬陵 사이에 숨었다가 적이 많이 나오거든 싸우지 말고, 조금 나오거든 곳곳에서 만나 치도록 했다. 이리하여 적들은 마음대로 나와서 나무도 하러 가지 못했고 군마 또한 수없이 죽었다.

한편 창의사倡義使[11] 김천일, 경기수사京畿水使 이빈, 충청수사忠淸水使 정걸 등을 시켜 배를 타고 용산 서강으로부터 적의 세력을 쪼개라 했다.

충청도 순찰사 허욱許頊[12]은 양성陽城에 있으면서 본도本道를 지키고 동시에 남쪽으로 뻗치려는 적의 세력을 꺾도록 했다. 또 경기·충청·경상 각도의 관병과 의병들에게 글을 보내어 각각 자기들이 맡은 곳에 있으면서 적이 가는 길을 좌우에서 막도록 했다.

양근 군수 이여양李汝讓에게 용진龍津을 지키게 한 다음, 제장들이 벤 적의 머리를 모두 개성 남문 밖에 매달게 했다. 제

---

11 나라에 큰 난이 일어나거나 했을 때 이에 맞서 의병을 일으킨 사람들에게 주던 임시 벼슬을 말한다.

12 허욱(1548~1618)의 본관은 양천陽川이고, 자는 공신公愼, 호는 부훤負暄이다. 임진왜란 때 금강을 지켜 호서와 호남 지방을 방어했으며 의병장 조헌과 더불어 청주성을 탈환했다. 서울 수복을 위해 군대를 통진과 독산성 등지에 주둔시키다가 도원수 권율로부터 군량을 충분히 확보하지 못했다는 이유로 탄핵을 받아 파직되었으나 유성룡의 추천으로 다시 형조참의에 임명되었다. 이후 청량사請糧使로 명나라에 건너가 산둥 지방의 곡식을 얻어왔으며 강계 부사가 되어 여진족의 움직임을 정탐해 보고했다. 광해군이 즉위하고 나서 유영경의 일파로 몰려 다시 파직되었으며 능창군 추대 사건에 연루되어 원주로 유배된 뒤 그곳에서 죽었다.

독 참군 여응종呂應鍾은 이를 보고 기뻐하며, "이제 조선 사람도 적의 머리를 쉽게 자르는군" 하고 칭찬하였다.

어느 날 많은 적이 동문으로부터 나와서 양주楊州와 적성積城을 거쳐 대탄大灘에 이르기까지 산을 샅샅이 뒤져 보았으나 아무것도 발견할 수가 없었다. 이에 적이 쳐들어올까 두려워진 사대수가 나를 보고, "정탐병이 와서 보고하기를 적들이 사 총병(사대수)과 유 체찰(柳體察, 유성룡)을 잡으려 한다고 하니 이제라도 개성으로 몸을 피하는 것이 어떠시오?" 했다.

그러나 나는 이 말을 듣자 단호하게 말했다.

"정탐병이 와서 하는 말을 믿을 수 있습니까? 더구나 지금 적들은 우리 대군이 가까이 올까 겁이 나서 야단인 판인데, 저들이 어찌 강을 건너온단 말이오. 또 우리가 한 번 움직이면 민심이 동요할 것이니 가만히 동정을 더 살핍시다."

사대수는 내 말을 듣자 웃으면서 말했다.

"옳은 말씀이오. 만약 적이 온다 하더라도 나나 유 체찰은 사생을 같이 해야 할 텐데 어찌 혼자 갈 수 있겠소." 그러고는 오히려 자기가 거느린 병사 가운데 용맹한 군사 수십 인을 보내어 나를 호위하게 하였다.

그는 그 병졸들에게 단단히 타일러 아무리 비바람이 사나운 날이라도 밤새워 지키게 했다. 그들로 하여금 조금도 게으름이 없게 해서 적들이 저희들 성으로 들어간 뒤에야 파하게 했다.

그러고 나서 적들은 권율이 파주에 있다는 말을 듣고서 전날의 원수를 갚고자 대군을 거느리고 서로西路를 통해 광탄廣灘으로 나온 후 산성 밖 몇 리 떨어진 곳에 진을 쳤다. 그러나 그들은 거기에서 더 앞으로 나오지 않고 오시午時[13]부터 미시未時[14]에 이르도록 나와서 싸움을 돋우는 일이 없었고, 영책으로 들어간 뒤로는 다시 나오려 하지 않았다. 이것은 권율이 웅거해 있는 곳이 험해서 쉽사리 움직일 수 없는 곳임을 적이 알고 있었기 때문이다.

나는 왕필적에게 글을 보냈다.

"적이 이제 험한 곳에 웅거하고 있어 쉽사리 칠 수가 없으니, 대군은 동파와 파주에 진주시켜 적의 뒤를 누르게 하는 것이 좋을 듯하오. 그리고 남쪽 군사 1만을 뽑아 강화로부터 한남漢南으로 나가서 불의에 적을 쳐서 모든 영책을 부수면 도성에 있는 적들이 돌아갈 길이 끊어질 것이오. 이렇게 되면 적들은 반드시 용진龍津으로 달아날 것이니, 이때를 타서 강진江津을 덮치면 일거에 적을 섬멸할 수가 있을 것이오."

왕필적은 내 글을 다 읽고 나서 "참으로 기이한 계교로다" 하고 무릎을 치며 탄복했다. 그는 서둘러 정탐군 36명을 뽑아 충청도 의병장 이산겸李山謙의 진에 보내어 적의 형세를 살펴

---

13 오전 11시부터 오후 1시까지를 말한다.
14 오후 1시부터 오후 3시까지를 말한다.

라 했다. 이때 적의 정병은 모두 도성에 있었고, 뒤에 떨어진 것은 거의 다 병들고 쇠약한 군사들뿐이었다. 정탐병이 이를 자세히 보고하기를 "적의 수는 1만이 넘을까 말까 한데, 우리 군사 2천~3천이면 넉넉히 파할 수 있겠습니다"라고 하였다. 그러나 이 제독은 북쪽 장수라 남쪽 군사를 지나치게 억제해 오던 터였다. 그는 이번에도 그들이 공을 세울까 꺼려하여 허락하지 않았다.

남은 군량을 보내어 주린 백성을 구제하도록 임금께 청했더니 허락하셨다. 이때는 적병이 도성을 점령한 지 벌써 2년이 지나 군사가 이르는 곳마다 천 리가 모두 쑥밭이 되는 판이라 백성들이 농사를 짓지 못해 굶어 죽는 자가 부지기수였다. 성 안에 남아 있던 백성들은 내가 동파에 있다는 말을 듣고 노약이 모두 쫓아오니 그 수가 헤아릴 수 없이 많았다.

때마침 사 총병(사대수)이 마산馬山으로 가는 도중이었다. 그는 길가에 쓰러진 어미의 시체 위에 엎드려 젖을 빨고 있는 어린애를 발견하고 불쌍히 여겨, 부하 병졸들을 시켜 거두어다가 군중에서 기르게 하고는 나를 돌아다보며 말했다.

"왜적은 물러갈 생각을 않고 죄없는 백성들은 이 지경이 되니 이 일을 장차 어찌하면 좋단 말이오?"

그는 다시 탄식했다.

"하늘도 원망스럽고 땅도 참혹하구려."

나는 이 말을 듣고 눈물이 옷깃을 적시는 것을 막을 수가 없었다.

이때 대병이 장차 계속해서 온다는 전갈이 왔다. 이 때문에 군량을 실은 배가 남쪽에서 계속 올라와 강가에 널려 있었지만, 한 톨도 다른 데 쓸 수가 없었다.

그러던 중 마침 소모관召募官[15] 안민학安敏學[16]이 피곡皮穀 천 석을 배에 싣고 왔다. 이것을 보고 나는 즉시 장계를 올려 이 곡식을 급한 대로 굶주린 백성들에게 나누어 먹이자고 하였다. 또 전 군수 남궁제南宮悌는 감진관監賑官으로 있으면서 솔잎으로 가루를 만들어서 솔잎 가루 열 숟가락에 쌀가루 한 숟가락씩을 섞어 물에 타서 먹이는 비상 수단을 쓰기까지 했다. 그러나 곡식 양이 워낙 적고, 사람 수는 많아서 이런 방법으로도 굶주린 백성들을 구제하기가 힘든 형편이었다. 이것을 보고 명나라 장수들도 우리 백성들을 몹시 불쌍하게 여겨 자기네 군량 30석을 백성들에게 나누어 주기도 했다. 그러나 이런 정도로는 해결이 될 수 없었다.

이날은 큰비가 내렸다. 내 옆에 모여 있는 백성들이 굶주

---

15 조선 시대 때 의병을 모집하기 위해 임시로 파견된 관리를 말한다.

16 안민학(1542~1601)의 본관은 광주廣州이고, 호는 풍애楓崖다. 1580년에 이이의 추천으로 희릉참봉禧陵參奉이 되었으며 사헌부감찰이 된 뒤에 대흥, 아산, 현풍, 태인 등지에서 현감을 지냈다. 임진왜란이 일어나자 소모사가 되어 군량과 말, 병사 등을 모았으며 후에 이조참의에 추증되었다.

려서 신음하는 소리를 차마 들을 수가 없었다. 이튿날 보니 굶어 죽은 시체가 즐비하게 늘어서 있는 것이 발견되었다.

경상우도 감사 김성일이 전 전적典籍 이로를 내게 보내어 급한 사정을 보고해 왔다.

"전라좌도 곡식을 내어 주린 백성들에게 나누어 먹이게 해 주시고, 또 봄에 뿌릴 종자도 이것으로 쓰도록 하십시오."

그러나 전라도사全羅都事 최철견崔鐵堅[17]은 곡식을 내놓으려 하지 않았다. 그때 지사知事 김찬金瓚[18]이 체찰부사體察副使로 호서湖西에 있을 때라, 나는 즉시 김찬에게 글을 보내어 남원 등지에 있는 곡식 1만 석을 풀어서 영남 백성들을 나누어 먹였다.

대개 이때는 도성으로부터 남쪽 끝까지 적병이 연달아 이어져 있었고, 4월인데도 백성들이 높은 산이나 골짜기에 숨어서 나오지 못하고 있는 형편이었다. 이렇게 농사지을 사람이

---

17 최철견(1548~1618)의 본관은 전주全州이고, 자는 응구應久, 호는 몽은夢隱이다. 1585년 별시문과에 급제하여 벼슬길에 올랐으며 1590년에 병조정랑이 되어 서장관으로 명나라에 다녀왔다. 임진왜란 당시 관찰사 이광이 싸움에 져서 도망치자 대신 힘껏 싸워 전주를 지켰다. 1597년에 수원 부사로 임명되었고, 이어 1601년에 황해도 관찰사가 되었다.

18 김찬(1543~1599)의 본관은 안동安東이고, 자는 숙진叔珍, 호는 눌암訥菴이다. 1568년에 식년 문과에 을과로 급제해 승문원에 들어갔으며 1573년에는 평안 삼도사로 나가 군적을 정리했다. 임진왜란이 일어나자 선조의 파천을 반대하는 한편, 영의정 이산해의 실책을 탄핵해 파직시켰다. 이어 체찰부사를 역임하고, 접반사가 되어 명나라와의 외교를 담당했다.

없고 보니, 만약 이 상태로 몇 달이 더 지나갔더라면 이 땅의 생민生民의 씨가 마르는 무서운 결과가 왔을 것이다.

유격대장 심유경이 다시 도성에 들어가 적병에게 퇴병하라고 꾀었다. 이해 4월 초이렛날, 제독이 군사를 거느리고 평양으로부터 개성에 이르렀다. 이보다 앞서 김천일의 진중에 이신충李藎忠이란 사람이 있어 말하기를 "제가 도성에 가서 적의 허실을 탐지하고 겸해서 두 왕자 및 장계군長溪君 황정욱을 만나 뵙고 오겠나이다" 하기에 그를 도성으로 보냈다.

얼마 뒤에 돌아와 보고하기를 "적들이 강화할 의사가 있는 모양이옵니다" 하는 것이었다. 그런 지 얼마 안 되어 적은 용산에 있는 군대에 글을 보내서 화친하기를 청했다. 김천일은 이 글을 바로 내게로 보내왔다.

나는 생각하기에, 제독이 이미 싸울 의사가 없던 판이라, 혹 이를 빙자하여 적을 물리친다고 하면, 그도 다시 개성으로 돌아오지 않을 수 없을 것이니, 그렇게 되면 일은 거의 끝나게 될 게 아닌가 싶어 이 글을 사대수에게 보였다.

사대수는 그 길로 이 글을 자기 하인 이경李慶을 시켜서 평양으로 보냈다. 이에 제독은 심유경을 불러들이게 되었는데, 김명원이 심유경을 보고 말하기를, "적이 평양에서 속은 것을 분하게 여겨 반드시 좋은 심사가 없을 것이니, 다시 들어가지 않는 게 좋을 듯하오" 하니 심유경은 "적들이 빨리 퇴병하지 않았기 때문에 패한 것인데, 내게 무슨 상관이 있겠소" 하고 다시 적진으로 들어갔다.

그가 적의 진중에서 한 말은 듣지 못했으나, 대개 그들로 하여금 왕자와 배신陪臣을 돌려보내고 부산으로 환군하라고 책망하였을 것이고, 또 그런 뒤에야만 강화하겠다고 했을 것이다.

적들이 약속을 이행하겠다고 하자, 제독은 그제야 다시 개성으로 돌아왔다. 이때 나는 적의 글을 제독에게 보이면서 화친하는 것만이 상책이 아니니 빨리 쳐서 물리치기를 강력히 권했다. 그러자 그는 "내 생각도 같습니다" 하면서도 내 말을 들으려 하지 않았다. 제독은 유격장군 주홍모周弘謨를 적의 영책에 보냈다. 마침 나는 원수 김명원과 함께 권율의 진중에 있다가 주홍모를 파주에서 만났다. 그는 우리들이 기패旗牌[19]에 참배하기를 권했다.

나는 말하기를 "이것은 왜적의 영책에 들어갈 기패인데 왜 우리가 참배를 한단 말이오? 또 여기에는 송 시랑(宋侍郎, 송응창)의 적을 죽이지 말라는 패문牌文까지 있는데 더욱 그 말을 들을 수 없소이다" 하고 거절했다.

주홍모는 나에게 참배하기를 재삼 권했지만, 나는 끝내

---

19   황제의 명을 받드는 전령사가 소지한 깃발과 패지牌旨를 말한다. 여기서 패지는 높은 지위에 있는 사람이 낮은 지위의 사람에게 명령하는 문서이다.

이를 거절하고 말을 달려 동파로 돌아왔다. 주홍모가 이 사실을 제독에게 보고하자 제독이 크게 노했다.

"기패는 황제의 명령이라, 비록 북쪽 오랑캐라도 머리를 숙여야 하는 법이거늘 어찌 이렇듯 무례할 수가 있단 말인가? 내 마땅히 군법으로 다스리고 나서 회군하리라."

접반사 이덕형이 이 말을 듣고, 급히 내게 사람을 보냈다. 일이 급하니 빨리 가서 사과하라는 것이었다.

이튿날 나는 김 원수와 함께 개성으로 가서 성명을 통하고 제독을 만나고자 하였으나 제독은 노여움이 풀리지 않은 탓인지 만나 주지도 않았다. 돌아가려는 김 원수를 붙잡고 나는 이렇게 말했다.

"제독이 필시 우리 마음을 떠보려는 것일 터이니, 좀 더 기다려 봅시다."

이때 비가 조금 내렸으나 우리 둘은 면담이 허락되기를 기다리며 문 밖에 서 있었다. 얼마 동안 그러고 서 있으려니까 제독의 부하들이 두 번이나 나와서 우리의 동정을 살피고 돌아갔다. 한참 뒤에 들어오라는 기별이 왔다.

제독은 마루 위에 서서 우리를 맞이했다. 우리는 앞에 나가 예를 하고 나서 사과의 뜻을 말했다.

"우리가 아무리 어리석다 해도 어찌 기패의 소중함이야 모르겠습니까? 그러나 기패 옆에 우리나라 사람으로 하여금 적을 죽이지 말라는 글이 있기에 내심 원통히 여겨서 참배하지 않았을 뿐이옵니다. 실로 죄를 면할 길이 없게 되었습니다."

내 말을 듣고 난 제독은 갑자기 얼굴에 부끄러운 빛을 띠었다.

"옳은 말씀이오. 허나 그 글은 송 시랑이 쓴 것이라 나는 모르는 일이오. 그런데 이 지방에 유언비어가 하도 많으니, 만일 송 시랑이 만일 배신(유성룡을 가리킴)이 기패에 참배하지 않는 것을 내가 내버려 두고 책망하지 않은 사실을 듣는다면 반드시 나까지도 책망을 받을 것이오. 그러니 정문呈文[20]을 한 통 만들어 두었다가 송 시랑이 묻거든 내보여 오해를 풀도록 합시다."

이리하여 우리 둘은 그 자리를 물러나 제독의 말대로 정문을 만들어 보냈다. 이런 뒤로 제독은 사람을 보내어 연달아 적진을 왕래하였다.

하루는 김원수와 함께 제독에게 인사를 하고 동파로 돌아오는 길에 천수정天壽亭 앞에 이르렀다. 이때 마침 사대수의 하인 이경이 동파로부터 개성으로 향하고 있는 길이었는데, 우리를 보자 말 위에서 읍하고 지나쳤다. 우리가 초현리招賢里에 당도했을 때 뒤에서 말을 탄 세 사람이 급히 따라오면서 황급히 물었다.

"유 체찰사는 어디 계십니까?"

---

[20] 하급 관청에서 상급 관청으로 보내는 공문서를 말한다.

나는 얼른 말을 멈추고 그들을 돌아보며 마주 소리쳤다.

"내가 체찰사요. 그런데 무슨 일이오?"

그 사람들은 가까이 오더니 내가 탄 말을 채찍질하면서, "어서 가십시오" 할 뿐 아무 말도 없이 연달아 내 말을 몰아 달렸다. 나는 어찌된 영문인지 몰라 어리둥절한 채, 그저 덩달아 얼마 동안을 같이 개성을 향해 달리는 수밖에 없었다. 이 통에 일행은 모두 뒤떨어지고 나는 그 사람들 셋과 함께 앞서 달렸다. 유독 군관 김제金霽와 종사 신경진만이 애써 뒤를 따랐다.

우리가 청교역青郊驛을 지나 토성土城의 모퉁이에 이르렀을 때, 또 한 사람의 기병이 성안에서 달려 나왔다. 그러고는 저희끼리 무언가를 수군거리더니 나에게 읍하면서, "돌아가십시오" 할 뿐이었다.

나는 어찌된 일인지 알 길이 없었으나 이튿날 이덕형의 편지를 받고서야 겨우 그 곡절을 알게 되었다. 내용은 이러했다. 제독이 신임하는 심부름꾼 하나가 밖에 나갔다가 들어오더니 제독을 보고, "유 체찰사가 강화하는 것에 반대하여 임진강에 있는 배들을 모두 거두어 가고는 왜영倭營에 드나들지도 못하게 하고 있습니다" 하고 보고하더라는 것이다.

이 말을 들은 제독은 크게 노하여 당장 나를 잡아다가 곤장 40대를 때리라고 했다는 것이다. 내가 미처 도착하지 않은 사이 제독은 눈을 부라리면서 안절부절못하며 소매를 걷어붙이는 등 분함을 참지 못하여 좌우 사람들이 어찌할 바를 몰라 모두 두려워했다는 것이다.

이때 마침 돌아온 이경을 보고, 제독은 임진강에 배들이 있느냐고 물었다. 이경은 자기가 본 대로 배들이 그냥 있으며 왕래하기에 방해되지 않겠다고 하니, 제독은 그제야 자기 심부름꾼의 말이 잘못된 것임을 깨닫고 나를 잡으러 간 사람을 도로 불러들이는 한편, 심부름꾼을 불러내어 매질을 몹시 해 기절시키고는 끌어내었다.

제독은 몹시 뉘우치면서 "체찰사가 오면 내 무슨 면목으로 대한단 말인가?" 하더라는 것이다.

원래 제독은 내가 평소부터 강화하는 것을 원치 않고 있음을 알고 있던 터에, 심부름꾼의 말을 듣자 의심할 여지없이 곧이들어 진상을 자세히 조사해 보지도 않고 크게 성을 내었던 것이다. 그래서 주위 사람들은 나를 몹시 위태롭게 여겼던 것이다.

그 후 수일이 지난 뒤에 제독은 다시 유격장군 척금戚金과 전세정錢世禎을 시켜 기패를 가지고 동파로 와서 나와 김 원수를 불렀다. 이때 관찰사觀察使[21] 이정형도 자리를 같이 하고 있었다. 그들은 조용히 강화할 사정을 이야기했다.

"적들이 왕자와 배신을 내보내고, 도성을 돌려주고 물러가기를 청하오니, 이제 마땅히 그들의 소청대로 좇는 체하여

21　조선 시대 때 각 도에 파견된 지방 장관으로 그 지역을 통치하는 책임을 맡았다.

적을 속여 성에서 나가게 한 다음 계교를 써서 치는 것이 좋겠소."

이는 제독이 사람을 보내어 내 뜻이 어떠한가를 탐지하려는 것이었다. 그러나 나는 여전히 소신을 굽히지 않고 처음대로 주장을 고집했다. 그들은 나의 뜻을 굽혀 보려고 몇 번이나 강화에 찬성할 것을 재촉했다.

전세정은 성미가 조급한 사람이라 급기야는 성을 버럭 내면서, "그렇게 강화하기가 싫으면 당신네 국왕은 어찌하여 성을 버리고 도망쳤단 말인가?" 하고 욕까지 했다. 나는 천천히 "그거야 자리를 옮겨 다시 회복되기를 도모하는 것도 한 방도가 아니겠소?" 하고 눙쳐 버렸다. 이때 척금은 나를 쳐다보며 전세정과 더불어 미소를 띨 뿐 아무런 말이 없더니 돌아가 버렸다.

4월 19일, 제독의 대군이 동파에 이르러 사대수의 진중에서 잤다. 이때는 벌써 적이 퇴병할 것을 약속한 뒤라, 도성으로 들어가려는 것이었다. 나는 제독의 처소에 나가 그에게 인사하려 했으나 제독은 나를 만나 주지 않고는 통역을 시켜 "체찰사는 나를 불쾌하게 생각할 터인데 무엇하러 나를 만나려 하는 거요?" 하고 말할 뿐이었다.

4월 20일, 도성이 수복되었다. 명나라 구원병은 성안으로 들어오고 이 제독은 소공주小公主 댁(뒤에 남별궁南別宮이라 불

렀음)에 숙소를 정했다. 적들은 하루 전에 이미 성을 비우고 달아난 터였다. 이때 나도 명나라 군사를 따라 성안으로 들어갔다. 성안에 남아 있던 백성들을 보니 백에 하나도 성한 사람이라고는 없었다. 남아 있던 백성들 모두가 굶주리고 병들어 그 꼴을 차마 볼 수 없을 지경이었다.

이때 날씨가 여간 덥지 않았다. 사람들은 이름 모를 병으로 죽고, 말들도 아무런 까닭 없이 쓰러지니 그 수효가 적지 않았다. 거리마다 사람과 말이 썩는 냄새에 코를 막아야 지나다닐 형편이었다. 관공서와 사가 할 것 없이 집이란 집은 모두 불타 그 흔적조차 찾을 길이 없었다. 다만 숭례문으로부터 남산 밑까지는 적들이 사처로 쓰던 집들이라 다행히 다치지 않고 그대로 남아 있었다. 종묘와 세 대궐 그리고 종루와 큰 거리 북쪽에 있는 각 관청과 관학館學[22] 등도 모두 재가 되어 버렸다. 소공주 댁은 역시 왜장 평수가 있던 곳이라서 화를 면하고 그대로 남아 있었다.

나는 먼저 종묘로 들어가 한바탕 통곡을 했다. 그러고 나서 다시 발길을 돌려 제독에게 들러 인사를 나누었다. 여러 대신들도 만날 수 있었다. 나를 맞는 그들과 얼마 동안 붙들고 서로 통곡을 그치지 못했다.

이튿날 또 제독을 찾았다. 나는 인사를 마치고 나서 이렇

22　성균관과 사부학당四部學堂을 합쳐서 관학이라 한다.

게 권해 보았다.

"이제 적이 물러가기 시작했으나 그리 멀리 가지는 못했을 것이니, 원컨대 이때를 타 군사를 내어 그 뒤를 추격하면 크게 이기리라 생각합니다."

그러나 제독의 대답은 여전히 나의 뜻과는 거리가 멀었다.

"나도 그러고 싶은 생각이 없는 바는 아니지만, 급히 쫓지 못하는 것은 한강에 배가 없기 때문이오. 강을 건널 길이 없으니 어찌하겠소" 하고 짐짓 난처한 빛을 띠었다. 이에 나는 다시 용기를 얻어 "만일 제독께서 적을 쫓으시기만 한다면 내가 먼저 가서 서둘러 배를 준비하도록 하지요" 하였다.

제독도 내 말을 듣고 몹시 기뻐하는 체했다. 제독과의 면담을 마치자 나는 그 길로 급히 한강으로 나갔다.

이보다 먼저 나는 경기우감사京畿右監司 성영成泳[23]과 수사水使 이빈에게 글을 보내어 적이 간 다음에 급히 강 위에 있는 크고 작은 배들을 하나도 빠짐없이 한강으로 모으게 했다. 이리하여 벌써 한강에는 배 80여 척이 준비되어 있었다. 나는 사람을 제독에게 보내어 "배가 이미 준비되었습니다" 하고 보

---

23 성영(1547~1623)의 본관은 창녕昌寧이고, 자는 사함士涵, 호는 태정苔庭이다. 임진왜란이 터지자 경기도 순찰사로서 참전하였다. 이어 정유재란이 일어났을 때에는 남정양향사南征糧餉使가 되어 군량미를 조달했다. 1601년에는 한성부판윤이 되고, 1602년에는 진하사進賀使가 되어 명나라에 다녀왔다. 광해군이 즉위하자 정인홍 등으로부터 유영경의 당파로 몰려 파직되고 연일延日에 유배되었다.

고했다.

이윽고 영장營將 이여백李如柏이 군사 만여 명을 거느리고 한강에 나왔다. 그러나 군사가 미처 반도 건너지 못해서 날이 저물었다. 이때 이여백은 갑자기 발에 병이 났다고 야단을 떨더니, 성으로 돌아가 발을 고쳐야 한다며 교군을 불러 타고 돌아가 버렸다. 이에 군사들도 하는 수 없이 이여백을 따라 성으로 돌아가 버리고 말았다. 너무나 어처구니없는 일이었다.

나는 가슴을 치면서 원통해 했으나 아무런 소용이 없는 노릇이었다. 원래 제독은 실상 싸울 의사가 없었지만, 나의 요구를 정면으로 거절할 수가 없어 이러한 연극을 꾸몄던 것이다.

23일, 나는 병으로 자리에 눕는 몸이 되었다.

5월에 이 제독은 적병을 따라서 문경까지 갔다가 돌아왔다. 송 시랑이 제독에게 글을 보내어 추격하도록 했기 때문이다. 그러나 이때는 적병이 떠나간 지 이미 수십 일이 지난 뒤였다. 송 시랑은 제독이 필시 적들을 그대로 놓아 보내고 쫓지 않으리라 생각해서 일부러 글을 제독에게 보내왔던 것인데, 과연 제독은 적을 두려워해서 끝까지 쫓지 않았었다.

이즈음 적들은 천천히 마음 놓고 퇴병하고 있었다. 그러나 우리 군사들은 그들이 돌아가는 연변에 있다가도 모두 길을 피해 주고 좌우로 흩어져 숨을 뿐, 감히 나가서 싸우지를 못했다.

적병은 해변에 진을 쳤다. 울산蔚山·서생포西生浦로부터 다시 동래東萊·김해金海·웅천熊川·거제巨濟로 머리와 꼬리가 서로 연해서 모두 열여섯 곳에 진을 쳤다. 그들은 그곳에 오래 머물러 있을 양으로, 모두 산을 의지하고 바다를 껴 성을 쌓고 참호를 파서, 바다를 건너갈 생각을 좀처럼 하지 않았다.

이에 명나라에서는 또 사천총병四川總兵 유정劉綎[24]에게 복건福建·서촉西蜀·남만南蠻 등지에서 모집한 군사 5천 명을 거느리고 나와서 성주星州·팔거八莒에 진을 치게 했다. 한편 남쪽 장수 오유충은 선산善山의 봉계鳳溪에 둔치고, 이령李寧·조승훈祖承訓·갈봉하葛逢夏는 거창居昌에 둔치고, 낙상지·왕필적은 경주에 둔쳐서 사면으로 에워싸고 서로 버티고 있었다. 그런데 이들의 식량은 모두 충청도와 전라도에서 공급하는데, 험한 고개를 넘어 여러 진에 나누어 주자니 민력民力은 갈수록 곤비해질 뿐이었다.

제독은 또 심유경을 왜영으로 보내서 왜적을 달래어 빨리 돌아가라고 권했다. 한편 서일관徐一貫과 사용재謝用梓를 낳고

---

24 유정(?~1619)은 명나라 장수로 임진왜란 때 부총병으로 조선에 출병하여 왜군과 싸웠다. 이때 어왜총병관御倭總兵官으로 승진했으며 명나라로 돌아간 뒤에는 사천총병관四川總兵官이 되어 양응룡楊應龍의 반란을 진압했다. 정유재란 때 다시 조선으로 출병했는데 예교曳橋에서 왜군에게 패했으며 이후 왜군이 철병하자 다시 명나라로 귀국했다. 1619년에 조선과 명나라의 연합군이 후금과 격돌한 부차 전투에서 전사했다.

야에 보내어 관백을 찾아보고 교섭하게 했다. 그 뒤 6월에 이르러 비로소 왕자 임해군·순화군과 재신 황정욱·황혁 등을 돌려보내면서, 심유경을 보내어 돌아가서 보고하게 하였다.

한편으로는 진주를 포위하고서 지난해에 패전한 원수를 갚는다고 떠들었다. 원래 임진년에 적병이 진주를 칠때 목사 김시민金時敏[25]이 이를 막아 이기지 못하고 달아났기 때문에 한 말이었다. 이런 지 8일 만에 성이 함락되었다. 목사 서예원, 판관 성수경, 창의사 김천일, 본도 병사 최경회, 충청 병사 황진黃進[26], 의병 복수장 고종후 등이 모두 목숨을 잃었다. 죽은 자는 관민官民을 합하면 6만여 명에 달했고, 소와 말, 닭과 개

---

25 김시민(1554~1592)의 본관은 안동安東이고, 자는 면오勉吾이다. 1578년에 무과에 급제해 군기시에 들어갔다. 이탕개의 난이 일어나자 도순찰사 정언신鄭彦信의 수하 장수로 출정해 공을 세웠으며 1591년에 진주 판관이 되었다. 이후 임진왜란이 터지자 목사 이경李璥과 함께 지리산으로 피했다가 이경이 병으로 죽자 그 직을 대신하게 됐다. 김시민은 민심을 안정시키는 한편 피난을 떠났던 백성들을 돌아오게 했으며 성을 수축하고 무기를 정비해서 왜군에 대비했다. 의병장 김면의 원병 요청을 받고 병사를 이끌고 호응해 서남진하는 왜군을 크게 무찔렀으며 그 공으로 진주 목사가 되었다. 왜군이 2만여 명의 대군으로 진주성을 공격해 오자 불과 3천8백여 명의 병력으로 이를 물리쳤으나 탄환에 맞아 전사했다. 1604년 선무공신 2등과 영의정에 봉해졌고, 상락부원군上洛府院君에 추봉되었다.

26 황진(1550~1593)의 본관은 장수長水이고, 자는 명보明甫다. 임진왜란이 발발하자 전라도 관찰사 이광을 따라 용인에서 왜군과 싸웠으나 패했다. 이후 진안에 들어온 왜군의 선봉장을 죽이고 안덕원安德院에 침입한 적을 물리쳤다. 1593년에 전라 병사 선거이宣居怡를 따라 수원에서 왜군과 싸웠으며 충청도 병마절도사가 된 뒤로 왜군이 점령하고 있던 죽산성을 되찾고 퇴각하는 왜군을 추격해 대파했다. 그 뒤 왜군이 진주성을 공격하자 성으로 들어가 항전하다가 전사했다.

까지 남기지 않았으며, 성을 불태우고 참호와 우물을 메우고 나무도 베어 전날의 원한을 풀었다.

때는 6월 28일이었다. 처음에 조정에서는 적병이 남쪽으로 퇴군한다는 말을 듣고 모든 장수들에게 전지傳旨[27]를 내려 적을 빨리 쫓으라 지시했다. 도원수 김명원과 순찰사 권율 이하 관병과 의병들이 모두 의령에 모였다. 이때 권율은 행주 싸움에서 이긴 뒤라 자신감을 가지고 기강岐江을 건너 전진하려 했다. 그러나 곽재우와 고언백이 "적세는 강성하고 우리 군사는 오합烏合이 많아서 싸움을 견딜 사람이 많지 못할 뿐 아니라, 앞에는 군량도 준비되어 있지 않았으니 경솔히 전진하지 않는 것이 좋을 듯합니다" 하고 만류하여 모두 이 말을 따르기로 했다. 그런데 오직 이빈의 종사관 성호선이 공연히 용기를 내어 여러 장수를 충동해 놓고 권율과 의논해서 강을 건너 함안으로 내려가고 말았다. 그러나 함안성은 텅 비어 있고 먹을 것은 아무것도 없었다. 배고픔을 이기지 못한 군사들이 익지 않은 푸른 감을 따서 먹을 지경이었으니 싸울 용기가 날 리 만무했다.

이튿날 첩보가 들어왔다. 적병이 김해로부터 크게 밀려온다는 것이었다. 이때 우리 편에서는 함안을 지켜야 한다고도 하고, 혹은 퇴병하여 정진을 지키자고도 하여 의견이 분분한

27　임금의 뜻을 관청이나 관리에게 전하는 것을 말한다.

가운데 결정을 짓지 못하고 있었다. 이럴 즈음, 느닷없이 적의 총소리가 들려왔다. 삽시간에 인심이 흉흉해지기 시작했다. 서로 앞을 다투어 성문을 빠져나가려고 서두르다가 적교에서 떨어져 죽는 자만도 수없이 많았다. 하는 수 없이 정진으로 퇴병하여 건너다 보니 적병은 다시 수륙水陸 양로로 몰려오고 있었다.

들판을 덮고 하천을 메워 밀려오는 적병을 바라본 제장들은 하나둘 흩어져 달아나 버리고, 권율·김명원·이빈·최원 등은 재빨리 전라도로 가 버렸으나 오직 김천일·최경희·황진 등이 진주를 향해 들어가니 적은 이를 포위하였다.

목사 서예원, 판관 성수경은 명나라 장수를 접대하느라고 오래도록 상주에 머물러 있다가 적이 본주本州로 향했다는 말을 듣고 허둥지둥 돌아온 지 겨우 이틀밖에 되지 않았다.

이 성은 사면이 모두 험악한 곳으로 둘러싸인 곳에 있었는데, 임진년에 동쪽으로 옮겨 평지에 쌓았던 것이다.

이때 적들은 비루飛樓 여덟 개를 세워 그 위에 올라가서 성안을 들여다보고, 한편으로 성 밖 대숲을 베어다가 커다랗게 묶어서 가려 세워 화살과 돌을 막고, 그 안에서 조총을 비오듯 쏘아 댔다.

왜적들의 조총 소리에 성안 사람들은 감히 나갈 엄두를 내지 못하였다. 또 김천일이 거느린 군사는 전부가 도성의 시정市井에서 모집한 무리들이요, 김천일 역시 군사 일을 잘 몰라 자기 멋대로 할 뿐 아니라, 더욱이 서예원과는 평소부터 사이가 좋지 못했던 터여서 주객主客이 서로 시기하고 명령이 어긋나게 되었다. 이러고서야 어찌 패하지 않을 수 있었으랴.

황진만이 홀로 동쪽 성을 지키고 여러 날 싸우다가 총알에 맞아 목숨을 잃었다. 이 광경을 본 군사들은 맥이 빠지고 용기를 잃었다. 게다가 구원병이 이르지 않자 사기는 더욱 저하되기만 했다. 설상가상으로 때마침 심한 폭우가 내려 성이 무너졌다. 이때를 놓칠세라, 적병들이 개미 떼같이 몰려들어 왔다. 성안 사람들은 힘을 합쳐 이를 나무로 막고 돌을 던져 마침내 적을 물리치고야 말았다. 한편 김천일은 북쪽 문을 지키고 있었는데, 성안이 필시 함락되었으리라고 미리 짐작한 그의 군사들이 여기저기 흩어져 버렸다. 산 위에서 이 광경을 본 적병이 때를 놓칠세라 일시에 쳐 올라오니, 이로써 여러 군사들이 크게 어지러워졌다. 이때 김천일은 촉석루矗石樓에서 이 광경을 바라보고 있다가 너무나 어이가 없는지라, 최경회와 마주 손을 붙들고 통곡하다가 급기야는 강물에 몸을 던져 스스로 목숨을 끊고 말았다. 이 통에 살아남은 군민은 불과 얼마 되지 않았다. 왜변이 생긴 이래 이 싸움만큼 사람이 많이 죽은 때가 없었다.

조정에서는 김천일이 의리에 죽었다 하여 의정부 우찬성을 증직했고, 또 권율은 용감히 싸우고 적을 두려워하지 않았다 하여 김명원을 대신해서 원수로 삼았다.

총병 유정은 진주가 함락되었다는 말을 듣고 팔거로부터 합천에 이르렀고, 오유충은 봉계로부터 초계에 이르러 모두 우도右道를 지켰다. 적들도 진주를 함락한 후 부산으로 돌아가서 말하기를 "명나라에서 강화가 있기를 기다려 회군한다" 하였다.

10월에 임금의 행차가 환도했다. 12월에는 명나라 사신 행인사行人司의 행인사헌行人司憲이 왔다. 이보다 앞서 심유경은 왜장 소서비小西飛와 함께 관백의 항복을 뜻하는 표문을 가지고 명나라로 들어갔다. 그러나 명나라에서는 이것이 관백에게서 온 것이 아니라 행장行長 등이 거짓으로 만든 것이 아닌가 하고 의심했다.

심유경 역시 자신들이 명나라에 돌아오자마자 진주가 함락되었다는 말을 듣고 보매 이것을 진심이라고 받아들일 수가 없었다. 그는 소서비를 요동에 머물러 있게 하고 한동안 그에 대한 회답을 왜倭에 통보하지 않았다.

이때 제독과 그 밖의 여러 장수들은 모두 본국으로 돌아갔고, 다만 유정·오유충·왕필적 등이 군사 만여 명을 거느리고 팔거에 주둔해 있었다. 그러나 안팎이 모두 기근에 허덕이고 양식을 운반하기도 힘든 데다가 노약은 병들어 누웠고, 젊은 장정들은 모두 도둑이 되고만 형편이었다. 더욱이 질병이 심해서 쓰러져 죽는 자가 많아 그 수를 알 수 없었으며, 심지어는 부자父子와 부부夫婦가 서로 뜯어 먹기에까지 이르렀다. 노천에 뒹구는 뼈만 짚단같이 널려 있었다.

얼마 안 되어 유정의 군사는 팔거로부터 남원으로 옮겼다가, 남원에서 다시 도성으로 옮겨 웅거하였다. 거기서 10여 일을 머무르다가 그들도 천천히 본국으로 돌아가 버렸다. 그런데 적들은 그때까지도 해상에 머무르면서 돌아가지를 않았기 때문에 인심은 더욱 소요스러워졌다.

이때 경략 송응창은 탄핵을 받아 돌아가고, 새로 고양겸顧養謙이 경략이 되어 요동에 이르렀다. 그는 참장 호택胡澤을 시켜 우리 군신들에게 이런 공문을 보내었다.

"왜적이 무단히 침입해서 파죽破竹 같은 형세로써 세 도회都會를 점령했고, 그대들의 토지와 인민을 열에 여덟은 빼앗았고, 그대들의 왕자와 중신들을 사로잡는 등 많은 횡포를 자행하였다. 이에 우리 황상皇上이 노하사 군사를 일으켜 한 번 싸워 평양을 빼앗고, 두 번 싸워 개성을 도로 찾은 바 되었다. 마침내 왜적은 도성에서 달아나고 왕자와 중신을 돌려보내고, 따라서 토지 2천여 리를 수복하였으나, 여기에 소비한 인마와 비용이 또한 적지 않았다. 우리 조정에서 조선을 대접함이 이와 같으며 황상의 망극한 은혜 또한 지나친 바 있도다.

그러나 이제는 식량도 더 운반해 올 수 없고 군사도 다시 진군시킬 수 없다. 다행히 왜적들도 황제의 위엄을 두렵게 여겨 항복하기를 청하고 또 조공할 것을 빌었다.

천조天朝 또한 이것을 허락하여 외신外臣으로 용납해 두고자 하고, 왜노倭奴들로 하여금 빨리 바다를 건너가서 다시 침입하지 못하게 하고, 군사를 풀어 다시 싸우지 못하게 하는 것은 그대들 나라를 구원하기 위한 것일 뿐이다. 그러나 그대들의 나라는 양식이 모두 없어져 백성들이 서로를 잡아먹고 있는 형편이라는데, 무엇을 믿고 다시 청병請兵하는가?

이제 우리가 졸지에 군사를 거두고 왜노의 봉공도 받지 않고 보면, 왜노는 필시 그대들에게 노여움을 두어 반드시 나라가 망하고 말 것인데 어찌 일찍이 방도를 차리지 않는가.

옛날 구천句踐이 회계會稽에서 곤욕을 당할 때, 어찌 부차夫差의 살을 씹어 먹고 싶지 않았으리요. 하지만 부끄러움을 참고 견딘 것은 후일을 기다리기 때문이었다. 그는 자기 몸이 부차의 신하가 되고 자기 처로 부차의 첩을 삼았거늘, 하물며 왜노에게 신첩臣妾이 되기를 청했다가 서서히 후일을 도모하는 것은 오히려 구천의 군신君臣의 꾀보다 낫지 않은가? 이것을 참지 못한다면 이는 못생긴 소장부의 의견일 뿐, 복수를 하고 치욕을 씻는 영웅이 하는 일은 아닌 것이다.

그대들이 왜에게 봉공封貢을 청해서 다행히 이것을 들어주고 보면, 왜는 반드시 명나라 처사에 더욱 감동하고 조선에 대해서도 고마운 마음을 두어, 자연 군사를 거두어 돌아갈 것이다. 왜군이 돌아간 뒤에 그대들 군신들이 참으로 고심초사苦心焦思하고 와신상담臥薪嘗膽해서 구천의 옛일을 본받으면, 천

도天道가 좋게 돌아와서 왜의 원수를 갚을 날이 어찌 없으랴."

그 글은 상세하게 천 마디로 길게 이어졌으나 내용은 대략 이러했다.

호택이 관역에서 석 달을 머물렀으나 조정의 의논은 결정을 보지 못하고, 임금도 어찌할 바를 몰랐다. 이때 나는 병으로 누워 있을 때라 장계를 올려, "왜에게 봉공을 한다는 것은 의로운 일이 아니니 마땅히 근일의 실정을 자세히 명나라에 알려서 그곳으로부터의 회답을 기다려 처리하옵소서" 하고, 다시 계속해서 여러 번 글을 올리매 임금도 이를 허락하였다. 이에 진주사陳奏使 허욱이 명나라로 떠났다.

고경략(顧經略, 고양겸)은 돌아가고 새로 손광孫鑛이 왔다.

명나라 병부兵部에서 황제에게 아뢰어 소서비를 불러 놓고 세 가지 약속을 받았다.

첫째, 제후로 봉하는 것만 요구하고 조공은 요구하지 말 것.

둘째, 왜병은 한 사람도 부산에 머물러 있지 말 것.

셋째, 앞으로 영구히 조선을 침범하지 말 것.

이 세 가지 약속을 지킨다면 즉시 책봉해 줄 것이요, 그렇지 않으면 그만두자는 것이다. 이때 소서비는 하늘을 가리켜 맹세하고 약속을 지키겠다고 했다. 그래서 다시 심유경으로 하여금 소서비를 데리고 왜영으로 들어가 선유宣諭[28]하고, 한

---

28   임금의 유지나 훈유訓諭를 백성들에게 널리 알려 공포하는 것을 말한다.

편으로 이종성李宗誠과 양방형楊方亨을 각각 상사와 부사로 삼아 왜에 가서 평수길을 일본 국왕에 봉하고, 다시 이종성 등은 그대로 우리 도성에 머물러 왜적의 퇴병이 끝나기를 기다리게 하였다. 이리하여 을미년(선조 28년, 1595년) 4월에 이종성 등이 도성에 이르러 연달아 왜의 퇴병을 재촉했다.

왜병들은 먼저 웅천·거제·장문·소진포 등에 있던 군사를 먼저 철수하여 신용을 보였다. 그러면서 예전 평양에서처럼 속을까 겁내어, 황제의 사신이 하루 바삐 왜영에 들어오면 약속대로 모든 것을 지키겠다고 말하였다.

8월에 양방형이 병부의 분부로 먼저 부산에 이르러 보니 과연 왜병은 천연하여 곧 퇴병하지 않고 있었다. 그는 다시 상사에게 이 사실을 전하니 사람들은 모두 왜의 행동을 의심하였다. 그러나 병부상서 석성은 심유경의 말을 믿었다. 그는 왜가 딴 생각이 있는 게 아니라 여기고, 이종성을 보내어 퇴병을 재촉할 뿐, 비록 조정의 의논이 분분했으나 자기가 책임지고 일을 진행하였다.

9월에 이종성이 또 부산에 이르렀으나 평행장은 바로 와서 보지도 않고, "관백의 행동을 본 후에 황제의 사신을 맞겠노라" 하고 일본으로 돌아갔다. 그는 그 이듬해인 병신년(선조 29년, 1596년) 정월에 돌아와서도 오히려 철병할 뜻을 확실히 보이지 않았다.

이때 심유경은 두 사신을 머무르게 하고 자기 혼자 행장

경상도 고지도에 실린 서생포 왜성 그림. 울산광역시 울주군 서생면 서생리에 세워졌다. 지금은 석축 성벽만 남아 있지만 비교적 뚜렷한 편이다. 서생포 왜성은 울산문화재자료 제8호로 지정되어 있다.

과 함께 배를 타고 일본으로 들어갔다. 그는 장차 사신을 맞을 예절을 의논한다 했으나, 그 뜻은 남들이 알 수 없었다. 유경은 비단옷을 입고 배를 탔고, 뱃머리에는 '조집양국調戢兩國'[29]이란 네 글자를 크게 써서 달고 떠났는데, 간 지가 오래 되도록 아무런 회보가 없었다.

이종성은 본래 명나라 개국공신 문충공文忠公의 자손으로, 그 공으로 작爵을 받아 고이 자랐기 때문에 겁이 많은 성품이었다. 이때 어느 사람이 그를 보고, "왜는 실상 봉封을 받을 의사가 없는데, 공연히 이종성 등을 유인해서 가두어 두고 욕을 보이려 한다"고 하니, 이종성은 이 말을 듣고 두려운 생각이 불현듯 나서 견딜 수가 없었다. 그는 미복으로 밤중에 영을 나와 종복從僕과 인절印節 등을 모두 버린 채 도망쳐 버렸다.

이튿날 아침 이 사실을 안 왜적들은 길을 나누어 이종성을 쫓아 양산梁山의 석교石橋까지 이르렀으나 찾지 못하고 돌아갔다. 양방형은 혼자 왜영에 머물러 있으면서 왜군을 무마하는 한편, 우리에게 글을 보내어 조금도 경동하지 말도록 부탁했다. 한편 이종성은 큰길로 가지도 못하고 산골짜기로 들어가 여러 날 먹지도 못한 채, 경주를 거쳐 서쪽으로 도망쳤다.

이즈음 심유경과 행장이 돌아와서 서생포와 죽도 등지의 왜병을 철퇴시키니, 남은 것은 부산의 네 곳에 있는 군사뿐이

29　두 나라 사이를 조정하여 전쟁을 그친다는 뜻

었다. 이때 다시 유경은 양 부사(楊副使, 양방형)와 함께 일본에 가게 되었는데, 그는 우리 사신도 동행하라고 요구하고 자기 조카 심무시沈懋時를 보내어 출발을 재촉했다. 그러나 조정에서는 꺼려 하며 사람을 보내지 않았다.

그러나 심무시는 기어이 같이 갈 것을 요구했기 때문에 할 수 없이 무신武臣 이봉춘李逢春을 보내기로 했는데, 혹 무신은 저쪽에 가서 실수가 있을지 모르니 사리를 아는 문관을 보내는 것이 옳다 하여 심유경의 접반사를 지낸 적이 있던 황신黃愼을 보내게 되었다.

명나라 사신 양방형과 심유경이 일본에서 돌아왔다. 이보다 앞서 양방형 등이 일본에 갔을 적에 관백은 관사를 웅장하게 차리고 그들을 영접할 차비를 하였다. 그러나 난데없는 지진이 일어나 관사가 허물어지는 바람에 하는 수 없이 딴 집에서 그들을 맞았다.

관백은 두어 차례 명나라 사신들과 만나는 동안 처음에는 책봉을 받을 것처럼 하더니 갑자기 노한 빛을 띠고 언성을 높였다.

"내가 조선의 왕자를 놓아 보냈으니 의당 조선에서도 왕자를 보내어 사례해야 마땅하거늘, 이렇듯 조선 사신의 직위가 낮으니 이 또한 나를 업신여기는 것이 아닌가?" 하고 대드는 것이었다.

황신 등은 하릴없이 국서도 전하지 못한 채 양방형과 심유경을 재촉하여 본국으로 돌아오고 말았다.

이때 적장 평행장은 부산포로 돌아왔고, 청정은 다시 군사를 거느려 서생포에 주둔하면서, "왕자를 보내서 사례하지 않으면 군사를 풀지 않겠다"고 위협했다.

왜냐하면 관백이 바라는 것은 봉공뿐만이 아닌데도 명나라에서는 봉封만을 허락하고 공貢을 허락하지 않은 까닭에서였다. 내용인즉, 원래 심유경과 평행장이 친숙한 터로, 자기들끼리 억지로 일을 성사시키다 보니 이렇듯 구차한 결과를 지었던 것이다. 이로 인하여 석성과 심유경은 본국에서 죄를 얻게 되었고, 명나라 군사가 다시 나오는 결과를 초래하게 되었다.

수군통제사 이순신을 옥에 가두었다.

처음에 원균은 이순신이 자기를 구해 준 것을 고맙게 여겨 서로 사이가 좋았으나, 일을 끝내고 공을 다투는 마당에 가서는 그러지를 못했다. 본래 원균은 성품이 음험하고 간사했다. 그는 안팎의 인사들과 접촉이 많은 것을 기회로 이순신을 모함했다.

"이순신은 애초부터 우리를 구하려 하지 않았다. 그는 내가 여러 번 청해서 부득이 왔던 것이다. 그러니 적을 물리친 공으로 치자면 내가 으뜸을 차지할 것이다"라고 했다.

원균의 말을 듣자 조정의 공론은 두 갈래로 갈렸다. 이렇게 되고 보니 내가 이순신을 천거했기 때문에 나와 사이가 나쁜 사람들은 원균의 편을 들어 이순신을 몹시 모함했다. 오직 우상 이원익만이 "이순신과 원균은 그 맡은 바가 다 각각 있으니, 처음에 가서 구원하지 않았다 해서 그것이 그다지 죄가 될 게 무어란 말이오?" 하고 그들의 의견에 반대했다.

이보다 먼저, 적장 평행장은 자기의 사졸 요시라要時羅를 경상우병사 김응서의 진에 자주 왕래시켜서 사이가 좋았다.

다시 나오려는 청정을 보고 어느 날 요시라는 가만히 김응서에게 이렇게 말했다.

"우리 장수 행장이 말하기를, 이번 화의가 이루어지지 못한 것은 청정 때문인데, 자기도 이 사람을 미워한다 합니다. 그리고 이번 모일某日에 청정이 바다를 건너올 것이니 당신네 조선 군사는 수전水戰에 능한 터인즉, 이때를 틈타 청정의 군사를 섬멸시키되 아예 기회를 놓치지 마시라 합니다."

그의 말을 들은 김응서는 바로 이 일을 조정에 보고했다.

조정에서는 또한 이 말을 믿었고, 더욱이 해평군海平君 윤근수尹根壽[30]는 좋아라고 뛰면서 이 기회를 놓칠세라 연달아

---

30   윤근수(1537~1616)의 본관은 해평海平이고, 자는 자고子固, 호는 월정月汀이다. 1558년에 별시 문과에 병과로 급제해 벼슬에 나섰다. 1562년 홍문관 부수찬이 되었으나 기묘사화로 화를 입은 조광조趙光祖의 신원伸寃을 청했다가 과천 현감으로 벼슬이 바뀌었다. 1565년에 홍문관 부교리로 다시 기용된 뒤에 『명종실록』 편찬에

임금께 아뢰어서 이순신을 재촉해 나가 싸우라 하는 것이었다. 그러나 이순신은 적의 간계에 빠지는 것이 아닌가 하여 여러 날을 주저했다. 이때 요시라가 다시 와서 "청정이 벌써 상륙했소이다. 조선에서는 왜 그를 쳐서 없애지 않는단 말이요?" 하고 거짓으로 안타까운 체했다.

이 말이 또 조정에 들어가자 조의朝議에서 모두 이순신을 허물하기 시작했다. 대간에서는 이순신을 국문하자는 말까지 나왔다. 또 현풍玄風 사람 전 현감 박성朴惺[31]이란 자가 그때 시론을 따라 상소를 올려 이순신을 베자고 주장했다.

조정에서는 마침내 의금부도사를 보내어 이순신을 잡아 왔고, 원균을 대신 통제사統制史로 삼았다. 그러나 임금은 이 일이 모두가 진실일까 의심하여 특별히 성균관 사성司成 남이신南以信[32]을 보내어 한산閑山에 가서 사실을 알아 오라 하였다.

참여했으며 이어 1589년에는 성절사로 명나라에 파견되었다. 임진왜란이 발발하자 예조판서로 기용되어 다시 여러 차례 명나라로 가서 왜란을 수습하는 데 공을 세웠다. 1604년 호성공신 2등에 책봉되었다.

31 박성(1549~1606)의 본관은 밀양密陽이고, 자는 덕응德凝, 호는 대암大菴이다. 임진왜란 당시 초유사 김성일의 참모로 종사했으며 정유재란 때에는 조목趙穆과 함께 의병을 일으켜서 체찰사 이원익의 휘하로 들어갔다. 왜란이 끝난 뒤에는 공조좌랑을 거쳐 안음 현감이 되었다.

32 남이신(1562~1608)의 본관은 의령宜寧이고, 자는 자유自有, 호는 직곡直谷이다. 1590년 증광 문과에 병과로 급제했으며 사간원 헌납, 사헌부 지평, 승지, 병조참판 등을 거치며 벼슬이 대사간에 이르렀다.

남이신이 전라도에 들어가자 군민들 중에는 길을 막고 이순신의 억울함을 풀어 달라고 애원하는 자가 수없이 많았다. 그러나 남이신은 이런 사실을 그대로 보고하지 않았다. 그는 터무니없이 "청정이 섬에서 7일 동안이나 머물러 있었으니, 이때 우리 군사가 나가 싸웠더라면 그를 잡을 수 있었을 것인데, 이순신이 겁내어 머뭇거리는 바람에 아까운 기회를 잃고 말았습니다" 하고 회보하였다.

이리하여 이순신은 옥에 갇히는 몸이 되었다.

조정에서는 대신들에게 명하여 이순신의 죄과에 대한 의논을 하도록 했다. 모두들 이순신의 죄를 맹렬히 공박하고 엄벌할 것을 주장했으나, 홀로 판중추부사判中樞府事[33] 정탁鄭琢[34]만이 말하기를, "이순신은 명장名將입니다. 절대 죽일 수 없습니다. 군기軍機의 이해는 보통 사람이 추측하지 못하는 것이온즉, 이순신이 경솔히 나가 싸우지 않은 것은 무슨 짐작이 있어 그리하였을 것입니다. 원하옵건대 뒷일을 생각하시어 그의 죄를 용서하시옵소서" 하고 이순신을 옹호하고 나섰다. 마침내

---

33 문무당상관 중에서 소임이 없는 사람들을 우대하는 기관인 중추부의 종1품 관직으로 정원은 두 명이었다.

34 정탁(1526~1605)의 본관은 청주淸州이고, 자는 자정子精, 호는 약포藥圃와 백곡栢谷이다. 임진왜란 당시 좌찬성으로 선조를 의주까지 호종했다. 경사經史는 물론 천문과 지리, 병가兵家 등에도 정통했다고 전해진다. 곽재우와 김덕령 등의 명장을 천거하여 공을 세우게 했으며 특히 옥중에 갇힌 이순신을 보호하여 죽음을 면하게 했다. 호종공신 3등에 녹훈되었으며, 서원부원군西原府院君에 봉해졌다.

조정에서도 사형에 처하려던 주장을 누그러뜨려서 한 차례 고문을 한 다음, 관직만을 빼앗아 그대로 군중에 나가게 하였다.

이때 이순신의 노모는 아산牙山에서 아들이 하옥되었다는 소문을 듣고 심려 끝에 애가 타서 그대로 숨을 거두고 말았다. 그 뒤 이순신은 옥에서 나와 아산을 지나다가 겨우 성복成服[35]을 하고, 바로 권율의 진으로 가서 종군하니, 듣는 사람들이 모두 애석히 여겼다.

명나라에서는 병부상서 형개邢玠를 총독군문總督軍門으로 삼고, 요동포정사遼東布政司 양호楊鎬를 경리조선군무經理朝鮮軍務로 삼고, 마귀麻貴를 대장으로 삼아서 양원楊元·유정劉綖·동일원董一元 등이 계속하여 우리나라로 왔다.

정유년(선조 30년, 1597년) 5월. 양원은 군사 3천을 거느리고 먼저 이르러 며칠 동안 도성에 머무르다가 전라도로 내려가서 남원을 지켰다. 대개 남원은 호남과 영남의 요지인 동시에 성도 자못 견고했다. 게다가 지난번에 낙상지가 이것을 증축하여 가히 지킬 만한 곳이었다. 성 밖에는 교룡산성이 있어, 여러 사람이 이 산성을 지키자고 하였다. 그러나 양원은 본성을 지켜야 한다고 말하며 성 위를 높이 쌓고 참호를 더 팠다.

35 초상이 나서 처음으로 상복을 입음. 보통 초상난 지 나흘 되는 날부터 입는다.

그리고 참호 안에는 양마장羊馬墻³⁶까지 설치하여 밤낮으로 역사를 독촉하니 한 달 만에 일을 마쳤다.

8월 초이렛날, 한산閑山 수병水兵이 패하여 통제사 원균과 전라우수사 이억기가 전사하고 경상우수사 배설裵楔³⁷은 도망쳤다.

원균은 한산에 부임하자 이순신이 쓰던 전법을 모두 바꾸고, 이순신에게 신임을 받던 부하들을 쫓아 버렸을 뿐 아니라, 이영남이 지난번에 자기가 패하던 전말을 모두 알고 있다 하여 더욱 미워하는 등 지휘관답지 않은 통솔을 했다. 이로 인하여 군심이 흉흉해지고 원망의 소리가 자자했으니, 이 싸움은 처음부터 승산이 있을 리 없었다.

이순신이 한산에 있을 때에는 운주당運籌堂이란 당을 짓고, 밤낮으로 거기서 모든 장수들과 전쟁에 관한 일을 의논했을 뿐 아니라, 하졸下卒이라도 군사에 관한 의견을 말하고 싶

36　성 밖에 세우는 성곽과 비슷한 구조물이다.

37　배설(1551~1599)의 본관은 성산星山이고, 자는 중한仲閑이다. 임진왜란 당시 경상우도 방어사 조경의 군관이었는데 그가 패하자 향병을 모아 왜군에 대적했다. 합천 군수가 되고 나서는 의병장 김면의 복병 요구를 무시해서 조선군을 크게 불리하게 만들었다. 1597년 다시 경상우수사가 되었으며 칠천량해전 때에는 전세를 관망하다가 원균의 명을 듣지 않고 12척을 이끌고 도망쳤다. 이어 한산도에 도착해 군사 시설과 군용 자재 등을 태우고 남은 백성들을 피난시켰다. 이순신이 수군통제사가 된 후에 신병 치료를 빌미로 도망쳤으나 1599년 권율에게 붙잡혀 처형되었다.

은 사람은 언제든지 와서 군정軍情을 통하도록 했었다. 또 전쟁에 임할 때에는 모든 장수들을 모아 계략을 세운 다음에 나가서 싸웠기 때문에 한 번도 패한 일이 없었다.

그러나 원균은 이와는 반대로 자기의 애첩과 이 당堂 안에 거처하고 있으면서 아무도 출입하지 못하게 하는 것이었다. 이렇게 되고 보니 자연 부하 장수들이 그의 얼굴을 보기가 힘들었고, 더구나 그는 술을 좋아해서 날마다 술에 취해 있기 일쑤였다. 그는 술에 취하면 공연한 형벌로 군사들을 못 견디게 하였다. 그래서 병졸들은 서로 쳐다보며, "만일 적병을 만나게 되면 우리는 달아나는 수밖에 없다" 하고 수군거렸다.

장수들은 장수들대로 또한 원균을 비웃어 마지않으니, 통제사의 위품은 찾을 길이 없었다. 따라서 그의 명령이 설 리 없었다.

이때 적병이 다시 쳐들어왔다.

평행장은 요시라를 다시 김응서에게 보내어 허위 정보를 제공하게 해서 "왜선倭船이 모일某日에 나올 것이니 조선 수군은 이를 맞아 쳐 없애라" 하고 꾀었다.

도원수 권율은 이 말을 그대로 곧이들었다. 더구나 지난번에 이순신이 주저하고 나가 싸우지 않다가 득죄한 것을 생각하니 잠시도 지체할 수가 없었다. 그는 원균을 시켜 즉시 나가 싸우라고 했다. 원균 역시 평소에 적을 보고도 나가지 않은 이순신을 탓해 왔던 터라, 이제 그의 소임을 대신 맡은 마당에 왜적과 싸워 이길 승산은 적으나, 무엇이라 거절할 입장이 못 되었다.

그는 배를 이끌고 군사를 거느려 바다로 나갔다. 이즈음 언덕 위에 있던 왜영에서는 바다로 나오는 우리 배를 내려다보고, 그때그때 형세를 일일이 자기네 본영에 보고하여 정세를 낱낱이 탐지하고 있었다.

원균의 배가 절영도絶影島에 다다르자 풍랑이 일기 시작했는데 어느덧 날이 저물어 왔다. 배를 대어 쉴 곳도 없는데 멀지 않은 곳에 왜선이 출몰하는 것이 보였다. 원균은 제군을 재촉해서 앞으로 나갔다. 군사들은 한산에서부터 종일토록 노를 저어 오느라고 힘이 빠져 피로하고 기갈이 심해 배를 저을 기운도 없었다. 모든 배들이 서로 앞서가다 뒤로 밀려나기도 하고, 옆으로 처지기도 하는 등 방향 없이 풍랑에 흔들려 가뜩이나 지친 몸을 가누기가 힘들었다.

왜적들은 우리 군사를 더욱 피로하게 하고자 거짓으로 가까이 나타났다가 달아나는 체하면서 교전하지 않고 피하기만 했다. 이때 밤은 점점 깊고 바람은 갈수록 드세어, 우리 배들은 사방으로 흩어져 서로 찾지 못하게 되었다. 이것을 본 원균은 간신히 남은 선척을 수습해서 겨우 가덕도加德島에 다다랐다. 군사들이 기갈을 참지 못해 앞다투어 배에서 내려 물을 마시느라고 부산했다.

이때 왜병들이 섬 속에 숨어 있다가 일제히 내달아 사로잡으니 이 싸움에서 장병 4백여 명을 잃었다. 원균은 겨우 사지死地에서 벗어나 거제 칠천도漆川島에 이르렀다. 이때 권율은 고성固城에 있다가 이 소문을 듣고 급히 원균을 불러 매를 때리고 다시 나가 싸우라 했다. 원균은 군중에 돌아와 홧김에 술을 취하도록 마시고 장중에 누워 버렸다. 더더구나 장수들이 군사 일을 의논코자 했으나 만나 보려고도 하지 않았다.

이날 밤중에 왜선이 쳐들어왔다. 원균의 군사는 또다시 크게 패하여 흩어지고 말았다. 이 꼴을 당한 원균은 도망쳐 해변에 이르러 배를 버리고 언덕에 올라 비둔한 몸을 이끌고 둔한 걸음을 재촉하였다. 소나무 아래 이르러 잠시 숨을 돌릴 동안에 좌우 사람들은 하나도 남지 않고 흩어져 자취를 감추었다. 들리는 소문으로는 원균이 이곳에서 혼자 있다가 적에게 죽임을 당했다고 전하기도 하고, 혹은 여기서 피해 살아 달아났다고도 전하는데, 확실한 것은 알 길이 없다.

이억기는 배 위에서 물에 뛰어들어 죽었다. 배설은 원균의 계교가 그르다고 여러 번 간해 오던 터였다. 이때에도 칠천도란 데가 물이 얕고 협착해서 배를 댈 곳이 못 되니 딴 곳으로 옮기자고 말했으나 원균은 한 번도 그의 말을 듣지 않았다. 배설은 생각다 못해 자기가 거느린 배 몇 척을 적병에 대비시키고 있다가, 적이 오는 것을 보고 항구를 벗어나 먼저 달아났기 때문에 유독 그 군사만은 화를 면하였다. 배설은 한산도에 다

다르자 불을 놓아 군기軍器와 양곡, 여사廬舍[38]를 불사르고 남
아 있는 섬 주민들을 피난시켰다.

우리가 한산도에서 이미 패하자 적들은 승세하여 서쪽을
향해 쳐들어가니 남해와 순천이 차례로 함몰되었다. 다시 적
선은 두치진豆恥津에 이르러 육지에 올라 남원을 포위했다. 이
때문에 충청, 전라 지방이 일시에 흉흉해졌다.

임진년에 우리나라를 침범한 이후로 오직 수전水戰에서
만 여러 번 참패를 당했기 때문에 평수길은 이를 항상 분하게
여겨 왔다. 그는 행장을 책망하여 어떻게 해서든지 이 분풀이
를 하라고 했다. 이에 행장은 김응서를 교묘한 방법으로 꾀어
서 이순신으로 하여금 죄를 얻어 파면당하게 하고, 다시 원균
을 유인하여 바다 가운데로 나오게 해서 그의 허실을 낱낱이
탐지해 냈다. 그러고 나서 불시에 원균을 엄습했다. 계교가 그
렇게도 간교해서 우리 모두가 그들의 계교에 빠졌으니 슬픈
일이로다.

왜병이 황석산성을 함락시키자 안음 현감 곽준郭越[39]과

---

38 군대가 일시 머물기 위해서 지은 가옥을 말한다.

39 곽준(1550~1597)의 본관은 현풍玄風이고, 자는 양정養靜, 호는 존재存齋다. 임진
왜란이 일어나고 김면이 의병을 일으키자 그 밑에 들어가 공을 세웠다. 정유재란 당
시 안음 현감으로 김해 부사 백사림과 함께 왜군에 맞서 황석산성을 지키다가 전사
했다. 후에 병조참의에 추증되었다.

전 함안 군수 조종도趙宗道[40]가 목숨을 잃었다.

처음에 체찰사 이원익과 원수 권율은 도내 산성들을 고쳐서 적을 막을 방안을 의논해 공산公山·금오金烏·용기龍紀·부산富山 등에 성을 쌓았다. 이때 공산과 금오에는 백성들이 노동력을 여간 많이 제공한 것이 아니었고, 이웃 고을에서까지 도구와 양식을 가져다가 일을 마쳤다. 성이 완성된 뒤에는 수령을 독려해서 노약과 남녀들을 데려다가 성을 지키게 하니 원근 인심이 떠들석해졌다.

급기야 왜적이 다시 쳐들어왔다. 청정은 서생포로부터 서쪽 전라도로 향해 장차 행장의 수로병水路兵과 합쳐 함께 남원을 치고자 했다. 이에 우리 편에서는 원수 이하 전 장병이 모두 퇴병했고, 각처 산성에 전령을 보내어 각각 적병을 피해 도망치라 하였다.

그러나 이때 오직 의병장 곽재우만이 창녕昌寧 화왕산성에 들어가 죽기로써 성을 지키고 있었다. 적들은 산 밑에 이르러 조금도 동요하지 않는 성안 사람들을 보고는 그대로 지나갔다.

안음 현감 곽준이 황석산성으로 들어가고 전 김해 부사

---

40 조종도(1537~1597)의 본관은 함안咸安이고, 자는 백유伯由, 호는 대소헌大笑軒이다. 임진왜란이 터지자 초유사 김성일과 함께 의병을 모집하는 일에 힘썼다. 정유재란이 일어났을 때는 함양 군수로서 안음 현감 곽준과 함께 의병을 규합해 황석산성을 지켰으나 왜군과의 전투 중에 전사했다. 후에 이조판서에 추증되었다.

백사림白士霖도 역시 성안으로 들어갔다. 백사림은 본래 무인이어서 성안 백성들은 그에게 크게 의지했다. 그러나 적병이 성을 치기 시작한 지 하루가 못 되어 백사림이 먼저 도망치자 제군은 모두 흩어져 달아나 버렸다.

적이 성안에 들어오자 곽준과 그의 아들 이상履祥, 이후履厚가 모두 죽었다. 유문호柳文虎에게 시집간 곽준의 딸만 남았는데, 유문호 역시 왜적에 사로잡혀 간지라, 유문호의 처 곽씨 부인은 피난갔다가 성 밖에 나와 이 소문을 듣고 종들을 돌아보면서, "아버지가 돌아가실 적에 내가 따라 죽지 못한 것은 남편이 있었기 때문이지만, 이제 남편마저 잡혀갔으니 내 살아서 무엇하랴" 하고 스스로 목숨을 끊고 말았다.

조종도가 말하기를, "내 일찍이 대부大夫의 뒤를 좇은 사람이니, 하잘것없는 무리들과 섞여 죽을 것이 아니라 죽으려면 마땅히 명백하게 죽어야 한다" 하고 처자들을 거느리고 성안으로 들어가서 시를 지었다.

공동산[41] 밖에서는 사는 것이 오직 기쁘고,
순원성[42] 가운데서는 죽는 것이 또한 영광이로다.

---

41 공동산은 중국 간쑤성에 있는 산으로 도교에서 제일로 치는 명산이다. 상고 시대 때 헌원 황제가 공동산으로 가서 신선에게 가르침을 청했다는 고사가 전해진다.

42 안녹산의 난 때 장순이 지키던 수양성을 말한다. 그는 사력을 다해 성을 지키려 했으나 결국 함락되자 자살했다고 전해진다.

崆峒山外生猶喜

巡遠城中死亦榮

이러고 나서 조종도는 곽준과 함께 적에게 죽었던 것이다.

다시 이순신을 삼도수군통제사로 삼았다. 한산도에서 우
리 군사가 대패했다는 소식이 전해지자, 조야는 모두 놀라서
어쩔 줄을 몰랐다. 임금은 비변사 제신들을 불러 계책을 물었
으나, 여러 신하들은 당황하여 아무런 대답도 하지 못하고 서
로 얼굴만 쳐다볼 뿐이었다. 이때 경림군慶林君 김명원과 병조
판서 이항복이 조용히 임금께 아뢰었다.

"이번의 참패는 모두가 원균의 죄인 줄로 아옵니다. 마땅
히 이순신을 다시 불러서 통제사로 삼으시옵소서."

임금도 이 말을 옳게 여겨 즉석에서 이를 허락하였다.

이때 권율은 원균이 패했다는 소식을 듣고 이순신으로 하
여금 남은 군사를 거두어 후사를 도모하게 했다. 이순신은 군
관 한 사람과 함께 경상도로부터 전라도에 들어가 밤낮으로
잠행하여 진도에 다다라 군사를 거두어 적을 막으려 했다.

왜병이 남원을 함락시켰다. 명나라 장수 양원은 달아나

돌아가고, 전라병사 이복남李福男[43]과 남원 부사 임현任鉉[44], 조방장 김경로, 광양 현감 이춘원李春元, 당장접반사唐將接伴使 정기원鄭期遠[45] 등이 모두 전사했다. 군기시에는 파진군破陣軍[46] 12명이 있었는데, 이들은 양원을 따라 남원으로 들어갔다가 모두 적군에게 죽었다. 홀로 김효의金孝義란 자가 빠져나와서 성이 함락되던 일을 나에게 자세히 들려주었다.

양 총병(楊總兵, 양원)은 남원에 이르자 성을 한 길이나 증축했다. 성 밖에 있는 양마장에는 대포 구멍을 많이 뚫어 놓고 성문에는 대포 두세 개를 묻어 놓았으며 참호를 두 길이나 깊

43 이복남(?~1597)은 조선 중기의 무신으로 본관은 우계羽溪다. 무과에 급제한 뒤 나주 판관, 전라방어사, 충청조방장 등을 거쳐 전라도 병마절도사와 나주 목사 등을 지냈다. 정유재란이 일어나자 남원성에서 왜군과 싸우다가 전사했다. 후에 좌찬성에 추증되었다. 시호는 충장忠壯이다.

44 임현(1549~1597)의 본관은 풍천豊川이고, 자는 사중士重, 호는 애탄愛灘이다. 1583년에 정시문과에 병과로 급제했다. 임진왜란이 일어나자 강원도 도사로서 춘천에서 왜병을 무찌른 전공으로 회양 부사가 되었다. 이어 길주 부사를 거쳐 함경도 병마절도사를 지내다가 정유재란 때 왜군이 호남에 침입하자 남원 부사가 되어 내려갔다. 함께 성을 지키던 명나라 장수 양원이 도망친 뒤에도 홀로 분전하다가 전사했다. 의정부 좌찬성에 추증되었고, 원종공신 1등에 추서되었다.

45 정기원(1559~1597)의 본관은 동래東萊이고, 자는 사중士重, 호는 현산見山이다. 임진왜란이 일어나자 사은사의 서장관으로 명나라에 갔으며 정유재란 때에는 예조참판으로 명나라 부총병 양원의 접반사가 되어 남원에 갔다. 성을 지키기 어렵다고 판단한 양원이 피신을 권유했으나 거절하고 끝까지 성을 지키다가 제장들과 함께 전사했다. 1604년 선무공신 3등에 녹훈되었고, 내성군萊城君으로 추봉되었다.

46 화약장火藥匠으로서 외적이 침입했을 때 화포를 가지고 선봉에 서거나 군대의 맨 뒤에 남아서 적의 추격을 맡던 특수 부대를 일컫는다.

이 팠다.

한산도가 패하자 적은 수로와 육로로 몰려들어 왔다. 이 소식이 남원성에까지 들리자 성안의 인심은 몹시 흉흉해졌다. 드디어 백성들은 모두 도망쳐 흩어지고 말았다. 유독 총병이 거느린 요동遼東 마군馬軍 3천 명만 성안에 있을 뿐이었다. 총병은 격문을 보내어 전라병사 이복남을 불러 함께 지키자고 했다. 그러나 이복남은 쉽게 오지 않았다. 밤에도 계속하여 사람을 보내자 부득이해서 왔으나, 데리고 온 것은 겨우 군사 수백 명밖에 없었다. 광양 현감 이춘원과 조방장 김경로 등이 계속하여 이르렀다.

8월 13일, 왜병의 선봉 백여 명이 성 아래에 이르러서 조총을 어지러이 쏘아 대다가 이내 그치더니, 모두 흩어져 밭두둑 사이로 숨어 버렸다. 그런 다음 그들은 다시 삼삼오오 떼를 지어 갔다가는 다시 오곤 했다.

성 위에서는 우리 군사가 승자소포勝字小砲를 쏘았다. 그러나 왜병의 대진大陣은 너무나 멀리 떨어져 있었다. 그들은 다시 유병遊兵을 내어 교전케 하고, 병사들도 드문드문 교대로 내보냈으므로 포를 쏘아도 잘 맞지 않았다. 그러나 성안에 있는 군사들은 적의 조총에 맞아 가끔 쓰러졌다. 이윽고 왜병은 성 아래에 이르렀다. 그들은 우리와 이야기하자고 큰 소리로 떠들었다.

총병은 하인 한 사람을 시켜 통역과 함께 왜영으로 가 보라 하였다. 왜영에서 가지고 온 편지는 별다른 것이 아니라 싸움을 약속하는 글이었다.

14일, 왜병은 지난번처럼 성을 삼면으로 포위하여 진을 치고 총을 쏘아 공격하기 시작했다. 이보다 앞서 성 남문 밖에는 민가가 몹시 조밀하게 있었는데, 적이 진군해 오자 총병은 이것을 모두 불살라 버려 오직 돌벽과 흙담만이 남아 있었다. 적들이 담과 벽에 몸을 숨기고 총을 쏘자 성안 사람들이 많이 맞았다.

15일, 성안에서 바라다보니 성 밖 잡초와 논에 있는 벼를 베어다가 다발을 커다랗게 수없이 묶고 있는 왜병들이 보였다. 적병들은 이것을 담과 벽 사이 여기저기에 쌓아 놓았으나 성안의 아군들은 그것이 무엇을 뜻하는 것인지는 알지 못하고 있었다.

이즈음에 명나라의 유격장군 진우충陳愚衷은 군사 3천 명을 거느리고 전주에 있었다. 남원에서는 날마다 진우충이 와서 구원하기를 기다렸지만, 그는 오래되도록 오지 않았다. 이리하여 군중의 인심은 더욱 흉흉해진 참이었다.

이날 밤 늦게 성가퀴를 지키던 군사들이 왕왕 서로 귀엣말을 주고받으며, 말안장을 준비하는 꼴이 필시 도망칠 기색인 것 같았다.

밤 초경[47]쯤이 되었다. 왜진 속에서 떠들썩한 소리가 들려왔다. 무엇인가 운반하는 기미가 보이더니 성안을 향해서 총을 어지러이 쏘기 시작했다. 탄환이 성 위에 마치 우박처럼 쏟아지니, 성 위에 있는 사람들은 목을 움츠리고 감히 내다보지도 못했다. 한두 시간이나 지났을까 시끄럽던 소리가 차츰 그쳤다.

묶은 풀을 가져다가 참호를 메우고 또 양마장 안팎에 쌓아 올려 삽시간에 성 높이와 같게 하였다. 이에 왜병들은 마음대로 성 위로 올라오고 있었다. 이내 성안은 크게 어지러워졌다.

김효의는 처음에 빠져나와 남문 밖 양마장을 지키고 있다가 황망히 성에 들어가 보니, 성 위에는 이미 아무도 없었다. 다만 성안 곳곳에 불이 일어나고 있을 뿐이었다. 달려서 북문에 이르니 명나라 군사들은 모두 말에 올라 성문을 나서려 하고 있었다. 그러나 문이 굳게 닫혀 있어 쉽게 열리지 않았다.

말의 다리를 묶어 놓은 것처럼 거리를 가득 메우고 있었다. 이윽고 문이 열리면서 군마軍馬가 앞을 다투어 나갔다. 그러나 왜병은 성 밖에서 두 겹 세 겹으로 포위하고 있는 터였다. 그들은 각각 요긴한 길목을 지키고 있다가 긴 칼을 빼어 어지러이 갈기니 명나라 군사는 목을 늘여 칼을 받을 뿐이었다.

때마침 달이 밝아 도망친 사람이라고는 몇 되지 못했고,

---

47 오후 8시 전후의 시간을 말한다.

총병은 하인 몇 사람과 말을 달려 포위망을 뚫고 나가서 겨우 자기 몸만 죽음을 면했다. 혹은 말하기를 왜병도 그가 총병인 줄을 알고 살려 보냈다고도 한다.

김효의는 한 사람을 동반해서 성문 밖으로 나섰다. 그러나 동반했던 사람마저도 적에게 죽자 김효의는 논으로 뛰어들어 풀 속에 엎드렸다가 왜병이 모두 수습해 돌아간 뒤에야 비로소 도망쳐 왔다고 한다.

원래 양원은 요동 장수라, 한갓 오랑캐를 막을 줄만 알았지 왜병을 방어할 줄은 몰랐다. 그래서 이렇게 패했던 것이다. 그는 또한 평지에 있는 성을 지키기 어렵다는 것도 알지 못했다.

여기에서 김효의의 말을 이렇듯 자세히 적는 것은, 뒤에 적을 막을 자로 하여금 경계가 되게 함이다.

남원이 함락되자 전주 이북은 모두 와해되어 어찌할 수가 없게 되었다. 양원은 이 때문에 극형을 당했고, 벤 그의 머리는 효시당했다.

통제사 이순신은 왜적을 진도의 벽파정碧波亭 아래에서 대파시키고, 적장 마다시馬多時를 죽였다.

이순신이 진도에 이르러 병선兵船을 수습하니 겨우 십여 척에 지나지 않았다. 이때 연해에는 배를 타고 피난하는 백성들이 무수히 많았는데, 이순신이 왔다는 소문을 듣고 반가워 어쩔 줄을 몰라 했다. 이순신이 이들을 여러 길로 불러 맞이하니, 원근에서 구름처럼 모여들었다. 이들을 뒤에 거느려 아군의 형세를 돕게 하였다.

적장 마다시는 수전水戰에 매우 능한 자로서 함선 2백여 척을 거느리고 와서 서해를 침범하려다가 양군이 서로 벽파정 아래에서 부딪쳤다.

이순신은 겨우 배 열두 척에 대포를 싣고 조수를 이용하여 순류順流를 타고 적을 치니, 적은 패하여 달아났는데, 이로부터 군대의 사기가 크게 떨쳤다. 이때 이순신의 휘하에는 이미 8천여 명이 넘는 군사가 모여들었다. 그는 이들을 이끌고 나가서 고금도古今島에 진주하였다. 그러나 군량이 떨어졌음을 걱정하여 바다에 통행하는 첩지帖紙를 만들고 영을 내렸다.

"삼도三道 연해를 통행하는 모든 선박은 공선公船과 사선私船을 막론하고 첩지가 없을 경우에는 간첩으로 간주하고 통행하지 못하게 할 것이다."

이에 피난갔던 백성들이 다투어 와서 첩지를 받아 갔다. 이순신은 이들에게 선박의 크고 작은 종류에 따라 군량미를 바치고 첩지를 받아가게끔 하였는데, 큰 배는 석 섬, 중간 배는 두 섬, 작은 배는 한 섬씩으로 하였다.

피난민들은 그들의 배에 재물과 곡식을 모두 싣고 나왔기 때문에 이 정도의 군량미를 바치는 것은 어렵게 여기지 않았고, 통행할 수 있는 것만을 기쁘게 생각하였다. 그리하여 열흘 만에 군량미 만여 석을 얻게 되었다.

이순신은 다시 사람을 모집하고, 구리와 철을 모아 대포를 만들고, 나무를 베어 배를 만들기에 분주하니, 모든 일이 잘되어 갔다. 원근의 피난민들이 모두 와서 이순신에게 의지하여 집과 막幕을 만들고, 물건을 파는 것을 생업으로 삼으니, 조그만 섬 속에 이들을 모두 수용할 수 없게 되었다.

이윽고 명나라 장수 수병도독水兵都督 진린陳璘이 왔다. 그는 남쪽으로 내려가 고금도에서 이순신과 합세하게 되었다. 그러나 그는 성품이 사나워서 꺼리는 사람이 많았다.

임금이 청파靑坡까지 나와 진린을 전송할 때 나도 나가 보았지만, 그는 수령을 패고 욕하는 것은 말할 것도 없고, 노끈으로 찰방察訪[48] 이상규李尙規의 목을 매어 끌어서 얼굴에 피가 낭자하게 했다. 나는 급히 역관을 시켜 이를 말리도록 했으나 그는 끝내 듣지 않았다. 나는 같이 앉았던 재상들을 보고 탄식했다.

"허허, 이번 싸움에 이순신의 군사가 또 패하겠구나. 진린과 같이 군중에 있으면 자연히 장수의 권리를 잃을 것이니, 저렇듯 군사들에게 횡포하고서야 그 군사가 패하지 않을 수가 있겠는가."

48　종6품의 외관직으로 각 도의 역참驛站을 관리했다.

이 말을 듣던 다른 여러 사람도 내 말을 옳게 여겨 탄식해 마지않았다.

한편 이순신은 진린이 온다는 소식을 듣고, 군사들을 시켜 물고기를 낚고 돼지와 사슴을 잡아 술과 안주를 푸짐하게 장만해 놓고 그를 맞이했다. 진린의 배가 도착하자 이순신은 군의軍儀를 갖추어 멀리 나가 그를 맞고, 그 군사들을 크게 대접하니 제장들과 이하 군사들 중에는 취하지 않은 자가 없었다. 사졸들은 모두 이순신을 가리켜 "과연 참 양장良將이로다" 하고 칭송해 마지않았고, 진린도 마음이 흐뭇한 모양이었다.

진린이 온 지 얼마 안 되어 적병이 와서 근처 섬을 침범했다. 이순신은 즉시 군사를 보내어 이를 파하고 적병 40명의 머리를 베어 왔다. 그러나 이순신은 이 전공을 모두 진린에게로 돌렸다. 진린은 마음속으로 여간 기뻐하지 않았다. 이로부터 그는 이순신을 어렵게 여겼다. 모든 일을 일일이 이순신에게 물어서 처리했고, 출입하는 데에도 이순신과 나란히 교자를 타고 다녔지 감히 앞서 가지 못했다. 이에 이순신은 진린과 약속하여 명나라 군사와 우리 군사는 조금도 다름이 없는 처지이니, 만일 조금이라도 백성들에게 누를 끼치는 자가 있으면 용서 없이 엄벌키로 했다. 이로써 섬의 규율이 잡히고 질서가 섰다.

이것을 본 진린은 임금께 글을 올렸다.

"통제사는 경천위지經天緯地[49]의 재주와 보천욕일補天浴日[50]의 공이 있습니다."

이렇듯 진린이 이순신을 칭찬한 것은 그에게 감복했기 때문이다.

적병이 물러갔다. 그러나 당시 적은 3도道를 짓밟아 지나는 곳마다 민가를 불태우고 인민을 살육했다. 그들은 우리나라 사람을 붙잡기만 하면 모조리 코를 베어 저들의 위세를 보였다.

적병이 직산稷山에 이르니 도성 사람들이 모두 도망쳐 흩어졌다.

9월 초아흐렛날, 내전內殿은 적병을 피하여 서쪽으로 내려갔다. 경리經理 양호와 제독 마귀는 도성에 남아서 평안도 군사 5천여 명과 황해도와 경기도 군사 수천 명을 모집해다가 나누어 강여울을 지키게 하고 창고도 수비하게 하니, 적들은 경기도의 경계에서 되돌아갔다.

청정은 다시 울산에, 행장은 순천에, 심안돈오沈安頓吾[51]는

---

49 천하를 베의 날줄과 씨줄처럼 조직적으로 잘 계획하여 다스린다는 뜻이다. 여기서 경위經緯는 직물의 날줄과 씨줄을 말한다.

50 보천補天은 옛날 여와가 하늘의 이지러진 부분을 메운 것을 말하고 욕일浴日은 희화가 해를 목욕시켰다는 고사에서 나온 말로 모두 천하에 큰 공이 있음을 뜻한다.

51 심안돈오는 시마즈 요시히로島津義弘(1535~1619)를 말한다. 시마즈 요시히로는

사천泗川에 둔치니, 그 길이가 7백~8백 리에 뻗쳤다. 이때 도성을 거의 지키지 못할 상태에 이르니, 조신들은 다투어 피난할 방책을 임금께 아뢰었다.

지사知事 신잡이 나와 아뢰었다.

"임금께서는 마땅히 영변으로 행차하셔야 합니다. 신이 일찍이 병사兵使가 되었을 때, 영변 사정을 대강 아옵는 바 가장 걱정되는 것은 장醬이 없는 것이오니, 이것을 미리 예비하시지 않는다면 가서 마련할 수가 없을 것입니다."

이 말을 듣고 모두 비웃으면서 말했다.

"신일辛日에는 장을 담그지 못한다더니 辛不合醬[52]……."

이때 한 대신이 조당에 나가 말했다.

"이까짓 적을 가지고 무엇을 조심하란 말입니까. 오래되면 자연히 없어질 것이니 오직 임금을 모시고 편안한 곳으로 갈 뿐입니다."

원수 권율이 도성으로 들어왔다. 임금이 불러 보시고 사

규슈의 호족으로 임진왜란 당시 일본군의 4진으로 모리 요시나리와 더불어 구로다 나가마사의 3진과 합세해 창원을 점령했다. 이후 추풍령을 넘어 서울을 점령하고 강원도로 향하다가 종전과 더불어 일본으로 되돌아갔다. 정유재란 때에는 동래와 울산을 점령하고 사천에 주둔했다. 이후 노량해전에서 이순신과 싸우다 대패하고 겨우 수십 척만 건져 일본으로 도망쳤다.

52 신불합장辛不合醬은 일진의 천간天干이 신후으로 된 신일辛日에는 장을 담그면 시어진다 해서 장을 담그는 일을 꺼리던 것을 말한다. 여기에서는 '신일'의 신후과 '신잡'의 신申이 발음이 같은 것을 이용해 신잡의 발언을 비꼰 것이다.

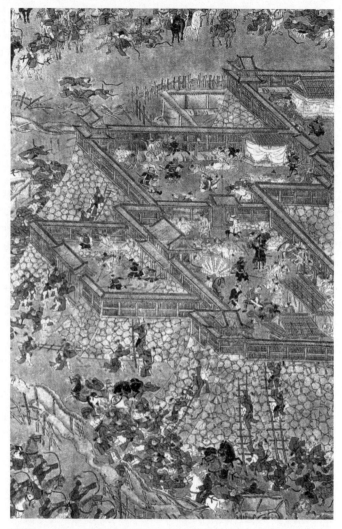

「조선군진도」 부분. 울산성 공방전에서 농성하는 일본군과 이를 포위한 조선과 명나라의 연합군을 묘사했다.

정을 묻자 그는 이렇게 대답했다.

"당초에 임금께서 갑자기 도성으로 돌아오시지 말고, 그대로 서쪽에 머물러 계시면서 적의 형세가 어떠한지를 보았으면 좋았을 걸 그랬습니다."

그러나 이윽고 적은 물러갔다고 들려왔다. 그리하여 권율은 다시 경상도로 내려갔다. 대간에서는 권율이 꾀가 없고 겁만 많아서 원수의 자격이 없다고 말했다. 그러나 임금은 듣지 않았다.

12월에 양 경리(楊經理, 양호)와 마 제독(麻提督, 마귀)이 기병 수만을 거느리고 경상도로 내려가 울산에 있는 적의 영책을 쳤다.

이때 적장 청정은 울산 동쪽 해변의 험준한 곳에 성을 쌓고 있었는데, 양 경리와 마 제독이 불시에 쳐들어가 철갑으로 무장한 기병으로 습격하니, 적은 견디지 못하고 바깥 성을 버린 채 내성으로 몰려들어 갔다. 이에 명나라 군사들은 노획한 물건만을 수습하는 데 정신이 없을 뿐 더 진공치 않았다. 적들은 그사이에 성문을 굳게 닫고 고수하니, 명나라 군사가 아무리 공격해도 소용이 없었다.

여러 명나라 군사 진영에서는 소규모 부대를 내어 성 밑을 포위하고 지켰다. 이런지 13일이 지났는데도 적들은 여전히 성밖으로 나올 기미가 보이지 않았다. 29일, 나는 경주에서 떠나 경리와 제독을 만나 본 다음, 적의 보루를 바라다보니 몹시 한가로워 사람의 기척이라곤 없었다.

성 위에는 성가퀴도 설치하지 않고, 다만 사방으로 장랑長廊을 만들어 군사들은 모두 그 안에서 지키고 있었다. 밖의 군사가 혹시라도 아군이 성 밑에 이르면 총알을 비 오듯 쏘며 날마다 싸우는데, 명나라 군사와 우리 군사가 수없이 죽어 갔다.

적의 배가 또 서생포로부터 와서 후원했다. 그들은 물 위에 마치 오리처럼 벌려 섰다. 그러나 이 섬에는 식수가 없어 적은 밤마다 성 밖으로 나와 물을 길었다. 경리는 김응서로 하여금 용사들을 거느리고 성 밖에 있는 샘 곁에 매복하게 해서 밤마다 백여 명을 사로잡았다. 그들은 주리고 피로해서 겨우 목숨만 유지하고 있었다. 여러 장수들이 생각하기에 성안에는 양식이 떨어져서 날이 갈수록 적은 저절로 패퇴하리라 여겼다. 그러나 때마침 일기가 몹시 춥고 비까지 내려 병사들은 모두 손발에 동상을 입고 견딜 수 없는 데다가 적들이 다시 육로로 구원하러 오므로 양 경리는 겁을 먹고 급히 회군하여 버렸다. 정월에 명나라 장수는 모두 도성으로 돌아갔다가 다시 진격할 계획을 세우기로 했다.

무술년(선조 31년, 1598년) 7월에 경리 양호가 파면되고 다시 만세덕萬世德[53]이 대신 경리가 되었다. 당시 형개의 참

모관인 병부주사兵部主事 정응태丁應泰[54]가 양호의 잘못한 일 20여 건을 보고해서 파면되었던 것이다. 그러나 우리 임금은 여러 경리들 중에서도 적을 파하는 데 그가 가장 많은 힘을 썼으므로, 좌의정 이원익을 보내어 구원하려 했으나 뜻을 이루지 못했다. 8월에 드디어 그가 떠나가게 되자 임금은 몸소 홍제원弘濟院[55]까지 나가 전송하며 석별의 눈물을 흘렸다.

아직까지 만세덕은 도착하지 않았다.

9월에 형개는 또 군사를 나누어 주둔했다. 마귀는 울산을 맡게 하고, 동일원은 사천을 맡게 했다. 유정은 순천, 그리고 진린은 수로를 맡게 했다. 그리하여 이들은 동시에 진격했으나 모두 이롭지 못했다. 특히 동일원의 군사는 적에게 패하여 많은 사상자를 냈다.

10월에 유 제독(劉提督, 유정)은 다시 순천에 웅거한 적을 쳤고, 통제사 이순신은 바다 위에서 적의 구원병에게 크게 이

53　만세덕(?~?)은 명나라 산서山西 편두관偏頭關 사람으로 자는 백수伯修다. 정유재란이 일어나자 명나라의 경리로 와서 조선을 도왔다. 끝까지 조선에 머물면서 왜군을 격퇴하는 데에 전력을 다했다. 이를 고맙게 여긴 조정에서는 그를 위해 생사당生祠堂을 지어 공을 기렸다.

54　정응태(?~?)는 명나라 사람으로 신종神宗에게 조선이 왜군을 끌어들여 명나라를 침범하려 한다고 무고했다. 이 일을 무마시키기 위해 조선에서는 이항복을 진주사陳奏使로 삼아 명나라로 보냈다.

55　조선 시대 때 만든 여관旅館의 하나로 오늘날의 서울시 홍제동에 있었다. 중국에서 사신들이 서울로 들어오기 전에 묵었던 곳이다.

겼다. 그러나 이 싸움에서 이순신은 전사했다.

적장 평행장은 성을 버리고 달아났고, 부산·울산·하동 등
바닷가에 주둔하고 있던 적병도 모두 퇴병했다.

평행장은 순천 예교芮橋에 성을 쌓고 굳게 지키고 있었다.
유정이 명나라 대병을 거느리고 쳤으나 전세가 불리해서 순천
으로 돌아왔다가 다시 나가 쳤다.

이순신은 진린과 함께 해구海口를 끼고 몰아 나갔다. 이
에 평행장은 하는 수 없이 사천의 적장 심안돈오에게 구원을
청했다. 수로로 와서 합세하는 심안돈오를 이순신이 진격하여
대파시키고, 적의 배 2백여 척을 불사르고 무수한 적병을, 죽
이거나 사로잡는 대전과를 세웠다. 그리고 또 달아나는 적을
추격해서 남해 지경에까지 이르렀던 것이다.

이순신은 이 싸움에서 친히 화살과 돌을 무릅쓰고 힘써
싸우다가 날아온 적탄에 가슴을 맞았다. 좌우가 황급히 그를
부축해서 장막 안으로 들어갔다. 이때 이순신은 가만히 입을
열어, "지금은 싸움이 심히 급한 때이니 아예 내가 죽었단 말
을 내지 말라" 하고 한마디를 남긴 채 애석하게도 숨을 거두고
말았다.

이순신의 조카 이완李莞[56]은 본래 담략과 국량局量이 있
는 사람이었다. 이순신의 말대로 그의 죽음을 알리지 않고 이
순신의 명령으로 더욱 싸움을 독려했으므로, 군중에서도 그의
죽음을 눈치채지 못했다.

진린이 탄 배가 적에게 포위되자 이완은 배를 몰아 헤쳐 들어가 구원했다. 진린은 이순신이 자기를 구원한 줄로만 알고 사람을 보내어 사례하다가 비로소 그가 전사했다는 소식을 듣고 의자에 앉았다가 몸을 땅에 던지면서 "나는 통제사가 와서 구원해 주었거니 여겼는데 세상을 떠났다니 이게 웬 말인가?" 하고 큰 소리로 통곡하니, 군중이 모두 소리를 내어 울음 바다를 이루었다. 바닷속에 곡성이 진동했다.

평행장은 우리 수군이 적병을 쫓아 그의 병영을 지나간 틈을 이용하여 뒤로 빠져 달아났다.

이보다 앞서 7월에 왜추倭酋 평수길이 이미 죽었기 때문에 바닷가에 둔쳤던 적들은 점차로 물러가기 시작했다.

한편 이순신의 전사 소식을 들은 우리 군사와 명나라 군사들의 영책에는 곡성이 끊이지 않아 마치 자신들의 어버이를 잃은 듯 애통함을 이기지 못했다. 영구靈柩가 지나는 곳마다 백성들이 곳곳에서 제물祭物을 차려 가지고 따라나서며 울었다.

"공께서 우리를 살렸는데 이제 우리를 버리시고 어디로

---

56 이완(1579~1627)의 본관은 덕수德水이고, 자는 열보悅甫이다. 이순신의 조카로 임진왜란 당시 이순신 휘하에서 종군했다. 노량해전에서 이순신이 전사하자 이를 알리지 않고 독전해 승리을 거두었다. 1599년에 무과에 급제했으며 평양중군을 거쳐 충청도 병마절도사가 되었다. 이괄의 난이 일어나자 난군을 물리친 공으로 가선대부에 올랐다. 정묘호란이 터져 적이 의주를 포위했을 때 열심히 싸웠으나 중과부적으로 패하자 병기고에 불을 지르고 자신도 분사했다. 이후 병조판서에 추증되었다.

가신단 말입니까?" 하고 수레를 붙들고 우니, 길이 막혀 영구가 나가지 못할 지경이었다. 길에서 보는 사람마다 눈물을 흘리지 않는 이가 없었다.

조정에서는 이순신에게 의정부 우의정을 증직했다.

형개가 바닷가에 사당을 지어 충혼을 제사 지내자고 하였으나 뜻을 이루지 못하자, 해변 사람들이 서로 의논해서 사당을 짓고 이를 '민충사愍忠祠'라 하여 제사를 지내게 했다. 장사꾼들과 어선들도 이곳을 왕래할 때마다 꼭 제사를 지내고 간다 한다.

이순신의 자는 여해汝諧요, 본은 덕수德水다. 조상에 변邊이란 분이 있어 벼슬이 판부사判府事에 이르렀는데, 강직하기로 이름이 있었다. 그의 증조 거琚는 성종成宗을 섬겼다. 연산燕山이 동궁東宮으로 있을 때 거는 강관講官이 되었는데, 너무 엄하다 해서 연산에게 미움을 받았다. 일찍이 장령掌令이 되었을 때 탄핵하기를 서슴지 않으니, 백료百僚들이 그를 꺼려 '호랑이 장령'이란 별명까지 붙였다. 조부 백록百祿은 가문의 덕으로 음사蔭仕를 지냈고, 아버지 정貞은 벼슬하지 않았다.

이순신은 어렸을 때부터 영특하고 씩씩하여, 여러 동무와 놀 때에도 나무를 깎아 활을 만들어 자기 마음에 맞지 않는 사람이 지나가면 그 사람의 눈에 대고 활을 쏘려 했기 때문에, 나

이 많은 어른들도 이를 꺼려 그 집 문 앞을 잘 지나다니지 못했다고 한다.

차차 장성하자 과연 활쏘기를 잘해서 무과武科로 이름을 날렸다. 그의 조상들은 본래 문관이었는데, 유독 그만이 무과에 올라 권지훈련원봉사權知訓鍊院奉事에 보직되었다.

한번은 병조판서 김귀영金貴榮이 자기 서녀庶女가 있어 이순신에게 첩으로 주고자 하였으나 이순신은 이를 즐겨하지 않았다. 사람들이 까닭을 묻자 그는 "내가 이제 처음 나가 벼슬을 하는데 어찌 권문權門에 장가들어 거기에 의지할 수 있으랴!" 하고 물리쳤다.

어느 날 병조정랑 서익徐益은 자기와 친근한 사람이 훈련원訓鍊院에 있었는데, 서열을 건너뛰어 천거해서 올려 쓰려 했다. 이때 훈련원 장무관掌務官이었던 이순신은 그 말을 듣지 않았다. 서익이 이순신을 불러 힐문했으나 그는 조금도 얼굴을 변치 않고, 사리에 옳지 않은 짓이라고 직변直辯했다. 서익이 크게 노하여 장차 무슨 일이 일어날지 모르는 판이었는데도 그는 조금도 동요됨이 없었다.

서익은 본래 성품이 사나운 사람으로, 동료들도 그를 꺼려서 말다툼을 못하는 터였다. 계하階下에서 이 거동을 바라보던 하리下吏들은 서로 쳐다보고 혀를 내밀며, "이 양반이 정랑正郎에게 항거하다니 앞길을 생각하지 못하는 분인 모양이로군" 하고 수군거리기도 했다. 그러나 날이 저물도록 이순신은 뜻을 굽히지 않았다. 마침내 서익은 부끄러운 빛으로 이순신을 돌려보내는 수밖에 없었다.

이런 일이 있은 후로 식자識者들 간에는 이순신의 이름이 차차 알려지기 시작했다.

그가 옥에 갇혔을 때 장차 무슨 변고가 생길지 몰라 옥리獄吏들이 그의 조카 분芬을 보고 뇌물을 쓰면 나올 수 있겠다 하였으나, 이순신은 이 말을 듣고 조카를 불러, "내가 죽으면 죽었지 어찌 도리에 어그러진 일을 해서 살기를 도모한단 말이냐?" 하고 꾸짖었다고 한다. 그의 지조가 얼마나 곧은지를 이만하면 짐작할 수 있으리라.

그의 사람됨은 말과 웃음이 적었고, 용모가 단아하고 수려하여 근엄한 선비와 같았다. 그러나 그의 가슴속에는 담기가 있어 몸을 잊고 싸우다가 순국하였으니, 이는 평소부터 그의 정신 속에 쌓여 온 수양의 결정結晶이었다.

그에게는 두 형 희신羲臣과 요신堯臣이 있었으나 모두 일찍 죽었다. 그는 두 형들의 자녀를 자기 혈육과 같이 사랑으로 길렀고, 장가들고 시집보내는 것도 자기 자녀보다 먼저 서둘러 하곤 했다.

이러한 재질을 가진 그가 명命을 타지 못하여 재주의 한 가지도 제대로 베풀어 보지 못한 채 세상을 떠났으니, 아! 참으로 안타까운 일이로다.

그는 통제사로 있을 때 주야로 마음을 스스로 단속하여 갑옷을 벗는 일이 없었다.

견내량에서 적과 상치한 지 오래되던 어느 날 밤, 배는 모두 닻을 내리고 달밤은 낮과 같은데, 그는 갑옷을 입은 채 북을 베고 잠시 누웠다가 벌떡 일어나더니 좌우를 불러 소주를 가져오라 했다. 그는 술 한 잔을 따라 마시더니 제장들을 불러오라 했다.

"오늘 밤 달이 이렇듯 밝으니 필시 적병이 간계를 부릴 듯하다. 달이 없는 날이면 반드시 우리를 엄습해 왔으니 이렇게 달이 유난히 밝은 날도 공격해 올 듯싶다. 제장들은 각별히 경비하여 소루疎漏함이 없도록 하라."

이에 호령의 나팔을 불어 모든 배의 닻을 올리게 하고 또 척후를 시켜 적정을 살피라 했다. 얼마 되지 않아 척후가 급히 와서 보고했다.

"적들이 진격해 옵니다."

이때 달은 서산에 걸려 산 그림자가 바닷속에 거꾸로 있어 그곳은 약간 어두웠다. 그 위를 적선이 새까맣게 덮쳐 오고 있었다. 이를 기다리고 있던 이순신의 군사가 적선이 가까이 오기를 기다려 일제히 포를 쏘고 함성을 올리니 아군의 여러 배가 모두 이에 호응했다.

적은 우리가 준비하고 있음을 알고 더 접근하지 못한 채 일시 조총을 쏘았으나, 소리만 바닷속에 진동할 뿐 탄환은 모두 물 위에 비처럼 떨어졌다. 결국 적들은 감히 범하지 못하고 패해 돌아갔다. 이것을 보고 제장들은 모두 그를 신神이라 했다.

十二月 天朝大發兵 以兵部右侍郎宋應昌 爲經
십 이 월 천 조 대 발 병 이 병 부 우 시 랑 송 응 창 위 경

略兵部員外郞劉黃裳 主事袁黃 爲贊畫軍務 駐
략 병 부 원 외 랑 유 황 상 주 사 원 황 위 찬 화 군 무 주

遼東 提督李如松 爲大將 率三營將李如栢張世
요 동 제 독 이 여 송 위 대 장 솔 삼 영 장 이 여 백 장 세

爵楊元及南將駱尙志吳惟忠王必迪等渡江 兵
작 양 원 급 남 장 낙 상 지 오 유 충 왕 필 적 등 도 강 병

數四萬餘 先是沈惟敬旣去 倭果斂兵不動 旣而
수 사 만 여 선 시 심 유 경 기 거 왜 과 감 병 부 동 기 이

過五十日 惟敬不至 倭疑之 聲言歲時將飮馬鴨
과 오 십 일 유 경 부 지 왜 의 지 성 언 세 시 장 음 마 압

綠江 自賊中逃回者 皆言賊大修攻城之具 人以
록 강 자 적 중 도 회 자 개 언 적 대 수 공 성 지 구 인 이

益懼 十二月初 惟敬又至 再入城中 留數日 更
익 구 십 이 월 초 유 경 우 지 재 입 성 중 류 수 일 갱

相約誓而去 所言不聞 至是兵至安州 下營於城
상 약 서 이 거 소 언 불 문 지 시 병 지 안 주 하 영 어 성

南旌旗器械 整肅如神 余請見提督白事 提督
남 정 기 기 계 정 숙 여 신 여 청 견 제 독 백 사 제 독

在東軒許入乃頎然丈夫也 設椅相對 余袖出平
재 동 헌 허 입 내 기 연 장 부 야 설 의 상 대 여 수 출 평

壤地圖 指示形勢兵所從入之路 提督傾聽 輒以
양 지 도 지 시 형 세 병 소 종 입 지 로 제 독 경 청 첩 이

朱筆點其處 且曰倭但恃鳥銃耳 我用大炮 皆過
주 필 점 기 처 차 왈 왜 단 시 조 총 이 아 용 대 포 개 과

五六里賊何可當也 余旣退 提督於扇面 題詩寄
오 륙 리 적 하 가 당 야 여 기 퇴 제 독 어 선 면 제 시 기

余云
여 운

「提兵星夜渡江于, 爲說三韓國未安. 明主日懸
제 병 성 야 도 강 우, 위 설 삼 한 국 미 안. 명 주 일 현

旌節報, 徵臣夜釋酒杯歡. 着來殺氣心猶壯, 此
정 절 보, 징 신 야 석 주 배 환. 착 래 살 기 심 유 장, 차

去妖氣骨已寒. 談笑敢言非勝算, 夢中當憶跨
거 요 분 골 이 한. 담 소 감 언 비 승 산, 몽 중 당 억 과

征鞍.」
정 안.」

時城中漢兵皆滿 余在百祥樓 夜半 忽有唐人
시 성 중 한 병 개 만 여 재 백 상 루 야 반 홀 유 당 인

持軍中密約三條來示問其姓名 不告而去 提督
지 군 중 밀 약 삼 조 래 시 문 기 성 명 불 고 이 거 제 독

使副總兵查大受 先往順安 紿倭奴曰 天朝已許
사 부 총 병 사 대 수 선 왕 순 안 태 왜 노 왈 천 조 이 허

和 沈遊擊且至 倭喜 玄蘇獻詩曰
화 심 유 격 차 지 왜 희 현 소 헌 시 왈

「扶桑息戰服中華, 四海九州同一家. 喜氣忽消
「부 상 식 전 복 중 화, 사 해 구 주 동 일 가. 희 기 홀 소

寰外雪, 乾坤春早太平花.」
환 외 설, 건 곤 춘 조 태 평 화.」

時癸巳年春正月初吉也 使其少將平好官 領
시 계 사 년 춘 정 월 초 길 야 사 기 소 장 평 호 관 영

二十餘倭 出迎沈遊擊于順安 查總兵 誘與飲酒
이 십 여 왜 출 영 심 유 격 우 순 안 사 총 병 유 여 음 주

代起縱擊之 擒平好官 斬戮從倭幾盡 三人逸馳
대 기 종 격 지 금 평 호 관 참 륙 종 왜 기 진 삼 인 일 치

去 賊中始知 兵至大擾 時大軍已到肅川 日暮
거 적 중 시 지 병 지 대 요 시 대 군 이 도 숙 천 일 모

方下營做飯 報至 提督彎弓鳴弦 卽以數騎 治
방 하 영 주 반 보 지 제 독 만 궁 명 현 즉 이 수 기 치

赴順安 諸營陸續進發 翌日朝 進圍平壤 攻晉
부 순 안 제 영 륙 속 진 발 익 일 조 진 위 평 양 공 진

通門七星門 賊登城上 列竪紅白旗拒戰 天兵
통 문 칠 성 문　적 등 성 상　열 수 홍 백 기 거 전　천 병

以大炮火箭攻之 炮聲震地 數十里間 山岳皆
이 대 포 화 전 공 지　포 성 진 지　수 십 리 간　산 악 개

動 火箭布空如織 烟氣蔽天 箭入城中 處處火
동　화 전 포 공 여 직　연 기 폐 천　전 입 성 중　처 처 화

起 林木皆焚 駱尙志吳惟忠等 率親兵蟻附登城
기　임 목 개 분　낙 상 지 오 유 충 등　솔 친 병 의 부 등 성

前者墜後者升 莫有退者 賊刀槊 下垂城堞如蝟
전 자 추 후 자 승　막 유 퇴 자　적 도 삭　하 수 성 첩 여 위

毛 天兵戰益力 賊不能支 退入內城 斬戮焚燒
모　천 병 전 익 력　적 불 능 지　퇴 입 내 성　참 륙 분 소

死者甚衆 天兵入城攻內城 賊於城上爲土壁 多
사 자 심 중　천 병 입 성 공 내 성　적 어 성 상 위 토 벽　다

穿孔穴 望之如蜂窠 從穴中銃丸亂發 天兵多傷
천 공 혈　망 지 여 봉 과　종 혈 중 총 환 란 발　천 병 다 상

提督慮窮寇致死 收軍城外 以開走路 其夜賊乘
제 독 려 궁 구 치 사　수 군 성 외　이 개 주 로　기 야 적 승

冰過江遁去 先是余在安州 聞大兵將出 密報黃
빙 과 강 둔 거　선 시 여 재 안 주　문 대 병 장 출　밀 보 황

海道防禦使李時言金敬老使邀其歸路 戒之日
해 도 방 어 사 이 시 언 김 경 로 사 요 기 귀 로　계 지 왈

兩軍沿道設伏 俟賊過躡其後 賊飢困遁走 無心
양 군 연 도 설 복　사 적 과 섭 기 후　적 기 곤 둔 주　무 심

戀戰 可盡就縛 時言卽至中和 敬老辭以他事
련 전　가 진 취 박　시 언 즉 지 중 화　경 로 사 이 타 사

余又遣軍官姜德寬督之 敬老不得已亦來中和
여 우 견 군 관 강 덕 관 독 지　경 로 부 득 이 역 래 중 화

賊退前一日 因黃海道巡察使柳永慶關 還走載
적 퇴 전 일 일　인 황 해 도 순 찰 사 유 영 경 관　환 주 재

寧 時永慶在海州欲自衛 而敬老憚與賊戰避去
령　시 영 경 재 해 주 욕 자 위　이 경 로 탄 여 적 전 피 거

賊將平行長平義智玄蘇平調信等 率餘衆連夜
적 장 평 행 장 평 의 지 현 소 평 조 신 등 솔 여 중 연 야

遁還 氣乏足蠒跛躃而行 或匍匐田間 指口乞食
둔 환 기 핍 족 견 파 벽 이 행 혹 포 복 전 간 지 구 걸 식

我國無一人出擊 天兵又不追之 獨李時言 尾其
아 국 무 일 인 출 격 천 병 우 불 추 지 독 이 시 언 미 기

後不敢逼 但斬飢病落後者六十餘級 是時倭將
후 불 감 핍 단 참 기 병 락 후 자 육 십 여 급 시 시 왜 장

之在都城者平秀嘉 乃關白姪 或言壻也 年幼能
지 재 도 성 자 평 수 가 내 관 백 질 혹 언 서 야 연 유 능

主事 軍務制在行長 而淸正在咸鏡道未還 若行
주 사 군 무 제 재 행 장 이 청 정 재 함 경 도 미 환 약 행

長義智玄蘇等就擒則京城之賊自潰 京城潰則
장 의 지 현 소 등 취 금 칙 경 성 지 적 자 궤 경 성 궤 칙

淸正歸路斷絶 軍心洶懼 必沿海遁走 不能自拔
청 정 귀 로 단 절 군 심 흉 구 필 연 해 둔 주 불 능 자 발

漢江以南賊屯 次第瓦解 天兵鳴鼓徐行 直至釜
한 강 이 남 적 둔 차 제 와 해 천 병 명 고 서 행 직 지 부

山 痛飮而已 俄頃之間 海岱肅淸 安有數年之
산 통 음 이 이 아 경 지 간 해 대 숙 청 안 유 수 년 지

紛紛哉 一夫不如意 事關天下 良可痛惜 余狀
분 분 재 일 부 불 여 의 사 관 천 하 양 가 통 석 여 장

啓請斬金敬老 蓋余爲平安道體察使 敬老非管
계 청 참 김 경 로 개 여 위 평 안 도 체 찰 사 경 로 비 관

下 故先請之 朝廷遣宣傳官李純一 持標信至開
하 고 선 청 지 조 정 견 선 전 관 이 순 일 지 표 신 지 개

城府欲誅之 先告于提督 提督曰其罪應死 然賊
성 부 욕 주 지 선 고 우 제 독 제 독 왈 기 죄 응 사 연 적

未滅 一武士可惜 姑令白衣從軍 使之立功贖罪
미 멸 일 무 사 가 석 고 령 백 의 종 군 사 지 립 공 속 죄

可也 爲咨文援純一而送
가 야 위 자 문 원 순 일 이 송

遞李鎰巡邊使 更以李薲代之 平壤之戰 天兵從

普通門而入 李鎰及金應瑞等 從含毬門而入 及

水兵 皆退屯城外 夜賊遁去 明朝始覺之 李提

督咎我軍不警守 使賊遁去而不知 於是 天將

之曾往來順安 與李薲相熟者 爭言鎰非將才 獨

李薲可 提督移咨言狀 朝廷使左相尹斗壽 至平

壤問鎰罪 欲行軍法良久釋之更以薲代鎰 選兵

三千騎 從提督而南

李提督進兵坡州 與賊戰於碧蹄南不利 還屯開

城 初平壤旣復 大同以南沿道賊屯 皆遁去 提

督欲追賊 謂余曰 大軍方前進 而聞前路無糧草

議政旣爲大臣當念國事 不可憚勞 宜急行 準備

軍糧 勿致踈誤余辭出 時天兵先鋒 已過大同江

而南 篋搶塞路不可行 余委曲疾行出軍前 夜

入中和至黃州 已三鼓矣 時賊兵新退 一路荒虛

人民未集計無所出 急移文于黃海監司柳永慶
인 민 미 집 계 무 소 출　급 이 문 우 황 해 감 사 유 영 경

使之催運 又移文于平安監司李元翼 調發金應
사 지 최 운　우 이 문 우 평 안 감 사 이 원 익　조 발 김 응

瑞等所率軍人之不堪戰陣者 自平壤負戴追隨
서 등 소 솔 군 인 지 불 감 전 진 자　자 평 양 부 대 추 수

送至黃州 又令船運平安道三縣之穀 從靑龍浦
송 지 황 주　우 령 선 운 평 안 도 삼 현 지 곡　종 청 룡 포

輸運於黃海道 事非預辦 臨時猝急 而大軍隨之
수 운 어 황 해 도　사 비 예 판　임 시 졸 급　이 대 군 수 지

恐乏軍興 爲之勞心焦思 永慶頗有儲峙 畏賊散
공 핍 군 흥　위 지 노 심 초 사　영 경 파 유 저 치　외 적 산

置山谷間 督民輸至 沿道不支闕乏 旣而大軍入
치 산 곡 간　독 민 수 지　연 도 부 지 궐 핍　기 이 대 군 입

開城府 正月二十四日賊疑我民爲之內應 且忿
개 성 부　정 월 이 십 사 일 적 의 아 민 위 지 내 응　차 분

平壤之敗 盡殺京城中民庶 焚燒公私閭舍殆盡
평 양 지 패　진 살 경 성 중 민 서　분 소 공 사 여 사 태 진

而西路列屯之賊 皆會京城 謀拒王師 余連請提
이 서 로 열 둔 지 적　개 회 경 성　모 거 왕 사　여 연 청 제

督速進 提督遲回者累日進至坡州 翌日副總兵
독 속 진　제 독 지 회 자 누 일 진 지 파 주　익 일 부 총 병

査大受 與我將高彦伯 領兵數百 先行偵探與賊
사 대 수　여 아 장 고 언 백　영 병 수 백　선 행 정 탐 여 적

相遇於碧蹄驛南礪石嶺 斬獲百餘級 提督聞之
상 우 어 벽 제 역 남 여 석 령　참 획 백 여 급　제 독 문 지

留大軍 獨與家丁騎馬者千餘 馳赴之 過惠陰
유 대 군　독 여 가 정 기 마 자 천 여　치 부 지　과 혜 음

嶺 馬蹶墮地 其下共扶起之 時賊匿大衆於礪石
령　마 궐 타 지　기 하 공 부 기 지　시 적 익 대 중 어 여 석

嶺後 只數百人在嶺上 提督望見 揮其兵爲兩翼
령 후　지 수 백 인 재 령 상　제 독 망 견　휘 기 병 위 양 익

而前賊寂自嶺而下 漸相逼 後賊從山後遶上山
陣 幾萬餘天兵望之心懼 而已接刃不可解 時提
督所領 皆北騎無火器 只持短劍鈍劣 賊用步兵
刃皆三四尺 精利無比 與之突鬪 左右揮擊 人
馬皆靡 無敢當其鋒者 提督見勢危急 徵後軍未
至而先軍已敗 死傷甚多 賊亦收兵不急追 日暮
提督還坡州 雖隱其敗 而神氣沮甚 夜以家丁親
信者戰死痛哭 明日欲退軍東坡 余與右議政兪
泓 都元師金命元 師李薲等至帳下 提督出立帳
外諸將左右立 余力爭曰 勝負兵家常事 當觀勢
更進 奈何輕動 提督曰 吾軍昨日多殺賊 無不
利事 但此地經雨泥濘 不便駐軍 所以欲還東坡
休兵進取耳 余及諸人爭之固 提督出示已奏本
草 其中有曰 賊兵在都城者二十餘萬 衆寡不敵
末又言臣病甚 請以他人代其任 余駭而以手指
點曰 賊兵甚少 何得有二十萬 提督曰 我豈能

知之 乃汝國人所言也 蓋託辭也 諸將中張世爵
지지 내여국인소언야 개탁사야 제장중장세작

尤勸都督退兵 以余等固爭不退 以足蹴巡邊使
우권도독퇴병 이여등고쟁불퇴 이족축순변사

李蘋叱退 聲色俱厲 是時大雨連日且賊燒道邊
이빈질퇴 성색구려 시시대우연일차적소도변

諸山 皆兀兀無蒭草 重以馬疫 數日間 倒隕者
제산 개올올무호초 중이마역 수일간 도운자

殆將萬匹 是日三營還渡臨津 陣于東坡驛前 明
태장만필 시일삼영환도임진 진우동파역전 명

日自東坡 又欲還開城府 余又力爭曰 大軍一退
일자동파 우욕환개성부 여우력쟁왈 대군일퇴

則賊氣愈驕 遠近驚懼 臨津以北 亦不可保 願
칙적기유교 원근경구 임진이북 역불가보 원

少住觀釁以動 提督佯許之 余旣退 而提督跨馬
소주관흔이동 제독양허지 여기퇴 이제독과마

遂還開城府 諸營悉退開城 獨副總兵査大受 遊
수환개성부 제영실퇴개성 독부총병사대수 유

擊毋承宣軍數百守臨津 余猶留東坡 日遣人更
격무승선군수백수임진 여유류동파 일견인갱

請進兵 提督謾應之曰 天晴路乾則當進 然實無
청진병 제독만응지왈 천청로건칙당진 연실무

進意 大軍到開城府日久 軍糧已盡 惟從水路括
진의 대군도개성부일구 군량이진 유종수로괄

粟及蒭草於江華 又船運忠淸全羅道稅糧 稍稍
속급교초어강화 우선운충청전라도세량 초초

而至 隨到隨盡 其勢愈急一日諸將以糧盡爲辭
이지 수도수진 기세유급일일제장이량진위사

請提督旋師 提督怒 呼余及戶曹判書李誠中京
청제독선사 제독노 호여급호조판서이성중경

畿左監司李廷馨 跪庭下大聲詰責 欲加以軍法
기좌감사이정형 궤정하대성힐책 욕가이군법

余摧謝不已 因念國事至此 不覺流涕 提督憫然
여 최 사 불 이 인 념 국 사 지 차 불 각 유 체 제 독 민 연

更怒諸將曰 汝等昔從我征西夏時 軍不食累日
갱 노 제 장 왈 여 등 석 종 아 정 서 하 시 군 불 식 루 일

猶不敢言歸 卒成大功 今朝鮮偶數日不支糧 何
유 불 감 언 귀 졸 성 대 공 금 조 선 우 수 일 부 지 량 하

敢遽言旋師耶 汝輩欲去則去 我非滅賊不還 惟
감 거 언 선 사 야 여 배 욕 거 칙 거 아 비 멸 적 불 환 유

當以馬革裹尸耳 諸將皆頓首謝 余出門 以放糧
당 이 마 혁 리 시 이 제 장 개 돈 수 사 여 출 문 이 방 량

不時 杖開城經歷沈禮謙繼而糧船數十隻 自江
불 시 장 개 성 경 력 심 예 겸 계 이 량 선 수 십 척 자 강

華泊後西江僅得無事是夕 提督使總兵張世爵
화 박 후 서 강 근 득 무 사 시 석 제 독 사 총 병 장 세 작

召余慰之 且論軍事 提營還平壤時賊將清正 尙
소 여 위 지 차 론 군 사 제 영 환 평 양 시 적 장 청 정 상

在咸鏡道 有人傳言 清正將自咸興 踰陽德孟山
재 함 경 도 유 인 전 언 청 정 장 자 함 흥 유 양 덕 맹 산

襲平壤時提督有北還意 未得其機 因此聲言平
습 평 양 시 제 독 유 북 환 의 미 득 기 기 인 차 성 언 평

壤乃根本 若不守 大軍無歸路不可不救 遂回軍
양 내 근 본 약 불 수 대 군 무 귀 로 불 가 불 구 수 회 군

還平壤 留王必迪守開城 謂接伴使李德馨曰 朝
환 평 양 유 왕 필 적 수 개 성 위 접 반 사 이 덕 형 왈 조

鮮之軍 勢孤無援 宜悉還江北 是時全羅巡察使
선 지 군 세 고 무 원 의 실 환 강 북 시 시 전 라 순 찰 사

權慄 在高陽幸州 巡邊使李薲坡州 高彦伯李時
권 율 재 고 양 행 주 순 변 사 이 빈 파 주 고 언 백 이 시

言等在蠏蹦嶺 元師金命元在臨津南 余在東坡
언 등 재 해 유 령 원 수 김 명 원 재 임 진 남 여 재 동 파

提督恐爲賊所乘故云然 余使從事官辛慶晉 馳
제 독 공 위 적 소 승 고 운 연 여 사 종 사 관 신 경 진 치

見提督陳不可退軍者五 先王墳墓 皆在畿甸 淪
견 제 독 진 불 가 퇴 군 자 오　선 왕 분 묘　개 재 기 전　윤

於賊藪 神人望切 不忍棄去一也 京畿以南遺民
어 적 수　신 인 망 절　불 인 기 거 일 야　경 기 이 남 유 민

日望王師 忽聞退去 無復固志 相率而歸賊二也
일 망 왕 사　홀 문 퇴 거　무 복 고 지　상 솔 이 귀 적 이 야

我國境土尺寸不可容易棄之三也 將士雖力弱
아 국 경 토 척 촌 불 가 용 이 기 지 삼 야　장 사 수 력 약

方欲倚仗天兵 共圖進取 一聞撤退之令 必皆怨
방 욕 의 장 천 병　공 도 진 취　일 문 철 퇴 지 령　필 개 원

憤李散四也 一退而賊乘其後 則雖臨津以北 亦
분 이 산 사 야　일 퇴 이 적 승 기 후　칙 수 임 진 이 북　역

不可保五也 提督默然而去
불 가 보 오 야　제 독 묵 연 이 거

270
全羅道巡察使權慄 敗賊于幸州 移軍坡州 先是
전 라 도 순 찰 사 권 율　패 적 우 행 주　이 군 파 주　선 시

慄以光州牧使 代李洸爲巡察使 率兵勤王 懲
율 이 광 주 목 사　대 이 광 위 순 찰 사　솔 병 근 왕　징

李洸等野戰而敗 至水原 據禿城山城 敗不敢
이 광 등 야 전 이 패　지 수 원　거 독 성 산 성　패 불 감

攻 及聞天兵將入京城 渡江陣于幸州山城 至是
공　급 문 천 병 장 입 경 성　도 강 진 우 행 주 산 성　지 시

賊從京城大出攻之軍中洶懼欲散 而江水在後
적 종 경 성 대 출 공 지 군 중 흉 구 욕 산　이 강 수 재 후

無走路 不得已還入城力戰 矢雨下 賊分爲三陣
무 주 로　부 득 이 환 입 성 력 전　시 우 하　적 분 위 삼 진

迭進皆敗 會日暮 賊還入京城 慄令軍士 取賊
질 진 개 패　회 일 모　적 환 입 경 성　율 령 군 사　취 적

屍磔裂肢體 散掛林木 以泄其憤旣而聞賊欲更
시 책 열 지 체　산 괘 임 목　이 설 기 분 기 이 문 적 욕 갱

出期必報 甚懼毀營柵 率軍至臨津 從都元師金

命元 余聞之 單騎馳去 登坡州山城 觀形勢 以

爲當大路之衝而地形斗絕可據 卽令權慄與巡

邊使李薲 合軍據守 以遏賊兵西下防禦使高彦

伯李時言 助防將鄭希玄朴名賢等 爲遊兵遮蹡

踰嶺 義兵將朴惟仁尹先正李山輝等 從右路伏

於 昌敬陵之間各以其兵 出沒抄擊 賊多出則避

而不戰 少出則隨處邀擊 自足賊不得出城樵採

馬死者甚多 又令倡義士金千鎰 京畿水使李蘋

忠淸水使丁傑等 乘舟從龍山西江 以分賊勢 忠

淸道巡察使許頊 在陽城 令還護本道 以備賊南

衝之勢 移文京畿忠淸慶尙官義兵 使各在其處

從左右邀截賊路 楊根郡守李汝讓 守龍津 凡諸

將所斬賊首 皆懸掛於開城府南門之外 提督參

軍呂應鍾 見之喜曰 朝鮮人 今則取賊首 如割

毯矣 一日賊從東門 大出搜山 自楊州積城至大

灘無所得 査大受恐賊來襲 報余曰 有體探人來
탄 무 소 득 사 대 수 공 적 래 습 보 여 왈 유 체 탐 인 래

言 賊欲得査總兵 柳體察云 姑避開城如何 余
언 적 욕 득 사 총 병 유 체 찰 운 고 피 개 성 여 하 여

答之曰 體探人所言 恐無此理 賊方疑大軍住近
답 지 왈 체 탐 인 소 언 공 무 차 리 적 방 의 대 군 주 근

豈敢輕易渡江 我等一動則民心必搖 不如靜而
기 감 경 이 도 강 아 등 일 동 칙 민 심 필 요 불 여 정 이

待之 査笑曰 此言甚是 假令有賊 吾與體察 死
대 지 사 소 왈 차 언 심 시 가 령 유 적 오 여 체 찰 사

生同之 豈敢獨去 遂分所率勇士數十餘人來護
생 동 지 기 감 독 거 수 분 소 솔 용 사 수 십 여 인 래 호

余 雖雨甚 達夜警守不暫怠 至聞賊入城乃罷
여 수 우 심 달 야 경 수 부 잠 태 지 문 적 입 성 내 파

其後賊探知權慄在坡州 欲報怨 率大軍從西路
기 후 적 탐 지 권 율 재 파 주 욕 보 원 솔 대 군 종 서 로

而出 至廣灘 去山城數里 住兵不進 自午至未
이 출 지 광 탄 거 산 성 수 리 주 병 부 진 자 오 지 미

不攻還退 後不復出 蓋賊知地形 見慄所據險絶
불 공 환 퇴 후 불 복 출 개 적 지 지 형 견 율 소 거 험 절

故耳 余移書王必迪言賊方據險 固未易攻 大兵
고 이 여 이 서 왕 필 적 언 적 방 거 험 고 미 이 공 대 병

當進住東坡 坡州躡其尾 以牽綴之 選南兵一
당 진 주 동 파 파 주 섭 기 미 이 견 철 지 선 남 병 일

萬 從江華出於漢南 乘賊不意 擊破諸屯 則京
만 종 강 화 출 어 한 남 승 적 불 의 격 파 제 둔 칙 경

城之賊 歸路斷絶 必向龍津而走 因以後兵 覆
성 지 적 귀 로 단 절 필 향 용 진 이 주 인 이 후 병 복

諸江津 可一擧掃滅 必迪擊節稱奇策 發偵探軍
제 강 진 가 일 거 소 멸 필 적 격 절 칭 기 책 발 정 탐 군

三十六名 馳往忠淸道義兵將李山謙陣 察賊形
삼 십 육 명 치 왕 충 청 도 의 병 장 이 산 겸 진 찰 적 형

勢 時賊精兵 皆在京城 而後屯皆羸疲寡弱 偵
세 시적정병 개재경성 이후둔개영피과약 정

卒踊躍還報云 不須一萬 只得二三千可破 李提
졸 용약환보운 불수일만 지득이삼천가파 이제

督北將也 是役也 痛抑南軍 恐其成功不許
독북장야 시역야 통억남군 공기성공불허

請發軍糧餘粟 賑救飢民 許之 時賊據京城已二
청발군량여속 진구기민 허지 시적거경성이이

年 鋒焰所被 千里蕭然 百姓不得耕種 餓死殆
년 봉염소피 천리소연 백성부득경종 아사태

盡 城中餘民 聞余在東坡 扶携擔負而至者 不
진 성중여민 문여재동파 부휴담부이지자 불

計其數 查總兵於馬山路中 見小兒匍匐飲死母
계기수 사총병어마산로중 견소아포복음사모

乳 哀而收之 育於軍中 謂余曰 倭賊未退 而人
유 애이수지 육어군중 위여왈 왜적미퇴 이인

民如此 將奈何 乃歎息曰 天愁地慘矣 余聞之
민여차 장내하 내탄식왈 천수지참의 여문지

不覺流涕 時大兵將再至 糧船之自南方來者 皆
불각유체 시대병장재지 양선지자남방래자 개

列泊江岸 不敢他用 適全羅道召募官安敏學 募
열박강안 불감타용 적전라도소모관안민학 모

得皮穀千石 船運而至 余喜甚 卽狀啓請以此賑
득피곡천석 선운이지 여희심 즉장계청이차진

救飢民 以前郡守南宮悌 爲監賑官 取松葉爲屑
구기민 이전군수남궁제 위감진관 취송엽위설

每松屑十分 合米屑一合 投水而飲之 人多穀少
매송설십분 합미설일합 투수이음지 인다곡소

所活無幾 唐將亦哀之 自分所食軍糧三十石賑
소활무기 당장역애지 자분소식군량삼십석진

給 百不能及一 一日夜大雨 飢民在余左右 哀
급 백불능급일 일일야대우 기민재여좌우 애

吟呻礎不可忍聞 朝起視之 狼藉而死者甚多 慶
음신초불가인문 조기시지 낭자이사자심다 경

尙右道監司金誠一 亦遣前典籍李魯 告念于余
상우도감사김성일 역견전전적이로 고념우여

曰 欲糶全羅左道之穀 賑濟飢民 且爲春耕種子
왈 욕조전라좌도지곡 진제기민 차위춘경종자

而全羅都事崔鐵堅 不肯賑貸 時知事金瓚 爲體
이전라도사최철견 불긍진대 시지사김찬 위체

察副使 左湖西 余卽移文于瓚 令馳下全羅 自
찰부사 좌호서 여즉이문우찬 영치하전라 자

發南原等倉 移一萬石于領南以救之 大抵自京
발남원등창 이일만석우령남이구지 대저자경

都至南邊 賊兵橫貫 時方四月人民皆登山入谷
도지남변 적병횡관 시방사월인민개등산입곡

無一種麥之處 使賊更數月不退 則生類盡矣
무일종맥지처 사적갱수월불퇴 칙생류진의

沈遊擊惟敬 再入京城 誘賊退兵 四月初七日
심유격유경 재입경성 유적퇴병 사월초칠일

提督率兵自平壤還開城府 先是金千鎰陣中 有
제독솔병자평양환개성부 선시김천일진중 유

李蓋忠者 自請入京探候賊情 得見二 王子及長
이신충자 자청입경탐후적정 득견이 왕자급장

溪君黃廷彧等 還言賊有講和意 旣而賊投書於
계군황정욱등 환언적유강화의 기이적투서어

龍山舟師乞和 千鎰送其書於余 余念提督已無
용산주사걸화 천일송기서어여 여념제독이무

戰意 或欲假此而郤賊 則未必不更還開城 庶幾
전의 혹욕가차이극적 칙미필불갱환개성 서기

了事 以其書示查大受 查卽使家丁李慶 馳報平
료사 이기서시사대수 사즉사가정이경 치보평

壤 於是提督又使惟敬來 金命元見惟敬曰 賊念
양 어시제독우사유경래 김명원견유경왈 적념

平壤見欺 必有不善意 何可更入惟敬曰 賊自
평양견기 필유불선의 하가갱입유경왈 적자

不速退故敗 何預我也 還入 在賊中所言雖不
불속퇴고패 하예아야 환입 재적중소언수불

聞 大槩責還 王子陪臣 還軍釜山 然後許和 賊
문 대개책환 왕자배신 환군부산 연후허화 적

處奉約束 提督遂還開城 余呈文提督 極言和
처봉약속 제독수환개성 여정문제독 극언화

好非計不如擊之 提督批示曰 此先得我心之所
호비계불여격지 제독비시왈 차선득아심지소

同然者 無聽用意 又使遊擊將軍周弘謨 往賊
동연자 무청용의 우사유격장군주홍모 왕적

營 余餘金元師 適在權慄陣中 遇於坡州 弘謨
영 여여김원수 적재권율진중 우어파주 홍모

使余等 入參旗牌 余曰此是入倭營旗牌 我何爲
사여등 입참기패 여왈차시입왜영기패 아하위

參拜 且有宋侍郎禁殺賊牌文 尤不可承受 弘謨
참배 차유송시랑금살적패문 우불가승수 홍모

强之三四 余不答 騎馬還東坡弘謨使人于提督
강지삼사 여부답 기마환동파홍모사인우제독

言狀 提督大怒曰 旗牌乃皇命 雖猘子 見輒拜
언장 제독대노왈 기패내황명 수달자 견첩배

之 何爲不拜 我行軍法 然後回軍 接伴使李德
지 하위불배 아행군법 연후회군 접반사이덕

馨 急報於余曰 朝日不可不來謝 明日余與金元
형 급보어여왈 조일불가불래사 명일여여김원

師 往開城 詣門通名 提督怒不見 金元師欲退
수 왕개성 예문통명 제독노불견 김원수욕퇴

余曰提督應試余 姑待之 時小雨 余二人拱立門
여왈제독응시여 고대지 시소우 여이인공립문

外 有頃 提督之人 出門覘視而入者再 俄而許
외 유경 제독지인 출문첨시이입자재 아이허

入 提督立于堂上 余就前行禮 仍謝曰 小的雖
입 제독립우당상 여취전행례 잉사왈 소적수

甚愚劣 豈不知旗牌爲可敬但旗牌傍有牌文 不
심우열 기부지기패위가경단기패방유패문 불

許我國人殺賊 私心竊痛之 不敢參拜 罪無所逃
허아국인살적 사심절통지 불감참배 죄무소도

提督有慚色 乃曰此言甚是 牌文乃宋侍郎令 不
제독유참색 내왈차언심시 패문내송시랑령 불

關吾事 因曰此間流言甚多 侍郎若聞陪臣不參
관오사 인왈차간유언심다 시랑약문배신불참

旗牌 我容而不問則必幷責我 須爲呈文 略辨事
기패 아용이불문칙필병책아 수위정문 략변사

情來 脫侍郎有問 我以此解之 不問則置之 余
정래 탈시랑유문 아이차해지 불문칙치지 여

二人拜辭而退 依所言呈文 自是提督遣人 往來
이인배사이퇴 의소언정문 자시제독견인 왕래

倭陣相續 一日余與元師 往候提督 還東坡到天
왜진상속 일일여여원수 왕후제독 환동파도천

壽亭前 遇查將家丁李慶 自東坡入開城 馬上相
수정전 우사장가정이경 자동파입개성 마상상

揖而過 至招賢里 有漢人三騎自後馳來 喝務體
읍이과 지초현리 유한인삼기자후치래 갈무체

察使安在 余應之曰 我是也 叱回馬 一人手持
찰사안재 여응지왈 아시야 질회마 일인수지

鐵銷 以長鞭亂捶余馬曰走走 余不知何事 只得
철소 이장편란추여마왈주주 여부지하사 지득

回馬向開城而走 其人從馬後鞭之不已 從者皆
회마향개성이주 기인종마후편지불이 종자개

落後 獨軍困金霽 從事辛慶晉 盡力追隨 過靑

郊驛 將至土城隅 又有一騎自城內走馬而至 謂

三騎曰云云 於是三騎揖余曰 可去矣 余恍然不

測而回 翌日因李德馨通示 始知之 提督信任家

丁 自外入謂提督曰 柳體察不欲講和 悉去臨津

船隻 勿令通使於倭營 提督遽發怒 欲拿余捆打

四十當余之未至也 提督瞋目奮臂 或坐或起 左

右皆慄 有頃 李慶至 提督問臨津有船否 慶曰

有船 往來無阻 提督卽使人止追余者 謂家丁妄

言痛打數百 氣絶曳出 悔其怒余 謂人曰 若體

察使來到 吾當何以處之 蓋提督常謂余不肯和

議 素有不平心 故纔聞人言 不復省察 暴怒如

此人皆爲余危之 後數日 提督又使遊擊戚金錢

世禎二人 以旗牌至東坡招余及金元師李觀察

廷馨同坐 因從容言 賊請出 王子陪臣 退還京

城而去 今當從其所請 給賊出城 然後行計追剿

乃提督使之來探女意肯否也 余猶執前議 往復
내 제 독 사 지 래 탐 여 의 긍 부 야 여 유 집 전 의   왕 복

不已 世禎性躁 發怒大罵曰 然則爾國王 何以
불 이 세 정 성 조 발 노 대 매 왈 연 칙 이 국 왕   하 이

棄城逃避耶 余徐曰 遷國圖存 亦或一道 是時
기 성 도 피 야 여 서 왈 천 국 도 존   역 혹 일 도   시 시

戚金 但數數視余 與世禎微笑而無言 世禎等遂
척 금 단 수 수 시 여 여 세 정 미 소 이 무 언 세 정 등 수

回 四月十九日 提督領大軍至東坡 宿于查總兵
회 사 월 십 구 일 제 독 영 대 군 지 동 파 숙 우 사 총 병

幕 蓋賊已約退兵 故將入京城也 余詣提督下處
막 개 적 이 약 퇴 병 고 장 입 경 성 야 여 예 제 독 하 처

候問 提督不見謂譯者曰 體察使不快於予 亦來
후 문 제 독 불 견 위 역 자 왈 체 찰 사 불 쾌 어 여 역 래

問耶
문 야

四月二十日 京城復 天兵入城 李提督館於小公
사 월 이 십 일 경 성 복 천 병 입 성 이 제 독 관 어 소 공

主宅(後稱南別宮) 前一日 賊已出城矣 余隨入
주 택 (후 칭 남 별 궁) 전 일 일 적 이 출 성 의   여 수 입

城 見城中遺民 百不一存 其存者皆飢羸症困
성 견 성 중 유 민 백 불 일 존 기 존 자 개 기 리 증 곤

面色如鬼 時日氣烘熱 人死及馬死者 處處暴
면 색 여 귀 시 일 기 홍 열 인 사 급 마 사 자   처 처 폭

露 臭穢滿城 行者掩鼻方過 公私廬舍一空 獨
로 취 예 만 성 행 자 엄 비 방 과 공 사 여 사 일 공   독

自崇禮門以東 循南山下一帶 賊所止舍處稍存
자 숭 례 문 이 동 순 남 산 하 일 대 적 소 지 사 처 초 존

宗廟三闕及鍾樓各司館學在大街以北者 蕩然
종 묘 삼 궐 급 종 루 각 사 관 학 재 대 가 이 북 자   탕 연

惟餘灰燼而已 小公主宅 亦倭將秀嘉所止 故見
유 여 회 신 이 이　소 공 주 택　역 왜 장 수 가 소 지　고 견

遺 余先詣 宗廟痛哭 次至提督下處 見伺候諸
유　여 선 예　종 묘 통 곡　차 지 제 독 하 처　견 사 후 제

臣 號慟良久 明朝更詣提督門下問起居 且言賊
신　호 통 양 구　명 조 갱 예 제 독 문 하 문 기 거　차 언 적

兵纔退 去此應不遠 願發軍急追 提督曰 吾意
병 재 퇴　거 차 응 불 원　원 발 군 급 추　제 독 왈　오 의

固然 所以不及追者 以漢江無船故耳 余曰如老
고 연　소 이 불 급 추 자　이 한 강 무 선 고 이　여 왈 여 로

爺欲追賊 卑職當先出江面 整備舟艦 提督曰甚
야 욕 추 적　비 직 당 선 출 강 면　정 비 주 함　제 독 왈 심

善 余出漢江 先是余行文京畿右監司成泳 水使
선　여 출 한 강　선 시 여 행 문 경 기 우 감 사 성 영　수 사

李蘋令 賊去急收江中大小船 毋失俱會漢江 是
이 빈 령　적 거 급 수 강 중 대 소 선　무 실 구 회 한 강　시

時已到者八十隻 余使人報提督船已辦 食頃 營
시 이 도 자 팔 십 척　여 사 인 보 제 독 선 이 판　식 경　영

將李如栢 率萬餘兵出江上 軍士半渡 日已向暮
장 이 여 백　솔 만 여 병 출 강 상　군 사 반 도　일 이 향 모

如栢忽稱足疾 乃曰當還城中 醫疾可進 乘轎而
여 백 홀 칭 족 질　내 왈 당 환 성 중　의 질 가 진　승 교 이

回 已在漢南軍 皆還都入城余痛心 而無如之何
회　이 재 한 남 군　개 환 도 입 성 여 통 심　이 무 여 지 하

蓋提督實無意追賊 但以謾辭絡應而已 二十三
개 제 독 실 무 의 추 적　단 이 만 사 태 응 이 이　이 십 삼

日 余遂病臥
일　여 수 병 와

五月 李提督追賊至聞慶而回 宋侍郎始發牌文
오 월　이 제 독 추 적 지 문 경 이 회　송 시 랑 시 발 패 문

於提督 使之追賊 時賊去已數十日 侍郎恐人議

已縱賊不追 故作如此與止以示之 其實畏賊不

敢進而回 賊在途緩緩而去 或留或行 我軍之在

沿途者 皆左右屛跡 無敢出擊者 賊退分屯於海

邊 自蔚山西生浦 至東萊金海熊川巨濟 首尾相

連凡十六屯 皆依山憑海 築城堀塹 爲久留計

不肯渡海 天朝又使四川總兵劉綎 率福建西蜀

南蠻等處召募兵五千繼出 屯星州七莒 南將吳

惟忠 屯善山鳳溪 李寧祖承訓葛逢夏屯居昌 駱

尙志王必迪屯慶州 環四面而相持不進 糧餉取

之兩湖 踰越險阻 散給諸陣 民力益困 提督又

使沈惟敬 往諭倭令渡海 又使徐一貫謝用梓入

郎古耶見關白 六月 賊始還兩王子臨海君順和

君及宰臣黃廷彧黃赫等 遣沈惟敬歸報而一西

進圍晉州 聲言報前年戰敗之怨 蓋賊於壬辰 圍

晉州 牧使金時敏禦之不克而退故云然也 八日

而城陷 牧使徐禮元 判官成守璟 倡義士金千
이 성함 목사서예원 판관성수경 창의사김천

鎰 本道兵士崔慶會 忠淸兵使黃進 義兵復讎
일 본도병사최경회 충청병사황진 의병복수

將高從厚等皆死 軍民死者六萬餘人 牛馬鷄犬
장고종후등개사 군민사자육만여인 우마계견

不遺 賊皆夷城塡壕堙井刊木 以快前憤 時六月
불유 적개이성전호인정간목 이쾌전분 시육월

二十八日也 初朝廷聞賊南下 連下旨督諸將追
이십팔일야 초조정문적남하 연하지독제장추

賊 都元師金命元 巡察使權慄以下官義兵 皆聚
적 도원수김명원 순찰사권율이하관의병 개취

於宜寧 慄狃於幸州之捷 欲渡岐江前進 郭再祐
어의녕 율뉴어행주지첩 욕도기강전진 곽재우

高彦伯曰 賊勢方盛 我軍多烏合堪戰者少 前頭
고언백왈 적세방성 아군다오합감전자소 전두

又無糧餉 不可輕進他人依違而已 李薲從事成
우무양향 불가경진타인의위이이 이빈종사성

好善 騃不曉事 奮臂責諸將逗遛 與權慄議合
호선 애불효사 분비책제장두류 여권율의합

遂過江進至咸安 城空無所得 諸軍乏食 摘靑柿
수과강진지함안 성공무소득 제군핍식 적청시

實以食 無復鬪心矣 明日諜報賊從金海大至 衆
실이식 무복투심의 명일첩보적종김해대지 중

或言當守咸安 或言退守鼎津 紛紜不決而已 聞
혹언당수함안 혹언퇴수정진 분운부결이이 문

賊炮響人 人洶懼 爭出城墮弔橋死者甚多 還渡
적포향인 인흉구 쟁출성타조교사자심다 환도

鼎津 望見賊兵從水陸來蔽野塞川 諸將各自散
정진 망견적병종수륙래폐야색천 제장각자산

去 權慄金命元李薲崔遠等 先向全羅道 惟金千
거 권율김명원이빈최원등 선향전라도 유김천

鎰崔慶會黃進等入晉州 賊隨至圍之 牧使徐禮
일 최 경 회 황 진 등 입 진 주　적 수 지 위 지　목 사 서 예

元 判官成守璟 以唐將支待差使員久在尙州 聞
원　판 관 성 수 경　이 당 장 지 대 차 사 원 구 재 상 주　문

賊向本州 狼狽而還 纔二日矣 州城本四面據險
적 향 본 주　낭 패 이 환　재 이 일 의　주 성 본 사 면 거 험

壬辰移東面下就平地 至是賊立飛樓八座 俯瞰
임 진 이 동 면 하 취 평 지　지 시 적 립 비 루 팔 좌　부 감

城中刈城外竹林 作大束環列自蔽 以放矢石 從
성 중 예 성 외 죽 림　작 대 속 환 열 자 폐　이 방 시 석　종

其內發鳥銃如雨 城中人不敢出頭 又千鎰所率
기 내 발 조 총 여 우　성 중 인 불 감 출 두　우 천 일 소 솔

皆京城市井召募之徒 千鎰又不知兵事 而用太
개 경 성 시 정 소 모 지 도　천 일 우 부 지 병 사　이 용 태

甚 且素惡徐禮元 主客相猜 號令乖違 是以甚
심　차 소 악 서 예 원　주 객 상 시　호 령 승 위　시 이 심

敗 惟黃進守東城 戰數日 爲飛丸所中死 軍人
패　유 황 진 수 동 성　전 수 일　위 비 환 소 중 사　군 인

奪氣 而外援不至 適天雨城壞 賊蟻附而入 城
탈 기　이 외 원 부 지　적 천 우 성 괴　적 의 부 이 입　성

內人方束荊投石極力禦之 賊幾郤 千鎰軍守北
내 인 방 속 형 투 석 극 력 어 지　적 기 극　천 일 군 수 북

門 意城已陷先潰 賊在山上 望見軍潰 一擁而
문　의 성 이 함 선 궤　적 재 산 상　망 견 군 궤　일 옹 이

登 諸軍大亂 千鎰在矗石樓 與崔慶會携手痛哭
등　제 군 대 란　천 일 재 촉 석 루　여 최 경 회 휴 수 통 곡

赴江死 軍民得脫者數人而已 自有倭變以來 人
부 강 사　군 민 득 탈 자 수 인 이 이　자 유 왜 변 이 래　인

死未有如此戰之甚者 朝廷以千鎰死義贈以崇
사 미 유 여 차 전 지 심 자　조 정 이 천 일 사 의 증 이 숭

秩議政府右贊成 又以權慄敢戰不畏賊 代命元
질 의 정 부 우 찬 성　우 이 권 율 감 전 불 외 적　대 명 원

爲元師 劉總兵綎 聞晉陷 自八莒馳至陜川 吳
위 원 수 유 총 병 정 문 진 함 자 팔 거 치 지 합 천 오

惟忠自鳳溪至草溪 以護右道 賊亦旣破晉州 還
유 충 자 봉 계 지 초 계 이 호 우 도 적 역 기 파 진 주 환

釜山 聲言待 天朝許和 乃渡海云
부 산 성 언 대 천 조 허 화 내 도 해 운

十月 車駕還都 十二月 天使行人司行人司憲來
십 월 거 가 환 도 십 이 월 천 사 행 인 사 행 인 사 헌 래

先是沈惟敬 挾倭將小西飛 持關白降表而歸 天
선 시 심 유 경 협 왜 장 소 서 비 지 관 백 강 표 이 귀 천

朝疑降表出於關酋 行長等詐爲之 又惟敬纔至
조 의 강 표 출 어 관 추 행 장 등 사 위 지 우 유 경 재 지

而晉州見陷 納疑之意不誠 留小西飛於遼東 久
이 진 주 견 함 납 의 지 의 불 성 유 소 서 비 어 요 동 구

不報 時提督及諸將皆還去 惟劉綎吳惟忠王必
불 보 시 제 독 급 제 장 개 환 거 유 유 정 오 유 충 왕 필

迪萬餘兵 駐劄八莒而中外飢甚 且困於饋運 老
적 만 여 병 주 답 팔 거 이 중 외 기 심 차 곤 어 궤 운 노

弱塡溝壑 壯者爲盜賊 重以癘疫 死亡殆盡 至
약 전 구 학 장 자 위 도 적 중 이 려 역 사 망 태 진 지

父子夫婦相食 暴骨如莽未幾 劉軍自八莒移南
부 자 부 부 상 식 폭 골 여 망 미 기 유 군 자 팔 거 이 남

原 又自南原還都城 留十餘日 逡巡西去 而賊
원 우 자 남 원 환 도 성 유 십 여 일 준 순 서 거 이 적

猶在海上 人心益恐 於是經略宋應昌被劾去 新
유 재 해 상 인 심 익 공 어 시 경 략 송 응 창 피 핵 거 신

經略顧養謙 代至遼東 遣參將胡澤 以劄付來
경 략 고 양 겸 대 지 요 동 견 참 장 호 택 이 답 부 래

諭我群臣其略曰 倭奴無端侵爾 勢如破竹 據王
유 아 군 신 기 략 왈 왜 노 무 단 침 이 세 여 파 죽 거 왕

京開城三都會 有爾土地人民十八九 虜爾王子
경 개 성 삼 도 회　유 이 토 지 인 민 십 팔 구　로 이 왕 자

陪臣 皇上赫怒興師 一戰而破平壤 再進而得開
배 신　황 상 혁 노 흥 사　일 전 이 파 평 양　재 진 이 득 개

城 倭奴意遁王京 送還王子陪臣 復地二千餘
성　왜 노 의 둔 왕 경　송 환 왕 자 배 신　복 지 이 천 여

里 所費帑金不貲 士馬物故亦不少 朝廷之待屬
리　소 비 탕 금 부 자　사 마 물 고 역 불 소　조 정 지 대 속

國 恩義至此 皇上罔極之恩 亦已過矣 今餉已
국　은 의 지 차　황 상 망 극 지 은　역 이 과 의　금 향 이

不可再運矣 兵已不可再用矣 而倭奴亦畏威請
불 가 재 운 의　병 이 불 가 재 용 의　이 왜 노 역 외 위 청

降 且乞封貢矣 天朝正宜許之封貢 容之爲外臣
강　차 걸 봉 공 의　천 조 정 의 허 지 봉 공　용 지 위 외 신

驅倭盡數渡海 不復侵爾 解券息兵 所以爲爾國
구 왜 진 수 도 해　불 복 침 이　해 분 식 병　소 이 위 이 국

久遠計也 今爾國糧盡 人民相食 又何恃而請兵
구 원 계 야　금 이 국 량 진　인 민 상 식　우 하 시 이 청 병

耶 既不與兵餉於爾國 又絶封貢於倭奴 倭奴必
야　기 불 여 병 향 어 이 국　우 절 봉 공 어 왜 노　왜 노 필

發怒於爾國 而爾國必亡 安可不早自爲計耶 昔
발 노 어 이 국　이 이 국 필 망　안 가 부 조 자 위 계 야　석

句踐之困於會稽山也 豈不欲食夫差之肉乎 而
구 천 지 곤 어 회 계 산 야　기 불 욕 식 부 차 지 육 호　이

姑忍恥含垢 以有待也 身且爲臣也 妻且爲妾
고 인 치 함 구　이 유 대 야　신 차 위 신 야　처 차 위 첩

也 況爲倭奴請爲臣妾於中國 以自寬而徐爲之
야　황 위 왜 노 청 위 신 첩 어 중 국　이 자 관 이 서 위 지

圖 是愈於句踐君臣之謀也 此而不能忍 是悻悻
도　시 유 어 구 천 군 신 지 모 야　차 이 불 능 인　시 행 행

小丈夫之見耳 非復讎雪恥恥之英雄也 爾爲倭
소 장 부 지 견 이　비 복 수 설 치 치 지 영 웅 야　이 위 왜

請封貢 若果得請則倭必益感中國而且德朝鮮
청 봉 공　약 과 득 청 칙 왜 필 익 감 중 국 이 차 덕 조 선

必罷兵而去 倭去而爾國君臣 遂苦心焦思 臥薪
필 파 병 이 거　왜 거 이 이 국 군 신　수 고 심 초 사　와 신

嘗膽 以修句踐之業 天道好還 安知無報倭日也
상 담　이 수 구 천 지 업　천 도 호 환　안 지 무 보 왜 일 야

其言縷縷千百 大意如此 胡澤在館三月餘朝議
기 언 누 루 천 백　대 의 여 차　호 택 재 관 삼 월 여 조 의

不決 聖意愈難之 臣時以病在告 啓曰 請對義
불 결　성 의 유 난 지　신 시 이 병 재 고　계 왈　청 대 의

固不可 惟當詳具近日事情奏聞 以聽中朝處置
고 불 가　유 당 상 구 근 일 사 정 주 문　이 청 중 조 처 치

屢啓乃允 於是陳奏使許頊去 時顧經略 又以人
누 계 내 윤　어 시 진 주 사 허 욱 거　시 고 경 략　우 이 인

言辭去 新經略孫鑛來代 兵部奏請收小西飛入
언 사 거　신 경 략 손 광 래 대　병 부 주 청 수 소 서 비 입

京 詰以三事 一但求封不求貢 二一倭不留釜山
경　힐 이 삼 사　일 단 구 봉 불 구 공　이 일 왜 불 류 부 산

三永不侵朝鮮 如約卽封不如約不可 小西飛指
삼 영 불 침 조 선　여 약 즉 봉 불 여 약 불 가　소 서 비 지

天爲誓 請遵約束 遂令沈惟敬 更帶小西飛入倭
천 위 서　청 준 약 속　수 령 심 유 경　갱 대 소 서 비 입 왜

營宣諭 又差李宗誠楊方亨爲上副使 往封平秀
영 선 유　우 차 이 종 성 양 방 형 위 상 부 사　왕 봉 평 수

吉日本國王而使宗誠等 留我都城 候倭盡撤方
길 일 본 국 왕 이 사 종 성 등　유 아 도 성　후 왜 진 철 방

行 乙未四月 宗誠等至漢城 連遣使促倭渡海項
행　을 미 사 월　종 성 등 지 한 성　연 견 사 촉 왜 도 해 항

背相望 於是倭先撤熊川數陣及巨濟場門蘇津
배 상 망　어 시 왜 선 철 웅 천 수 진 급 거 제 장 문 소 진

浦等諸屯 以示信 且曰恐如平壤見欺 願天使速
포 등 제 둔　이 시 신　차 왈 공 여 평 양 견 기　원 천 사 속

入倭營 當實如約 八月 楊方亨因兵部剳付 先
입왜영 당실여약 팔월 양방형인병부답부 선

到釜山 而倭遷延不卽盡撤 更請上使 人多疑之
도부산 이왜천연부즉진철 갱청상사 인다의지

兵部尙書右星信沈惟敬言 意倭無異情 又急於
병부상서우성신심유경언 의왜무이정 우급어

退兵 屢促宗誠前去 雖朝議多異 而星奮然以身
퇴병 누촉종성전거 수조의다이 이성분연이신

當之 九月 宗誠繼至釜山 平行長不卽來見 又
당지 구월 종성계지부산 평행장부즉래견 우

言將往復關白定奮然後迎天使 行長入日本 丙
언장왕복관백정분연후영천사 행장입일본 병

申正月始回 猶不明言撤兵事 沈惟敬留二使 又
신정월시회 유불명언철병사 심유경유이사 우

獨與行長 先幸渡海 託言將講定迎使禮節 人莫
독여행장 선행도해 탁언장강정영사예절 인막

能測惟敬錦衣登舟 旗上大書調戢兩國四字 立
능측유경금의등주 기상대서조집양국사자 입

船頭而去 旣去久無回報 李宗誠乃開國功臣文
선두이거 기거구무회보 이종성내개국공신문

忠之後 以功襲爵 紈袴子弟 性頗恇㤼 或言於
충지후 이공습작 환고자제 성파광겁 혹언어

宗誠曰 倭酋實無受封意 將誘致宗誠等 拘囚而
종성왈 왜추실무수봉의 장유치종성등 구수이

困辱之 宗誠懼甚 夜半以微服出營 盡棄僕從輜
곤욕지 종성구심 야반이미복출영 진기복종치

重印節而逃 翌朝倭始覺 分道追之 至梁山石橋
중인절이도 익조왜시각 분도추지 지양산석교

不得而回 楊方亨獨留倭營 撫戢群倭 且移文我
부득이회 양방형독유왜영 무집군왜 차이문아

國 令勿驚動 宗誠不敢由大路 竄入山谷中 數
국 령물경동 종성불감유대로 찬입산곡중 수

日不食 從慶州來西去 旣而沈惟敬行長始回 又
撤西生浦竹島等屯 其未撤者 只釜山四屯 乃挾
楊副使過海 沈惟敬又要我使同行 遣其姪沈懋
時催發 朝廷不肯懋時必欲與偕 不得已以武臣
李逢春等 稱跟隨臣以應之或謂武人往彼中 多
失誤 宜使文官識事理者往 時黃愼以沈接伴使
在倭營 就令愼隨行

300

天使楊方亨沈惟敬 回自日本 先是方亨等至日
本 關白盛飾館宇 欲迎接 會一夜地大震 摧倒
幾盡 遂迎候於他舍 與兩使一再會 初若受封者
然 忽大怒曰 我放還朝鮮王子 朝鮮當使王子來
謝 而使臣秩卑 是慢我也 黃愼等不得傳 命 幷
促楊方亨沈惟敬等同回 亦無謝恩 天朝之禮 賊
將平行長 回釜山浦 淸正復率兵 繼屯西生浦
聲言要 王子來謝 始解兵 蓋關酋所求甚大 不

361

止封貢 中朝但許封不許貢 惟敬與行長相熟 欲
지 봉 공 중 조 단 허 봉 불 허 공 유 경 여 행 장 상 숙 욕

臨事彌縫 苟且成事 而不以實情 聞諸 天朝與
임 사 미 봉 구 차 성 사 이 불 이 실 정 문 제 천 조 여

我國 事竟不諧 本國卽遣使馳奏其事 於是石星
아 국 사 경 불 해 본 국 즉 견 사 치 주 기 사 어 시 석 성

沈惟敬 皆得罪而 天兵再出矣
심 유 경 개 득 죄 이 천 병 재 출 의

301

逮水軍統制使李舜臣下獄 初元均德舜臣來救
체 수 군 통 제 사 이 순 신 하 옥 초 원 균 덕 순 신 래 구

相得甚歡 旣而爭功 漸不相能 均性險詖 且多
상 득 심 환 기 이 쟁 공 점 불 상 능 균 성 험 피 차 다

連結於中外 構誣舜臣 不遺餘力 每言舜臣 初
연 결 어 중 외 구 무 순 신 불 유 여 력 매 언 순 신 초

不欲來 因我固請乃至 勝賊我爲首功 時朝論分
불 욕 래 인 아 고 청 내 지 승 적 아 위 수 공 시 조 론 분

岐 各有所主 薦舜臣初爲余 不悅余者 與元均
기 각 유 소 주 천 순 신 초 위 여 불 열 여 자 여 원 균

合 攻舜臣甚力 惟右相李元翼 明其不然 且曰
합 공 순 신 심 력 유 우 상 이 원 익 명 기 불 연 차 왈

舜臣與元均 各有分守之地 初不卽進 未足深
순 신 여 원 균 각 유 분 수 지 지 초 부 즉 진 미 족 심

非 先是賊將平行長 使卒倭要時羅 往來慶尙右
비 선 시 적 장 평 행 장 사 졸 왜 요 시 라 왕 래 경 상 우

兵使金應瑞陣 致慇懃 方淸正欲再出也 時羅密
병 사 김 응 서 진 치 은 근 방 청 정 욕 재 출 야 시 라 밀

言於應瑞曰 我將行長言 今此和事不成 由於淸
언 어 응 서 왈 아 장 행 장 언 금 차 화 사 불 성 유 어 청

正 吾甚疾之 某日 淸正當渡海 朝鮮善水戰 若
정 오 심 질 지 모 일 청 정 당 도 해 조 선 선 수 전 약

要諸海中 可以敗殺 愼毋失也 應瑞上其事 朝

議信之 海平君尹根壽 尤勇躍以爲機會難失 屢

啓之 連催舜臣前進 舜臣疑賊有詐 遲回者累日

至是要時羅又至曰 淸正今已下陸朝鮮何不要

截 佯致恨惜之意 事聞 廷議皆咎舜臣 臺諫請

拿鞫 玄風人前縣監朴惺者亦承望時論 上疏極

言舜臣可斬 遂遣義禁府都事拿來 元均代爲統

制使 上猶疑所聞不盡實 特遣成均司成南以信

下閑山廉察以信旣入全羅道 軍民遮道訟舜臣

寃者 不可勝數 以信不以實聞 乃曰 淸正留海

島七日 我軍若往 可縛來而舜臣逗遛失機 舜臣

至獄 命大臣議罪 獨判中樞府事鄭琢 言舜臣名

將 不可殺 軍機利害 難可搖度 其不進 未必無

意 請寬怒 以責後效 拷問一次 減死削職充軍

舜臣老母在牙山 聞舜臣下獄 憂悸而死 舜臣

出獄 道過牙山成服卽往權慄帳下從軍 人聞而

悲之
비 지

天朝以兵部侍郞邢玠 爲總督軍門 遼東布政司
천 조 이 병 부 시 랑 형 개　위 총 독 군 문　요 동 포 정 사

楊鎬 爲經理朝鮮軍務 麻貴爲大將 楊元劉綎董
양 호　위 경 리 조 선 군 무　마 귀 위 대 장　양 원 유 정 동

一元等 相繼而出 丁酉五月 楊元領三千兵先至
일 원 등　상 계 이 출　정 유 오 월　양 원 령 삼 천 병 선 지

留京城數日下全羅道駐守南原 蓋南原據湖嶺
유 경 성 수 일 하 전 라 도 주 수 남 원　개 남 원 거 호 령

之衝 城頗堅完往時駱尙志 又增築可守故也 城
지 충　성 파 견 완 왕 시 낙 상 지　우 증 축 가 수 고 야　성

外有蛟龍山城 衆議欲守山城 楊元以爲本城可
외 유 교 룡 산 성　중 의 욕 수 산 성　양 원 이 위 본 성 가

守 增埤浚濠 濠內又設羊馬墻 晝夜董役 月餘
수　증 비 준 호　호 내 우 설 양 마 장　주 야 동 역　월 여

粗完
조 완

八月初七日 閑山舟師潰 統制使元均 全羅右水
팔 월 초 칠 일　한 산 주 사 궤　통 제 사 원 균　전 라 우 수

使李億祺死 慶尙右水使裵楔走免 初元均 旣至
사 이 억 기 사　경 상 우 수 사 배 설 주 면　초 원 균　기 지

閑山 盡變舜臣約束 凡褊裨士卒 稍爲舜臣所任
한 산　진 변 순 신 약 속　범 편 비 사 졸　초 위 순 신 소 임

使者 皆斥去 以李英男 詳知已前日奔敗狀 尤
사 자　개 척 거　이 이 영 남　상 지 이 전 일 분 패 상　우

惡之 軍心怨憤 舜臣在閑山時 作堂名曰連籌日
악 지　군 심 원 분　순 신 재 한 산 시　작 당 명 왈 연 주 일

夜處其中 與諸將共論兵事 雖下卒欲言軍事者
야 처 기 중　여 제 장 공 론 병 사　수 하 졸 욕 언 군 사 자

許來告 以通軍情 每將戰 悉招褊裨問計 謀定
허 래 고　이 통 군 정　매 장 전　실 초 편 비 문 계　모 정

而後戰故無敗事 均挈愛妾居其堂 以重籬隔內
이 후 전 고 무 패 사　균 설 애 첩 거 기 당　이 중 리 격 내

外 諸將罕見其面 又嗜酒 日事酗怒 刑罰無度
외　제 장 한 견 기 면　우 기 주　일 사 후 노　형 벌 무 도

軍中竊語曰 若遇賊 惟有走耳 諸將私相譏笑
군 중 절 어 왈　약 우 적　유 유 주 이　제 장 사 상 기 소

亦不復稟畏 故號令不行 時賊將再入寇 平行長
역 불 복 품 외　고 호 령 불 행　시 적 장 재 입 구　평 행 장

又遣要時羅 給金應瑞曰 倭船某日當添至朝鮮
우 견 요 시 라　급 김 응 서 왈　왜 선 모 일 당 첨 지 조 선

舟師猶可邀擊 都元帥權慄 尤信其說 且以李舜
주 사 유 가 요 격　도 원 수 권 율　우 신 기 설　차 이 이 순

臣 以逗遛已得罪日促元均進兵 均亦常言舜臣
신　이 두 류 이 득 죄 일 촉 원 균 진 병　균 역 상 언 순 신

見賊不進 以此陷舜臣 而已得代其任至是雖知
견 적 부 진　이 차 함 순 신　이 이 득 대 기 임 지 시 수 지

其勢難 而慙無以爲辭 只得盡率舟艦進前 倭營
기 세 난　이 참 무 이 위 사　지 득 진 솔 주 함 진 전　왜 영

之在岸上者俯視船行 互相傳報 均至絶影島 風
지 재 안 상 자 부 시 선 행　호 상 전 보　균 지 절 영 도　풍

作浪起 日已昏 船無止泊處 望見倭船出沒海中
작 랑 기　일 이 혼　선 무 지 박 처　망 견 왜 선 출 몰 해 중

均督諸軍進前 舟中人自閑山終日搖櫓 不得休
균 독 제 군 진 전　주 중 인 자 한 산 종 일 요 로　부 득 휴

息 又困飢渴疲不能連船 諸船縱橫進退 乍前乍
식　우 곤 기 갈 피 불 능 연 선　제 선 종 횡 진 퇴　사 전 사

郤 倭欲疲之 與我船相近 輒倘佯引避而去 不
극　왜 욕 피 지　여 아 선 상 근　첩 당 양 인 피 이 거　불

與交鋒 夜深風盛 我船四散分漂不知去向 均艱
여 교 봉　야 심 풍 성　아 선 사 산 분 표 부 지 거 향　균 간

收餘船 還至加德島 軍士渴甚 爭下船取水 倭
수 여 선　환 지 가 덕 도　군 사 갈 심　쟁 하 선 취 수　왜

兵從島中突出揜之 失將士四百餘人 均又引退
병 종 도 중 돌 출 엄 지　실 장 사 사 백 여 인　균 우 인 퇴

至巨濟漆川島 權慄在固城 以均無所得 檄召
지 거 제 칠 천 도　권 율 재 고 성　이 균 무 소 득　격 소 균

均杖之 督令更進 均還到軍中 益忿懣飲酒醉臥
장 지　독 령 갱 진　균 환 도 군 중　익 분 만 음 주 취 와

諸將欲見均言事不得 夜半 倭船來襲之 軍大潰
제 장 욕 견 균 언 사 부 득　야 반　왜 선 래 습 지　군 대 궤

均走至海邊 棄舟登岸欲走 而體肥鈍 坐松樹下
균 주 지 해 변　기 주 등 안 욕 주　이 체 비 둔　좌 송 수 하

左右皆散 或言爲賊所害 或言走免 終不得其實
좌 우 개 산　혹 언 위 적 소 해　혹 언 주 면　종 부 득 기 실

李億祺從船上投水 裵楔先是屢諫均必敗 是日
이 억 기 종 선 상 투 수　배 설 선 시 루 간 균 필 패　시 일

又言漆川島淺窄 不利行船 宜移陣他處 均皆不
우 언 칠 천 도 천 착　불 리 행 선　의 이 진 타 처　균 개 불

聽 楔私約所領船 戒嚴待變 見賊來犯 奪港先
청　설 사 약 소 령 선　계 엄 대 변　견 적 래 범　탈 항 선

走故 其軍獨全楔還至閑山島 縱火焚廬舍糧穀
주 고　기 군 독 전 설 환 지 한 산 도　종 화 분 려 사 량 곡

軍器 徙餘民之留在島中者 使避賊而去閑山旣
군 기　사 여 민 지 류 재 도 중 자　사 피 적 이 거 한 산 기

敗 賊乘勝西向 南海順天次第陷沒 賊船至豆恥
패　적 승 승 서 향　남 해 순 천 차 제 함 몰　적 선 지 두 치

津下陸 進圍南原 兩湖大震 蓋賊自壬辰入我境
진 하 륙　진 위 남 원　양 호 대 진　개 적 자 임 진 입 아 경

惟見敗於舟師 平秀吉憤之 責行長必取舟師 行
유 견 패 어 주 사　평 수 길 분 지　책 행 장 필 취 주 사　행

長佯輸款於金應瑞 使李舜臣得罪 又誘元均出
장 양 수 관 어 김 응 서　사 이 순 신 득 죄　우 유 원 균 출

海中 盡得其處實 因行掩襲 其計至巧 而我悉
해 중　진 득 기 처 실　인 행 엄 습　기 계 지 교　이 아 실

墮其計中 哀哉
타 기 계 중　애 재

倭兵陷黃石山城 安陰縣監郭䞭 前咸陽郡守趙
왜 병 함 황 석 산 성　안 음 현 감 곽 준　전 함 양 군 수 조

宗道死之 初體察使李元翼 元師權慄 議修道內
종 도 사 지　초 체 찰 사 이 원 익　원 수 권 율　의 수 도 내

山城禦賊 築公山金烏龍紀富山等城 而公山金
산 성 어 적　축 공 산 금 오 용 기 부 산 등 성　이 공 산 김

烏 用民力尤多 悉收旁郡器械糧餉實其中 督守
오　용 민 력 우 다　실 수 방 군 기 계 량 향 실 기 중　독 수

令盡率老弱男婦入守 遠近騷然 及賊再動 淸正
령 진 솔 노 약 남 부 입 수　원 근 소 연　급 적 재 동　청 정

自西生浦 西向全羅將與行長水路兵會攻南原
자 서 생 포　서 향 전 라 장 여 행 장 수 로 병 회 공 남 원

元師以下皆望風引去 傳令各處山城入守者 各
원 수 이 하 개 망 풍 인 거　전 령 각 처 산 성 입 수 자　각

散去避兵 惟義兵將郭再祐 入昌寧火王山城 期
산 거 피 병　유 의 병 장 곽 재 우　입 창 녕 화 왕 산 성　기

死守 賊到山下 仰見形勢斗絶 而城內人靜帖不
사 수　적 도 산 하　앙 견 형 세 두 절　이 성 내 인 정 첩 부

動 不攻而去 安陰縣監郭䞭 入黃石山城 前金
동　불 공 이 거　안 음 현 감 곽 준　입 황 석 산 성　전 김

海府使白士霖 亦入城中 士霖武人 衆心倚以
해 부 사 백 사 림　역 입 성 중　사 림 무 인　중 심 의 이

爲重 賊兵攻城一日 士霖先遁 諸軍皆潰 賊入
위 중　적 병 공 성 일 일　사 림 선 둔　제 군 개 궤　적 입

城趨與子履祥履厚皆死 趨女嫁柳文虎 文虎爲
성 준 여 자 리 상 리 후 개 사　준 여 가 유 문 호　문 호 위

倭所擄 郭氏已出城 聞之謂其婢曰 父死而不死
왜 소 로　곽 씨 이 출 성　문 지 위 기 비 왈　부 사 이 불 사

爲有夫在耳 今夫又執 吾何生爲自經死 趙宗道
위 유 부 재 이　금 부 우 집　오 하 생 위 자 경 사　조 종 도

嘗曰 吾嘗從大夫之後 不可與奔竄之徒 同死草
상 왈　오 상 종 대 부 지 후　불 가 여 분 찬 지 도　동 사 초

間 死則當明白死耳 率妻子入城中 作詩曰崆峒
간　사 칙 당 명 백 사 이　솔 처 자 입 성 중　작 시 왈 공 동

山外生猶喜 巡遠城中死亦榮 遂與趙同被害
산 외 생 유 희　순 원 성 중 사 역 영　수 여 준 동 피 해

313
復起李舜臣 爲三道水軍統制使 閑山敗執至 朝
복 기 이 순 신　위 삼 도 수 군 통 제 사　한 산 패 집 지　조

野震駭 上引見備邊 諸臣問之 群臣惶惑不知所
야 진 해　상 인 견 비 변　제 신 문 지　군 신 황 혹 부 지 소

對 慶林君金命元 兵曹判書李恒福 從容啓曰
대　경 림 군 김 명 원　병 조 판 서 이 항 복　종 용 계 왈

此元均之罪 惟當起李舜臣爲統制使耳 從之 時
차 원 균 지 죄　유 당 기 이 순 신 위 통 제 사 이　종 지　시

權慄聞元均敗已使李舜臣 往收餘兵 賊方衝斥
권 율 문 원 균 패 이 사 이 순 신　왕 수 여 병　적 방 충 척

舜臣與軍官一人 自慶尙道入全羅道晝夜潛行
순 신 여 군 관 일 인　자 경 상 도 입 전 라 도 주 야 잠 행

間關達珍島 欲收兵禦賊
간 관 달 진 도　욕 수 병 어 적

313
倭兵陷南原府 天將楊元走還 全羅兵使李福
왜 병 함 남 원 부　천 장 양 원 주 환　전 라 병 사 이 복

男 南原府使任鉉 助防將金敬老 光陽縣監李春
남 남원부사임현 조방장김경로 광양현감이춘

元 唐將接伴使鄭期遠等皆死 有軍器寺破陣 軍
원 당장접반사정기원등개사 유군기시파진 군

十二人 隨陽元入南原 皆被兵死 獨有金孝義者
십이인 수양원입남원 개피병사 독유김효의자

得脫 爲余道城陷事甚詳 楊總兵既至南原 增築
득탈 위여도성함사심상 양총병기지남원 증축

城一丈許 城外羊馬墻 多穿炮穴 城門安大炮數
성일장허 성외양마장 다천포혈 성문안대포수

三坐 鑿深濠塹一二丈 閑山既敗 賊從受陸而至
삼좌 착심호참일이장 한산기패 적종수륙이지

報甚急 城中洶洶 人民逃散 獨總兵所領遼東馬
보심급 성중흉흉 인민도산 독총병소령요동마

軍三千 在城內 總兵檄召全羅兵使李福男固守
군삼천 재성내 총병격소전라병사이복남고수

福男遷延不至 連發夜不收催之 不得已乃至 而
복남천연부지 연발야불수최지 부득이내지 이

所率纔數百 光陽縣監李春元 助防將金敬老等
소솔재수백 광양현감이춘원 조방장김경로등

繼至 八月十三日 倭先鋒百餘到城下放鳥銃 頃
계지 팔월십삼일 왜선봉백여도성하방조총 경

刻而止 皆散伏田畝間 三三五五作隊 既去復
각이지 개산복전무간 삼삼오오작대 기거복

來 城上人以勝字小炮應之 倭大陣在遠 出遊兵
래 성상인이승자소포응지 왜대진재원 출유병

交戰 踈行迭出故 炮發不能中 而守城卒往往中
교전 소행질출고 포발불능중 이수성졸왕왕중

賊丸斃 既而倭到城下 叫城上人求與語 總兵使
적환폐 기이왜도성하 규성상인구여어 총병사

家丁一人 挾通事往倭營 以倭書來 乃約戰書也
가정일인 협통사왕왜영 이왜서래 내약전서야

十四日 倭環城三面結陣 以銃炮迭攻如前日 先

是城南門外民家稠密 賊臨至總兵使焚之 而石

墻土壁猶在 賊來依墻壁間自蔽 放丸多中城上

人 十五日 望見倭衆刈城外雜草及水田中稻禾

作大束無數 積墻壁間 城中不測 時遊擊將軍陳

遇衷領三千兵在全州 南原軍日望來援 而久不

至 軍心益懼 是日晚 守堞軍往往交頭耳語 準

備馬鞍 有欲遁色 夜一更 聞倭陣中囂聲 大起

略相應和 有運物狀 而一面衆炮向城亂放 飛

丸集城上如雨雹 城上人縮頸不敢外窺 經一二

時 囂聲止 草束已平濠 又堆積羊馬牆內外頃刻

與城齊 衆倭蹂躪登城 已聞城中大亂 云倭入城

矣 孝義初撥守南門外羊馬牆 慌忙入城 城上已

無人 但見城內處處火起 走至北門 唐軍悉騎欲

出門 門堅閉不可易開 馬足如束 街路塡塞 既

而門開 軍馬爭門而出 倭兵在城外 圍匝數三重

各守要路 奮長刀亂所之 唐軍俛首受刃 適月明
각 수 요 로 분 장 도 란 소 지 당 군 면 수 수 인 적 월 명

得脫者無幾 總兵與家丁數人 馳馬突出 僅以身
득 탈 자 무 기 총 병 여 가 정 수 인 치 마 돌 출 근 이 신

免 或云倭知爲總兵 故使逸去也 孝義與同伴一
면 혹 운 왜 지 위 총 병 고 사 일 거 야 효 의 여 동 반 일

人出門 一人遇賊死 孝義跳入水田伏草中 待倭
인 출 문 일 인 우 적 사 효 의 도 입 수 전 복 초 중 대 왜

收兵乃逸云 蓋楊乃遼將 徒知禦虜 不知禦倭
수 병 내 일 운 개 양 내 요 장 도 지 어 로 부 지 어 왜

以至於敗 亦知平地之城 守之甚難 詳記孝義之
이 지 어 패 역 지 평 지 지 성 수 지 심 난 상 기 효 의 지

言 使後之守禦者 知所戒云 南原旣陷 而全州
언 사 후 지 수 어 자 지 소 계 운 남 원 기 함 이 전 주

以北瓦解不可爲矣 後楊元竟以此伏罪 傳首徇示
이 북 와 해 불 가 위 의 후 양 원 경 이 차 복 죄 전 수 순 시

318

統制使李舜臣 破倭兵于珍島碧波亭下 殺其將
통 제 사 이 순 신 파 왜 병 우 진 도 벽 파 정 하 살 기 장

馬多時 舜臣至珍島收拾兵船得十餘隻 時沿海
마 다 시 순 신 지 진 도 수 습 병 선 득 십 여 척 시 연 해

人乘船避亂者無數 聞舜臣至 莫不喜悅舜臣分
인 승 선 피 란 자 무 수 문 순 신 지 막 불 희 열 순 신 분

道招呼 遠近雲集 使在軍後 以助形勢 賊將馬
도 초 호 원 근 운 집 사 재 군 후 이 조 형 세 적 장 마

多時 號善水戰率其船二百餘艘 欲犯西海 相遇
다 시 호 선 수 전 솔 기 선 이 백 여 소 욕 범 서 해 상 우

於碧波亭下 舜臣以十二船 載大炮乘潮至順流
어 벽 파 정 하 순 신 이 십 이 선 재 대 포 승 조 지 순 류

攻之 敵敗走 軍聲大振 是時舜臣 已有軍八千
공 지 적 패 주 군 성 대 진 시 시 순 신 이 유 군 팔 천

餘人 進駐古今島 患乏糧 作海路通行帖 令曰
여인 진주고금도 환핍량 작해로통행첩 령왈

三道沿海公私船無帖者 以奸細論 毋得通行 於
삼도연해공사선무첩자 이간세론 무득통행 어

是凡避亂乘船者 皆來受帖 舜臣以船 大小差次
시범피란승선자 개래수첩 순신이선 대소차차

使納米受帖 大船三石 中船二石 小船一石 避
사납미수첩 대선삼석 중선이석 소선일석 피

亂之人 盡載財穀入海故不以納米爲難 而以通
란지인 진재재곡입해고불이납미위난 이이통

行無禁爲喜 旬日得軍糧萬餘石 又募民輸銅鐵
행무금위희 순일득군량만여석 우모민수동철

鑄大炮 伐木造船 事事皆辦 遠近避兵者 往依
주대포 벌목조선 사사개판 원근피병자 왕의

舜臣 結廬造幕 販賣爲生 島中不能容 旣而天
순신 결려조막 판매위생 도중불능용 기이천

朝水兵都督陳璘出來 南下古今島 與舜臣合兵
조수병도독진린출래 남하고금도 여순신합병

璘性暴猛 與人多忤 人多畏之
린성폭맹 여인다오 인다외지

上餞送于靑坡野 余見璘軍人 歐辱守令無忌 以
상전송우청파야 여견린군인 구욕수령무기 이

繩繫察訪李尙規頸曳之 流血滿面 令譯官勸解
승계찰방이상규경예지 유혈만면 영역관권해

不得 余謂同坐宰臣曰 可惜 李舜臣軍 又將敗
부득 여위동좌재신왈 가석 이순신군 우장패

矣 與璘同在軍中 掣肘矛盾 必侵奪將權 縱暴
의 여린동재군중 체주모순 필침탈장권 종폭

軍士 逆之則增怒 順之則無厭 軍何由不敗 衆
군사 역지칙증노 순지칙무염 군하유불패 중

曰然相與嗟歎而已 舜臣聞璘將至 令軍人大敗

漁 得鹿豕海物甚多 盛備酒醪而待之 璘船入海

舜臣備軍儀遠迎 旣到 大享其軍 諸將以下無不

沾醉 士卒傳相告語曰 果良將也 璘亦心喜 不

久 賊船犯近島 舜臣遣兵敗之 獲賊首四十級

悉以與璘爲功 璘益喜過望 自是凡事 一咨舜臣

出則與舜臣幷轎 不敢先行 舜臣遂約束唐軍與

已軍無間 有奪民一縷者 皆拿致捆打 無敢違令

者 島中肅然 璘上書於上 言統制使有經天緯地

之才 補川浴日之功 蓋心服也

賊兵退 時賊蹂躪三道 所過皆焚燒廬舍 殺戮人

民 凡得我國人 悉割其鼻以示威 兵至稷山 都

城人皆奔散 九月初九日內殿避兵西下 經理楊

鎬 提督麻貴 在京城而平安道軍五千餘人 黃海

京畿軍數千徵至 分守江灘 警守倉庫 賊從京畿

界還退 淸正再屯蔚山 行長屯順天 沈安頓吾屯
계 환 퇴　청 정 재 둔 울 산　행 장 둔 순 천　심 안 돈 오 둔

泗川 首尾七八百里 是時都城幾不守 朝臣爭獻
사 천　수 미 칠 팔 백 리　시 시 도 성 기 불 수　조 신 쟁 수

出避之策 知事申磼進言曰 車駕應行寧邊 臣曾
출 피 지 책　지 사 신 잡 진 언 왈　거 가 응 행 영 변　신 증

爲兵使 備諳寧邊事 其最可憂者 乃無醬也 若
위 병 사　비 암 영 변 사　기 최 가 우 자　내 무 장 야　약

不預辦 何以繼用 聞者傳笑曰 辛不合醬 一大
불 예 판　하 이 계 용　문 자 전 소 왈　신 불 합 장　일 대

臣 言於朝堂曰 此賊何足憂 久當自息 惟當奉
신　언 어 조 당 왈　차 적 하 족 우　구 당 자 식　유 당 봉

乘輿往安便處耳元師權慄 走至京 上引見問之
승 여 왕 안 편 처 이 원 수 권 율　주 지 경　상 인 견 문 지

慄曰 當初車駕 不合遽還都城 當留駐西方 以
율 왈　당 초 거 가　불 합 거 환 도 성　당 유 주 서 방　이

觀賊勢如何 旣而聞賊退 慄又下慶尙道 臺諫論
관 적 세 여 하　기 이 문 적 퇴　율 우 하 경 상 도　대 간 론

慄無謀恇㤼 不可爲元師 不聽
율 무 모 광 겁　불 가 위 원 사　불 청

325

十二月 楊經理麻提督 領騎步兵數萬下慶尙道
십 이 월　양 경 리 마 제 독　영 기 보 병 수 만 하 경 상 도

進攻蔚山賊營 時賊將淸正 築城於蔚山郡東海
진 공 울 산 적 영　시 적 장 청 정　축 성 어 울 산 군 동 해

邊斗絶處 經理提督 乘其不意掩之 以鐵騎馳擊
변 두 절 처　경 리 제 독　승 기 불 의 엄 지　이 철 기 치 격

賊披靡不能支 天兵奪賊外柵 賊奔入內城 天
적 피 미 불 능 지　천 병 탈 적 외 책　적 분 입 내 성　천

兵貪擄獲之利 不卽進攻 賊閉門固守 攻之不克
병 탐 로 획 지 리　부 즉 진 공　적 폐 문 고 수　공 지 불 극

諸營分屯城下 圍守十三日 賊不出 二十九日
제 영 분 둔 성 하　위 수 십 삼 일　적 불 출　이 십 구 일

余自慶州 往見經理提督 望見賊壘甚靜暇 寂無
여 자 경 주　왕 견 경 리 제 독　망 견 적 루 심 정 가　적 무

人聲 城上不設女牆 環四面爲長廊 守兵實在其
인 성　성 상 불 설 여 장　환 사 면 위 장 랑　수 병 실 재 기

內 外兵若至城下 則銃丸亂發如雨 每日交鋒
내　외 병 약 지 성 하　칙 총 환 란 발 여 우　매 일 교 봉

天兵與我軍 死城下成積 賊船從西生浦來援 列
천 병 여 아 군　사 성 하 성 적　적 선 종 서 생 포 래 원　열

泊水中如鳧雁 島山無水 賊每夜出沒城外 經理
박 수 중 여 부 안　도 산 무 수　적 매 야 출 몰 성 외　경 리

令金應瑞 率勇士伏城外泉傍 連夜擒百餘人 皆
령 김 응 서　솔 용 사 복 성 외 천 방　연 야 금 백 여 인　개

飢羸僅屬聲氣 諸將言城內糧絕 久圍將自潰 時
기 영 근 속 성 기　제 장 언 성 내 량 절　구 위 장 자 궤　시

天甚寒陰雨 士卒手足瘇瘃 已而賊又從陸路來
천 심 한 음 우　사 졸 수 족 온 촉　이 이 적 우 종 육 노 래

援 經理恐爲所乘 遽旋師 正月 天將悉回京師
원　경 리 공 위 소 승　거 선 사　정 월　천 장 실 회 경 사

謀再擧
모 재 거

戊戌七月 經理楊鎬罷 新經理萬世德代之 時邪
무 술 칠 월　경 리 양 호 파　신 경 리 만 세 덕 대 지　시 사

軍門參謀官兵部主事丁應泰 劾奏楊鎬欺罔僨
군 문 참 모 관 병 부 주 사 정 응 태　핵 주 양 호 기 망 분

事二十餘罪 鎬遂罷去 上以鎬於諸經理中 銳意
사 이 십 여 죄　호 수 파 거　상 이 호 어 제 경 리 중　예 의

討賊 卽遣左議政李元翼 賷伸救奏馳赴京師 八
토 적　즉 견 좌 의 정 이 원 익　재 신 구 주 치 부 경 사　팔

月 鎬西去上送至弘濟院東 流涕而別 萬世德將
월 호서거상송지홍제원동 유체이별 만세덕장

出未至 九月 邪玠又分調麻貴主蔚山 董一元主
출미지 구월 사개우분조마귀주울산 동일원주

泗川 劉綎主順天 陳璘主水路 同時進攻 皆不
사천 유정주순천 진린주수로 동시진공 개불

利董軍爲賊敗所敗 死者尤多
리동군위적패소패 사자우다

十月 劉提督再攻順天賊營 統制使李舜臣 以舟
십월 유제독재공순천적영 통제사이순신 이주

師大敗其救兵於海中 舜臣死之 賊將平行長 棄
사대패기구병어해중 순신사지 적장평행장 기

城而遁 釜山蔚山河東沿海賊屯悉退 時行長築
성이둔 부산울산하동연해적둔실퇴 시행장축

城于順天芮橋堅守 劉綎以大兵進攻不利 還順
성우순천예교견수 유정이대병진공불리 환순

天 旣而復進攻之 李舜臣與唐將陳璘 扼海口以
천 기이복진공지 이순신여당장진린 액해구이

逼之 行長求援於泗天賊沈安頓吾 頓吾從水路
핍지 행장구원어사천적심안돈오 돈오종수로

來援 舜臣進擊大破之 焚賊船二百餘艘 殺獲
래원 순신진격대파지 분적선이백여소 살획

無算 追至南海界 舜臣親犯矢石力戰 有飛丸中
무산 추지남해계 순신친범시석역전 유비환중

其胸出背後 左右扶入帳中 舜臣曰戰方急 愼勿
기흉출배후 좌우부입장중 순신왈전방급 신물

言我死 言訖而絶 舜臣兄子莞 素有膽量 秘其
언아사 언흘이절 순신형자완 소유담량 비기

死 以舜臣令督戰益急 軍中不知也 陳璘所乘舟
사 이순신령독전익급 군중부지야 진린소승주

爲賊所圍 莞望見揮其兵救之 賊散去 璘使人于
위 적 소 위　완 망 견 휘 기 병 구 지　적 산 거　린 사 인 우

舜臣 謝救已 始聞其死 從椅上自投於地曰 吾
순 신　사 구 이　시 문 기 사　종 의 상 자 투 어 지 왈　오

意老爺生來救我 何故亡耶 拊膺大慟 一軍皆哭
의 노 야 생 래 구 아　하 고 망 야　부 응 대 통　일 군 개 곡

聲震海中 行長乘舟師追跡過其營 自後逸去 先
성 진 해 중　행 장 승 주 사 추 적 과 기 영　자 후 일 거　선

是七月 倭酋平秀吉已死 故沿海賊屯悉退 我軍
시 칠 월　왜 추 평 수 길 이 사　고 연 해 적 둔 실 퇴　아 군

與唐軍 聞舜臣死 連營慟哭 如哭私親 柩行所
여 당 군　문 순 신 사　연 영 통 곡　여 곡 사 친　구 행 소

至 人民處處設祭 挽車而哭曰 公實生我 今公
지　인 민 처 처 설 제　만 거 이 곡 왈　공 실 생 아　금 공

棄我何之 道路擁塞 車不得進 行路之人 無不
기 아 하 지　도 로 옹 색　거 부 득 진　행 로 지 인　무 불

揮涕 贈議政府右議政 邪軍門謂當立祠海上 以
휘 체　증 의 정 부 우 의 정　사 군 문 위 당 립 사 해 상　이

獎忠魂 事竟不行 於是海邊之人 相率爲祠 號
장 충 혼　사 경 불 행　어 시 해 변 지 인　상 솔 위 사　호

曰愍忠 以時致祭 商賈漁船往來過其下者 人人
왈 민 충　이 시 치 제　상 가 어 선 왕 래 과 기 하 자　인 인

祭之云
제 지 운

李舜臣字汝諧 德水人 其先曰邊 官至判府使
이 순 신 자 여 해　덕 수 인　기 선 왈 변　관 지 판 부 사

有直名 曾祖曰琚 事成宗 燕山在東宮 琚爲講
유 직 명　증 조 일 거　사 성 종　연 산 재 동 궁　거 위 강

官 以嚴見憚 嘗爲掌令 彈劾不避 百僚憚之有
관　이 엄 견 탄　상 위 장 령　탄 핵 불 피　백 료 탄 지 유

虎掌令之稱祖百祿 以門蔭仕 父貞不仕 舜臣少
호 장 령 지 칭 조 백 록 이 문 음 사 부 정 불 사 순 신 소

時 英爽不羈 與群兒戲 削木爲弓矢 遊里閭中
시 영 상 불 기 여 군 아 희 삭 목 위 궁 시 유 리 여 중

遇不如意者 欲射其目長老或憚之 不敢過門 及
우 불 여 의 자 욕 사 기 목 장 로 혹 탄 지 불 감 과 문 급

長善射 從武擧發身 李氏世業儒 至舜臣始得武
장 선 사 종 무 거 발 신 이 씨 세 업 유 지 순 신 시 득 무

科 補權知訓鍊院奉事 兵曹判書金貴榮 有孼女
과 보 권 지 훈 련 원 봉 사 병 조 판 서 김 귀 영 유 얼 녀

欲與舜臣爲妾 舜臣不肯 人問之舜臣曰 吾初出
욕 여 순 신 위 첩 순 신 불 긍 인 문 지 순 신 왈 오 초 출

仕路 豈敢托迹權門媒進耶 兵曹正郞徐益 有所
사 로 개 감 탁 적 권 문 매 진 야 병 조 정 랑 서 익 유 소

親在訓鍊院 欲越次薦報 舜臣以院中掌務官 執
친 재 훈 련 원 욕 월 차 천 보 순 신 이 원 중 장 무 관 집

不可 益牌招舜臣 詣庭下詰之 舜臣辭色不變直
불 가 익 패 초 순 신 예 정 하 힐 지 순 신 사 색 불 변 직

辨無撓 益大怒盛氣臨之 舜臣從容酬答 終不少
변 무 요 익 대 노 성 기 임 지 순 신 종 용 수 답 종 불 소

沮 益本多氣傲人 雖同僚亦憚之 難與爭辨 是
저 익 본 다 기 오 인 수 동 료 역 탄 지 난 여 쟁 변 시

日下吏在階下 皆相顧吐舌曰 此官敢與本曹抗
일 하 리 재 계 하 개 상 고 토 설 왈 차 관 감 여 본 조 항

獨不顧前路耶日暮 益愧屈令去 識者以此往往
독 불 고 전 로 야 일 모 익 괴 굴 령 거 식 자 이 차 왕 왕

知舜臣焉 方在獄時事不可測 有獄吏密語舜臣
지 순 신 언 방 재 옥 시 사 불 가 측 유 옥 리 밀 어 순 신

兄子芬 有賄則可免 舜臣聞之怒芬曰 死則死耳
형 자 분 유 회 칙 가 면 순 신 문 지 노 분 왈 사 칙 사 이

安可違道求生 其有操執如此 舜臣爲人 寡言笑
안 가 위 도 구 생 기 유 조 집 여 차 순 신 위 인 과 언 소

容貌雅飭 如修謹之士 而中有膽氣 忘身徇國
용 모 아 칙　여 수 근 지 사　이 중 유 담 기　망 신 순 국

乃其素所蓄積也 兄義臣堯臣 皆先死 舜臣撫其
내 기 소 소 축 적 야　형 희 신 요 신　개 선 사　순 신 무 기

遺孤如己子 凡嫁娶 必先兄子而後及己子 有才
유 고 여 기 자　범 가 취　필 선 형 자 이 후 급 기 자　유 재

無命 百不一施而死 嗚呼惜哉
무 명　백 불 일 시 이 사　오 호 석 재

統制在軍 晝夜戒嚴 未嘗解甲 在見乃梁 與賊
통 제 재 군　주 야 계 엄　미 상 해 갑　재 견 내 량　여 적

相持 諸船已下碇 夜月色明甚 統制帶甲枕鼓而
상 지　제 선 이 하 정　야 월 색 명 심　통 제 대 갑 침 고 이

臥 忽起坐呼左右 取燒酒來飲一杯 悉呼諸將至
와　홀 기 좌 호 좌 우　취 소 주 래 음 일 배　실 호 제 장 지

前語之曰 今夜月甚明 賊多詐謀 無月時固當襲
전 어 지 왈　금 야 월 심 명　적 다 사 모　무 월 시 고 당 습

我 月明亦應來襲警備不可不嚴 遂吹令角 令諸
아　월 명 역 응 래 습 경 비 불 가 불 엄　수 취 령 각　령 제

船皆擧碇 又傳令斥候船 候卒方熟睡喚起待變
선 개 거 정　우 전 령 척 후 선　후 졸 방 숙 수 환 기 대 변

久之 斥候奔告賊來時月掛西山 山影倒海 半邊
구 지　척 후 분 고 적 래 시 월 괘 서 산　산 영 도 해　반 변

微陰 賊船無數從陰黑中來 將近我船 於是中軍
미 음　적 선 무 수 종 음 흑 중 래　장 근 아 선　어 시 중 군

放大炮吶喊 諸船皆應之 賊知有備 一時放鳥銃
방 대 포 눌 함　제 선 개 응 지　적 지 유 비　일 시 방 조 총

聲震海中 飛丸落於水中者如雨 遂不敢犯退走
성 진 해 중　비 환 락 어 수 중 자 여 우　수 불 감 범 퇴 주

諸將以爲神
제 장 이 위 신

녹후잡기

무인년(선조 11년, 1578년) 가을. 장성長星[1]이 하늘에 뻗쳤는데, 그 모양이 마치 흰 비단과 같았다. 이 별은 서쪽으로부터 동쪽으로 향해 그대로 뻗쳐 있다가 몇 달이나 지나서야 없어졌다.

무자(선조 21년, 1588년) 연간에는 한강 물빛이 사흘 동안이나 붉었다.

신묘년(선조 24년, 1591년)에는 죽산竹山 대평원大平院 뒤에 있던 돌 하나가 저절로 일어섰다. 또 통진현通津縣에서는 누워 있던 버드나무가 다시 일어났다.

이런 일이 있는지라, 민간에서는 장차 도읍을 옮길 징조

---

1   혜성을 말한다. 예로부터 혜성이 나타나면 변란의 조짐이 있다고 보았다.

라는 유언이 전해졌다. 또 동해에서 나던 물고기가 서해에서 나더니 점점 한강으로 올라왔다.

해주海州에서는 본래 청어青魚가 났었는데 근 십여 년 동안 도무지 나지 않았다. 이것이 요동 바다로 옮겨가 요동 사람들은 이것을 신어新魚라고 불렀다.

또 요동 8참站에 사는 사람들이 어느 날 모두 놀라서 하는 말이, "조선에 적이 침입해 와서 조선 왕자가 교자를 타고 압록강에 이르렀다"고 말을 서로 전하니, 이에 노약자들이 산에 올라가는 등 인심이 어수선했다. 그런 지 수일이 지나서야 비로소 안정되었다. 또 우리나라 사신이 북경에서 돌아오다가 금석산金石山에서 하씨河氏 성을 가진 사람의 집에서 자게 되었다. 그 주인이 사신을 보고 말했다.

"조선 역관이 나보고 '당신 집에 3년 된 술과 5년 된 술이 있다 하니 그걸 아끼지 마시오. 오래지 않아서 반드시 군사들이 쳐들어올 거요. 그때는 비록 술이 있어도 누구와 같이 먹으려오'라고 말했습니다."

이런 일이 있은 후로 요동 사람들은 조선에 딴생각이 있을 것이라고 모두 놀라고 의심했다고 한다. 사신이 돌아가 이 일을 조정에 아뢰었다. 조정에서는 역관이 말을 꾸며 일을 만들어 본국을 무함한다고 생각했다. 몇 사람을 체포해서 인정전 대뜰 아래 꿇려 놓고 압슬과 단근질까지 했으나 그들은 어떤 것도 인정하지 않고 죽었다.

이는 신묘 연간의 일이었다. 그런데 이듬해에 결국 왜변倭變이 있었으니 이는 큰 난리가 장차 생길 것을 안 것이다.

사람은 비록 이를 깨닫지 못한다 하더라도 조짐으로 나타난 그 형상은 한 가지만이 아니었다. 심지어 또 흰 무지개가 태양을 꿰뚫고 태백(太白, 금성)이 하늘에 뻗치는 등 이런 일이 없는 해가 없었다. 그러나 사람들은 이것을 보고도 보통 일로 여겨 왔다.

또 도성 안에는 항상 검은 기운이 있었다. 그것은 연기도 아니요, 안개도 아니었다. 이것이 땅에 서리고 하늘에 닿아 이렇게 하기를 십여 년이나 했다. 그 밖의 변괴는 이루 말할 수가 없다.

이러고 보니, 하늘이 사람에게 알리는 것이 참으로 깊고 간절하다 할 것이나, 사람들이 이를 능히 살피지 못할 뿐이다.

두보杜甫의 시에 이런 구절이 있다.

장안성 성 머리 머리 흰 새,
밤이면 연추문 위에 날아와 우네.
사람의 집에 와서 대들보를 쪼니,
그 집 높은 벼슬아치 달아나 오랑캐 피하네

長安城頭頭白烏

夜飛延秋門上呼

又向人家啄大屋

屋底達官走避胡

이것도 역시 이상한 조짐을 기록한 시詩다.

임진년(선조 25년, 1592년) 4월 17일에 적이 온다는 소식이 들리자 조야가 황황했다. 이때 갑자기 괴상한 새가 궁중 후원에서 울더니 하늘로 날아 올라갔다. 그 새는 멀리 갔다가 가까이도 왔다가 했다. 한 마리 새가 우는데 그 소리가 온 성안에 가득해서 이 울음소리를 듣지 못한 사람이 없었다. 낮이든 밤이든 그 새는 잠시도 그치지 않고 울었다. 이러기를 10여 일 했는데, 임금의 행차는 도성을 떠나갔고 왜적들이 성으로 들어왔다. 궁궐과 묘사廟社와 모든 민가는 일제히 비워졌다.

아하! 이 또한 괴상한 일이로다.

또 이해 5월, 내가 임금의 행차를 따라 평양에 갔을 때였다. 나는 김내진金乃進의 집에 묵고 있었다. 김내진이 어느 날 나에게 이렇게 말했다.

"연전에 승냥이가 성안으로 들어온 일이 있고, 대동강 물이 붉은 적도 있었습니다. 동쪽 강가는 몹시 흐리고, 서쪽 강가는 조금 맑았지요. 그러더니 오늘날 이런 변고가 생기는군요."

이때 아직 적병은 평양에 이르지 않았을 때라, 나는 이 말을 듣고 아무런 대답도 하지 않았다. 그러나 나 역시 심중으로는 몹시 불쾌했다. 이러고서 또 얼마 안 되어 평양이 함락되었다. 대개 승냥이란 야수野獸다. 이것이 성안으로 들어온다는 것은 온당한 일이 아니다. 마치 『춘추春秋』에 구욕鸜鵒새[2]가 와서 집을 짓고, 여섯 마리 익鷁새[3]가 날아가며 사슴과 물여우蜮 같은 짐승 등 나타나지 않는 것이 없었다는 말과 같다. 하늘이 사람에게 보여 주는 것이 분명하고, 성인聖人의 경계가 이같이 깊다. 어찌 두려운 일이 아니랴. 어찌 삼갈 일이 아니랴!

또 임진년 봄과 여름 사이에 목성木星이 미기尾箕를 지키니 미기는 곧 연분燕分이라, 옛날부터 말하기를 우리나라는 연燕과 같다고 해 오던 터였다. 이때 적병들이 날로 밀어닥쳐 인심이 흉흉하여 어찌할 줄을 몰랐다. 어느 날 임금이 교서를 내려 말했다.

"복성福星[4]이 지금 우리나라에 있으니 적을 두려워할 게 없다."

이것은 이런 핑계로써 민심을 진정시켜 보려고 한 말이었다. 그러나 이런 뒤에 도성은 비록 잃었어도 마침내는 능히

---

2 북방에 사는 새. 원래는 남쪽의 제수濟水를 넘어오지 않는데 노魯 땅에 들어와 둥지를 틀었다고 한다. 사람들이 이를 보고 '구욕입처鸜鵒入處'라 부르며 이변의 전조라고 여겼다고 전해진다.

3 백로와 비슷하게 생겼으며 물귀신이 이 새를 두려워한다고 전해진다. 또한 바람을 잘 견딘다고 여겨져 뱃머리나 돛대 끝에 이 새를 만들어 달기도 했다.

4 길한 별이란 뜻으로, 목성木星을 말한다.

예전대로 회복해서 옛 도읍으로 돌아갔다. 또 적추賊酋 수길은 마지막까지 제 흉측한 계획을 이루지 못하고 저절로 죽었으니, 이 어찌 우연한 일이라 하겠는가. 모두 하늘의 뜻 아님이 없는 것이다.

왜인은 몹시 간교한 놈들이었다. 그들이 용병用兵하는 것은 사술詐術 아닌 것이 하나도 없었다. 그러나 임진년 일은 도성에만 중점을 두었고 평양에는 너무 소홀했다.

우리나라는 백 년 동안 승평한 세월이 흘러 백성들이 군사라는 것을 알지 못했다. 그러던 것이 졸지에 적병이 왔다는 말을 듣고 보니 창황하고 어찌할 줄을 몰라 원근이 모두 넋을 잃고 우두커니 있을 수밖에 없었다.

왜병은 파죽의 형세를 타고 열흘 동안 도성에 몰아닥쳤다. 우리는 지혜가 있어도 꾀를 낼 수 없었고 용맹이 있어도 이것을 써 보지 못했다. 인심은 무너져 수습할 길이 없었다. 이는 병가에서 좋은 꾀를 냈어도 적의 간사한 계교에는 어쩔 수 없었기 때문이었다. 그렇기 때문에 나는 도성에 중점을 두었다고 말한 것이다.

적들은 상승常勝의 위엄을 믿고 자신의 뒤는 돌아다보지 않았다. 이리하여 여러 도로 흩어져 나와 저들 마음대로 방자히 굴었다. 대개 군사란 나누면 형세가 약해지지 않을 수 없는 법이다. 천 리에 영책을 연하여 오랫동안 날짜를 끄니, 이는 이

른바 아무리 강한 화살이라도 그것이 멀리 가고 보면 낡은 헝겊 하나도 뚫지 못한다는 것과 같다. 또 장숙야張叔夜가, "여진女眞이 군사 쓰는 법을 알지 못하는구나. 외로운 군사가 깊이 들어가고서 능히 살아서 돌아갈 수가 있는가"라고 한 말과도 같다.

이 까닭에 명나라 군사 4만 명으로 평양을 쳐서 깨트렸고, 평양이 깨지자 여러 도에 있는 적군들은 맥을 추지 못했다. 비록 도성만은 그대로 점령하고 있었으나 대세는 이미 기울어져 있었다. 사방에 흩어져 있던 우리 백성들이 곳곳에서 적을 맞아 공격해서 적의 머리와 꼬리가 서로 통하지 못하게 되니 드디어 적은 퇴병하지 않을 수 없었던 것이다. 그렇기 때문에 나는 그들이 평양에서는 졸렬했다고 말하는 것이다.

그러나 아! 적이 실수한 것은 오직 우리에겐 다행한 일이었다.

정말 우리나라에 훌륭한 장수라도 있어 군사 수만 명을 거느리고 때를 보아 기계奇計를 쓰고, 긴 뱀과 같은 적의 영책을 쳐서 저들의 어깨와 허리를 잘라 놓아 이것을 평양 싸움에써 먹었더라면 그들의 대병을 모두 무찌를 수가 있었을 것이다. 또 이런 계교를 도성 이남에서 썼더라면 그들의 수레바퀴 하나도 제대로 돌아가지 못하게 했을 것이다.

이렇게 한 연후라야 적은 마음이 놀라고 간담이 서늘해져서 수십 년, 수백 년이 지난 뒤에라도 감히 우리를 바로 보지 못하여 다시는 뒷근심이 없었을 것이다. 그러나 당시 우리는 쇠잔한 기운을 겨우 지탱했을 뿐, 능히 이런 일을 하지 못했다. 또 명나라의 여러 장수들도 이렇게 해야 됨을 알지 못했다. 그래서 적으로 하여금 조용히 물러가게 했을 뿐, 조금도 징계하고 두려움을 주지는 못했다.

이에 아주 하책下策으로서 그들을 봉공封貢하려 했으니 어찌 탄식하고 애석할 일이 아니랴. 지금에 와서 생각하면 이가 떨리고 주먹이 쥐어지는 일이다.

옛날 조조는 임금에게 병사兵事를 이렇게 말했다.

"군사를 쓰고 싸움에 임해 싸우는 데 세 가지 중요한 것이 있습니다. 첫째는 지형을 얻을 것, 둘째는 군사들이 명령에 복종할 것, 셋째는 병기는 좋은 것을 쓰는 것입니다. 이 세 가지는 군사를 쓰는 가장 큰 요소인 동시에 승부가 여기에서 결정되는 것이니 장수된 자가 알지 않을 수 없는 것입니다."

과연 왜병은 공격하는 싸움에도 익숙하고 병기도 정밀했다. 옛날에 없던 조총이 있었으니, 그 멀리 가는 힘과 명중하는 것이 화살보다 배가 더하다.

만일 우리 군사와 넓은 들판에서 만나 양진兩陣이 서로 대해서 법도 대로 교전한다면 그들을 대적하기란 더욱 어려웠을 것이다. 대개 우리가 쓰는 활이란 백 보밖에 못 가는데 조총은 수백 보를 나간다. 그런 데다가 바람 속에서 우박처럼 쏟아지니 대적하지 못하는 것은 당연한 일이다.

그러나 먼저 지형을 골라서 산골짜기 험한 곳과 수목이 우거진 곳에 미리 활을 쏘는 군사를 매복시켜, 적으로 하여금 알지 못하게 하고 있다가, 좌우에서 한꺼번에 활을 쏘고 보니 저들에게 비록 조총이나 창도槍刀가 있다 하더라도 이것을 쓸 사이도 없이 크게 이겼던 것이다.

이제 한 가지 일을 들어서 증거로 삼겠다.

적은 임진년에 도성에 들어와 날로 성 밖으로 노략질해 나갔다. 심지어 원릉元陵까지도 보존하지 못했다.

고양 사람 진사進士 이로李櫓는 활을 잘 쏘고 담력도 있었다. 어느 날 동지 두 사람과 함께 활을 가지고 창경릉昌敬陵에 들어갔다. 뜻밖에 적의 대부대가 나오더니 골짜기 속에 가득 찼다. 그들은 어찌할 바를 몰라 등나무 가지가 우거진 숲 속으로 몸을 숨겼다. 적들은 그들을 찾으려고 가까이 와서 기웃거렸다. 그들은 그 속에서 활을 당겼다. 시위 소리가 나면서 적은 번번이 맞아 거꾸러졌다. 이들은 다시 자리를 옮겼다. 이리저리 옮겨 숨으면서 적을 쏘아 죽이니, 적들은 그들을 찾아낼 수가 없었다. 이로써 적들은 숲만 보면 도망쳐 달아났기 때문에 능을 보존할 수가 있었다.

이것으로 보면, 지형을 얻느냐 못 얻느냐에 성패가 달려 있다고 말할 수 있을 것이다. 적이 상주에 있을 때, 신립과 이 일 등이 만일 이런 방법을 알았더라면 좋았을 것이다. 먼저 토

천과 조령 30~40리 사이에 활을 쏘는 군사 수천 명을 매복해 두어서, 그 수효를 적들에게 알리지 않았더라면 능히 적을 대적할 수가 있었을 것이다. 그런데 오합의 무리와 훈련되지 않은 군사들을 거느리고, 더욱이 험한 요새지는 버려둔 채 평지에서 버티고 있었으니 패하지 않을 수 있었겠는가!

내가 이것은 병기兵機에서 자세히 말했지만, 여기에 또 한 번 특별히 기록하는 것은 뒷사람들을 경계하기 위함이다.

성이란 적을 막고 백성을 보호하는 장소이므로 당연히 견고한 것을 으뜸으로 친다. 옛사람이 성을 말할 때에는 모두 치雉에 대해서 말하고 있는데, 천 치나 백 치라고 말하는 것이 이것이다. 나는 평상시에 조솔하게 글을 읽었기 때문에 치가 무슨 물건인지 알지 못하고, 단순히 성가퀴가 치일 것이라고만 생각했다. 그래서 성가퀴가 겨우 천 개나 백 개뿐이라면 그 성이 너무 작은 탓에 여러 인원을 능히 수용할 수 없을 텐데 어떻게 하려는 것일까 하고 일찍부터 의심했다. 그러다가 왜란이 일어난 후에야 비로소 척계광戚繼光의 『기효신서紀效新書』를 구해 읽고 나서 치가 성가퀴가 아니라 지금의 곡성·옹성이란 것을 알았다.

만약 성에 곡성·옹성이 없다면 사람마다 성가퀴를 수비하고 성가퀴 사이에 방패를 세우고 바깥에서 오는 화살과 돌을 막는다 하더라도 적군이 성 밑에 와서 붙으면 이를 막을 수가 없다.

『기효신서』에 따르면 50개의 성가퀴를 하나로 삼아 하나의 치를 두고 그것을 성벽에서 2~3장 나오게 설치한다고 한다. 두 개의 치 사이에 50개의 성가퀴가 있고, 하나의 치가 좌우로 각각 성가퀴 25개씩을 담당하게 된다. 이 범위 안에서는 화살이 나가는 힘이 매우 강하고 좌우로 돌아보면서 쏘기도 편하기 때문에 적군이 성 밑에 와서 붙을 수가 없다.

임진년 가을에 나는 오랫동안 안주에 머물러 있었는데, 적은 평양에 있었다. 그때 적이 단시일에 서쪽으로 내려왔다면 행재소 앞을 가로막을 것이 하나도 없었다. 그래서 역량을 헤아리지도 않고 안주성을 중수하여 방비할 생각을 했다. 중양일(重陽日, 음력 9월 9일)에 청천강에 나가 주성州城을 돌아보고 나서 조용히 앉아 한참 동안 깊이 생각한 끝에 문득 한 가지 계책을 생각해 냈다. 성 밖의 지세에 따라 치의 구조와 같게 별도로 뾰족하게 나온 성을 쌓는 것이었다. 그 안을 비워서 사람을 수용할 수 있도록 하고, 전면과 좌우로는 포의 구멍을 뚫어 안에서 포를 쏘게 하고 위로는 누의 상거가 천여 보 이상 되도록 마주 보는 누를 세우고, 대포에는 새알과 비슷한 탄환을 서너 말 넣어 두었다가 적군이 모여들 때 두 곳에서 번갈아 발사하면 사람과 말은 물론이고 쇠와 돌이라도 가루가 되지 않을 수 없을 것이다. 이렇게만 하면 다른 성가퀴에는 비록 지키는 병사가 없을지라도 수십 명만으로도 포루를 지킬 수 있어 적이 감히 가까이 오지 못할 것이다.

이것은 사실 성을 지키는 기막힌 방법으로 그 구조는 비록 치를 따랐지만 효과는 만 배나 낫다. 대개 천 보 안에 적이 감히 가까이 오지 못한다면 운제나 충차도 모두 소용없게 될 것이다.

나는 이것을 우연히 구상하고는 곧바로 행재소에 계신 임금께 아뢰고, 그 후로 경연에서도 여러 번 제안했다. 사람들에게도 반드시 이것이 쓸 만하다는 것을 보이기 위해서 병신년 (선조 29년, 1596년) 봄에 도성의 동쪽 수구문水口門 밖에 적당한 장소를 골라 돌을 모아서 만드는 동안 다른 의견이 부산하게 일어나 완성하지 못하고 그만 포기하고 말았다.

훗날 만약 원대한 계책을 가진 인물이 나타나 나 같은 사람의 말이라도 버리지 않고 이 구조를 정비해서 실행한다면 적을 막는 방법으로 큰 효과를 얻을 것이다.

내가 안주安州에 있을 때 경상우감사인 친구 김사순金士純이 나에게 글을 보내왔다.

"진주에서 성을 고쳐 가지고 끝까지 지킬 계획입니다."

이보다 앞서 적은 일찍이 진주를 한 번 침범했다가 이기지 못하고 물러간 일이 있었다. 나는 김사순에게 답장했다.

"적이 조만간에 반드시 올 것이오. 그러면 많은 군사가 올 것이니 전날과는 사뭇 다르게 힘들 것이오. 마땅히 포루砲樓를 세우고 기다려야만 걱정이 없을 것이오."

계사년(선조 26년, 1593년) 6월에 나는 적이 다시 진주를 공격한다는 말을 듣고 종사관 신경진에게 말했다.

"진주가 몹시 위급한데 다행히 포루가 있으면 지탱할 수 있을 것이고, 그렇지 않으면 지키기 어려울 것입니다."

이윽고 합천으로 내려갔더니 진주가 함락되었단 말이 들렸다.

단성 현감 조종도 역시 김사순의 친구였다. 그가 그 뒤에 나에게 글을 보내왔다.

"지난해 김사순과 진주에 같이 있을 때, 김사순은 공의 편지를 보고서 기뻐 뛰면서 참으로 용한 계교라고 칭찬하더군요. 그는 즉시 막하에 있는 몇 사람과 성을 돌아보고는 지형에 의지해서 포루를 여덟 곳에 설치했습니다. 나무를 베어 떼를 만들어 강물에 띄워 내려보내니 모든 고을 백성들이 역사를 하기 싫어서 전에는 포루 없이도 적을 막았는데 지금 왜 이렇게 사람을 들볶느냐고 말했습니다. 그러나 김사순은 듣지 않았습니다. 재목이 도착해서 공사를 시작하려 하는데 마침 김사순은 병이 나서 일어나지 못했습니다. 그래서 그 일이 중지되었습니다."

이 글을 보면서 우리는 서로 탄식하였다. 아! 김사순의 불행함이여! 이는 곧 온 성안 사람의 불행이었다. 그러나 이것도 역시 운수라, 사람의 힘으로는 어찌 할 수 없는 일이었다.

임진년 4월에 적은 연달아 여러 고을을 함락시켰으나, 우리 군사는 쉽게 무너져 감히 싸우지도 못했다. 비변사의 모든 신하들은 날마다 궐하로 모여들어서 적을 막아 낼 방책을 강구했으나 아무런 계교도 내지 못했다. 그중에서 이런 것이 건의됐다.

"적들은 창도를 잘 쓰는데 우리는 이것을 막아 낼 굳센 갑옷이 없습니다. 그렇기 때문에 능히 적을 대적하지 못합니다. 마땅히 두꺼운 쇠로 갑옷을 만들어 온몸을 감추고 적진에 들어가면 적들은 찌를 데가 없을 것이니 이렇게 하면 이길 것입니다."

여러 사람들은 이 말을 옳게 여겼다. 이에 공장工匠들을 동원시켜 주야로 쇠를 두드려 갑옷을 만들게 했다. 그러나 나는 혼자 이것을 반대했다.

"적과 싸우는 데는 구름같이 모여들고 새처럼 흩어져, 동작이 빠른 것이 제일이다. 그런데 온몸에 두꺼운 갑옷을 입으면 그 무게를 어떻게 이긴단 말인가? 또 물건도 운반할 수 없을 것이니 어떻게 적을 죽일 수가 있단 말인가?"

이렇게 말했더니 여러 사람들이 과연 쓸모가 없다고 생각하고 이를 중지했다.

또 대간이 대신을 만나 계교를 말하려 했는데, 대신 중 한 사람이 성을 내어 다른 대신들에게 무모하다고 배척했다. 그러자 좌중에서는 그에게 무슨 방책이 있느냐고 물었다. 그는 이렇게 대답했다.

"한강 가에 높게 목책을 쌓아 적들이 올라오지 못하게 하고, 그 밑에 엎드려서 활을 쏘면 이길 것이 아닙니까?"

어느 한 대신이 물었다.

"적의 총알도 목책을 뚫지 못한단 말인가?"

이 물음에 그 사람은 아무 대답도 못하고 물러 나갔다. 이 이야기를 전해 듣던 사람들은 모두 웃고 말았다.

아! 군사란 일정한 세력이 없는 것이고, 싸움이란 일정한 법이 없는 것이다. 그때그때 당할 적마다 방법을 변경해서 나아갔다가 물러나고, 합했다가 헤어져 기이한 꾀를 무궁하게 내는 것은 오직 장수의 손에 달렸을 뿐이다.

조조가 말한 세 가지 방책은 또한 절대로 필요한 것으로, 한 가지만 빼놓아서도 되지 않는 것이다. 그 나머지 여러 말이야 무슨 도움이 되겠는가?

대개 국가에서는 아무 일도 없을 때 장수를 뽑아 두었다가, 일이 생겼을 때 임명을 해야 하는 것이니, 뽑아내기도 정精하게 해야 되는 것이요, 임명하기도 전일專一하게 해야 하는 것이다.

당시 경상도의 수장水將은 박홍과 원균이요, 육장陸將은 이각과 조대곤이었다. 이들은 원래 장수가 될 재목이 아니었다. 변고가 생기던 날, 순변사와 방어사·조방장 등은 모두 조정으로부터 명을 받고 갔었다. 그들은 모두 전단專斷할 권리를 가져서 저마다 호령을 내리고, 나가고 물러가는 것도 저마다 마음대로 하는 등 아무런 통제도 받지 않았다. 그러다 보니 설사 싸움에 패하면 시체가 되어 돌아올 뿐, 무슨 일을 해낼 수가 있었겠는가? 또 자기가 기른 것을 쓰지 못하고, 자기가 쓸 것을 기르지도 못하여 장수와 군사가 서로 알지 못하니 이는 모두가 병가에서 크게 꺼리는 바였다.

어찌해서 먼저 사람이 잘못한 것을 뒤의 사람도 이것을 고칠 줄 모르고 지금까지 계속 그것을 답습해서 마침내 일을 그르치는가? 이러고서도 일이 무사하기를 바라는 것은 요행을 바랄 뿐이라, 이것을 설명하자면 말만 길어질 뿐이다. 아! 위험한 일이로다.

계사년(선조 26년, 1593년) 정월에 명나라 군사가 평양을 떠났다. 나는 그때 군사의 앞에 가고 있었다. 임진강은 물이 얼어서 건너갈 수가 없었다. 제독은 연달아 사람을 보내어 부교를 만들라고 재촉했다.

내가 금교역金郊驛에 도착해서 보니, 황해도 수령이 아전과 백성들을 시켜 대군에게 밥을 대접하느라고 들에 가득히 앉아 있었다. 나는 우봉 현령 이희원李希愿을 불러서 물었다.

"그대가 데리고 온 읍인은 몇 명이나 되는가?"

"수백 명은 됩니다."

나는 그에게 분부하였다.

"그대는 속히 읍인들을 데리고 산에 올라가 칡을 많이 끊어 가지고, 내일 낮에 임진강 어귀에서 나를 만나도록 하고 기약을 어기지 말라."

이희원은 영을 받고 물러갔다.

이튿날 나는 개성부에서 자고 그 이튿날 새벽 덕진당德津堂으로 달려가 보니 아직도 강의 얼음이 풀리지 않았다. 얼음 위에도 성엣장이 반 길이나 흐르고 있는 터였다. 더구나 하류에는 배가 올라오지 못하게 되어 있었다.

경기 관찰사 권징과 수사 이빈, 장단 부사 한덕원, 그리고 창의추의군倡義秋義軍 천여 명이 강 위에 모여들었으나 모두 속수무책이었다.

나는 우봉 현령을 불러서 칡을 가져오라 해서 굵은 새끼를 꼬게 했다. 이것으로 크기는 몇 아름, 길이는 강을 건널 만큼 만들어, 남쪽과 북쪽 언덕에 각각 기둥 두 개씩을 세우고 가로 나무 하나씩을 매었다. 거기에 새끼 열다섯 가닥을 늘여 강을 덮었다.

강이 넓다 보니 새끼는 가운데에서 늘어져 물에 잠겼다. 보고 있던 여러 사람들이 "공연히 헛품만 없애는군!" 하고 수군거렸다. 그러나 나는 다시 천여 명을 시켜 각각 짧은 막대기를 가지고 새끼를 몇 바퀴 감으니 팽팽하여 마치 빗살과 같이 뻗쳤다. 이것을 여럿이서 가로 엮어 나가니, 어엿한 다리가 만들어졌다. 여기에 가느다란 버들가지를 꺾어다가 깔고 풀을 덮은 다음 다시 흙을 덮었다.

명나라 군사는 이것을 보고 크게 기뻐하며 모두 말을 달려 건너갔고 포차砲車와 군기도 이 다리로 건넜다. 차츰 계속하여 건너가는 자가 더욱 많아지자 새끼는 약간 늘어져 물 위에 닿으려 했다. 이것을 본 대군이 얕은 여울로 해서 강을 건너니, 이리하여 강을 완전히 건너게 되었다.

내 당시의 일을 생각하면 창졸간이라 칡을 많이 준비하지 못한 것이 후회스럽다. 여기에 다시 새끼 30줄을 꼬아 다리를 만들었던들 줄이 늘어지지는 않았을 것이다.

나중에 『남북사南北史』를 읽어 보았더니 제나라 군사가 양나라를 공격했을 때 임금 규歸가 주나라 총관 육등陸騰과 같이 이를 막았는데, 그때 주나라 사람이 좁은 강 입구의 남쪽 언덕에 안촉성을 쌓고 큰 동아줄로 강을 가로질러 당겨 매고 갈대를 엮어 다리를 만든 다음 군량을 운반하여 건넜다고 한다. 그때의 방법이 바로 내가 행한 것이다. 나는 우연히 이 계책을 알아낸 것이지만 옛사람이 이미 행한 줄은 미처 알지 못했음을 알고는 웃기까지 했다. 이것을 기록하는 것은 훗날 창졸간에 일을 대처할 때 도움이 되고자 해서다.

계사년 여름에 나는 병으로 서울 묵사동墨寺洞에 누워 있었다. 어느 날 명나라 장수 낙상지가 나를 찾아와 간곡히 문병했다. 이때 그는 나에게 이렇게 말했다.

"조선 군사는 미약한데 적은 아직도 국경에 머무르고 있으니, 군사를 조련해서 적을 막는 것이 가장 급선무가 아니겠습니까? 지금 명나라 군사가 돌아가기 전에 군사를 조련하는 법을 배웠다가, 하나가 열 명을 가르치고, 열 명이 백 명을 가르치게 되면 수 년 안에 모두 조련한 군사가 되어 가히 나라를 지킬 만할 것입니다."

나는 이 말에 몹시 감동했다. 즉시 임금이 계신 곳으로 글을 써서 보냈다.

금군禁軍 한사립韓士立을 시켜 도성에서 사람 70여 명을 데리고 낙상지에게로 가서 가르쳐 주기를 청했다. 낙상지는 자기 부하 중에 진법陣法을 아는 장육삼張六三 등 열 명을 교관으로 삼아 창과 칼 쓰는 기술을 가르쳤다.

그 뒤에 내가 남쪽으로 내려가게 되자 이 일은 중단되었다. 다시 임금은 내 장계에 의해 이를 비변사에 내려, 달리 도감都監을 설치하고 군사를 훈련하게 하여 윤두수로 하여금 이 일을 맡아서 행하게 했다.

그해 9월에 나는 남쪽에 있다가 불려 임금이 계신 곳으로 갔다가 행차를 해주에서 맞아 호종하여 서울로 돌아갔다. 일행이 연안에 이르자 임금은 다시 도감 일을 나에게 맡겼다. 당시 서울에는 기근이 심했다. 나는 용산 창고에 있는 명나라 좁쌀 1천 석을 내다가, 하루 한 사람 앞에 두 되씩 나누어 주니 이것을 타려고 사람들이 사방에서 모여들었다.

도감당상都監堂上 조경은 곡식이 적어서 고루 나누어 줄 수가 없다고 하여 이것을 조절하고자 했다. 커다란 돌 하나를 놓아 두고, 곡식을 받으러 오는 자에게 먼저 이 돌을 들어 보라 해서 그들의 힘을 시험해 봤다. 또는 한 길이 넘는 담을 뛰어 넘으라 해서 넘지 못하는 자에게는 이를 거절하니, 기근이 심해서 여기에 합격하는 자가 열에 하나 둘밖에 되지 않았다.

이렇게 되니 도감 문 밖에는 곡식을 얻지 못해서 땅에 쓰러져 죽는 자까지 있었다.

머지않아 그는 힘센 사람 수천 명을 얻어 데리고 와서 총초관摠哨官에게 맡겨 그 속에 분류하여 배치하게 했다. 또 그들에게 조총을 가르치고자 했으나 화약이 없었다. 때마침 군기시에 있는 공장 대풍손大豊孫이란 자가 적진에 들어가서 화약을 구워 적에게 주었다고 해서 강화로 잡혀 와서 죽게 되었다.

나는 특별히 그를 용서해 주고 그 대신 화약을 만들라고 시켰더니, 그는 몹시 감동하여 진력해서 하루에 수십 개를 구워 냈다. 이것을 날마다 각부各部에 나누어 주어 주야로 조총 쏘는 법을 조련시켜 잘하고 못하는 것을 보아 상벌을 분명히 했다. 한 달이 되자 이들은 나는 새도 쏘아 맞추고, 두어 달 뒤에는 항복받은 왜병이나 남방의 조총 잘 쏘는 자들과 비교해 보아도 손색이 없었다.

나는 다시 임금께 글을 올려 군량을 조처해 달라고 주청하면서 군사를 계속 모집해서 만 명이 되면 이것을 다섯 영營

으로 나누고 한 영에 2천 명씩으로 정원을 두고 이들에게 반년 동안은 성안에서 교련을 받고 반년은 성 밖으로 나가 기름진 땅을 골라 농사를 짓게 교대하여 실시하면 수년 뒤에는 군사와 식량의 근원이 두텁고, 또 굳어질 것이라 말했다. 임금은 이것을 병조로 내려보내 검토하게 했으나 병조에서 이를 실행하지 않아 결국 효험을 보지 못하고 말았다.

심유경은 평양에 있을 때부터 적의 진중에 출입했으니 그 노고가 적지 않았다. 그러나 그가 적진을 출입한 이유는 강화한다는 명분 때문이었기에 우리나라에서는 이를 좋아하지 않았다.

최후에 적은 부산에 머무른 채 오랫동안 건너가지 않았다.

이 책사(李冊使, 이종성)가 도망쳐 돌아오자 명나라에서는 심유경을 부사로 삼아 양사(楊使, 양방형)와 함께 왜국에 들어가게 했지만, 종시 아무런 성과도 거두지 못하고 돌아왔다. 그리고 행장과 청정 등은 바다 위에 돌아와 주둔하고 있었다. 이에 명나라와 우리 사이에는 여러 가지 의견이 분분했다.

모두 허물을 심유경에게 돌렸다. 심한 사람은 심유경이 적과 함께 모반할 계획을 한다고까지 말했다.

우리나라 승려 송운松雲[5]이 서생포에 들어가서 청정을 만

---

5 사명대사 유정의 호를 말한다.

나 봤다. 그리고 돌아와서 하는 말이 적들은 명나라를 범하고
자 하여 그 말이 몹시 불공하니, 즉시 명나라에 이 사실을 알리
라는 것이었다. 이것을 듣고 사람들은 더욱 노했다.

심유경은 화가 장차 자기에게 미칠 것을 알았다. 어찌할
줄을 모르다가 김명원에게 글을 보내어 일의 시말을 갖추어
변명했다.

그의 글은 이러했다.

"세월이 흘러 지난 일들이 어제와 같습니다. 생각하면 전
에 왜적이 귀국을 침입해서 바로 평양에 다다랐으니 우리 안
중에는 이미 팔도八道가 없었습니다. 이 늙은 몸이 명을 받고
왜인의 실정을 탐지하고자 서로 기회를 보아 족하(足下, 김명
원)와 이 체찰(李體察, 이원익)과 더불어 시끄러운 속에서 서로
만나지 않았습니까. 평양 서쪽 일대를 목격하건대 거민들이
유리遊離하고 고생하는 것이 마치 바늘방석에 앉은 것 같아 아
침에 저녁 일을 생각하지 못하는 형편이었습니다. 어찌 마음
아픈 일이 아니겠습니까. 족하께서는 몸소 그 일을 겪고 보았
으니 이 사람이 여러 말을 하지 않아도 잘 아실 것입니다. 내가
행장을 불러서 건복산乾伏山에서 만났을 적에는 다시 서쪽으
로 침입하지 않기로 약속했었습니다. 그런 뒤로 그들은 우리
말을 들어 감히 어기지 못한 채 몇 달이 지나갔었지요. 그 뒤에
대병이 이르러 마침내 평양을 탈환한 게 아닙니까. 만일 그때
에 내가 나오지 않았던들 왜적은 조승훈이 패한 것에 승세하

여 의주까지 왔을지도 모를 일입니다. 평양 한 도道의 거민만이라도 그들의 화를 입지 않은 것은 역시 귀국의 큰 다행이 아닙니까. 이윽고 왜장 행장이 물러가 서울을 지키고 있을 때 수길은 삼성三成 · 장성長盛 등 장수 30여 명을 보내어 군사를 합하고 영책을 연해 험하고 요긴한 곳을 점거하고 있었으니, 이 견고함을 깨칠 수가 없었습니다. 벽제에서 싸운 뒤로 우리는 더욱 나가지 못하고 있었지요. 이때 귀국의 판서 이덕형이 개성에 와서 나를 만나 보고 이렇게 말했지요.

'적세賊勢가 저렇듯 굉장한데 명나라의 대병이 물러가 보면 도성을 수복시킬 가망이 없습니다.' 그는 울면서 또 나에게 이렇게 말했습니다. '도성은 나라의 근본이 되는 곳입니다. 여러 도를 통솔하는 곳인데 지금 사세가 이렇게 되었으니 장차 어찌한단 말입니까.' 이에 나는 이렇게 대답했습니다. '한갓 도성만 수복하고 한강 남쪽이 만일 없다면 여러 도의 사세를 유지할 수가 없지요.' 이덕형은 또 이렇게 말했습니다. '만일 도성만 수복하고 보면 한강 이남은 우리나라 군신君臣이 자력으로 지탱할 수가 있습니다.' 나는 이 말에 또 이렇게 말했습니다. '그렇다면 내가 그대의 나라를 위해서 한번 해 보지요. 도성을 도로 찾고 아울러 한강 이남 제도까지도 수복시켜 왕자와 대신들을 돌아오게 해서 나라를 온전하게 해 보지요.' 나의 이 말을 듣자 이덕형은 또 울면서 머리를 조아리고 말하더군요. '만일 그렇게만 해 주신다면 노야老爺께서 우리나라를 재조再造

해 주신 공덕이 실로 적지 않을 것입니다.' 이렇게 해서 나는 한강까지 내려갔던 것이 아닙니까. 당시 왕자 임해군이 청정의 영에서 사람을 보내어 내게 이렇게 말했습니다. '만일 나를 돌아가게 해 준다면 한강 이남의 땅은 어디든지 요구대로 왜국에 떼어 줍시다.' 그러나 나는 이 말을 듣지 않았습니다. 그리고 나는 왜장과 맹세를 했지요. '왕자가 돌아오려 하거든 돌려보내고, 만일 돌아오려 하지 않거든 너희가 죽여도 좋다. 그 나머지는 말할 게 없다.' 왕자는 귀국의 저군儲君이라, 그가 소중한 것을 내가 모르는 바는 아니지만, 이때를 당해서는 차라리 죽이라고 말할지언정 다른 조건을 승낙하고 싶지는 않았던 것입니다. 그 뒤에 그들은 부산에 이르자 물건을 주고 예의를 다하여 왕자의 환심을 사려 했습니다. 전에는 거만했지만 그때에는 몹시 공손해졌습니다. 그러나 그때 다소 일이 있었던 것은 역시 부득이한 일이었습니다. 몇 마디 말을 남기고 왜적은 도성에서 물러갔습니다. 당시 연도沿途에 흘린 양식은 이루 계산할 수가 없이 많았고, 한강 이남 땅은 모조리 수복했습니다. 왕자와 대신들은 모두 돌아왔고 왜병은 부산 바닷가에서 3년 동안 자기 나라의 명을 기다렸을 뿐, 감히 움직이지 못했습니다. 이렇게 해서 계속하여 봉공의 의논이 이루어진 것이 아닙니까. 나는 당시 명을 받고 도성을 수습하려고 다시 족하와 이덕형과 만나서 말했습니다. '지금 가서 왜국을 봉해 준다면 그들이 퇴병해 갈 것이니 귀국의 뒷일을 위해서 그렇게 계획하는 것이 어떻소.' 그러나 이덕형은 내 말에 이렇게 대답했지요. '우리의 앞일을 도모하는 것은 우리나라 군신의 책임이니 노야는 관계하지 마시오.' 이 말을 듣고 보니 그에게는 큰 역량과 식견이 있어 마치 커다란 주석柱石처럼 보이더군요. 하지만 지금 와서 그 사실을 생각해 보면 문장文章과 공업功業은 서로 부합되지 않는다는 것을 알겠군요. 내 이 판서(이덕형)를 위해서 애석히 여기는 바입니다. 또 부산과 죽도의 모든 영책을 곧 철수시키지 못한 것은 나의 책임입니다. 기장과 서생에 있던 왜병은 모두 건너가고 영책을 다 불태웠으며 지방의 관원을 떼어 주어서 모두 좋은 사이를 맺었다고 합니다. 청정은 이곳에 와서 한 번 싸우지도 않고 화살 하나 분지르지 않았는데, 지방 관원을 양보해 주었다는 것은 무슨 까닭입니까. 전에 이미 한강 남쪽은 자기들 스스로 지탱한다고 말하고서 지금 이렇게 다시 땅을 잃은 것은 무슨 일입니까. 또 그는 앞일을 계획하는 것은 자기 나라 책임이라 하더니 어찌 큰 계획은 들어볼 생각도 하지 않고 대궐 밑에서 우는 방법밖에 없었던가요. 병법에 말하기를 '강약은 서로 당할 수가 없고, 많은 것은 적은 자가 대적하지 못한다'고 하였습니다. 나도 역시 귀국을 책망하는 것이 아니라 모든 당사자들이 다만 말하기를, '일이 늦추어지면 그 근본을 다스리고, 일이 급하면 그 끝을 다스린다'고 말하고 군사를 조련하고 성을 쌓고 지켜야 하는데, 귀국의 당사자 여러분은 또한 이런 것을 생각지 않더라는 말입니다. 바다를 건너온 뒤로 내가 네 번이나 귀국 국왕을 만나 봤는데, 피차에 문답한 말은 모두 가슴속에서 나왔고 시기에 맞는 것이라, 조그만 거짓이나 터럭만 한 잘못도 없었습니다. 국왕의 마음이나 내 마음은 서로 거울같이 비쳤습니다. 그래서 나는 정말 이 나라 일이 이만하면 다른 근심은 없을 것이라 생각했습니다. 그런데 생각지도 않게 귀국의 모신謀臣이나 책사들은 여러 가지로 기지機智가 있고, 엉뚱한 생각을 하며, 또한 위태로운 말을 해서 우리 조정을 노엽게 했습니다. 밖으로는 약한 군사를 가지고 일본과 틈을 만들고, 심지어 송운 같은 사람은 예의 밖의 말을 했습니다. 그는 청정이 먼저 가서 명나라를 치겠다는 둥, 또는 조선 팔도를 쪼개 주고, 국왕이 친히 일본에 건너와서 항복하라는 둥의 말을 했다고 전했습니다. 이러한 두어 마디 말은 국왕으로 하여금 마음을 움직이게 했고, 우리 조정을 격분하게 해서 군사를 내도록 하기는 했지요. 하지만 이 말대로 한다면 귀국은 모두 팔도밖에 없는데 이것을 일본에 주고 또 국왕이 친히 건너가서 항복한다면 이는 귀국의 종사宗社와 신민臣民은 모두 일본이 되는 것입니다. 만약 그렇다면 어떻게 두 왕자를 돌려받을 수 있었겠습니까? 삼척동자라도 이런 실언은 하지 않았을 것입니다. 청정이 제아무리 방자해도 역시 이렇듯 오만하지는 못했을 것입니다. 또 한편 생각하면 우리는 당당한 조정으로서 외방 번국藩國들을 거느리고 있는 데에도 스스로 기준이 있어, 한편으로는 은혜를 베풀고, 한편으로는 위엄을 보이는 것이 또한 스스로 그 시기가 있는 것입니다. 필경 수백 년 동안 서로 전해 내려오던 속국을 제멋대로 내버려 두지는 않을 것입니다. 또한 우리의 약속도 이행하지 않는 역적의 나라에 우리의 번리藩籬를 내주지 않으리라는 것은 당연한 이치일 것입니다. 내가 지극히 모든 일을 잘 살피지 못하지만 내외 친소親疎의 분별이나 역순逆順·향배向背의 인정에 이르러서는 누구나 또한 쉽게 아는 터인데, 하물며 천자의 칙명을 받들어 이 일을 주선하는 데는 성패와 휴척休戚의 관계가 적지 않은 터에 어찌 감히 귀국의 일을 조금이라도 소홀히 생각하겠습니까. 또 만일 일본의 방자함이 있으면 이것을 감히 숨기고 보고하지 않겠습니까. 족하께서는 대체大體에 깊이 밝으시고 국사를 자세히 아시는 터이기로 이같이 글을 보내오니, 족하께서는 나의 본래 마음을 밝게 살피시어 이를 곧 국왕께 아뢸 것이며, 또한 모든 당사자들에게도 알려 그 내력을 대강이라도 밝히도록 하시옵소서. 이미 우리 조정을 받드는 것이 만전萬全의 계책이라고 했으니, 마땅히 명령을 듣고 처분을 기다려 무량한 복이 있기를 기다리고 부질없이 지나친 계획을 하여 날로 수고롭기만 하고 날로 일을 그르치지 마소서. 간절히 부탁해 마지않습니다."

이 글을 보면 그가 도성이 수복되기 전까지는 말이 조리에 맞지만, 부산으로 내려간 뒤 이야기는 쓸데없는 말을 해서 거짓을 적은 것이 분명하다. 그러나 공과 죄는 서로 섞을 수가 없다. 이다음에라도 심유경에 대해 의논하는 자는 이런 생각으로 단안斷案을 삼아야 할 것이다. 그래서 여기에 기록하는 바다.

심유경은 유세遊說하는 선비다. 평양 싸움 이후에 다시 적 중에 들어갔으니 이는 보통 사람이 하기 어려운 바이다. 마침 내 능히 입을 가지고 군사를 대신해서 여러 적병을 내쫓고 이 강산 수천 리를 수복시켰다. 그러나 끝에 가서 한 가지 일을 그 르쳐서 큰 화를 면치 못했으니 슬픈 일이다.

평행장은 심유경을 크게 믿었다. 그가 도성에 있을 적에 심유경이 은밀히 평행장에게 말했다.

"너희들이 오랫동안 여기 머물러 있고 물러가지 않으면, 명나라 조정에서 다시 대병을 내어 서해로 해서 건너올 것이 다. 군사가 충청도로 들어와 너희들이 돌아갈 길을 끊는다면 그때는 비록 가고 싶어도 가지 못할 것이다. 나는 평양에서부 터 너와 정리가 친숙하기로 차마 이 내용을 이야기하지 않을 수 없노라."

이 말을 듣고 평행장은 성을 버리고 퇴병했다. 이 일은 심 유경이 스스로 우상 김명원에게 말했고, 김명원이 또 내게 이 같이 말했던 것이다.

戊寅秋 長星意天 狀如白練 自西向東 數月而
무 인 추　장 성 의 천　상 여 백 련　자 서 향 동　수 월 이

滅 戊子間 漢江三日赤 辛卯 竹山大平院後 有
멸　무 자 간　한 강 삼 일 적　신 묘　죽 산 대 평 원 후　유

石自起立 通津懸僵柳復起 民間訛言 將遷都
석 자 기 립　통 진 현 강 류 복 기　민 간 와 언　장 천 도

又東海魚 産於西海 漸至漢江 海州素産靑魚
우 동 해 어　산 어 서 해　점 지 한 강　해 주 소 산 청 어

近十餘年 絶不産 移産於遼海 遼東人謂之新魚
근 십 여 년　절 불 산　이 산 어 요 해　요 동 인 위 지 신 어

又遼東八站居民 一日無故相驚曰 有寇從朝鮮
우 요 동 팔 참 거 민　일 일 무 고 상 경 왈　유 구 종 조 선

至 朝鮮王子十亭轎子 到鴨綠江 傳相告語 老
지　조 선 왕 자 십 정 교 자　도 압 록 강　전 상 고 어　노

弱登山 數日乃定 又我國使臣 自北京還 宿金
약 등 산　수 일 내 정　우 아 국 사 신　자 북 경 환　숙 금

石山河姓人家 其主人言 有朝鮮譯官語我云 爾
석 산 하 성 인 가　기 주 인 언　유 조 선 역 관 어 아 운　이

有三年酒五年酒 毌惜爲樂 不久兵至 爾輩雖有
유 삼 년 주 오 년 주　관 석 위 락　불 구 병 지　이 배 수 유

酒 誰其飮之 以此遼人 疑朝鮮有異志 多驚惑
주　수 기 음 지　이 차 요 인　의 조 선 유 이 지　다 경 혹

云 使臣歸 啓其事 朝廷以譯官 必有造言生事
운　사 신 귀　계 기 사　조 정 이 역 관　필 유 조 언 생 사

誣陷本國者 逮捕數人 鞫於仁政殿 用壓膝火刑
무 함 본 국 자　체 포 수 인　국 어 인 정 전　용 압 슬 화 형

皆不服而死 此辛卯年間事 明年遂有倭變 是知
개 불 복 이 사　차 신 묘 년 간 사　명 년 수 유 왜 변　시 지

大亂將生人雖未覺 而形於兆朕 不一其端 至於
대 란 장 생 인 수 미 각　이 형 어 조 짐　불 일 기 단　지 어

白虹貫日 太白經天 無歲無之 人視爲常事 又
백 홍 관 일　태 백 경 천　무 세 무 지　인 시 위 상 사　우

部城內 常有黑氣 非烟非霧 盤地接天 如此幾
부 성 내　상유흑기　비연비무　반지접천　여차기

十餘年 其他變怪 難以殫記 天之告人 可謂深
십여년　기타변괴　난이탄기　천지고인　가위심

切 而特人不能察耳
절　이특인불능찰이

杜詩 長安城頭頭白鳥 夜飛延秋門上呼 又向人
두시　장안성두두백조　야비연추문상호　우향인

家啄大屋 屋底達官走避胡 蓋記異世 壬辰四月
가탁대옥　옥저달관주피호　개기이세　임진사월

十七日 賊報至 朝野遑遑 忽有怪鳥 鳴於後苑
십칠일　적보지　조야황황　홀유괴조　명어후원

飛在空中 或近或遠 只一鳥而聲滿城中 人無不
비재공중　혹근혹원　지일조이성만성중　인무불

聞 終日達夜 其鳴不暫停 如此十餘日 車駕出
문　종일달야　기명부잠정　여차십여일　거가출

狩 賊入城 官闕廟社 公私廬舍一空 嗚呼 其亦
수　적입성　관궐묘사　공사려사일공　명호　기역

怪甚矣 又五月 余隨駕 至平壤 萬於金乃進家
괴심의　우오월　여수가　지평양　만어김내진가

乃進語余日 年前有豺 屢入城中 大同江水赤
내진어여일　연전유시　누입성중　대동강수적

東邊濁甚 西邊淸 今果有此變 時賊未至平壤
동변탁심　서변청　금과유차변　시적미지평양

余聞此語 默然不答 而心不喜 未幾平壤又陷
여문차어　묵연부답　이심불희　미기평양우함

蓋豺乃野獸 不合入城市 如春秋記鸜鵒來巢 六
개시내야수　불합입성시　여춘추기구욕래소　육

鸜退飛 多麋有蜮之類 鮮有無其應者 天之示人
익퇴비　다미유역지류　선유무기응자　천지시인

412

顯笑 聖人之垂戒深矣 可不懼哉 可不愼哉 又
현소 성인지수계심의 가불구재 가불신재 우

壬辰春夏間 歲星守尾箕 尾箕乃燕分 而自古言
임진춘하간 세성수미기 미기내연분 이자고언

我國與燕同分 時賊兵日逼 人心洶懼 不知所出
아국여연동분 시적병일핍 인심흉구 부지소출

一日下敎曰 福星方在我國 賊不足畏 蓋聖意欲
일일하교왈 복성방재아국 적부족외 개성의욕

假此 以鎭人心故也 然是後 都城雖失 而卒能
가차 이진인심고야 연시후 도성수실 이졸능

恢復舊物 旋軫故都 賊酋秀吉 又不能終逞兇而
회복구물 선진고도 적추수길 우불능종령흉이

自斃 斯豈偶然哉 蓋莫非天也
자폐 사기우연재 개막비천야

倭最奸巧 其用兵 殆無一事不出於詐術 然以壬
왜최간교 기용병 태무일사불출어사술 연이임

辰之事觀之 可請工於都城 而拙於平壤也 我國
진지사관지 가청공어도성 이졸어평양야 아국

昇平百年 民不知兵 猝聞兵至 倉皇顚倒 遠近
승평백년 민부지병 졸문병지 창황전도 원근

靡然 皆失魂魄 倭乘破竹之勢 旬日之間 徑造
미연 개실혼백 왜승파죽지세 순일지간 경조

都城 使智不及謀 勇不及斷 人心崩潰 莫可收
도성 사지불급모 용불급단 인심붕궤 막가수

拾 此兵家善謀 而賊之巧計 故曰 工也 於是 乃
습 차병가선모 이적지교계 고왈 공야 어시 내

自恃常勝之威 而不顧其後 散出諸道 任其狂肆
자시상승지위 이불고기후 산출제도 임기광사

兵分則勢不得不弱 千里連營 曠日持久 所謂强
병분칙세부득불약 천리련영 광일지구 소위강

388

弩之末 不能穿魯縞 而張叔夜所謂 女眞不知兵
노 지 말 불 능 천 노 호 이 장 숙 야 소 위 여 진 부 지 병

豈有孤軍深入 而能善其歸者 殆近之矣 是以天
개 유 고 군 심 입 이 능 선 기 귀 자 태 근 지 의 시 이 천

兵 以四萬 攻破平壤 平壤旣破 則其在諸道者
병 이 사 만 공 파 평 양 평 양 기 파 칙 기 재 제 도 자

亦皆奪氣 雖京城猶據 而大勢己縮 我民之在四
역 개 탈 기 수 경 성 유 거 이 대 세 기 축 아 민 지 재 사

方者 處處要擊 賊首尾不能相救終不得不遁 故
방 자 처 처 요 격 적 수 미 불 능 상 구 종 부 득 부 둔 고

曰拙於平壤也 鳴呼 賊之失計 我之幸也 誠使
왈 졸 어 평 양 야 명 호 적 지 실 계 아 지 행 야 성 사

我國有一將 將數萬兵 相時用奇 擊斷長蛇 分
아 국 유 일 장 장 수 만 병 상 시 용 기 격 단 장 사 분

其要脊 行之於平壤之敗 則其大師 可坐致也
기 요 척 행 지 어 평 양 지 패 칙 기 대 사 가 좌 치 야

發之於京城以南 則將使隻輪不返矣 如此然後
발 지 어 경 성 이 남 칙 장 사 척 륜 불 반 의 여 차 연 후

賊心驚膽破 數十百年間 不敢正視於我 而無
적 심 경 담 파 수 십 백 년 간 불 감 정 시 어 아 이 무

復後慮矣 當時我方積衰 力不能辯此 天朝諸將
복 후 려 의 당 시 아 방 적 쇠 역 불 능 변 차 천 조 제 장

又不知出此 使賊從容去來 略無懲畏 要索萬端
우 부 지 출 차 사 적 종 용 거 래 약 무 징 외 요 색 만 단

於是出於下策 欲以封貢羈縻之 可勝歎哉 可勝
어 시 출 어 하 책 욕 이 봉 공 기 미 지 가 승 탄 재 가 승

借哉 至今思之 令人扼腕
차 재 지 금 사 지 영 인 액 완

390

昔鼂錯上言兵事曰 用兵臨戰 合刃之急有三 一
석 조 착 상 언 병 사 일 용 병 임 전 합 인 지 급 유 삼 일

日得地形 二日卒服習 三日器用利 三者 兵之
일득지형 이일졸복습 삼일기용리 삼자 병지

大要 而勝負之所決 爲將者 不可不知也 倭奴
대요 이승부지소결 위장자 불가부지야 왜노

習於攻戰 而器械精利 古無鳥銃 而今有之 其
습어공전 이기계정리 고무조총 이금유지 기

致遠之力 命中之巧 倍蓰於弓矢 我苦相遇於平
치원지력 명중지교 배사어궁시 아고상우어평

原廣野 兩陣相對 以法交戰 則敵之極難 蓋弓
원광야 양진상대 이법교전 칙적지극난 개궁

矢之技 不過百步 而鳥銃能及於數百步 來如
시지기 불과백보 이조총능급어수백보 래여

風霆 其不能當必矣 然先擇地形 得其山阨險
풍박 기불능당필의 연선택지형 득기산액험

阻 林木茂密處 散伏射手 使賊不見其形 而左
조 임목무밀처 산복사수 사적불견기형 이좌

右俱發 則波雖有鳥銃槍刀 皆無所施 而可大勝
우구발 칙파수유조총창도 개무소시 이가대승

也 今擧一事爲證 壬辰賊入京城 逐日分掠於城
야 금거일사위증 임진적입경성 축일분략어성

外 至園陵 亦不保有 高陽人進士李櫓 稍解操
외 지원릉 역불보유 고양인진사이로 초해조

弓 有膽氣 一日與同伴二人 各持弓矢 入昌敬
궁 유담기 일일여동반이인 각지궁시 입창경

陵 不意賊衆大出 滿谷中 櫓等無以爲計 奔入
릉 불의적중대출 만곡중 로등무이위계 분입

於藤籮蒙密叢中 賊來索之 徘徊窺覘 櫓等從其
어등라몽밀총중 적래색지 배회규첨 로등종기

內 輒射之 皆應弦而倒 又遷其處往來條忽 賊
내 첩사지 개응현이도 우천기처왕래조홀 적

尤莫能測 自是所至 見叢薄 則遠遠走避 不敢
우막능측 자시소지 견총박 칙원원주피 불감

近 二陵得全 以此見之 地形得失 成敗隨之 方
근 이릉득전 이차견지 지형득실 성패수지 방

賊在尙州 申砬季鑑等 若知出此 先於兎還鳥嶺
적재상주 신립계감등 약지출차 선어토환조령

三數十里間 伏射手數千人 使賊莫測多少 則可
삼수십리간 복사수수천인 사적막측다소 칙가

以制敵 乃以鳥合之卒 不鍊之兵 棄其險塞 相
이제적 내이조합지졸 불련지병 기기험새 상

角於平地 宜其敗也余於兵機 備言之 今又特記
각어평지 의기패야여어병기 비언지 금우특기

之 以爲後戒
지 이위후계

392

城者 禦暴保民之所 當以堅固爲主 古人言城制
성자 어폭보민지소 당이견고위주 고인언성제

皆曰雉 所謂千雉百雉者是也 余平時 讀書鹵莽
개왈치 소위천치백치자시야 여평시 독서로망

不知雉爲何物 每以垛當之 嘗疑垛但千百 則其
부지치위하물 매이타당지 상의타단천백 칙기

城至小 不能容衆 將何以哉 及變後 始得戚繼
성지소 불능용중 장하이재 급변후 시득척계

光紀效新書讀之 乃雉非垛 卽今之所謂曲城甕
광기효신서독지 내치비타 즉금지소위곡성옹

城者也 蓋城無曲城甕城 則雖人守一垛 而垛
성자야 개성무곡성옹성 칙수인수일타 이타

間立盾 以遮外面矢石 賊之來博城下者 不可見
간입순 이차외면시석 적지래박성하자 불가견

而禦之也 紀效新書 每五十垛置一雉 外出二三
이어지야 기효신서 매오십타치일치 외출이삼

丈 二雉間相去五十垛一雉各占地二十五垛 矢
장 이치간상거오십타일치각점지이십오타 시

力方盛 左右顧眄 便於發射 敵無緣來附城下矣
력방성 좌우고면 편어발사 적무연래부성하의

壬辰秋 余久留安州 念賊方在平壤 若一朝西
임진추 여구류안주 염적방재평양 약일조서

下 則行在前面無一遮障處 不量其力 欲修安州
하 칙행재전면무일차장처 불량기력 욕수안주

城而守之 重陽日 偶出淸川江上 顧視州城 默
성이수지 중양일 우출청천강상 고시주성 묵

坐深念者久之 忽思得一策 城外當從形勢 別築
좌심념자구지 홀사득일책 성외당종형세 별축

凸城如雉制 而空其中 使容人 前面及左右 鑿
철성여치제 이공기중 사용인 전면급좌우 착

出砲穴 可從中放砲 上建敵樓 樓相距千步以上
출포혈 가종중방포 상건적루 누상거천보이상

大砲中藏鐵丸 如鳥卵者數斗 賊多集城外砲丸
대포중장철환 여조란자수두 적다집성외포환

從兩處交發 無論人馬 雖金石無不糜碎 若是則
종양처교발 무론인마 수금석무불미쇄 약시칙

他堞雖無守兵只使數十人 守砲樓 而敵不敢近
타첩수무수병지사수십인 수포루 이적불감근

矣 此實守城妙法 其制雖倣於雉而功勝於雉萬
의 차실수성묘법 기제수방어치이공승어치만

萬矣 蓋千步之內 敵旣不敢近 則所謂雲梯衝車
만의 개천보지내 적기불감근 칙소위운제충차

者皆不得用 此事余偶思得之 其時卽啓聞行在
자개부득용 차사여우사득지 기시즉계문행재

後於經席 屢發之 又欲使人 見其必可用 丙申
후어경석 누발지 우욕사인 견기필가용 병신

春 京城東水口門外 擇地聚石 作之未成而異論
춘 경성동수구문외 택지취석 작지미성이이론

紛起 廢而不修 後日如有遠慮者 勿以廢言 修
분기 폐이불수 후일여유원려자 물이폐언 수

417

舉此制 則其於備禦之道 所益不少矣
거 차 제 칙 기 어 비 어 지 도 소 익 불 소 의

余在安州時 友人金士純 爲慶尙右監司 有書云
여 재 안 주 시 우 인 김 사 순 위 경 상 우 감 사 유 서 운

欲修治晉州 爲死守計 先是 賊嘗一犯晉州 不
욕 수 치 진 주 위 사 수 계 선 시 적 상 일 범 진 주 불

勝而退 余答士純云 賊早晩必來報 來則必用大
승 이 퇴 여 답 사 순 운 적 조 만 필 래 보 래 칙 필 용 대

勢 守比舊差難 惟當建砲樓 以待之 可無患 遂
세 수 비 구 차 난 유 당 건 포 루 이 대 지 가 무 환 수

於書中 詳言其制 癸己六月 余聞賊復攻晉州
어 서 중 상 언 기 제 계 기 육 월 여 문 적 복 공 진 주

謂辛從事慶晉曰 晉事甚危 幸而有砲樓 則猶
위 신 종 사 경 진 왈 진 사 심 위 행 이 유 포 루 칙 유

可支 不然難守矣 旣而下陜川 聞晉己陷 丹城
가 지 불 연 난 수 의 기 이 하 합 천 문 진 기 함 단 성

懸監趙君宗道 亦士純友也 爲余言 前年與士純
현 감 조 군 종 도 역 사 순 우 야 위 여 언 전 년 여 사 순

同在晉州 士純見余書 踊躍稱奇 卽與幕下士友
동 재 진 주 사 순 견 여 서 용 약 칭 기 즉 여 막 하 사 우

數人巡城 因其地形 以爲當設於八處 督令伐
수 인 순 성 인 기 지 형 이 위 당 설 어 팔 처 독 령 벌

木 浮江而下 州民憚其役 乃曰 前無砲樓 猶守
목 부 강 이 하 주 민 탄 기 역 내 왈 전 무 포 루 유 수

卻賊 今何用勞人 士純不聽 材己具 始役有日
각 적 금 하 용 로 인 사 순 불 청 재 기 구 시 역 유 일

適士純病不起 其事遂寢云 相與一痛而罷 鳴呼
적 사 순 병 불 기 기 사 수 침 운 상 여 일 통 이 파 명 호

士純之不幸 卽一城千萬人之不幸也 斯固數也
사 순 지 불 행 즉 일 성 천 만 인 지 불 행 야 사 고 수 야

非人力之所能容
비 인 력 지 소 능 용

壬辰四月 賊連陷內郡 我軍望風潰散 無敢交鋒
임 진 사 월 적 연 함 내 군 아 군 망 풍 궤 산 무 감 교 봉

者 備邊司諸臣 日聚闕下 講備禦之策 而無以
자 비 변 사 제 신 일 취 궐 하 강 비 어 지 책 이 무 이

爲計 或建議曰 賊善用槍刀 我無堅甲可禦 故
위 계 혹 건 의 왈 적 선 용 창 도 아 무 견 갑 가 어 고

不能敵 當以厚鐵 爲滿身甲 長不見物 被入賊
불 능 적 당 이 후 철 위 만 신 갑 장 불 견 물 피 입 적

陣 則賊無隙可刺 而我可勝矣 衆曰然 於是大
진 칙 적 무 극 가 자 이 아 가 승 의 중 왈 연 어 시 대

聚工匠 晝夜打造 余獨以爲不可曰 與賊鬪 雲
취 공 장 주 야 타 조 여 독 이 위 불 가 왈 여 적 투 운

合鳥散 貴於捷疾 旣被滿身厚甲 其重不可勝
합 조 산 귀 어 첩 질 기 피 만 신 후 갑 기 중 불 가 승

身且不能運 何望殺賊 數日 知其難用遂罷 又
신 차 불 능 운 하 망 살 적 수 일 지 기 난 용 수 파 우

臺諫 請見大臣言計 其中一人 盛氣斥大臣無謀
대 간 청 견 대 신 언 계 기 중 일 인 성 기 척 대 신 무 모

座上問有何策 對曰 何不於漢江邊 多設高棚
좌 상 문 유 하 책 대 왈 하 불 어 한 강 변 다 설 고 붕

使賊不得上 而俯射之邪 或曰 賊之鐵丸 亦不
사 적 부 득 상 이 부 사 지 사 혹 왈 적 지 철 환 역 부

得上耶 其人無語而退 聞者傳以爲笑 嗚呼 兵
득 상 야 기 인 무 어 이 퇴 문 자 전 이 위 소 명 호 병

無常勢 戰無常法 臨機制變 進退合散 出奇無
무 상 세 전 무 상 법 임 기 제 변 진 퇴 합 산 출 기 무

窮 只在於將而已 然則千言萬計 皆無用 惟在
궁 지 재 어 장 이 기 연 칙 천 언 만 계 개 무 용 유 재

419

於得一將才 而疊錯所陳三策 尤係切要 闕一不
어 득 일 장 재 이 조 착 소 진 삼 책 우 계 절 요 궐 일 불

可 其餘粉粉者 何補焉 大抵國家 擇將於無事
가 기 여 분 분 자 하 보 언 대 저 국 가 택 장 어 무 사

之日 任將於有事之際 擇之貴精 任之貴專 當
지 일 임 장 어 유 사 지 제 택 지 귀 정 임 지 귀 전 당

時慶尙道 水將則朴泓元均 陸將則李珏曹大坤
시 경 상 도 수 장 칙 박 홍 원 균 육 장 칙 이 각 조 대 곤

已非才選 及其變生 巡邊使防禦使助防將等 皆
이 비 재 선 급 기 변 생 순 변 사 방 어 사 조 방 장 등 개

自朝廷受命而來 各持專斷之權 自行號令 進退
자 조 정 수 명 이 래 각 지 전 단 지 권 자 행 호 령 진 퇴

由意 而不相統屬 正犯興尸之戒 事何由得濟
유 의 이 불 상 통 속 정 범 여 시 지 계 사 하 유 득 제

且所養非所用 所用非所養 將卒不相知 皆兵家
차 소 양 비 소 용 소 용 비 소 양 장 졸 불 상 지 개 병 가

大忌 奈何前車旣覆 後不知改 至今尙循此塗轍
대 기 내 하 전 차 기 복 후 부 지 개 지 금 상 순 차 도 철

如此而望其無事者 特幸耳 言之其說甚長 非可
여 차 이 망 기 무 사 자 특 행 이 언 지 기 설 심 장 비 가

一二盡 嗚呼危哉
일 이 진 명 호 위 재

癸巳正月 天兵發平壤 余在軍前先行 時臨津冰
계 사 정 월 천 병 발 평 양 여 재 군 전 선 행 시 임 진 빙

泮 不可渡 提督連遺人 督造浮橋 余至金郊驛
반 불 가 도 제 독 연 유 인 독 조 부 교 여 지 금 교 역

見黃海道守令 率吏民 候餉大軍者滿野 余召牛
견 황 해 도 수 령 솔 이 민 후 향 대 군 자 만 야 여 소 우

峰縣令季希愿 問所率邑人幾何 曰近數百 余分
봉 현 령 계 희 원 문 소 솔 읍 인 기 하 왈 근 수 백 여 분

付曰 爾速領邑人 登山採葛 明日會於臨津江口
부왈 이속령읍인 등산채갈 명일회어임진강구

不可失期 希愿去 翌日 余宿開城府 又明日曉
불가실기 희원거 익일 여숙개성부 우명일효

馳至德津堂 見江冰猶未盡解 冰上流漸半身許
치지덕진당 견강빙유미진해 빙상류시반신허

下流舟艦不得上 京畿巡察使權徵水使季蘋長
하류주함부득상 경기순찰사권징수사계빈장

湍府使韓德遠及倡義秋義軍千餘人 集江面 皆
단부사한덕원급창의추의군천여인 집강면 개

束手無計 余令呼牛峰人 納葛綯 爲巨索大數圍
속수무계 여령호우봉인 납갈도 위거색대수위

長可橫江 江南北岸 各立兩柱相對 其內偃置一
장가횡강 강남북안 각립양주상대 기내언치일

橫木 引巨索十五條 鋪過江面 兩頭結橫木 江
횡목 인거색십오조 포과강면 우두결횡목 강

面旣濶遠 索半沈水不能起 衆曰 徒費人力 余
면기활원 색반침수불능기 중왈 도비인력 여

令千餘人 各持短杠二三尺 穿葛索 極力回轉數
령천여인 각지단강이삼척 천갈색 극력회전수

周互相撑起 排比如櫛 於是衆索緊束 高起穹窿
주호상탱기 배비여즐 어시중삭긴속 고기궁륭

儼然成橋樣 刈細柳鋪其上 厚覆以草 而加之上
엄연성교양 예세유포기상 후복이초 이가지상

唐軍見之大喜 皆揚鞭馳馬而過 炮車軍器 皆從
당군견지대희 개양편치마이과 포차군기 개종

此渡 旣而渡者益多 絞索頗緩近水 大軍由淺灘
차도 기이도자익다 교삭파완근수 대군유천탄

以渡 而無焉 余念其時 倉卒備葛不多 更倍之
이도 이무언 여념기시 창졸비갈부다 갱배지

得三十條 則加緊無緩矣後見甫北史 齊兵攻梁
득삼십조 칙가긴무완의후견보북사 제병공량

主歸 歸與周總管陸騰拒之 周人於峽口南岸築
주 규 규여주총관륙등거지 주인어협구남안축

安蜀城 橫引大索於江上 編葦爲橋 以渡軍糧
안촉성 횡인대삭어강상 편위위교 이도군량

正是此法 余自謂偶思得之 不知古人已行 爲之
정시차법 여자위우사득지 부지고인이행 위지

一笑 因記其事 以爲他日 應猝之助云
일소 인기기사 이위타일 응졸지조운

400

癸巳夏 余病臥漢域墨寺洞 一日 天將駱尙志
계사하 여병와한역묵사동 일일 천장낙상지

訪余于臥次 間病甚勤 因言朝鮮方微弱 而賊
방여우와차 간병심근 인언조선방미약 이적

猶在境上 鍊兵禦敵 最爲急務 宜乘此天兵末回
유재경상 연병어적 최위급무 의승차천병말회

學習鍊兵法 以一敎十 以十敎百 則數年間 皆
학습연병법 이일교십 이십교백 칙수년간 개

成精鍊之卒可以守國 余感其言 卽馳啓于行在
성정련지졸가이수국 여감기언 즉치계우행재

因使所帶禁軍韓士立 招募京中得七十餘人 往
인사소대금군한사립 초모경중득칠십여인 왕

駱公處請敎 駱撥帳下曉陣法張六三等十人 爲
낙공처청교 낙발장하효진법장육삼등십인 위

教師日夜鍊習槍劍筤筅 等技 旣而 余下南方
교사일야련습창검랑선 등기 기이 여하남방

其事旋廢 上見狀啓 下備邊司 令別設都監訓鍊
기사선폐 상견장계 하비변사 영별설도감훈련

以君相斗壽 領其事 其年九月 余自南 召赴行
이군상두수 영기사 기년구월 여자남 소부행

在 迎駕於海州 扈從還都 至延安 更命余 代領
재 영가어해주 호종환도 지연안 갱명여 대령

都監事 時都城飢甚 余請發龍山倉唐粟米一千
도 감 사 시 도 성 기 심 여 청 발 용 산 창 당 속 미 일 천

石 日給入二升 應募者四集 都監堂上起趙儆
석 일 급 입 이 승 응 모 자 사 집 도 감 당 상 기 조 경

以穀小不能給 欲設法限節 置一巨石 令願募者
이 곡 소 불 능 급 욕 설 법 한 절 치 일 거 석 영 원 모 자

先擧石試力 又令超越土墻丈許 能者許入 不能
선 거 석 시 력 우 령 초 월 토 장 장 허 능 자 허 입 불 능

者拒之 人飢困無氣 中格者十一二 或在都監門
자 거 지 인 기 곤 무 기 중 격 자 십 일 이 혹 재 도 감 문

外 求試不得 顚仆而死 未久得數百千人 立把
외 구 시 부 득 전 부 이 사 미 구 득 수 백 천 인 립 파

摠哨官 分部領之 又欲敎鳥銃 而無火藥 有軍
총 초 관 분 부 령 지 우 욕 교 조 총 이 무 화 약 유 군

器寺匠人大豐孫者以入賊陣 多煮火藥與賊 囚
기 사 장 인 대 풍 손 자 이 입 적 진 다 자 화 약 여 적 수

江華 將殺之 余特貸其死 令煮焰焇贖罪 其人
강 화 장 살 지 여 특 대 기 사 영 자 염 소 속 죄 기 인

感懼 爲之盡力 一日所煮 幾十斤 逐日分諸各
감 구 위 지 진 력 일 일 소 자 기 십 근 축 일 분 제 각

部 晝夜習放第其能否 而賞罰之 月餘能中飛鳥
부 주 야 습 방 제 기 능 부 이 상 벌 지 월 여 능 중 비 조

數月後 與降倭及南兵之善鳥銃者 相較 無不及
수 월 후 여 강 왜 급 남 병 지 선 조 총 자 상 교 무 불 급

而或過之 余上箚 請措置軍糧 益募兵 滿一萬
이 혹 과 지 여 상 차 청 조 치 군 량 익 모 병 만 일 만

置五營 營各隷二千 每年半留城中敎鍊 半出
치 오 영 영 각 예 이 천 매 년 반 유 성 중 교 련 반 출

城外 擇閒曠肥饒地 屯田積粟 輪還遞代 則數
성 외 택 한 광 비 요 지 둔 전 적 속 윤 환 체 대 칙 수

年之後 兵食之源厚 而根本固矣 上下其議兵曹
년 지 후 병 식 지 원 후 이 근 본 고 의 상 하 기 의 병 조

不卽擧行 卒無見效
부 즉 거 행 졸 무 견 효

沈推敬 自平壤出入賊中 不無勞苦 然以講和
심 유 경 자 평 양 출 입 적 중 불 무 노 고 연 이 강 화

爲名 故不爲我國所喜 最後賊留釜山 久不渡
위 명 고 불 위 아 국 소 희 최 후 적 유 부 산 구 불 도

海 季冊使逃還 中朝就差惟敬 充副使 與楊使
해 계 책 사 도 환 중 조 취 차 유 경 충 부 사 여 양 사

入倭國 終不得要領而回 行長淸正等 還屯海上
입 왜 국 종 부 득 요 령 이 회 행 장 청 정 등 환 둔 해 상

於是中國與我國論譏籍籍 皆歸咎沈惟敬 甚者
어 시 중 국 여 아 국 론 기 적 적 개 귀 구 심 유 경 심 자

或言 惟敬與賊同謀 有叛形 我國僧人松雲 入
혹 언 유 경 여 적 동 모 유 반 형 아 국 승 인 송 운 입

西生浦 見淸正 還言賊欲犯大明 所言絶悖 卽
서 생 포 견 청 정 환 언 적 욕 범 대 명 소 언 절 패 즉

具奏天朝 聞者益怒 惟敬知禍至 憂懼不知所出
구 주 천 조 문 자 익 노 유 경 지 화 지 우 구 부 지 소 출

乃胎書金命元 敍其終始 以自辨 其書曰 日月
내 태 서 김 명 원 서 기 종 시 이 자 변 기 서 왈 일 월

條馳 往事如昨 憶昔倭寇貴境 直抵平壤 自中
조 치 왕 사 여 작 억 석 왜 구 귀 경 직 저 평 양 자 중

已無八道矣 老朽銜命 哨探倭情 相機撫馭 得
이 무 팔 도 의 노 후 함 명 초 탐 왜 정 상 기 무 어 득

與足下曁李體察 相會于擾攘之中 目擊平壤迤
여 족 하 기 이 체 찰 상 회 우 요 양 지 중 목 격 평 양 이

西一帶 居民流離愁苦 如坐針氈 朝不謀夕之狀
서 일 대 거 민 유 리 수 고 여 좌 침 전 조 불 모 석 지 상

殊可痛心 足下身歷其事 不待老朽之喋喋者 老
수 가 통 심 족 하 신 력 기 사 불 대 노 후 지 첩 첩 자 노

朽檄召行長 相會乾伏山 約束不令西侵 聽命罔

敢踰越者數月 延及大兵之至 而致平壤之克 設

或波時 老朽不來 倭乘祖公之敗 而走義州 未

可知也 平壤一道 居民不被其荼毒者 貴國之幸

莫大矣 旣而 倭將行長 退守王京 總兵秀家 付

將三成長盛等三十餘將 合兵連營 控險阨要牢

不可破 碧蹄戰後 尤難進取 彼時判書李德馨者

謁見老朽於開城將謂賊勢旣張 大兵且退 王京

必無可望矣 涕泣語老朽云 王京根本之地 得之

可以號召諸道 乃今事勢至此 將奈之何 老朽云

徒復王京 苦無漢江以南 諸道事勢 亦難展布

德馨云 苟得王京 實出望外 漢江以南 小邦君

臣 自能尺寸支撑不難也 老朽云 我試與爾國圖

之務得王京 幷復漢江以南諸道 乃還王子陪臣

方爲全國 德馨涕泣叩頭感激云 果得如此 老爺

再造小邦 功德不淺鮮矣 俄而 老朽舟次漢江

425

王子臨海君等 自淸正營 遣人奔語老朽云 儻得
왕 자 임 해 군 등 자 청 정 영 유 인 분 어 노 후 운 당 득

歸國 漢江以南 不拘何地 任意與之 老朽不從
귀 국 한 강 이 남 불 구 하 지 임 의 여 지 노 후 불 종

且與倭將誓云 肯還 還之 不肯還隨爾殺之 其
차 여 왜 장 서 운 긍 환 환 지 불 긍 환 수 이 살 지 기

他不必言也 王子係貴國儲君 老朽敢不知重 當
타 불 필 언 야 왕 자 계 귀 국 저 군 노 후 감 부 지 중 당

此之時 寧言殺之 而不肯許他事 及至釜山 捐
차 지 시 령 언 살 지 이 불 긍 허 타 사 급 지 부 산 연

資盡禮 多方曲意于王子 前倨慢而後恭敬 時有
자 진 례 다 방 곡 의 우 왕 자 전 거 만 이 후 공 경 시 유

緩急 事有輕重 不得已也 數言之下 王京倭退
완 급 사 유 경 중 부 득 이 야 수 언 지 하 왕 경 왜 퇴

矣 治途營柵遺糧 不可勝計矣 漢江以南諸道
의 치 도 영 책 유 량 불 가 승 계 의 한 강 이 남 제 도

盡得矣 王子陪臣歸國矣 終以一封 羈縻諸酋
진 득 의 왕 자 배 신 귀 국 의 종 이 일 봉 기 미 제 추

斂手於釜山窮海之地 候命三年 不敢妄動 續以
렴 수 어 부 산 궁 해 지 지 후 명 삼 년 불 감 망 동 속 이

封事議成 老朽奉命調戢 王京復會 足下曁季德
봉 사 의 성 노 후 봉 명 조 집 왕 경 복 회 족 하 기 계 덕

馨輩云 今往封矣 倭或退矣 貴邦善後之計何如
형 배 운 금 왕 봉 의 왜 혹 퇴 의 귀 방 선 후 지 계 하 여

德馨應聲云 善後之事 小邦君臣責任也 老爺不
덕 형 응 성 운 선 후 지 사 소 방 군 신 책 임 야 노 야 불

須掛意 老朽初聽其言 未嘗不奇其大有力量 大
수 괘 의 노 후 초 청 기 언 미 상 불 기 기 대 유 력 량 대

有識見 偉然一柱石也 及今覈其事實 似覺文章
유 식 견 위 연 일 주 석 야 급 금 핵 기 사 실 사 각 문 장

功業 不相符合 老朽不能不爲季判書惜 且如釜
공 업 불 상 부 합 노 후 불 능 불 위 계 판 서 석 차 여 부

山竹島諸營 未聞卽撤 老朽責也 而機張西生諸

處 倭兵盡渡 營柵盡焚 交割地方官 俱有甘結

矣 何乃淸正一來 不聞一戰 不折一失 地方官

抽身讓之何也 旣言漢江以南自能尺寸支撑 而

何至已得復失若此乎 又言善後之事 小邦責任

何不聞大計 止有號泣闕下之一策乎 法云 强弱

不當 衆寡不敵 老朽亦非責難于貴國諸當事 但

云 緩則治其本 急則治其標 鍊兵修守相時撫馭

貴國當事諸賢 亦不可實之不問耳 渡海以來 老

朽四會貴國王 彼此問對之言 出于胸臆 合干時

宜 毫無假借 毫無虛謬 國王之心 老朽之心 波

此洞鑑明矣 老朽誠謂東事至此 可無他慮 不

期貴國謀臣策士 機智百端 間事迭出 內以危

言 激怒于天朝 外以弱卒 挑釁于日本 至于松

雲一番說話 則又出禮法之外 其曰前驅伐大明

曰割八道 國王親自渡海歸服 頃刻之間 二三其

說 但知此言 可使國王動念矣 可激天朝發兵矣
설 단 지 차 언 가 사 국 왕 동 념 의 가 격 천 조 발 병 의

獨不念貴國 止有八道 若苦許之又許國王 親自
독 불 념 귀 국 지 유 팔 도 약 고 허 지 우 허 국 왕 친 자

渡海歸服 則貴國之宗社臣民 皆爲日本矣 又何
도 해 귀 복 칙 귀 국 지 종 사 신 민 개 위 일 본 의 우 하

取于 二王子耶 老朽以爲 三尺之童 決不失言
취 우 이 왕 자 야 노 후 이 위 삼 척 지 동 결 불 실 언

至此 淸正雖橫 亦不放肆至此 又不念我堂堂天
지 차 청 정 수 횡 역 불 방 사 지 차 우 불 념 아 당 당 천

朝 統馭外藩 自有大體 一恩一威 亦自有時 必
조 통 어 외 번 자 유 대 체 일 은 일 위 역 자 유 시 필

不肯以數百載相傳之屬國 置之度外 亦不肯縱
불 긍 이 수 백 재 상 전 지 속 국 치 지 도 외 역 불 긍 종

不奉約束之逆賊擄我藩籬 理勢然也 老朽極不
불 봉 약 속 지 역 적 로 아 번 리 이 세 연 야 노 후 극 불

省事 至于內外親疎之別 逆順向背之情 亦人人
성 사 지 우 내 외 친 소 지 별 역 순 향 배 지 정 역 인 인

之所易曉者 矧玆欽承勅命 調戢此事 成敗休
지 소 이 효 자 신 자 흠 승 칙 명 조 집 차 사 성 패 휴

戚 關係非輕敢以貴國之事 蔑焉不加意耶 又敢
척 관 계 비 경 감 이 귀 국 지 사 멸 언 불 가 의 야 우 감

以日本之橫 隱然而不報耶 足下深干大體 詳干
이 일 본 지 횡 은 연 이 불 보 야 족 하 심 간 대 체 상 간

國事 用是走書 幸足下亮我素衷 卽爲上達國王
국 사 용 시 주 서 행 족 하 량 아 소 충 즉 위 상 달 국 왕

倂使當事群僚 㬥知所以 旣云仰我天朝 以爲萬
병 사 당 사 군 료 개 지 소 이 기 운 앙 아 천 조 이 위 만

全之圖 還當聽命處分以冀無疆之福 毌徒過計
전 지 도 환 당 청 명 처 분 이 기 무 강 지 복 관 도 과 계

日勞而日拙也 至囑不盡 觀此書 王京以前 則
일 로 이 일 졸 야 지 촉 부 진 관 차 서 왕 경 이 전 칙

鑿鑿可徵矣 釜山以後 末免支辭隱語 然功罪自
착착가징의 부산이후 말면지사은어 연공죄자

不相掩 後之論惟敬者 當以此爲斷案 故著之云
부상엄 후지론유경자 당이차위단안 고저지운

沈惟敬 遊說士也 平壤戰後 再入賊中 此人之
심유경 유설사야 평양전후 재입적중 차인지

所難 卒能以口舌代甲兵 驅出衆賊 復地數千
소난 졸능이구설대갑병 구출중적 복지수천

里 末梢一事參差 不免大禍 哀哉 蓋平行長 最
리 말초일사참차 불면대화 애재 개평행장 최

信惟敬 其在京城時 惟敬密言於行長曰 汝輩久
신유경 기재경성시 유경밀언어행장왈 여배구

留此不退 天朝更發大兵 已從西海來 出忠淸道
유차불퇴 천조갱발대병 이종서해래 출충청도

斷故歸路 此時雖欲去 不可得我自平壤 與汝情
단고귀로 차시수욕거 불가득아자평괴 여여정

熟 故不忍不言耳 於是 行長懼 遂出城 此事沈
숙 고불인불언이 어시 행장구 수출성 차사심

惟敬 自言於金右相命元 而金相爲余言之如此
유경 자언어김우상명원 이김상위여언지여차

찾아보기